精品课程新形态教材
21世纪应用型人才培养系列教材
新时代创新型人才培养精品教材

物流
系统工程

主编　刘春梅　叶影霞　王　喆

WULIU XITONG
GONGCHENG

山东大学出版社
SHANDONG UNIVERSITY PRESS
·济南·

图书在版编目（CIP）数据

物流系统工程/刘春梅，叶影霞，王喆主编．—济南：山东大学出版社，2018.7（2024.6 重印）
ISBN 978-7-5607-6085-8

Ⅰ．①物… Ⅱ．①刘…②叶…③王… Ⅲ．①物流—系统工程 Ⅳ．①F252

中国版本图书馆 CIP 数据核字（2018）第 139007 号

责任编辑：李　港
美术编辑：张　荔
封面设计：尤　岛

出版发行：山东大学出版社
社　址　山东省济南市山大南路 20 号
邮　编　250100
电　话　市场部（0531）88364466
经　　销：山东省新华书店
印　　刷：北京俊林印刷有限公司
规　　格：787 毫米×1092 毫米　1/16
18.5 印张　　422 千字
版　　次：2018 年 7 月第 1 版
印　　次：2024 年 6 月第 2 次印刷
定　　价：45.00 元

前　言

党的二十大报告指出，建设高效顺畅的流通体系，降低物流成本。物流作为一种现代流通方式已在世界范围内受到了广泛重视，尤其是物流系统工程，已成为许多企业提高市场竞争力和提升核心竞争力的重要手段，并在扩大企业运营规模、有效降低作业成本、提升服务质量等方面发挥着越来越重要的作用。而供应链管理技术的出现和发展，更是提升了物流的发展水平和集约化程度。构建集成化的物流系统需要系统工程的理论和技术方法的支持。随着研究的不断发展和深入，大量的运筹学与系统工程方法和理论应用到物流管理实践中，在实现现代物流管理和运作集成化的过程中，解决了诸多技术性的问题。

物流系统工程是以物流系统为研究对象的现代化组织管理技术，也是一门交叉性课程。本书侧重系统论与运筹学的结合，以物流专业知识、计算机信息技术为支撑，解决供应链管理中的物流系统分析、物流系统建模、物流系统预测、物流系统运输规划、物流系统仿真、物流系统评价和决策等问题，并以各典型物流系统为主线，系统阐述了各类典型物流系统的构成，以及系统分析、系统规划、系统控制等方法，如物流网络规划、运输规划、库存控制等。

本书编写注重理论联系实际，通俗易懂，结构严谨，围绕物流系统工程所涉及的各个工作环节和流程，充分运用供应链管理和系统工程的思想、观念和技术方法，联合运筹学的数学模型，通过应用实例进行建模和求解，没有繁琐的数学推导；并在每一章节之后附有针对性的案例分析，让读者感到学有所用，不但能理解物流系统工程的基础知识，掌握基本技能，而且能够学会运用计算机软件以及如何运用物流系统工程的理论和技术解决实际问题。

在本书的编写过程中，参考了大量的国内外文献和物流专家的学术成果，谨向有关专家学者表示诚挚的感谢。

本书可作为物流管理、工商管理、物流工程、管理科学与工程、工业工程等专业的教材，亦可作为物流管理人员的参考书。

由于作者研究水平有限，书中必存在疏漏与不妥之处，恳请有关专家和广大读者批评指正，提出宝贵意见。此外，编者还为广大一线教师提供了服务于本教材的教学资源库，有需要者可致电 13811187534 或联系邮箱 1176142336@qq.com。

编　者

目 录

本章学习目标

- 理解系统、物流系统的概念和特征，以及它们之间的相互关系。
- 了解系统工程的发展历程，了解物流系统工程的基本方法及技术。
- 掌握物流系统工程的主要内容。

本章导读

系统是人类在认知过程中，在关注被认知对象的各个部分、各部分之间的关系中形成的一个概念。本质上，系统是对被认知对象的整体性质的强调。“系统”作为一个研究对象，吸引了国内外众多领域的专家学者对其进行理论研究和应用方法研究，并逐步形成了一种新兴的学科体系。本章介绍了系统和系统工程的基本概念和基本原理，提供了物流系统知识的必要基础，为从系统的角度认识物流系统奠定了基础，并介绍了物流系统工程的主要内容。

第一节　系统与物流系统

一、系统

（一）系统的定义

“系统”（System）一词源于拉丁文的“Sytema”，表示群体、集合等。“系统”一词在现实生活中被广泛地使用，如公安系统、铁路系统、管理信息系统等。一个工厂可以看作是由各个车间、科室、后勤等构成的系统；一部交响乐也可以看作是由多个乐章构成的系统；人体就是一个由神经系统、呼吸系统、消化系统、循环系统、生殖系统等子系统构成的系统；一部机器也是一个系统，按其功能的不同，可看作是由动力系统、传动系统、控制系统等子系统构成的；一个企业，按照管理功能的不同，可以看作是由采购系统、生产系统、销售系统、物流系统构成的系统；一个国家的交通运输系统是由铁路运输、公路运输、水路运输、航空运输、管道运输这些子系统构成的大系统，等等。

钱学森说："系统是由相互作用和相互依赖的若干组成部分结合而成，具有特定功能的有机整体，而且这个整体又是它从属的更大的系统的组成部分。"① 该定义指出了系统的三个基本属性，也就是不同系统具有的共同属性：

第一，系统是由两个以上的要素组成的整体。要素是构成系统的最基本的部分，没有要素就无法构成系统，单个要素也无法构成系统。

第二，系统的诸要素之间、要素与整体之间以及整体与环境之间存在着一定的有机联系。要素之间若没有任何联系和作用，则也不能称其为系统。

第三，由于系统要素之间的联系与相互作用，使系统作为一个整体具有特定的功能或效能，这是各要素个体所不具备的功能。

总之，系统是同类或相关事物按一定的内在联系组成的整体。相对于环境而言，系统作为一个整体，通过输入、处理和输出与外部环境发生联系和作用，完成系统的目标和功能。其定义如图 1-1 所示。

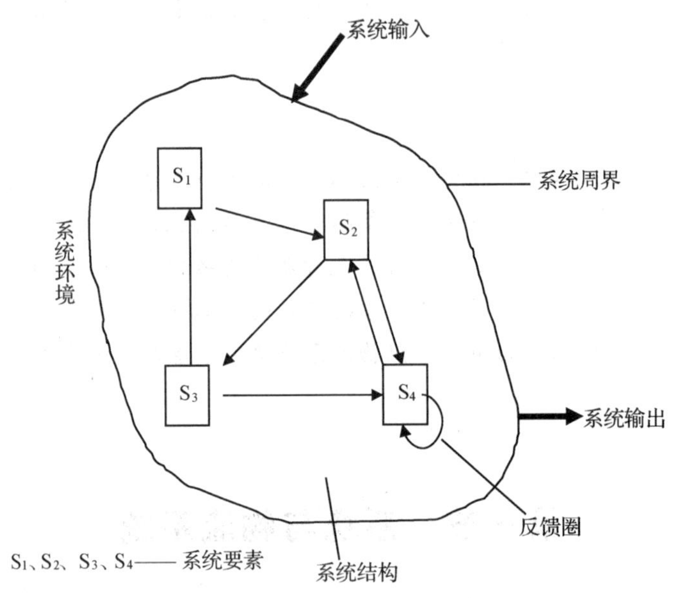

图 1-1　系统的定义描述

（二）系统的特征

系统的特征主要表现为整体性、目的性、相关性、层次性和环境适应性。

1. 整体性

系统的整体性说明系统各要素之间存在一定的组合方式，各要素之间必须是相互统一和协调的；系统整体的功能也不是各个要素的简单叠加，而是呈现出各组成要素所没有的新的功能，并使整体的功能大于各个要素的功能之和。例如，3 个人互不协同，各自为政，1 个人只能看管 6 台机床，3 个人总共只能看管 18 台机床。如果把这 3 个人组成一个

① 钱学森. 论宏观建筑与微观建筑. 杭州：杭州出版社，2001.

系统，互相协同，实行联合管理，就有可能看管20台机床。如果每个元素的功能都良好，但元素的步调不一、分目标产生分歧甚至互相矛盾，整体就不可能发挥它应有的功能。但如果要素之间的功能协调一致，即使单个的要素功能可能不十分完善，但整体也会具有很好的功能。俗语："三个臭皮匠，赛过诸葛亮。""一个和尚挑水喝，两个和尚抬水喝，三个和尚没水喝。"说的就是整体性的表现情况。

2. 目的性

系统具有能使各个要素集合在一起的共同目的，而且人造系统通常具有多重目的。例如，工业系统中企业的经营业绩既要考虑产量、产值等指标，又要考虑成本、利润、质量等指标。衡量一个物流企业的经营业绩，不仅要考核它的物流服务量，而且要考核它的利润、成本投入和服务满意度等情况，所有这些目标需要一个指标体系来描述。在指标体系中，各个指标之间有时是相互矛盾的，有时是此消彼长的。为此，要从整体出发力求获得全局最佳的效果，在相互矛盾的目标之间进行协调，寻求平衡点，以便实现系统的目的。另外，系统还必须具有控制、调节和管理的功能，通过各要素之间的有序化调节，使之进入与系统目的相适应的状态，从而实现系统的目的。

3. 相关性

相关性是指系统内部要素之间的某种相互作用、相互依赖的特定关系。它可用来描述系统整体性的原因，是系统整体性的依据。系统的思想正是强调要素之间的联系方式的重要性，同样的要素，联系方式不同，系统的功能也就不同。例如，城市是一个大系统，它由资源系统、市政系统、文化教育系统、医疗卫生系统、商业系统、工业系统、交通运输系统、邮政系统等相互关联的子系统组成，通过子系统的相互联系和协调运转去完成城市生活和发展的特定目标。另外，相关性既重视整体内部各要素之间的关联，也重视整体与外部环境之间的联系。

4. 层次性

系统的层次性是指各种各样的系统在不同时空中的存在。例如，波尔丁将物理界、生物界和社会界的所有系统划分成九个层次。这九个层次分别是：①结构框架；②钟表机构；③控制装置；④开放系统；⑤低级有机体；⑥动物；⑦人；⑧社会文化系统；⑨超越系统。

系统的层次特征要求对系统结构的描述与对系统功能的描述处在同一层次上，即系统的结构与系统的功能在同一时空结构中具有可描述性。一般的实体会跨越多个层次而存在，而不同的层次具有不同的存在形式和特征，因此对系统的研究应该在适当的层次中进行。系统的层次概念要求人们应在一定的层次上认识系统，避免不同层次之间的混淆。

系统的层次性具体表现为系统的层次结构，一般可以划分成三类。

（1）空间层次结构

它是指系统组成要素之间的相互作用及行为与要素在系统内所处的空间位置密切相关。空间层次结构的目的是反映系统要素空间位置的相互关系。例如，一个国家的宏观经济指标通常是在全国范围内的加权平均，是以国家作为一个系统进行平均的，但实际上，国家是由不同地区组成的，不同地区具有不同的资源禀赋和经济发展条件，因而，国家的宏观经济指标具有空间结构的特点。

（2）时间层次结构

它是指系统的变化与时间尺度的变化有十分密切的关系。例如，一个社会经济系统在长的时间尺度下要具有协调性和可持续性，在短的时间尺度上又要保证管理方案具有可操作性。另外，时间层次结构也指系统组成要素在时间上的连接状况。同样的系统要素，在时间坐标中的连接方式不同，系统将会表现出不同的特性和功能。

（3）功能层次结构

它是指系统的不同层次具有不同的作用。例如，企业管理系统中最高层次的职能是进行长远的经营战略决策，中间层次是进行部门监督、调度与决策，最低层次则是对作业过程进行操作和精确控制。各个层次中的管理者，在决策思维过程中表现出来的信息接收、加工整理和综合分析等也显示出不同的功能。

5. 环境适应性

任何一个系统都存在于一定的外部环境之中。系统必然会和外部环境产生物质的、能量的、信息的交换，因此，系统必须适应外部环境的变化。能够与外部环境保持最佳状态的系统才是健康运行的系统，不能适应环境变化的系统是难以生存的。

从企业角度看，全球经济竞争激烈，商品生命周期缩短。在这种情况下，企业必须经常了解全球的发展方向、同行企业的动向、用户的需求、政府政策的修改、企业所处地区的文化氛围等环境信息，把握战略方向，从诸多备选方案中选出满意的决策方案，否则企业将会面临生存危机。

（三）系统的分类

从系统的概念可知，系统是非常普遍的。但是，不同的系统总以不同的形态存在。根据系统形成的原因、系统的属性，或附加某些特征，可以对系统进行多种分类。下面介绍几种常见的系统分类。

1. 自然系统和人造系统

这种分类是按照系统形成的原因进行的分类。按照系统的起源，自然系统是由自然过程产生的系统。这类系统是以自然物为要素所形成的系统，如海洋系统、生态系统、太阳系等。人造系统则是人们将有关元素按其属性和相互关系组合而成的系统，或者说是对自然要素加以人工利用所形成的系统。例如，人类通过对自然物质进行加工和利用，构造出各种工程系统、运输系统等。

区分自然系统和人造系统有助于提示人们在认识不同系统时应该有不同的切入点。人造系统主要是为了实现某种特定功能而创造的系统。因此，人造系统是功能需求的产物，而自然系统并不是人类的功能需求的产物。对自然系统，往往是先认识其结构，再认识可被利用的功能；而对人造系统，则是先设定系统的功能，再以功能为出发点，研究用怎样的结构来实现预定的功能。因此，对于自然系统，人们应该优先关注其结构，而对于人造系统，则应该优先关注其功能。

实际上，大多数系统是自然系统与人造系统的复合系统。在人造系统中，有许多是人们运用科学技术改造自然系统的结果。随着科学技术的发展，出现了越来越多的人造系统。值得注意的是，有些人造系统的出现，却破坏了自然生态系统的平衡。近年来，系统工程越来越注意从自然系统的属性和关系中探讨人造系统。

2. 实体系统和概念系统

凡是以矿物、生物、机械等物理意义的实体为构成要素的系统称为“实体系统”。凡是由概念、原理、方法、制度、程序等不具备物理属性的非实体物质所构成的系统称为“概念系统”。例如，太阳系是一个实体系统，而人们对太阳系的描述则是一个概念系统；管理系统、社会系统也属于概念系统。

在实际生活中，实体系统和概念系统在多数情况下是结合的。实体系统是概念系统的物质基础，概念有时需要以实体为载体反映出来，而概念系统往往是实体系统的抽象和简化。人造系统一般是先有概念系统，再有实体系统的。例如，制造一个产品，先要有设计思想和方案（设计图纸），这是一个概念系统；依靠设计图纸生产出来的产品是一个实体系统，它的性能主要是由设计方案决定的。再如，一个军事指挥系统，既包括了军事指挥员的思想、信息、原则、命令等概念要素，也包括计算机设备、通信设备等实体要素。因此，它是实体系统与概念系统的组合。

3. 动态系统和静态系统

按系统的形态是否随时间而变化进行分类，随时间而变化的系统是动态系统，系统行为、状态与时间无关的是静态系统，即处于稳定状态的系统。例如，江河上的一座桥梁可以看作是一个静态系统，其构成要素及其关联不随时间而变化。但是，从严格的意义来说，实体系统中是不存在静态系统的，因为任何系统都有其“寿命周期”。动态系统强调的是系统行为或结构的动态变化特征，放在长远的时间背景下，大多数的系统都是动态系统。但是，由于动态系统中各种参数之间的相互关系非常复杂，要找出其中的规律性有时非常困难。因此，有时为了使问题简化，会忽略系统的动态特性，将系统简化成静态系统来描述；如果系统的动态特性不能忽略，就不能将系统简化成静态系统。一般来说，绝对的实体系统是静态系统，而概念系统是动态系统。

4. 封闭系统和开放系统

按系统是否与外界环境有物质、能量或信息的交换进行分类，可将系统分为封闭系统和开放系统。封闭系统是指与外界环境不发生任何形式的交换的系统，它既不向外界环境输出，也不从外界环境输入。开放系统是指与环境有相互关联，能从外界环境得到输入，并向外界环境产生输出的系统。一个系统如果不是开放系统，就是封闭系统，二者必居其一。大部分人造系统都属于开放系统，如社会系统、经济系统。研究开放系统的意义在于可以通过系统与环境的关系来研究系统的结构及其演变的特征。

最早涉及开放系统与封闭系统研究的领域是物理学领域。但物理学中的概念与本书中的概念有区别。物理学中的封闭系统是只有能量交换的系统，开放系统是同时进行物质交换和能量交换的系统。本书定义的封闭系统是物理学中的孤立系统。而同时进行物质、能量和信息交换的系统，在物理学中尚无专门的定义。

将系统按照某些特征进行分类，其目的是希望能更深刻地认识具有这些特征的系统的共性。随着系统思想的不断发展，还会出现新的系统分类。

在物流系统中，绝大多数是自然系统与人造系统的复合，既有实体系统，又有概念系统，是动态的、开放的系统。

二、物流系统

（一）物流系统的概念

物流系统是指在一定的时间和空间里，由所需位移的物资、包装设备、装卸搬运机械、运输工具、仓储设施、人员和通信联系等若干相互制约的要素所构成的具有特定功能的有机整体。物流系统是社会经济大系统的一个子系统或组成部分。物流系统和一般系统一样，具有输入、转换和输出三大功能。通过输入和输出使系统与社会环境进行交换，完成物流系统的功能。物流系统的目的是实现物资的空间效益和时间效益，在保证社会再生产顺利进行的前提条件下，实现各种物流环节的合理衔接，并取得最佳的经济效益。

如前所述，物流系统是由运输、仓储、包装、装卸搬运、配送、流通加工、物流信息等各环节所组成的，这些环节也称为“物流的子系统”。作为物流系统输入时各个环节所消耗的劳务、设备、材料等资源，经过处理转化，变成全系统的输出，即物流服务。

（二）物流系统的特点

物流系统具有一般系统的共同特点，如层次性、整体性、目的性、环境适应性等，同时还具有不同于一般系统的特殊性。物流系统的主要特征体现在四个方面。

1. 物流系统是一个“人-机系统”

从物流系统的构成要素看，物流系统是由人和物流设施、设备、工具及信息所构成的混合系统，表现为物流管理者和从业者运用有形的设备、工具和无形的政策、思想、方法、技术作用于物流对象的一系列活动。在这一系列活动中，人是系统的主体，因而在研究物流系统的各方面问题时，必须把人和物这两个因素有机地结合起来。

2. 物流系统是一个具有层次结构的可分的系统

系统的层次性原理说明，由于系统组成要素在数量、质量以及结合方式等方面存在的差异，使得每个系统在作用与地位、结构与功能上表现出等级秩序，最终形成具有质的差异的系统等级。层次性是系统的基本特性，物流系统同样也具有层次性，而且可以按照层次结构对物流系统进行层次划分。

首先，物流系统由多个作业环节构成。其中，最基本的功能作业环节包括运输、储存、包装、装卸、流通加工及信息处理等。这些功能环节是物流系统的构成要素，而这些要素本身也是一个系统，可以称为“物流系统的子系统”。子系统当中的任何一个或几个通过有机结合，都可以构成具有特定功能的物流系统；而且这些子系统又可按空间或者时间特性划分成更低层次的子系统，即每个子系统都包含了更低一层次的要素，综合起来形成一个多层次的结构。

其次，物流系统的层次具有多样性。按照不同的属性、特征或目的，可以划分出物流系统不同的层次。例如，按照地域范围的由大到小，可以将物流系统划分为全球物流、区域物流、国家物流、城市物流、企业物流；按照企业形态的不同，又可将企业物流划分为制造企业物流、流通企业物流、医药企业物流、图书出版业物流、港口物流等。上述层次还可以继续划分，以制造业为例，按照功能环节构成，可将制造企业物流进一步划分为供应物流、生产物流、销售物流、回收物流等；而这里的任何一个物流子系统一般都会包括运输、仓储、包装、信息处理等基本功能环节。这些不同层次的子系统之间相互区别又相互联系、相互协调，通过有机结合构成一个整体，且系统整体的功能大于各子系统的功能之和。

再次，系统的层次还具有相对性的特点。也就是说，每个系统相对于它所包含的组成要素来说是一个系统，相对于比它更高一层的系统来说，就变成了要素。因此，“系统”和“要素”是相对的，要素也是一个系统，每个物流系统都处在一个更大的系统之中，这个更大的系统就是物流系统的环境。每个物流系统都具有一个系统环境。物流系统的环境是物流系统赖以生存发展的外部条件，物流系统必须适应外部环境才能生存。即物流系统只有不断地与外界环境进行物质、能量和信息的交换，物流系统的功能才能得到实现。这也说明了物流系统具有环境适应性和开放性的特点。

3. 物流系统是跨地域、跨时域的大系统

随着经济的全球化、信息化、网络化发展，物流活动早已突破了地域限制，形成了物流跨地区、跨国界发展的趋势。跨地域性正是物流创造的场所价值的体现。随着物流活动地理范围的扩大，对物流网络的规划及其管理也更加复杂，如何保证物流服务的准时性，更需要从系统整体的角度进行思考。

物流系统中的仓储环节，可以解决商品供求时间之间的矛盾。另外，借助物流信息技术和系统，可缩短物品从供应地到需求地的时间，提高物流的时效性。因此，跨时域性是物流创造时间价值的体现。

跨地域、跨时域的特性说明了物流系统是一个动态的系统。

4. 物流系统具有效益悖反性

效益悖反（也称“二律悖反”，Trade-Offs）是指物流系统的若干功能要素之间存在着损益的矛盾，即某一功能要素的优化和利益发生的同时，必然会存在另一个或另几个功能要素的利益损失，反之亦然。效益悖反的特性体现了物流系统中一方利益的追求要以牺牲另一方的利益为代价。这种此涨彼消、此盈彼亏的现象，在物流系统中随处可见。例如，减少库存量，能降低库存持有成本，但必然会增加运输次数，从而增加了运输成本。再如，简化包装能节省包装费，但节省的包装方式将降低产品的防护效果，影响储存、装卸、运输等功能要素的绩效，降低了相应的效益。

物流系统规划和决策中，存在大量的效益悖反的现象，图 1-2 是物流系统中两种常见的效益悖反现象。物流系统的效益悖反现象容易导致各环节之间的矛盾和冲突，因此，更需要运用系统、科学的思想和方法，寻求物流系统的总体最优化。

综上所述，物流系统具有系统的所有特征。由于物流系统的层次性及各子系统的相互联系和相互作用，物流系统是一个动态的、开放的复合系统。

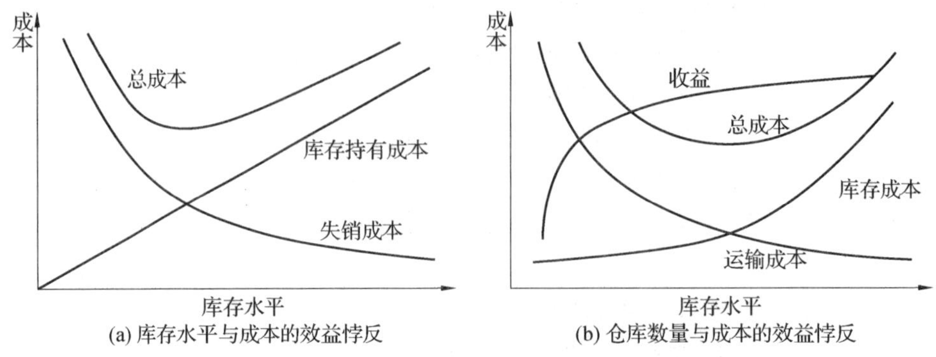

图 1-2 物流系统的效益悖反示意图

（三）物流系统的模式

物流系统根据功能性质可以分成各种各样的物流子系统。但是不管是什么样的物流系统，都有共同的模式。仿照系统的“输入-转换-输出”模式，可将物流系统的模式用图1-3进行描述。

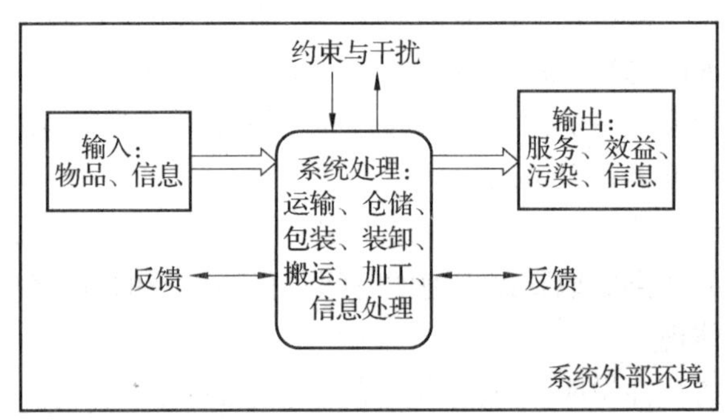

图 1-3 物流系统的模式

按上述系统模式，物流系统可看作由物流系统所处的环境、输入、输出、约束、处理等几方面构成。

1. 物流系统的环境

这是指物流系统所处的更大的系统，是物流系统不可缺少的组成部分，是物流系统转换处理面对的外部条件。物流系统与其环境之间的相互作用具体表现为物流系统的输入、输出、约束和干扰，反映了物流系统不断地与外界环境进行物资交换、能量交换与信息交换的本质特征。外界环境向物流系统提供各种输入和干扰，物流系统通过自身的功能转换后，又向外界环境输出信息和服务，而且物流系统功能的实现还受到外界环境的约束或推动。目前，现代物流系统所处的环境已发生了很大变化。例如，经济全球化导致的物流国际化发展趋势，消费行为的个性化、多样化，企业准时制经营模式，物流管理的信息化等，这些变化导致现代物流向供应链管理方向发展，并呈现出多品种化、小批量、高频率化、快速反应等趋势。

2. 物流系统的输入和输出

物流系统的输入是外部环境对物流系统的直接输入，包括物品、设备、技术、信息等，是物流系统运行的前提。物流系统的输出，是物流系统对外部环境的作用和功能的体现，表现为物品的送达、储存及相应的信息，是通过物流系统的转换处理实现的，包含了物流的空间效用和时间效用，其最终表现是物流服务和成本效益。另外，在提供物流服务输出的同时，也会产生一些副产品或外部性输出，如环境污染、能源消耗、资源消耗等。

3. 物流系统的约束、干扰和反馈

约束是外界环境对物流系统的间接输入，包括人力、物力、信息、能源，以及政策法规、政治环境、宏观经济环境、自然环境等方面的约束。物流系统的运行离不开外界环境，这是系统情愿或不情愿都必须接受的外部条件，也是物流系统运行的约束条件。例如，国家出于资源环境的考虑，制订了关于废旧电子电器产品回收处理的政策，规定了电子电器产品生产商和销售商对电子产品报废处理和回收处理应负的责任。该项政策对企业构建物流系统就形成一个约束。具体来说，就是不仅要考虑产品生产和销售的物流需求问题，还要考虑废旧产品回收导致的物流需求问题。

系统的干扰是一种偶然的约束，也是一种间接的、强迫性的输入。

反馈，主要是信息的反馈，存在于输入过程和输出过程中，在约束或干扰中也有。信息反馈一般都是系统和环境之间的信息反馈。

4. 物流系统的转换处理

物流系统的转换处理是指物流系统本身的转化处理过程，即把输入的物品、信息转化成输出的物品和信息的过程。其基本原理就是通过运输、储存、包装、装卸、搬运、加工、信息处理等作业环节，并借助先进的技术与方法，对输入的物品、信息赋予空间效用、时间效用或形质效用，使之变成顾客所需的物品或信息，并且向环境进行输出。

另一种更为简单的物流系统模式将约束、干扰均认为是对系统的输入。因此，物流系统的输入包括人力、物力、资金、固定设施、信息、市场环境、法规政策等；物流系统的输出是指经过各环节物流活动处理后对外界环境的输入，包括取得的效益、提供的服务、顾客满意度等，还包括物流活动对自然环境造成的污染。

（四）物流系统的构成要素

与一般的管理系统一样，物流系统是由人、财、物、设备、信息和任务目标等要素组成的有机整体。根据物流系统的特点，物流系统的要素可具体分为流动要素、功能要素、支撑要素等。

1. 物流系统的流动要素

关于流体的力学特征在物理学上是有完善的理论的。在物流理论界，国内外也有学者将物流作为一种“流”来进行研究，但是这种研究并不完整和深入。物流也是一种“流”，似乎它也应该服从一些流体力学的定律，但是自然流体和经济流体的差别很大，流体流动所受的影响因素很不一样。可以借鉴流体力学中的基本概念和研究方法来研究物流，但其基本定律就不一定能适合物流了。

物流系统的流动要素包括六个方面。

（1）流体

流体是指物流中的“物”，即物资实体。流体具有自然属性和社会属性。自然属性是指其物理、化学和生物属性。在物流过程中需要对流体进行检验、养护，根据物资实体的自然属性合理安排运输、保管、装卸等物流作业，使其自然属性不受损坏。社会属性是指流体所体现的价值属性，以及生产者、采购者、物流作业者与销售者之间的各种关系，有些关系国计民生的重要商品作为物流的流体还肩负着国家宏观调控的重要使命，因此，在物流过程中要保护流体的社会属性不受任何影响。由于物流的目的是实现流体从供应者向需要者的流动，为实现此目的，尽管有一部分流体要不断地储存在仓库中，但这也是一种流动形式，是流体在时间上的移动，所有的流体终究要经过运输等方式实现空间上的移动。因此，流体是处于不断流动状态中的。

（2）载体

载体是指承载“物”的设备以及这些设备赖以运作的设施。载体可分为两类：第一类载体指基础设施，如铁路、公路、水路、港口、车站、机场等，它们大多是固定的；第二类载体指设备，即以第一类载体为基础，直接承载并运送流体的设备，如车辆、船舶、飞机、装卸搬运设备等，它们大多是可以移动的。物流载体的状况，尤其是物流基础设施的状况直接决定物流的质量、效率和效益。物流学科研究物流载体的结构、规模，尤其要研究物流载体的网络结构、技术进步等，如要研究物流中心或者配送中心的选址、载体的定位和跟踪、载体运行速度的提高、载体的协调等问题。

（3）流向

流向是指流体从起点到终点的流动方向。物流的流向有四种。

①自然流向，指根据产销关系所决定的商品的流向。这表明一种客观需要，即商品要从产地流向销地。

②计划流向，指根据流体经营者的商品经营计划而形成的商品流向，即商品从供应地流向需要地。

③市场流向，指根据市场供求规律由市场确定的商品流向。

④实际流向，指在物流过程中实际发生的流向。

对某种商品而言，可能会同时存在以上几种流向。例如，根据市场供求关系确定的商品流向是市场流向，这种流向反映了产销之间的必然联系，是自然流向；实际操作时还要根据具体情况来确定运输路线和调运方案，这是商品的实际流向。在确定物流流向时，理想的状况是商品的自然流向与商品的实际流向相一致，但由于计划流向与市场流向都有其存在的前提，还由于载体的原因，导致商品的实际流向经常偏离自然流向。物流学科通过研究流向准确掌握流向的变化规律，达到合理配置物流资源、合理规划流向，从而降低物流成本、提高物流速度。

（4）流量

流量是指通过载体的流体在一定流向上的数量表现。流量与流向是不可分割的，每一种流向都有一种流量与之相对应，因此，流量的分类参照流向的分类也分为四种，即自然流量、计划流量、市场流量和实际流量。

根据流量本身的特殊性，还可将流量按如下方式分类。

第一类是实际流量，即实际发生的物流流量，根据统计口径的不同又可分为以下五种：①按照流体统计的流量；②按照载体统计的流量；③按照流向统计的流量；④按照发运人统计的流量；⑤按照承运人统计的流量。

第二类是理论流量，即从物流系统合理化角度来看应该发生的物流流量。与实际流量相对应，同样也可以分成五种类型。

理想状况的物流应该是在所有流向上的流量都均匀分布，这样，物流资源利用率最高、组织管理最容易。但是实际上，在一定的统计期间内，在一个流向上流量达到均衡的物流是不存在的，在流体之间、载体之间、流向之间、承运人和托运人之间的实际物流流量也很难实现均衡。正因为如此，才需要从宏观管理的角度，通过合理配置资源，采用合理的物流运行机制等手段，降低物流流向和流量上的不均衡性。

（5）流程

流程是指通过载体的流体在一定流向上行驶路径的数量表现。流程的分类与上述流向的分类基本类似，可以分为自然流程、计划流程、市场流程与实际流程，也可以像流量分类那样，将物流流程分为理论流程和实际流程。理论流程往往是可行路径中的最短路径。路径越长，物流运输成本越高，如果要降低运输成本，一般就应设法缩短运输里程。实际流程也可按照类似实际流量的五种统计口径进一步分类。

（6）流速

流速是指通过载体的流体在一定流程上的速度表现。流速与流向、流量、流程一起构成了物流向量的四个数量特征，是衡量物流效率和效益的重要指标。一般来说，流速快，意味着物流时间的节约，也就意味着物流成本的降低、物流价值的提高。

流体、载体、流向、流量、流程和流速这六个要素称为“物流的六要素”，任何物流系统都有这六个要素。同时，这六个要素之间有极强的内在联系，如流体的自然属性决定了载体的类型和规模，流体的社会属性决定了流向和流量，载体对流向和流量有制约作用，载体的状况对流体的自然属性和社会属性均会产生影响，等等。物流六要素横跨整个供应链，存在于原材料采购、制造、销售、消费、废弃物回收等环节，也存在于运输、储存、包装、装卸、流通加工、物流信息等物流活动中，还存在于公路运输、铁路运输、水路运输、航空运输以及管道运输等各种运输系统中。因此，分析物流六要素可以帮助我们更好地认识物流系统。

从“流”的角度看，任何一个具体的物流业务可以分解为这六个要素的结合，即不管是什么流体、载体，也不管是由什么机构组织物流，都可以按照这六个方面对它进行分析、归纳。这样有助于把握物流的一般性质，从而可以摸索出优化这种“一般物流”的方法和技术。

物流六要素中的每一个要素都需要以物流系统作为一个整体进行总体集成和优化。任何一个要素的目标由物流系统的整体目标来确定，只有要素目标互相协调，才能使整体目标最优化，因此，需要进行系统的整体集成和优化。

2. 物流系统的功能要素

物流系统的功能要素是指物流系统所具有的基本能力。这些基本能力有效地组合、联结在一起，便形成了物流系统的总功能，便能合理、有效地实现物流系统的总目标。一般认为，物流系统的功能要素有运输、储存保管、包装、装卸搬运、流通加工、配送、物流信息等。如果从物流活动的实际工作环节来考察，物流由上述七项作业活动构成。换句话说，物流系统能实现以上七项功能。

（1）运输功能要素

运输环节实现物的空间位置的转移，具有创造物流的空间价值或场所价值的功能。另外，通过使产品快速流动，运输还能创造产品的时间价值。运输包括公路运输、铁路运输、水路运输、航空运输及管道运输等基本方式。对运输活动的管理，要求选择技术经济效果最好的运输方式或多种运输方式的联合，合理确定运输路线，以保证货物安全、迅速、准时、低成本地送达。

（2）储存保管功能要素

储存保管功能要素指在一定场所对物品进行储存，并对其数量、质量进行管理控制的活动，包括接货入库、拣货、出库、安全保存、库存管理等活动。储存环节具有创造物流时间价值的功能。

对储存环节的管理，要求正确确定库存物资种类及其数量，明确仓库是以流通为主还是以储备为主，合理确定保管制度和流程，对不同的库存物品采取不同的管理策略，力求提高保管效率，降低损耗，加速物资周转和资金周转。

（3）包装功能要素

包装是物流过程的起点，具有保护商品、方便物流操作的功能。对包装活动的管理，既要考虑包装对产品的保护作用、促进销售的作用及提高装运率的作用，还要考虑包装费用的合理化。包装容器强度越高，产品在物流过程中的破损率就越低，但包装费用会增加。对物流包装环节进行管理的目的就是要在二者之间取得平衡。

（4）装卸搬运功能要素

装卸搬运功能主要是实现运输、仓储、包装、流通加工、配送等物流活动的衔接。在所有物流活动中，装卸活动发生得最频繁，是消耗人力、占用设备但却不产生价值增值的物流环节。对装卸活动的管理，主要是确定最恰当的装卸方式，力求减少装卸次数，合理配置及使用装卸工具，以做到节能、省力，降低产品破损率，提高作业效率。

（5）流通加工功能要素

流通加工又称为“流通过程的辅助加工”。这种加工活动不仅存在于社会的流通过程中，也存在于企业内部的流通过程中，所以，实际上是在物流过程中进行的辅助加工活动。企业、物资部门、商业部门为了弥补生产过程中加工程度的不足，更有效地满足用户或本企业的需求，更好地衔接产需，往往需要进行这种加工活动。

（6）配送功能要素

配送是直接面向最终用户提供的物流服务功能，是综合了前几项功能要素的小范围的物流系统。它以订单处理、配货、拣货、送货等形式提供社会物流服务。与运输功能相比，配送更强调它的顾客服务功能，是集经营、服务、社会集中库存、分拣、装卸搬运于一体的物流活动。

（7）物流信息功能要素

物流信息包括进行与上述各项活动有关的计划、预测、动态（运量，收、发、存数）的信息及有关的费用信息、生产信息、市场信息等。对物流信息活动的管理，要求建立信息系统和信息收集渠道，正确选定信息科目以及信息的收集、汇总、统计、使用方式，以保证其可靠性和及时性。

上述功能要素中，运输及仓储分别解决了供给者与需要者之间场所和时间的分离，分别是物流创造“场所效用”及“时间效用”的主要功能要素，因而在物流系统各要素中处于重要地位。上述功能要素之间普遍存在效益悖反的现象。

3. 物流系统的支撑要素

物流系统处于复杂的社会经济系统中，要实现物流系统的功能和目的，需要有许多支撑条件。下面这些支撑要素是必不可少的。

（1）制度和政策

物流系统的制度决定物流系统的结构、组织、领导、管理方式，因此，国家需要建立完善的物流产业政策和制度，促进和引导物流业的发展。

（2）法律和规章

物流系统的运行，不可避免地涉及企业或消费者的权益问题。法律和规章一方面能够限制和规范物流系统的活动，使之与更高一层的系统协调；另一方面能够为物流系统的运行提供保障，如物流合同的执行、权益的划分、责任的确定等都需要依靠法律和规章来维系。

（3）行政和命令

物流系统是社会经济系统中的一个子系统。物流系统的运作环境是社会经济系统，因而，物流系统的正常运转和高效运转依赖于国家经济政策和行政命令。一些行业物流系统，如军事物流系统、农产品物流系统等，更是关系到国家的军事和经济的发展。所以，行政和命令等手段也是支持物流系统的重要支撑要素。

（4）标准化

物流系统涉及多个行业和领域，物流标准化是保证物流各环节协调运行、提高系统效率、保证物流系统与其他系统在技术上实现协调联结的重要支撑条件。物流标准包括物流的统一性通用标准（如与物流相关的专业术语标准、物流的计量单位标准、物流基础模数尺寸标准等）、相关行业的分系统的标准（如包装标准、运输标准、装卸搬运标准、仓储标准、流通加工标准、信息技术标准等）以及与环境和资源相配套的标准。目前，我国这些标准有的已经建立，有的虽已建立但不够全面，还需要进一步完善，还有更多的标准尚未建立。这需要在标准的建立中引进国外最先进的思想和管理方法，制订相关标准，以保证物流系统的高效率和协调运行。

第二节　系统工程

一、系统工程的概念

平常所说的“工程”如果用系统的语言来表达，就是创造或改造一个系统。某项“工程”总是以一定的价值需求为前提的，创造一个系统同样也是以希望达到的功能为前提的。创造系统以预期的功能为出发点，以构造出能实现功能的实体系统为最终目的。从起点到终点要将相关的人力、物力、资金、知识、信息、智慧等要素综合起来，这就是工程管理。创造系统的过程本身也是一个系统，应用系统的思想和方法来指导工程实践或者工程管理的有效方法就是系统工程。从广义上看，系统工程是一个泛指的方法类，本质是针对特定的工程特点，应用系统思想指导工程管理所形成的方法。

（一）典型定义

从学科发展和学术研究的角度看，系统工程（System Engineering）是一门新兴的交叉学科，尚处于发展阶段，至今还没有统一的定义。国内外许多知名学者对系统工程进行了定义和内涵解释，下面列举几个有代表性的解释，以帮助我们更好地认识和理解“系统工程”。

①中国著名科学家钱学森教授的定义：“系统工程是组织管理系统的规划、研究、设计、制造、试验和使用的科学方法，是一种对所有系统都具有普遍意义的科学方法。”“系统工程是一门组织管理的技术。”①

②美国著名学者切斯纳（H. Chestnut）的定义：系统工程认为虽然每个系统都是由许多不同的特殊功能部分所组成，而这些功能部分之间又存在着相互关系，但是每一个系统都是完整的整体，每一个系统都要求有一个或若干个目标。系统工程就是按照各个目标进行权衡，全面求得最优解（或满意解）的方法，并使各组成部分能够最大限度地互相适应。

③日本工业标准（JIS）的定义：系统工程是为了更好地达到系统目标，而对系统的构成要素、组织结构、信息流动和控制机制等进行分析与设计的技术。

④日本学者三浦武雄等的定义：“系统工程与其他工程学不同之处在于它是跨越许多学科的科学，而且是填补这些学科边界空白的边缘科学。因为系统工程的目的是研究系统，而系统不仅涉及工程学的领域，还涉及社会、经济和政治等领域。为了圆满解决这些交叉领域的问题，除了需要某些纵向的专门技术以外，还要有一种技术从横向把它们组织起来。这种横向技术就是系统工程，也就是研究系统所需的思想、技术和理论等体系化的总称。”②

---

① 钱学森等. 论系统工程. 长沙：湖南科学技术出版社，1982.

② ［日］三浦武雄，［日］浜冈尊. 现代系统工程学概论. 北京：中国社会科学出版社，1983.

（二）系统工程与其他工程的区别

工程的类型多种多样，有以硬件为主的工程，如机械工程、电子工程、水利工程等，也有以流程重组、以软件为主的工程，如软件工程、物流工程等。系统工程与机械工程、电子工程、水利工程等有很大差异。上述各门工程学都有其特定的工程物质对象，而系统工程则不然，任何一种物质系统都能成为它的研究对象，而且不只限于物质系统，还可以包括自然系统、社会经济系统、经营管理系统、军事指挥系统等。我们经常会在“系统工程”前面加上一个领域限定词，从而形成了不同的系统工程应用分支。

系统工程常见的应用领域包括八类。

①社会系统工程：组织管理整个社会活动的工程技术，其研究对象是整个社会。

②宏观经济系统工程：运用系统分析方法研究宏观经济问题，如经济发展战略、国民经济宏观调控、宏观经济规划、产业结构与产业政策、投入产出分析、物价系统分析、投资决策分析、综合国力分析、税率与汇率分析、货币需求建模与预测、世界经济模型等。

③区域规划系统工程：运用系统分析的方法研究区域经济发展战略、区域综合发展规划、区域产业结构和产业政策、区域资源优化配置、城镇布局和发展规划、区域投资规划、地区之间的分工与协作、区域经济协调发展等。

④环境生态系统工程：应用系统分析方法研究大气生态系统、淡水生态系统、大地生态系统、森林与生物生态系统、城市生态系统的分析、规划、建设、防治等方面的问题以及环境监测系统、环境计量预测模型等。

⑤交通运输系统工程：应用系统工程的理论和方法，分析和解决交通运输复杂系统问题，如研究综合运输网络的建设和规划、各种运输方式的规划及调度系统、运费定价系统、综合运输优化模型以及交通运输系统动力学、城市公共交通系统分析等问题。

⑥农业系统工程：现代农业系统是一个开放的、复杂的、多目标的动态系统，应用系统工程的理论和方法研究农业问题具有广阔的前景，如研究农业发展战略、农业产业结构、农业综合规划、农业政策分析、农业投资规划、农产品需求预测、农作物合理布局、立体农业发展规划、农业服务系统综合规划、农业多目标决策方法以及农户家庭经济模式等问题。

⑦军事系统工程：主要研究国防战略、作战模拟、情报通信组织与指挥系统、参谋系统、武器装备发展规划、一体化后勤保障系统、国防经济学与军事运筹学等问题。

⑧工业及企业系统工程：以现代工业和企业为研究对象，研究其发展中的问题，如市场分析与预测、新产品研究与开发、企业重组工程、生产计划与调度系统、质量保障体系、管理信息系统、人机系统工程、企业发展与竞争战略、企业决策与决策支持系统、企业竞争力分析等。

除以上领域，还有人口系统工程、能源系统工程、水资源系统工程等。

另外，由于系统方法向管理领域的渗透，有些管理方法虽然没有冠上系统工程的名称，但其本质也是系统思想的管理方法的体现，如项目管理就可认为是广义的系统工程。

系统工程处理的对象主要是信息，因此，有些学者认为系统工程是一门“软科学”。系统工程在自然科学与社会科学之间架设了一座沟通的桥梁。现代数学方法和计算机技术，通过系统工程为社会科学研究增加了极为有用的定量方法、模型方法、模拟实验方法和优化方法。系统工程也为从事自然科学的工程技术人员和从事社会科学的研究人员的相互合作开辟了广阔的道路。

二、系统工程的发展历程及趋势

(一) 发展历程

自 19 世纪下半叶起，生产规模日渐扩大，工业产品需求扩大，电力代替了蒸汽动力，石油得到了开发，交通与通信规模也随之扩大，电气化与化学工业使生产技术设备与组织日趋复杂，生产与经营的自然和谐不复存在，人们开始考虑生产系统中的协调与综合，科学也开始关注关于系统的技术。

首先是数理科学向经济学领域渗透，出现了华尔拉斯的经济系统平衡模型；丹麦数学家埃尔朗在吉布斯热力学统计平衡思想的影响下，运用比拟的思维方法，建立了电话系统统计平衡模型。

20 世纪 20 年代，列昂节夫在斯庐茨的指引下，将华尔拉斯供求模型的平衡方程应用到集中的计划经济情况中，创造了投入产出模型。

20 世纪 30 年代初，北欧统计学家丁伯根等将物理建模、数学推论与计算引入经济学领域，开创了计量经济学，从而使经济系统的分析进一步朝数量化方向发展。

数学家冯·诺伊曼等研究经济问题中的竞争现象，提出了博弈问题并证明了区间(Minmax）定理。他们将华氏经济系统平衡建立在严谨抽象的数学基础上，从而形成了后来深刻而严谨地剖析经济系统基本现象的数理经济学。

20 世纪 30 年代末期，苏联数学家康托洛维奇发表了《生产组织与计划的数学方法》，提出了科学进行生产组织与计划的一整套方法。

以研究高效率生产为目标的管理工程对系统工程的发展也起到了重要作用。因为早期的时间研究和动作研究的方法，其本质仍属于系统最优化的思想。

从上面分析可知，在第二次世界大战前夕，经济、生产等领域的系统问题已促使人们努力揭示系统的一般运行规律和创造组织管理系统的技术。从上述研究工作及成果可以看出，这一时期各领域的学者已对系统平衡、要素配置、输入-输出关系、竞争、博弈、聚散等问题进行了较深入的研究，但是与系统理论相关的工作还较分散，因此，只能属于系统工程的起步阶段。

在第二次世界大战期间，系统分析的方法和技术得到了突飞猛进的发展。由于战争规模庞大，军事组织与战略、战术的研究也显得非常重要。例如，英国当时为了有效地使用技术上先进的雷达系统，于 1940 年成立了一个跨学科的运筹学研究小组，研究小组将武器、作战现场及武器使用者作为一个系统整体进行分析，以寻找提高作战能力的方法。许多成功的实例证明，成功运用系统分析技术，能使作战能力提高十倍甚至数十倍，如关于反潜艇问题、深水炸弹问题、军事运输问题等，都显示了运用科学分析技术成功解决系统问题的威力。这是一种新的研究、分析系统问题的技术。另外，第二次世界大战期间各国还培养了一批系统工程人才，促进了系统工程学科的形成与发展。

20世纪50年代，第二次世界大战结束后，经济与社会发展得以恢复，生产规模进一步扩大，各种社会经济系统和工程管理系统的规模日益扩大和复杂化，导致一些新的问题出现，如城市交通、环境保护等问题已成为世界性的难题。对于这些难题，单凭人们的直觉与经验是无能为力的，甚至还会出现重大的失误。在此情况下，人们又一次寻求通过科学的系统方法作为解决复杂经济社会系统问题的技术，并在环境污染治理、技术选择、资源综合利用等方面取得了成功。因此，70年代之后，系统工程的应用范围不断扩大，从硬系统的处理扩大到更加复杂的系统，如社会经济系统工程。70年代中后期发展起来的软系统思想是系统工程从面向工程系统到面向无结构系统转变的典型标志。实际上，把系统思想应用于工程和组织管理上，正是西方系统科学运动的一个重要组成部分。西方的系统工程研究之所以能快速发展，主要是由于当时大型工程建设的需要和复杂组织管理问题的需要。美国的阿波罗登月计划是运用系统工程最经典的事例。

20世纪80年代末，我国系统工程的创始人钱学森教授针对一些复杂的系统进行概括和提炼，提出了“开放的复杂的巨系统”理论，为系统工程应用开创了新的领域——复杂系统工程。进入20世纪90年代，科学与技术的进步使人类面临更复杂的系统工程。计算机部分替代人脑的工作，人机结合的系统研究进展加快。从方法论上，我国的钱学森等著名学者提出了综合集成法，而兰德公司针对中层管理问题总结形成了问题分析技术与潜在问题分析技术等一般管理者适用的方法。现在，系统工程已渗透到许多领域，系统思想正成为解决各领域复杂问题的基础方法。

从我国系统工程的发展历程看，20世纪70年代后期以来，在我国系统工程学者的积极推动下，西方的系统思想、系统文化和大量系统工程的实践案例被纷纷引进。1978年，钱学森、许国志、王寿云在《文汇报》上发表了《组织管理的技术——系统工程》一文，从此揭开了中国系统工程大发展的新篇章。1980年8月，中国系统工程学会在北京成立，学会汇聚了来自我国自动控制学界、数学界、管理工程学界和社会经济学界的一批著名学者，形成了一个学科交叉、知识融合的局面，为我国系统工程的发展奠定了组织基础。

（二）发展趋势

当代系统工程的发展趋势主要表现在以下几方面。

1. 系统工程作为一门交叉学科，日益向多种学科渗透和交叉发展

现在，自然科学与社会科学的相互渗透越来越深化。为了使科学技术和经济、社会得到最优协调发展，需要社会学、经济学、系统科学、数学、计算机科学与技术、控制理论与技术等众多学科的综合应用。系统研究从一开始就是多学科、多领域的，并且具有开放性和包容性，自觉地从自然、社会、人文各学科汲取最新研究成就丰富自身的发展。系统工程研究不仅对各学科都开放，而且有很好的包容性。系统工程之所以发展得这么快，其中主要的原因就在于不断地吸收各学科的最新成果来丰富自身。

从我国近十多年来的系统工程研究文献统计看，对系统工程理论和方法的研究集中在运筹学、粗糙集理论、模糊理论、信息论、系统动力学等理论基础问题。由于社会经济系统的规模日益庞大，影响决策的因素日益复杂，在决策过程中有许多不确定的、随机的因素要考虑，因此，现代决策理论和方法有了很大的发展。在现代决策理论中，不仅应用了数学方法，还应用了心理学和行为科学，同时，还广泛应用了计算机工具形成决策支持系统。随着人工智能技术的发展，人们又发展了以计算机为核心的决策专家系统。由于现代管理科学的发展，依靠现代计算机科学、通信技术及网络技术形成了多种形式的管理信息系统和远距离通信网络系统。

2. 系统工程作为一门软科学，日益受到人们的重视

从20世纪70年代开始，社会上出现了一种从重视硬技术转向重视软技术的变化。人们开始从研究“物理”扩展到研究“事理”，后来又开始探讨“人理”。对系统的研究也从研究“硬件”扩展到研究“软件”，近年来又开始探讨“斡件”（Orgware），即协调硬件和软件的技术。近年来，国外还有人提出要探讨“人件”（Humanware），即探讨人类活动系统。

在20世纪50年代到60年代末，由于定量方法的发展和电子计算机的广泛应用，使不少社会经济问题和管理问题有了科学计算的具体方法，并可以具体求出它的最优解决方案，这推动了运筹学和系统工程的发展，也推动了管理科学中定量学派的崛起，人们不再满足那些只凭经验管理和定性分析的方法。但是到20世纪70年代中期，一些有远见的学者已经感觉到“过分定量化”“过分数学化”会给运筹学、系统工程的应用带来副作用。有些人专注于数学公式的推导本身，而忽视了最有生命力的源泉——实际问题本身。著名运筹学专家丘奇曼（C. W. Churchman）认为：在大部分的大学中，运筹学成了学术性的“模型”，而不是现实世界的“模型”，研究的兴趣是算法……他们向管理者提供的是由模型表达的特定问题的解，这正好同当初提出的目的背道而驰。20世纪80年代中期，在管理科学家中也有人认为现在的管理学院太偏重理论和定量方法，这样培养出来的人成了眼光狭窄的技术型干部，缺乏处理人与人之间的关系和相互沟通的才能，于是开始增设了一些“软”课程，从公共关系到领导艺术和谈判技巧等。

在系统工程一类软科学中，其所研究的系统对象往往可以分为“硬系统”和“软系统”两类。所谓“硬系统”，一般是偏工程、物理型的，它们的机理比较明显，因而比较容易用数学模型来表述，有较好的定量方法可以计算出系统的行为和最优解。这类硬系统虽然结构良好，但是常常由于计算复杂，计算量太大，需要高速、大容量计算机，计算费用太昂贵等而不得不采取一些软处理方法，如人机对话方法、启发式方法等，把人的经验判断加进去，使得组合优化或非线性优化等复杂问题加以简化。

所谓“软系统”，一般是偏社会、经济型的，它们的机理往往并不清楚，较难完全用数学模型来表述，而常用定量与定性相结合的方法来处理问题。“软系统”的一个主要特点是在系统中加进了人的因素，吸取了人的判断和直觉。

对于“软系统”，为了求解方便，常用近似的“硬系统”来代替，如耗散结构理论就是用热力学的某些原理来解释社会现象。当然，这样算出的最优解不是原问题的最优解，但是我们可以用这种方法去逼近，由决策者根据经验来决定解的取舍。当然这种解也就谈不上最优解，一般只能是满意解。这种“软系统”的“硬化”处理，首先是把某些定性问题定量化，然后采取定量为主、定性为辅的方法来处理。

3. 系统工程的应用领域日益广泛，推动了系统工程理论和方法的不断深化发展

系统工程的方法技术在第二次世界大战期间得到了快速发展和成功应用。第二次世界大战之后，其应用领域逐渐从大型工程领域向社会经济领域扩展，其中社会经济发展战略、企业发展战略和区域社会经济发展规划是全社会关注的应用领域，并取得了显著的社会经济效益。从我国系统工程的实践应用成果看，已在许多领域取得了良好的效果。

20 世纪 80 年代以来，我国系统工程的应用研究主要集中在工业企业、宏观经济、能源、交通、军事等领域。工业企业领域的应用研究主要包括生产计划安排、库存管理控制、企业经营决策、供应链管理协调、企业间的动态联盟等问题的研究。宏观经济领域的应用研究主要包括宏观经济规划、国民经济发展、金融投资、宏观经济预测、宏观经济政策等问题的研究。能源领域的应用研究主要包括能源的合理开采与利用、矿区规划、电力系统规划等问题的研究。交通领域的应用研究主要包括交通线路规划与选择、交通网络优化、交通流分析控制、城市公共交通规划等问题的研究。军事领域的应用研究主要包括武器装备的规划与评测、作战模拟与战略战术等问题的研究。

广泛的应用，要求用更多的创新方法来解决复杂的实际问题。近二十年来，模糊决策理论、多目标决策和风险决策的理论和方法、柔性战略的理论和方法、智能化决策支持系统、神经网络在系统分析中的应用、冲突分析、对策论在经济管理系统的应用等方法层出不穷，展示了系统工程广阔的发展远景。21 世纪的科学发展趋势中，复杂系统已成为前沿研究的焦点，其研究和应用正在向各学科渗透，并受到众多学科领域的关注。近十年来，复杂系统问题的研究已经成为系统科学与系统工程领域的重要学科研究方向。复杂性科学的研究需要应用定性判断与定量计算相结合、微观分析与宏观综合相结合、还原论与整体论相结合，以及科学推理与哲学思辨相结合的方法。同时，由于复杂系统的不可分解和层次性，使得计算机仿真和模拟方法得到了广泛的关注。

三、系统工程方法论

从本质上讲，系统工程是一项组织与管理系统的过程。尽管对于不同的实际问题，可能采取不同的分析方法，但是系统工程解决问题的决策思维过程是一致的，这个决策过程就是系统工程的方法论框架。该过程本身也可看作是一个系统。那么，该系统由哪些要素组成？各要素之间存在怎样的联系？该系统具有什么样的结构？显然，从任何单一的角度，都不可能完全揭示该系统的全貌，必须从多角度进行观察。本节将通过霍尔三维结构来揭示这一系统的结构，并通过三维结构中逻辑思维的解释来说明系统工程中的决策思维过程。

（一）霍尔三维结构

1962 年，美国学者霍尔（Hall）提出了被称为“霍尔三维结构”的系统工程方法结构。他从时间、逻辑、知识三个维度揭示出了系统工程的结构，如图 1–4 所示。

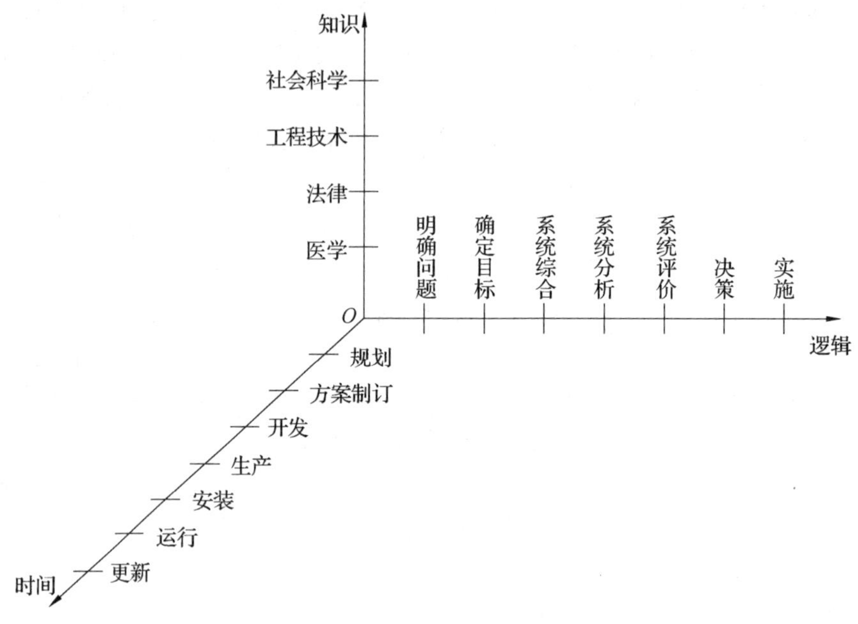

图 1-4 霍尔的三维结构体系

1. 时间维度

时间维度以时间的先后顺序来揭示工程中的各要素及其相关联系，即工程是通过一系列按时间先后顺序排列的工作体现进展的。这里既有串联的工作，也有并联的工作。霍尔将系统工程按时间顺序分为图 1-4 中的七个阶段，即：

①规划阶段：分析系统所处环境条件，确定所需资源，规划系统要实现的目标。

②方案制订阶段：根据规划的目标，制订具体的总体方案。

③开发阶段：根据总体方案，制订详细的生产计划。

④生产阶段：生产制造所需的零部件（即方案的组成要素），制订系统安装计划。

⑤安装阶段：安装系统，制订运行计划。

⑥运行阶段：系统投入运行，实现功能。

⑦更新阶段：根据运行过程中的问题，改进、更新系统。

用阶段对工程进行划分，最核心的是阶段成果，上一阶段的成果是下一阶段工作的基础。上一阶段的具体工作都体现在阶段成果之中，因此，阶段与阶段之间由“阶段成果”联系起来。

2. 逻辑维度

逻辑维度是从工程管理的决策思维过程来考察，揭示系统决策的组成部分及其联系的规律。思维的展开是围绕决策任务的完成而展开的，即决策过程的视角。霍尔将系统工程的决策思维活动划分成七个步骤，即明确问题、确定目标、系统综合、系统分析、系统评价、决策、实施。逻辑维度上的结构比时间维度上的结构更难把握，但也更突出体现了系统思想的特点和系统工程方法论的特征，本节稍后将对此进行详细介绍。

3. 知识维度

知识维度是从工程活动中需要投入的科学知识的角度来考察的，说明科学知识对工程进展的支撑作用。知识维度可划分成社会科学、工程技术、法律、医学等，这一维度是离散的、无排列顺序的。知识维度的元素对时间维度和逻辑维度层面提供知识支撑。

（二）系统决策过程中的逻辑结构

逻辑维度是霍尔三维结构的核心，反映的是系统工程方法解决问题的决策思维过程，也是人们通过大量成功的实践，总结出的解决系统问题的思路。

1. 明确问题

用任何方法解决问题，首先要求将问题表述成适当的形式，包括说明存在什么问题及其严重性、紧迫性、后果等，还要求在说明问题的基础上进一步探明行动的方向。系统工程人员面对的问题常常是难以解开的病态结构问题网。系统工程的活动可分成两部分：分析问题和解决问题，前者是从决策者的角度弄清现实存在的相互交织的问题网，后者是从专业角度提出和分析各种问题的途径。

明确问题也就是定义问题，这一阶段的任务包括：通过调查等手段，弄清问题的结构、过程及其态势，定义问题的边界和各种资源约束，寻找可能采取的行动方向。

2. 确定目标

目标是指希望得到的结果。这一步是将问题定义具体化，将行动方向转化为行动目标的过程。目标是在对问题及其产生原因、内外部环境、资源约束等信息进行分析的基础上形成的。目标太笼统，系统分析难度大；目标太具体，又容易以偏概全。因此，系统工程人员需要全面分析目标结构，从而选择合适层次的目标。确定目标之后，还需要建立目标评价体系和约束条件。目标评价指标用来反映方案达到目标的程度，约束条件是对备选方案及其目标实现程度的限制。

3. 系统综合

系统综合就是拟订实现目标的可行方案。根据确定的目标，拟订解决问题的大纲和决定分析的方法，搜集相关的资料并分析其相互关系，寻找解决问题的各种可行方案，并进行初步筛选。一个问题没有两种以上的方案就不能称之为“系统工程问题”。提出方案是创造力的体现，往往要采用多种途径和方法，如类比法、功能分解法、联想法、头脑风暴法等。只有存在多个可选的方案，才能体现出科学决策的效率。因此，提出备选方案是进行系统分析的基础。

4. 系统分析

这里的系统分析是指对已提出的备选方案的特征进行比较研究，对方案执行的可能结果进行分析、预测和判断。主要分析内容包括：检验方案是否符合某个重要的单项指标约束的许可性分析、副作用分析、潜在问题分析、敏感性分析、费用效果分析等。

通过系统分析，可分析备选方案的质量，更主要的是可在分析中提出改善或改造建议。系统分析可借助于模型化方法进行。

5. 系统评价

根据各种方案在不同情景下的分析结果，并结合其他资料所获得的结果，将各种方案进行定性与定量相结合的综合分析。通常，备选方案在不同的评价指标方面各有优缺点，很难简单地断定某一方案绝对优于其他方案，这时就需要应用综合评价，既考察每一方案的利弊得失和效益成本，也考虑各种有关的无形因素，如政治、经济、科技、环境等，以获得对所有可行方案的综合评价和结论。系统评价是方案优选和决策的基础。

6. 决策

这里的决策是指决策者根据对可行方案的评价结果，再考虑自己的决策偏好，最终选择一个方案加以实施。

7. 实施

实施是将选定的方案加以贯彻和实施的过程。实施的过程中也可能对方案进行修正、完善甚至中断执行。应用项目管理方法可实现对方案实施过程的有效管理。

在系统工程分析过程中，上述七个过程并不是一次顺序地完成的，它们之间存在着反馈现象。

第三节　物流系统工程

一、物流系统工程的定义

物流系统工程是指在物流管理中，从物流系统的整体利益出发，把物流与信息流融为一体，运用系统工程的理论和方法，为物流系统的规划、管理和控制选择最优方案。

物流系统工程可解决物流系统的最优控制、最优设计和最优管理问题，同样可解决物流系统的规划、计划、预测、分析和评价问题。它是系统观点、数学方法、计算机技术和其他科学技术相互渗透和交叉综合而成的综合性学科。

二、物流系统工程的理论基础

系统工程的理论基础是由一般系统论、大系统论、经济控制论、运筹学等学科相互渗透、交叉发展而形成的，这些也是物流系统工程理论和方法的基础。

（一）一般系统论、大系统论、协同论和耗散结构理论

一般系统论（General System Theory）是通过对各种不同系统进行科学理论研究而形成的关于适用于一切种类系统的学说。它强调系统的整体观念、动态观念和层次观念。耗散结构（Dissipative Structure）理论由比利时学者普利高津提出，认为一个开放的系统在远离平衡态的情况下，通过不断地与外界交换能量、物质和信息，当发生某些特殊事物耦合，达到一定的阈值时，就会突然以新的方式组织起来，产生新的质变，从原来混沌无序的混乱状态，转变为在时空上或功能上的稳定的有序状态。耗散结构理论为贝塔朗菲的一般系统论的有序结构稳定性提供了严密的理论根据。1973 年，德国的赫尔曼·哈肯提出了协同学理论（Synergetics），认为不同系统之间存在着各要素的协同行为，这种协同作用超越各要素自身的单独作用，从而形成整个系统的统一作用和联合作用。协同作用是形成系统有序结构的内部作用力，通过这种作用，系统能够自动产生时间上、空间上或功能上的

有序结构。协同论的核心是自组织理论，即复杂大系统在演变过程中，通过内部诸要素的自动协同来达到宏观有序的状态。协同学理论在发展进程中推动了系统工程的发展，成为系统科学重要的理论基础。

大系统一般是规模庞大、结构复杂、环节多或层次较多、目标多样、影响因素众多、关系错综复杂并常带有随机性质的系统，如经济计划管理系统、物流系统、区域经济开发系统等。大系统优化的基本方法是特定的分解与协调方法，即把可分解的大系统分解成许多互不相关的子系统，这些互不相关的子系统又都是与大系统相关的，各子系统将性能反馈给大系统，用总目标度量后，再将指示下达给各子系统，这就是大系统的分解与协调的基本思路。大系统优化又可分为静态优化和动态优化，静态优化采用但泽-沃尔夫（Dantzig-Wolfe）大线性规划方法来解决，其基本原理仍是应用了分解协调原理；动态优化也是采用分解协调原理，将各子系统之间具有联系约束的动态优化问题，用拉格朗日（Lagrange）乘子向量化为无联系约束的动态优化问题，经过模型协调计划，以求得各子系统分散控制的规律，使大系统达到优化。

物流系统是一个包含多个子系统的复杂大系统，而且是一个非平衡的开放系统。采用大系统基础理论，解决物流系统中的整体与部分、整体与环境之间的相互关系，使物流系统的各个环节都处于最优状态。采用协同学理论，便于研究不同子系统间的相互关系、相互影响。由于物流系统内部各元素的联系是非线性的，存在有规律的波动和无规律的随机扰动，因而是一个耗散结构。它的整体化、多因素、多过程的相互作用是非加法性的，应该采用耗散结构理论进行分析研究。

（二）经济控制论

经济控制论是应用现代控制论的科学方法分析经济过程的学科。20 世纪 60 年代初期，控制理论开始应用于经济领域。1965 年，美国哈佛大学的经济学教授多贝尔和控制论教授何毓琦首次合作利用控制论建立经济学模型。1966 年，该校经济系的泰勒和肯德里克教授应用控制理论中的共轭梯度法建立了当时的韩国经济最优计划模型。此后，控制理论在微观经济和宏观经济方面都得到了广泛的应用。

由于经济系统是相互依存的一个整体，投入-产出模型是一种简单而有用的经济分析工具，是包含许多经济部门、高度解集、确定供给的综合模型。但在实际经济运行中，考虑到收益变化、生产技术变化、生产中的时间滞后、资本积累过程等时间因素引起变量变化，因而人们在静态投入-产出模型的基础上加入变化因素后，研究动态投入-产出模型，从而形成了经济控制论的重要内容。

经济控制论用于解决物流系统中的资源（包括设施、设备）的最优利用与控制、预测技术以及物流系统合理化等问题，是物流系统优化分析中常用的基础理论。

（三）运筹学

运筹学主要是运用模型化的方法，将一个已确定研究范围的现实问题，按提出的预期目标，将现实问题中的主要因素及各种限制条件之间的因果关系、逻辑关系建立数学模型，通过模型求解来寻求最优方案。运筹学的分支主要有线性规划、非线性规划、动态规划、库存论、排队论、对策论等。

为寻求物流系统的最优方案，必须要采用运筹学中的相关理论和方法，主要如下：

1. 规划论

规划论包括线性规划、非线性规划、动态规划、整数规划等理论和方法，用于解决物流系统中的配送组织、设施规划、计划优化等问题。

2. 库存论

在经营管理工作中，为了保证系统的有效运转，往往需要对原材料、元器件、设备、资金以及其他保障物资进行量的决策，保持必要的储备量。库存论就是应用数学方法研究在什么时间、以多少数量、从什么供应渠道来补充这些储备，使得在保证生产正常运行的情况下，保持库存和补充采购的总费用最少。这类问题是物流系统及供应链系统决策中最常见的问题。

3. 排队论

排队论是研究排队现象的统计规律性，并用以指导服务系统的最优设计和最优经营策略。在这种服务系统中，服务对象何时到达、占用系统时间的长短等事先都无从确知。排队论是通过对每个随机服务现象统计规律的研究，找出反映这些随机现象平均特性的规律，从而在保证较好经营效益的前提下改进服务系统的工作能力。排队论用于解决物流系统中的流程概率性问题，按随机过程的到达率处理各种现象，如装卸系统中的设备配置、人员配置等。

4. 对策论

对策论用来研究对抗性的竞争局势的数学模型，探索最优的对抗策略。一般在已知竞争或对抗的各方全部可采取的策略而不知他方如何决策的情况下，给竞争或对抗各方提供最优决策。在这种竞争局势中，参与对抗的各方都有一定的策略可供选择，并且各方具有相互矛盾的利益。目前，对策论已在政治、军事、经济等领域内得到了广泛的应用。对策论可用于研究物流系统中多目标、多方案决策、冲突消解等问题。

（四）系统动力学理论

系统动力学理论是在总结运筹学理论的基础上，为适应社会系统管理需要而发展起来的。其主要特征是，不进行抽象的数学假想，不单纯追求最优解，而是以对系统实际观测的数据为依据，建立动态仿真模型，通过计算机模拟实验获得系统行为的描述，达到改进和完善系统的目的。物流系统中可采用系统动力学理论研究分析系统与子系统以及不同子系统间的发展变化趋势、相互关系和相互影响。

三、物流系统工程的方法介绍

物流系统工程的基本原理就是以物流系统为特定研究对象，把要组织管理的物流对象经过分析、推理、判断、综合，建立某种系统模型，进而以最优化方法，实现系统最满意的结果。即经过系统工程技术处理，使物流系统达到技术上先进、经济上合算、时间上节省、能协调运行的最优效果。

物流系统工程方法包括物流系统分析方法、物流系统评价方法、物流系统预测方法、物流系统优化方法、物流系统控制方法、物流系统网络分析方法、物流系统模拟方法、物流系统决策方法等，下面将逐一进行详细介绍。

（一）物流系统分析方法

物流系统分析方法就是从物流系统的概念出发，选择一个能使整个物流系统达到一定目标的行动方案。它所采取的方法就是通过对各种可行方案进行分析比较，从中选择所需方案，从而为决策者提供可靠的决策依据。

（二）物流系统评价方法

物流系统评价方法借助科学方法和手段，对物流系统的目标、结构、环境、输入、输出、功能、效益等要素构建指标体系，建立评价模型，经过计算分析，对物流系统的经济性、社会性、技术性、可持续性等方面进行综合评价，为决策提供科学依据。

（三）物流系统预测方法

物流预测是根据客观事物的过去和现在的发展规律，借助科学的方法和手段，对物流管理发展趋势和状况进行描述、分析，形成科学的假设和判断的一种科学理论。它包括定性预测与定量预测，如定性预测的德尔菲法、经理人员意见分析法，以及定量预测的时间序列预测、回归预测等。

（四）物流系统优化方法

最优化观念贯穿于物流系统工程的始终，也是物流系统工程的指导思想和力争的目标。物流系统优化方法很多，如线性规划法、整数规划法、动态规划法等。

（五）物流系统控制方法

物流系统控制就是系统控制理论在物流系统中的具体应用，除了有系统控制的一般特征外，尚有其自身特点。物流系统控制模型主要有确定型存储控制模型和随机型存储控制模型。

（六）物流系统网络分析方法

物流系统网络分析方法主要用于大型工程和项目的组织管理，以求达到用最少的时间和最少的资源消耗来完成整个工程或项目的目的，主要有关键路线（Critical Path Method，CPM）及计划评审技术（Program/Project，Evaluation and Review Technique，PERT）等网络分析法。

（七）物流系统模拟方法

物流系统模拟是对物流系统的某些功能进行模拟或仿真，即建立一个系统模型来模仿物流系统的某些功能，以寻找对某些问题的解决方法。模拟模型的实验运行需要进行大量的计算。

（八）物流系统决策方法

在生产规模扩大、经济信息多变、竞争日趋激烈的现代社会，为满足需要，研究以现代数量分析和信息技术为工具的科学决策已迫在眉睫。物流系统决策方法就是应用系统论的思想和决策技术，为实现特定物流系统的目标，从中选择最满意的方案或策略的科学方法。

四、常用的研究技术和手段

（一）模型化技术

所谓“模型”，是指由实体系统经过变换而得到的一个映像，是对系统的描述、模仿或抽象。模型化就是通过说明系统结构和行为的数学方程、图像或物理形式表达系统实体的一种科学方法。采用模型化技术，经过恰当的抽象、加工、逻辑整理，能够把复杂物流系统变成可以准确分析和处理的结构形式，有利于得到准确的结论。它是物流系统研究、设计、管理中广泛运用的技术，也是其他研究方法的基础。

模型分为实体模型、图式模型和数学模型。数学模型是能够描述物流系统变量之间的相互作用和因果关系的模型。数学模型一般具有下列方程形式：

$$v = f(x_i, y_i)$$

式中：v ——目标函数；

x_i ——可控变量；

y_i ——不可控变量；

$f(x_i, y_i)$ —— x_i 和 y_i 的函数关系。

目前，在物流系统领域的实践和研究分析中经常使用的模型主要有库存模型、运输模型、投入产出模型、选址模型等。模型建立的方法有直接分析法、数据分析法和系统分析法。

（二）最优化技术

所谓“最优化”，就是在一定的约束条件下，找出使目标函数为最大或最小的解。求解最优化问题的方法称为“最优化技术”。物流系统中的参数大部分属于不可控因素，而且相互制约、互为条件，要使物流系统在外界环境约束条件下，正确处理好众多因素之间的关系，就必须采用系统最优化技术，否则将难以得到满意的结果。

物流系统的最优化一般采用数学模型方法，如库存优化策略、最短路径问题、最大流量问题、最小费用问题等。在建立数学模型时，应根据系统的性质确定目标函数及其相应的约束条件，然后根据目标函数和约束条件特点选择最优化方法。在模型复杂难以求解时，常常采用启发式方法或模拟方法，求得近优解。

（三）网络技术

网络技术是现代管理方法的重要组成部分，包括以时间控制为主的计划评审法和以成本控制为主的关键路线法。网络计划技术是以数理统计为基础、以网络分析为主要内容、以计算机为手段的现代化的计划管理方法。

现代物流过程涉及方方面面，影响因素多且随机，参与单位和人员成千上万。采用网络技术可以进行统筹安排、合理规划，使生产—流通—消费之间实现物流平衡。对于关系复杂、多目标的物流系统研究，网络技术也是重要的基础理论。另外，网络技术与仿真技术结合形成的网络模拟方法也被广泛运用在复杂物流系统的设计与研究中。

（四）分解协调技术

物流系统是包含多个子系统的复杂大系统。在分析研究时，先分别对各子系统进行局部优化，再根据物流系统整体利益原则不断协调各子系统间的相互关系，以得到费用低、效率高、服务好的最优目标。除了各子系统间要协调，还要考虑如何处理好物流系统与外部环境的协调、适应，从更高的层次上把握系统的整体利益。

复杂的物流系统一般可以按照目标关联或模型关联进行分解，如企业物流系统可将降低总库存水平的目标分解为采购部门、生产车间、销售部门的库存控制子目标，也可分解为原材料、在制品、成品的库存控制子目标。模型分解则是指将系统难以求解的数学模型分解为低阶、低维、方便求解的子系统数学模型。子系统的协调要解决用什么观点处理各子系统的相互关系、协调变量的选取、协调控制结构方案等问题。

（五）仿真技术

仿真技术亦称“模拟技术”，是指用系统模型结合实际的或模拟的环境和条件，进行研究、分析或实验的技术方法。计算机和计算技术的发展，为计算机模拟系统提供了强有力的手段，大大推动了人们对复杂系统的数量和逻辑关系的研究。

物流系统一般比较复杂，有时难以用数学分析的方法研究其运行状态。因此，采用计算机模拟技术可以解决常规解析方法难以解决的问题。例如，物流费用问题很难用数学分析的方法研究，即使能构造数学模型，由于涉及面广，且各种因素随着时间的推移而变化，要找出最优解是不容易的，而采用计算机模拟技术解决这个问题就比较方便。

五、物流系统工程的主要内容

物流系统工程主要包括以下几方面的内容。

（一）物流系统分析

物流系统分析主要包括物流系统要素分析、物流系统目的分析、物流系统结构分析、物流系统环境分析。

（二）物流系统建模

物流系统建模主要包括物流系统建模的意义、物流系统建模的理论方法、物流系统模型建立的原则和步骤。

（三）物流系统预测

物流系统预测主要包括物流系统预测的特征、物流系统预测的常用方法等。

（四）物流系统网络规划

物流系统网络规划主要包括区域物流系统规划、企业物流网络规划、物流系统设施选址规划、运输网络规划等。

（五）物流系统仿真

物流系统仿真主要包括离散事件的系统仿真方法、物流流程仿真、物流布局仿真、仿真在物流系统中的应用趋势分析等。

（六）物流系统评价

物流系统评价主要包括物流系统评价的指标体系、单项评价法、综合评价法、模糊综合评价法等。

（七）物流系统决策

物流系统决策主要包括决策的基本方法、物流战略决策、第三方物流决策、库存决策等。

本章小结

系统是由相互作用而又相互依赖的若干组成部分结合而成的具有特定功能的有机整体。物流系统是指在一定的时间和空间里，由所需位移的物资、包装设备、装卸搬运机械、运输工具、仓储设施、人员和通信联系等若干相互制约的要素所构成的具有特定功能的有机整体。

系统工程是以研究大型复杂的人造系统和复合系统为对象的一门交叉科学，它既是一个技术过程又是一个管理过程。根据我国著名科学家钱学森教授给出的定义：系统工程是组织管理系统的规划、研究、设计、制造、试验和使用的科学方法，是一种对所有系统都具有普遍意义的科学方法。系统工程是一门跨越许多学科的特殊的工程技术。任何一种物质系统，包括自然系统、社会经济系统、经营管理系统、军事指挥系统等都能成为系统工程的研究对象。

通过霍尔三维结构可以从多角度认识系统工程。从系统决策的逻辑结构看，系统工程包括了明确问题、确定目标、系统综合、系统分析、系统评价、决策、实施等七个过程，这七个过程构成了系统工程方法论框架。

物流系统工程是系统工程的一个应用分支，其理论和方法的基础来源于一般系统论、大系统论、协同论、耗散结构理论、经济控制论、运筹学、系统动力学等学科的理论知识。模型化技术、最优化技术和网络技术是物流系统工程研究常见的技术和手段，广泛应用于物流系统分析、预测、规划、配送路线优化、仿真、评价及决策等过程中。

复习题

1. 什么是系统？系统的三个基本属性是什么？
2. 什么是系统的层次性？系统的层次结构有哪几类？认识系统层次性对分析系统有何作用？
3. 如何理解系统的相关性？
4. 分析实体系统与概念系统的关系，并举例说明。
5. 什么是物流系统？物流系统有哪些特点？
6. 物流系统的构成要素有哪些？
7. 什么是系统工程？它与一般工程有何区别？
8. 简述霍尔的系统工程三维结构体系。

9. 为什么说物流系统需要系统工程的方法？

10. 小故事：北宋真宗年间，宫殿大火后，大臣丁渭受命主持修复皇宫。他通过勘察，发现此工程存在三个难题：取土难、运输难、清淤排放难。后来他构思了一套整体施工方案：首先挖沟，将施工工地与一条自然河道联通，形成一条临时人工运河；挖出的泥土烧制成砖瓦，用作工程建材；利用人工运河运输其他建材；皇宫修复后，用建筑废料填埋人工运河。通过这则小故事，分析该修复系统中，有哪几个关键要素？具有哪些功能？如何通过要素的巧妙结合，来实现系统最大的功能效益？

11. 什么是物流系统工程？

12. 举例说明物流系统中的哪些问题可以应用运筹学方法来解决。

13. 物流系统工程的主要研究内容有哪些？

案例分析 1

日本伊藤洋华堂公司的食品物流系统

伊藤洋华堂公司在东京圈内的新食品物流系统已经完成，其特征是深入地研究和统筹店内物流，以减轻店铺的作业负担，到货的精度达到了49999/50000，在世界上还是很少见到运用这样高度现代物流系统的案例的。

一、供应链的大幅度改革

伊藤洋华堂公司早在很久以前就引入了“窗口批发商制度”，致力于物流的效率化。这一制度是将若干个批发商的业务集中于作为窗口的批发商，以简化向店铺配货体制。但是，得到广泛应用的这一制度也存在着改善的必要。

1999年10月，新的加工食品物流中心投入运营。具体做法是，废弃三所外集散型物流中心，将六所在库物流中心集中于四所整合物流中心，中心的运营委托给食品批发商和各个公司，除了加工食品之外还有点心和酒类。这样一来，做到了从窗口批发商到店铺的物流效率化，大大减少了作业量。新物流系统对店铺的销售物流和厂家物流进行了合理化的调整，加强了供应链管理的意识。

二、由信息技术支撑的补货方式

在连锁店，从采购的商品卸货，再到将商品展示到专场的过程往往负担较重，洋华堂也不例外。区分一般商品和特卖商品、验货、向卖场不同的货架的码放等细致的作业需要从入货口开始就做一次分拣、二次分拣、上货等工作。新的物流系统将这些中间作业全部进行了优化，实现了商品卸货后可以向卖场直接上货，能够达到这样的效果完全靠得是信息系统。

新补货方式以货架为单位，按顺序进行，做到效率最大化。首先，对各店铺的货架与存放的商品进行调查，将商品与其在货架上的货位信息输入物流中心的计算机系统中，建立起商品、店铺乃至货位的对应关系，通过计算机系统自动地识别什么商品有多少，应该补充到哪一家店铺的哪一个货位上。完成这样复杂的区分作业，系统误差只有1/50000，有如此高精度的物流系统，当然就不需要再进行验货作业了。

新物流系统还引入了鲜度维持管理系统，商品的主文件中设定了商品有效期和准许销售期限，在商品入库时输入制造年月，计算机系统就可以自动判断是否可以入库。在库商品严格按照先进先出原则进行作业，每日由作业人员检验商品日期。为保证不出现超过准许销售期限的商品，对将近准许销售期限的商品提供预警的功能，采用双重保险方式。

三、精度达到49999/50000的作业系统

共同配送中心的物流、信息系统是由运营的食品批发商和伊藤洋华堂公司共同开发的，基本的物流操作是一致的。这里只举出川口加工食品共同配送中心的作业实例。该中心坐落在与东京相邻的琦玉县川口市，为伊藤洋华堂公司在东京都、琦玉县、坜木县、茨城县的51家店铺供给商品，全年365天运转，年基本业务处理量约250亿日元，中心的运营由食品批发业大公司菱食公司承担。中心占地面积8639.4平方米、建筑面积15793.8平方米，保管商品数约4500种，其中加工食品2400种、点心1500种、酒类600种。库内有与伊藤洋华堂公司交易的16家批发商的商品，采用共同保管方式。

该中心上午进行入库作业。为了提高作业效率，采用指定时间到货方式，送货迟到的时间限制可最大放宽15分钟。作业人员使用下载了订货数据的手持式电脑终端，对入库的商品进行扫描确认；然后将商品分别按A、B、C、特卖的分类进入保管区或自动仓库。店铺接收订货在12点截止，配送作业从14点半开始，根据每日的订货量不同一般需要进行到20点左右。较近的店铺在傍晚时分出库，在20点左右送达，较远的店铺是在第二天的7点至8点到货。考虑到噪声等问题，避免深夜到货的同时在开店前结束到货。

其货物配送也根据不同类型的商品采用不同的方式。

A类商品和特卖商品采用清单配送方式，用叉车将商品搬送到出库区域，使用扫描器对出货进行核对和确认，信息反馈到计算机系统。

B、C类商品的出库采用手推式配货台车的方式。台车是伊藤洋华堂公司自己设计的式样，能够识别货架的位置，可以自动选择最短的前进路径。台车上配置自动数据采集终端。专门用来下载不同店铺和不同通道划分的出货信息。货物从货架上取出后，经扫描确认，按品类放入可折叠的货箱中。配货完成之后再进行数据上传，打印出的标签粘贴到货箱上，之后由自动分拣机进行分拣。自动分拣机的出货口排列着轮式托盘、包装箱，货箱上粘贴有通道编码的标签，作业人员将商品放入按通道准备出货的轮式托盘上，轮式手盘带有分隔板，可以在一台轮式托盘上分开旋转多个通道的商品。

四、5亿日元以上的成本降低效果

过去，在伊藤洋华堂的店铺，员工8点上班、11点补货还未完成的情况屡见不鲜。新物流系统投入使用后，货物在10点之前可全部上架完毕，补货效率大大提高。

接货作业的时间从80分钟大幅度压缩到20分钟，而且实现了店铺的无验货作业。缩短的时间用来进行订货和接待顾客，使店铺的顾客服务水平得到了提高。

不仅仅是时间，同个店铺一年的人员费用能够节省200万~300万日元。现在东京圈物流中心的配货店铺数合计为177个（洋华堂公司117个店铺、其他60个店铺），若每个店铺可节省300万日元，则可以减少5亿日元的经费。

伊藤洋华堂公司正尝试在其他地区也采用新加工食品物流系统，其中已经初步确定了

北海道、静冈县、名古屋市三个地区作为候补，已经进入了实质性阶段。

洋华堂公司与日本的外资零售业不同，没有多余的店铺库存，也没有无效的物流作业。在欧美还见不到这样的现代物流系统，也可以说它是企业物流革新的典范。

思考题：日本伊藤洋华堂公司的食品物流系统是怎样的？为什么要选择高效的现代物流系统？

（来自百度文库）

案例分析 2

系统方法在物流系统中的应用

案例 1：美国全国机械公司配件部门年销售额为 16000 万美元，年实物配送费用为 2600 万美元，为销售额的 16.25%，产生这样高的配送费用是由于公司坚持高质量的服务标准。公司在全国各主要市场都设有仓库，共有 50 处之多。高级管理层认为配送费用开支过大，服务标准没必要保持现在的高水平。著名管理顾问 H. N. 谢康被请来处理这个问题。他确认撤销 20 处仓库可使配送费用降至最低，年节省费用 200 万美元。但减少仓库，用户不能就近及时地收到配件。此时，公司老总请来有关方面的专家，进行了适合该公司实际情况的计算机系统模拟。模拟结果显示，如果采取撤销仓库的方法，将失去销售总额的 20%。经过高层决策，决定保留原来的 50 处仓库，避免了由于销售量下降所带来的更大损失。该案例是典型的运用系统模拟技术帮助决策者透过复杂物流系统看清问题本质，避免决策失误的成功案例。

案例 2：某食品有限公司经营各种食品，设有 8 个国内营业部和 1 个国外经营部，年销售额约 100 亿美元。它的主要用户是食品零售连锁店和杂货批发商。公司销售的食品有的需要冷冻，有的必须冷藏，而且许多食品有着不同的保鲜期，这使公司的实物配送工作复杂化。公司设有 7 个配送中心，每天发运的食品为 1000 万箱左右，保证 98.5%的用户订货能得到满足。每个配送中心设置有“800”免费电话号码，用户可以预约订货，增加订货，或要求快速送货。公司实行物流一体化管理，实物配送组织同与物流有关的其他业务环节，如采购、资财管理、生产调度、库存管理、运输等单位成功地相互协调作业。在物资管理单位，对仓库布局、选择运输方式和供货来源等事项进行决策。该单位的主要目标是：材料采购、运输和配送等业务按竞争原则办事，节省物流费用支出；质量第一，对供货厂商和运输商坚持质量保证要求；有效利用计算机信息系统；发展与提供原材料和运输服务的供货厂商之间的个人特殊公共关系。该案例运用预测和决策技术，将系统方法贯穿于整个公司的管理体系，公司由此获得了巨大的利润。

思考题：通过以上两个案例，谈一谈系统方法在物流系统中的应用。

（来自百度文库）

第二章

物流系统分析

本章学习目标

- 掌握物流系统分析的目的、主要原则及分析要点。
- 理解物流系统目的的完备性分析和必要性分析。
- 认识物流系统的功能结构和网络结构，掌握物流系统结构分析的步骤。
- 掌握物流系统子系统分析的主要内容。

本章导读

系统分析是为了解决问题、做出决策而进行的信息收集与处理的过程，这种方法是以系统思想为基础的。随着物流系统面临问题的日益复杂化，必须以系统思想为基础，对物流系统进行全面分析。本章介绍了物流系统分析的目的、基本原则以及物流系统分析的要点和常见问题，详细阐述了物流系统目的的分析、物流系统结构的分析及物流子系统的分析等内容，为更好地创建或改进物流系统提供决策方案支持。

第一节　物流系统分析

一、物流系统分析的概念

物流系统分析是指在一定时间、空间里，将其所从事的物流活动和过程作为一个整体来处理，以系统的观点、系统工程的理论和方法进行分析研究，以实现其空间和时间的经济效应。物流系统分析的目的在于通过分析，比较各种拟订方案的功能、费用、效益等各项技术、经济指标，向决策者提供可做出正确决策的资料和信息。所以，物流系统分析实际上就是在明确目的的前提下，来分析和确定系统所应具备的功能和相应的环境条件。

物流系统分析贯穿于从系统构思、技术开发到制造安装、运输的全过程，其重点放在物流系统发展规划和系统设计阶段。具体包括：指定系统规划方案；生产力布局；厂址选择、库址选择、物流网点的设置、交通运输网络优化等；工厂内（或库内、货场内）的合理布局、库存管理，对原材料、在制品、产成品进行数量控制；成本（费用）控制等。

二、物流系统分析的目的

系统分析的目的在于通过对系统的分析，比较各种备选方案的费用、效益、功能、可靠性及与环境的关系等各项技术经济指标，得出决策者进行决策所需要的资料和信息，为最优决策提供可靠依据。系统分析的方法是采用系统的观点和方法，用定性和定量的工具，对所研究的问题进行系统目标、系统结构和状态的分析，提出各种可行方案，并进行比较、评价和协调，帮助决策者对所要决策的问题逐步提高清晰度。因此，系统分析是辅助领导者实现科学决策的一种重要工具。

当系统的内外部环境发生改变，需要重新设计系统或进行系统的改造时，就需要进行系统分析。对一个物流系统来说，当外部市场环境或企业战略发生改变时，需要对现有的物流系统进行重组、改造，或重新设计新的物流系统，这时就需要明确如下这些问题：重组或改造后的物流系统需要有什么功能，什么样的系统结构能实现这些功能，是否会出现不希望的附加功能，等等。这就需要进行物流系统分析。另外，当经济环境、政策环境发生变化时，也需要对现有的物流系统进行分析，以评价现有的系统是否适应变化的环境，是否需要进行系统改造。当今的市场处在不断的变化之中，供应链中的伙伴关系也会经常发生变化，因而经常需要对物流系统进行分析。

物流系统分析既包含了认识物流系统的相关内容，也包含了改造或构造物流系统过程的相关内容。这两者经常互相渗透，难以完全区分。从本质上讲，物流系统分析的目的主要是为了更清楚地认识物流系统，从系统目的、功能、结构、外部环境、经济后果等方面更加全面地剖析物流系统，其最终目的是为构造或改造物流系统提供科学指导和充分依据，使物流系统的整体效应达到最佳。

三、物流系统分析的原则

物流系统分析面对的是不确定的、变化的环境条件，需要对许多现实问题做出假设，且系统分析过程中受到分析人员和决策人员价值观及主观因素的影响。因此，在进行物流系统分析时应当遵循以下一些原则。

（一）当前利益与长远利益相结合的原则

系统分析的目的就是要最终实现系统的最优化。而系统的最优化既包括空间上的整体最优，也包括时间上的全过程最优。因此，选择最优方案时，不仅要考虑目前利益，还要同时考虑长远利益、长期目标，要两者兼顾。如果两者发生矛盾，应该坚持当前利益服从长远利益的原则，即以长期目标为中心，并注意短期目标与长期目标的一致。例如，交通运输网络、干线物流通道、货场等设施的建设是提高区域物流水平的重要因素，但这些项目的经济回报需要通过较长时间才能体现。如果对这种滞后性不能客观对待，只看重眼前利益，不考虑长远利益，不重视基础性投资和建设，只会是欲速则不达。

（二）局部利益服从总体利益的原则

子系统局部效益的最优并不意味着总体系统效益的最优。因此，在进行物流系统分析时，必须把要解决的所有问题看作一个总体，弄清物流系统各子系统的具体问题及其相互关系，并明确各局部问题对整个系统产生的影响。系统中各要素之间的关系揭示得愈清晰、愈透彻，那么，提供给决策者的信息就愈全面、愈可靠、愈有价值。另外，在进行物流系统最优化时，考虑到各要素间存在的效益悖反特性，应该从系统总体目标出发进行优化，使各子系统的选择服从系统总体效益最大化原则。系统总体的最优有时要求某些子系统放弃最优而选择次优方案，甚至次次优方案。

（三）内部因素与外部条件相结合的原则

系统的内部因素主要是系统的组成要素、要素之间的关系、系统结构、功能等，如企业的物流设施设备能力、技术水平、合作伙伴及客户资源等；系统的外部条件是指系统生存和发展所依赖的外部环境，一般是不可控的，如宏观物流政策、市场波动、自然灾害、动荡的局势等。分析物流系统所处的外部条件，主要是要弄清系统目前和将来所处环境的变化状况，认清系统发展的有利条件和不利因素。进行系统分析时，必须将内外部各种相关因素结合起来综合考虑。通常可将内部因素作为决策变量，将外部条件作为约束条件，并明确外部条件的变化对内部因素的影响关系。

（四）定性分析与定量分析相结合的原则

定量分析是指以数学模型和指标值的计算为基础进行的分析和判断。定量的指标值便于比较，是评价物流系统方案优劣的重要依据，如成本、收益、配送时间等指标值可以通过定量分析获得。但是，物流系统的效益还受到政治环境、政策、消费者行为、交通状况等外部因素的影响，以及企业内部的激励机制、人员的技术水平及敬业精神等因素的影响。这其中很多因素只能进行定性分析，很难建立起定量分析模型。另外，对物流系统效益的衡量除了经济数据，还有一些无法量化的衡量指标，如对城市投资环境的改善作用。对于定性指标，需要决策者以直观的经验为基础进行综合判断。总之，对物流系统的分析必须将定性分析与定量分析结合起来进行。

四、物流系统分析的要点

由于物流系统要素分类的多样性，物流系统分析的内容也很多，主要包括物流系统目的分析、物流系统结构分析、物流系统环境分析、物流系统成本效益分析、子系统分析等。本章重点介绍物流系统目的分析以及物流系统结构分析两个内容，且侧重于定性分析。定性分析是定量分析的基础。

（一）系统分析的要点

系统分析是为解决问题而收集信息、处理信息，从明确问题到形成决策方案的一系列过程。系统分析的初期面对的是含糊不清的问题，运用逻辑思维方法和 5W1H 提问法，可帮助逐渐明确问题方向。系统分析员通过提出一系列的疑问，并不断追问、自问自答，就容易抓住问题的要点。5W1H，即 6 个英文疑问词 Why、When、Who、Where、What、How。例如，就某个系统的开发项目，可提出如下问题：

为什么需要这个项目？（Why）

它在什么时候使用？（When）

谁是系统的使用对象？谁来完成系统？（Who）

系统使用的场所在哪里？在哪里完成系统？（Where）

项目的对象是什么？要做什么？（What）

怎样做才能解决问题？（How）

系统开发的不同阶段都可提出类似的疑问句，并通过问答这些问题不断提出新的问题，反复进行就会逐渐接近所要寻求的答案。

实践证明，对于那些技术复杂、投资费用大、建设周期长，特别是存在不确定性的系统，利用这种提问式方法进行系统分析是不可缺少的一环。

系统分析要解决的问题很多。兰德公司的系统分析专家希契（Hitch）认为，系统分析主要围绕五个要点展开，即希望达到的目的和目标，为达到目标所需的技术和手段，系统方案所需的费用和可能获得的效益，建立备选系统方案及相应的模型，系统方案的评价标准。这五个要点称为“系统分析的五个要素”。

（二）物流系统分析的常见问题

物流系统分析可能是一个简单的比较判断过程，如在码头进货处对单独的搬运系统或运输系统进行分析比较；也可能是一个复杂的大范围的观察分析过程，如在全国或全球范围内进行企业物流系统的重构，就需要分析与长期供应商的关系、与顾客的关系，通过获取统计数据，进行物流网络结构分析，并运用网络模型进行计算或仿真分析，为物流系统的重构提供决策方案，实现物流总成本最低和价值最大化的目的。

物流系统分析过程中涉及的常见问题包括如下几个方面。

1. 企业内部物流系统分析的常见问题

①物流系统要达到什么目的或目标？实现什么功能？

②物品流动的过程是怎样的？为什么要按照这样的程序进行？

③有些什么途径可以提高作业效率？

④是否存在更好的系统运作方法？

⑤设备能力能否满足要求？

⑥提高效率的瓶颈在哪里？

⑦可以开展哪些增值活动？

2. 供应链上物流系统分析的常见问题

①供应商：在哪里获得原料和零部件？由谁来供应？

②制造商：在哪里生产和装配产品？生产多少？

③仓库：仓库在什么地方？有多少个仓库？如何分配某种特定物品的储位？如何从仓库中尽快拣取到物品？

④运输：什么运输方式最合适？谁承运？如何确定车辆运行路线或海运航线？

⑤顾客：服务于什么市场？服务水平如何？成本效益怎样？

以上分析说明，物流系统分析的适用范围很广，从单个的物流作业子系统到一个企业总的物流系统或一个区域、整个国家甚至全球的物流系统，都可能是分析的范围。

五、物流系统分析实例

下面介绍美国阿拉斯加原油输送方案的系统分析实例。

问题：如何由阿拉斯加东北部的普拉德霍湾油田向美国本土运输原油？

（一）系统目的与环境

要求每天运送 200 万桶原油。油田处在北极圈内，海湾长年处于冰封状态，陆地更是常年冰冻，最低气温达-50 ℃。

（二）提出备选方案

方案选择的第一阶段，提出了两个初步可行方案。

方案Ⅰ：由海路用油船运输。

方案Ⅱ：用带加温系统的油管输送。

（三）方案的分析、比较

方案Ⅰ：优点是每天仅需四五艘超级油轮就可满足输送量的要求，似乎比铺设油管省钱。存在的问题：第一，要用破冰船引航，既不安全，又增加了费用。第二，起点和终点都要建造大型油库，这又是一笔巨额花费。第三，考虑到海运可能受到海上风暴的影响，油库的储量应在油田日产量的十倍以上。归纳起来，这一方案的主要问题是：不安全、费用高、无保证。

方案Ⅱ：优点是可以利用成熟的管道输油技术。存在的问题：第一，要在沿途设加温站，这样一来管理复杂，而且要供给燃料，然而运送燃料本身又是一件相当困难的事情。第二，加温后的输油管不能简单地铺在冻土里，因为冻土层受热溶化后会引起管道变形，甚至造成断裂。为了避免这种危险，有一半的管道需要用底架支撑和做保温处理，这样架设管道的成本费用要比铺设地下油管高出三倍。

（四）决策人员的处理策略

考虑到系统的安全和供油的稳定性，暂把方案Ⅱ作为参考方案做进一步的细致研究，为规划做准备；继续拨出经费，广泛邀请系统分析人员提出竞争的新方案。

（五）进一步分析——提出了竞争方案Ⅲ

其原理是把含 10%~20%氯化钠的海水加到原油中去，使在低温下的原油变成乳状液，仍能畅流，这样就可以用普通的输油管道运送了。这个方案获得了很高的评价，并取得了专利。其实，这一原理早就用于制作汽车的防冻液了。把这一原理运用到这个工程中来，并断定它能解决问题，这是一个有价值的创造。那么，是否还有其他更好的方案呢？

（六）进一步分析——提出了第二个竞争方案Ⅳ

正当人们在称赞方案Ⅲ的时候，另有人提出了竞争方案Ⅳ。该方案提出者对石油的生成和变化有丰富的知识，他们注意到埋在地下的石油原来是油、气合一的，这时它们的熔点是很低的，经过漫长的年代以后，油、气才逐渐分离。他们提出将天然气转换为甲醇以后再加到原油中去，以降低原油的熔点，增加流动性，从而用普通的管道就可以同时输送原油和天然气了。与方案Ⅲ相比，不仅不需要运送无用的海水，而且也不必另外铺设输送天然气的管道了。这一方案的出现使得人们赞赏不已。由于采用这一方案，仅管道铺设费用就节省了近60亿美元，比方案Ⅲ节省了一半的费用。

从这个例子我们可以看出系统分析的重要性和系统工程的价值。假如不进行系统方案的分析，仅仅对方案Ⅰ和方案Ⅱ进行优化，不追问一系列的为什么，不寻求更好的系统方案，即使确定了最优的管道直径、壁厚、加压泵站的压力和距离等，无论如何也得不到方案Ⅳ带来的巨大效益。

第二节 物流系统目的分析

物流系统目的是建立物流系统的根据，也是物流系统分析的出发点。对于物流系统分析来说，最重要也是最初的工作就是认识并建立物流系统的目的和目标。

在决策中，目标在价值体系中的分量决定了管理者为实现目标进行的投入。系统工程人员作为决策者的智囊，归根结底要帮助决策者达到真正的目的并找出适当的途径。理想的做法是尽早明确目的。但在这些“软”问题上，人们很难听到决策者用清晰周密的语言表达他的真正目的。另外，即使决策者在分析开始时就明确提出目的，也不能不加分析地采纳。而必须对目的的结构、目的的必要性、可行性等进行全面分析，这对于正确地确定系统目的和目标具有重要的意义。

进行物流系统的设计或重新设计之前，描述分析中的系统目的和系统目标非常重要。一般来说，系统目的是定性的，如扩大市场份额、成本最小化、利润最大化；而系统目标是一系列具体的、定量的指标，如对客户的订货信息处理时间低于24小时、收到订单后的16个工作小时内进行订货处理等。目的是通过一系列目标来实现的，目标是对目的的具体化和定量化。一个系统有多个目的，每个目的又可通过多个指标来体现，所有这些指标相互联系、相互影响，就构成了系统目的的指标体系，或多层次的目标结构。在本节中，对“目的”和“目标”不加以区别。

一、物流系统目的分析的意义和原则

无论是改造原有系统，还是重建一个新系统，都要有明确的目的。从行动的角度来看，系统目的是衡量系统方案的基础。而目的一般由一系列具体的目标体现。目标具有多样性和层次性特点；目标必须有一个衡量达到目标的标准，而且要有明确的时间要求；目标要确定在资源和能力允许的范围内，即目标的实现具有一定的可行性。

我们先看一个例子。一位决策者提出为他拟议中的新建医院选择合理地址，以满足病人的需要。分析者可能会立即按照“选址问题”去处理，由此得出的分析结果也能使决策者满意，但这并非是一项好的系统分析。因为真正的目的是改善整个地区的医疗保健。为了达到这个目的，也许建立定期健康检查制度或改善妇幼医疗设施更为有效，并不需要建新医院。为什么决策者提出新建医院的要求？这里有多方面的原因，可能是由于组织体制

上的隔阂、现有设施得不到充分利用而引起的，也可能是由于个人的偏好、求新求全、攀比心理引起的，等等。这说明，目的的层次性会导致决策者判断上的困难。在这里，改善整个地区的医疗保健是较高层目的，而兴建地址适当、患者看病方便的新医院是较低层目的，同时又是达到较高层目的的一种途径。

一般来说，越是高层次的目的愈能为更多的人所接受，适用时期长，范围广。低层次目的应服从高层次目的。但是低层次目的比较明确具体，如选择适当的医院地址，便于分析研究。有时，低层次目的不同，系统分析得出的结果会有很大差异。因此，系统工程人员必须全面分析目的结构，选择适当层次的目的。目的太笼统，系统分析难度大，太具体又容易以偏概全。至于选定哪一层次的目的，这正是系统工程人员发挥其专长之处。

由此可见，系统目的的确定关系到整个系统的方向、范围、投资、周期、人员分配等决策。因此，对系统目的进行分析，正确地确定系统目的，具有十分重要的意义。

实践证明，只有目的正确，有科学依据，符合客观实际，才能产生具有预期价值的系统。当目的不明确、不合理或根本就是错误的时候，就会使开发出的系统变得毫无意义，其结果只能是浪费大量的人力、物力、财力和时间。

所以，进行物流系统分析的首要任务就是对物流系统的目的进行分析。随着物流系统在国民经济中的地位越来越重要，物流系统的规模和范围也越来越大，进行物流系统目的的分析也就更加重要。

物流系统的目的一般不只一个，即使同一层次的目的也往往有多个。例如，城市物流系统既要能改善公共交通环境，又要能缩短车辆行驶时间，方便商品流动和人员流动。在资源既定的情况下，如果决策者力争达到某个目的，那么，其他目的则无法在最大限度上达到，目的之间甚至彼此冲突。也就是说，对于两个以上的目的，除非一个目的隶属于另一个，否则这些目的之间总是彼此矛盾的。在物流系统中，这种多目的之间彼此矛盾的现象普遍存在，进行系统目的分析时，必须采取适当的处理方法，对各目的的重要性进行排序，在不损害第一目的的前提下完成第二目的，或将其他目的作为约束条件处理。

进行物流系统目的分析时，必须保证系统目的符合下面几项原则：技术上的先进性，经济上的合理性和有效性，同其他系统的兼容性和协调性，对外部环境变化的适应性。

二、物流系统目的分析的主要内容

物流系统目的分析的主要内容包括物流系统目的的完备性分析、必要性分析和可行性分析等。

（一）物流系统目的的完备性分析

物流系统目的的完备性是指提出的目的是否能充分反映物流系统的多样性和系统本身所具有的层次性特点。物流系统的多目标之间不可避免地存在相互冲突和矛盾的现象，因此，还需要分析目标之间的冲突及冲突解决的方法。

1. 物流系统目的的多样性

建立一个物流系统一般会提出多个目的和目标。这些目的可能涉及不同的层次，但即使在同一层次也会有多个不同的目标。例如，前面曾提到的城市物流系统，既要求能改善公共交通环境，缩短车辆行驶时间，又要求方便商品流通和居民购物，同时还要求有利于城市环保。这些都属于同一层次的多目的。

大多数物流系统的构建或决策会涉及多个目的。不同范围、不同对象的物流系统的具体目的可能有较大差异，但是，从物流管理的宗旨来看，我们可以抽象出所有物流系统共同的目的——“以最低的成本提供最令客户满意的服务”。这里就包括了物流系统的两个目的：提供满意服务的目的和降低成本的目的，且这两个目的是处于同一层次的。但是，针对某个具体的物流系统，这两个目的都会有明确的目标体现。

①物流系统的服务目的。对一个具体的物流系统来说，服务目的可以体现为多个不同的目标，在一个层次性的系统中，下级服务目标由它的上级服务目标决定，或者说，要素的目标由系统的目标决定。以一家配送中心的物流系统为例，系统的服务目标包括降低商品配送的差错率、提高配送的准时到达率、减少事故间隔、提高订单满足率、提高客户满意度等。

②物流系统的成本目的。物流系统的成本目的就是降低物流服务的总成本。物流系统的成本由提供物流服务的各功能要素的成本构成，主要包括运输成本、仓储成本、包装成本、流通加工成本及相关的管理成本等。对于制造企业的物流系统，其物流成本包括的范围更广，如原料采购、厂内物料供应、产品及时运出的物流费用以及库存管理、仓储管理等物流费用。

建立物流成本目标的主要问题是上述多项成本中有些是相互矛盾、相互制约的，不能同时达到最佳化，如运输成本、仓储成本和包装成本就不能同时达到最低。另外，物流成本的形态也非常复杂，有些成本是向外支付的，有些则发生在企业系统内部，还有些发生在企业内部的物流成本并不能独立地计算出来。例如，合装整车发运的情况中，每一种商品的实际物流成本是无法准确地计算出来的；物流信息处理的费用也是无法准确计算的。在这种情况下，物流成本是被分摊、估算出来的。

对于物流系统的多目的问题，最突出的是在资源一定的情况下，有些目的之间是彼此矛盾的。我们知道，“效益悖反”规律是物流系统的特点。如果追求包装子系统成本的最低化，就不能保证装卸或仓储子系统作业成本的最低化。因此，必须分析具体情况，对物流系统各目的的重要性进行排序，采取适当的处理方法，将多目的问题转换成一个总目的问题来处理。

2. 物流系统目的的层次性

系统的层次性特性说明了物流系统也是具有层次的。下一层次的系统可以看作是上一层系统的要素，不同层次的系统具有不同的目的。一般来说，下一层次的系统目标是由上一层次的系统目标决定的，而上一层次的系统目标是由下一层次的系统目标来实现的，由此构成物流系统的目标体系。因此，物流系统的目的也是分层次的。高层次的目的适应范围广，适应时期长；低层次的系统目的比较明确具体，但低层次的目的应服从高层次的目的。在审查系统目的的时候，不仅要审查系统的总目的，还要审查子系统的目的，包括子系统目的的科学性、可行性及完备性等。另外，还要考察系统的总目的与各层次子系统的局部目的之间是否协调、子系统的各个局部目的之间是否矛盾等问题。

物流系统目的的层次性有多种体现，可以按照目的的适用范围和时期划分，也可以按照系统的功能构成或结构划分。

如果按照目的的适用范围和适用时期，可将系统目的分为营运目的、战略目的和基本目的三个层次。

①营运目的。营运目的是指通过有限时间内的行动可得到的具体结果，也称为“营运目标”。从系统的角度来理解，该类目标是系统在既定结构的条件下，通过行为调节可获得的结果。例如，在一定的生产设备下，通过改变投入来实现新的产量就是营运目标。为了实现营运目标而改变运作方案时，人们往往会忽略改变方案所产生的成本。一般认为实施营运目标的方案大都是确定型的。

②战略目的。战略目的在一定程度上等同于长期目标。它是一个阶段内确定营运目的的基础，也是系统结构调整的基础。战略目的的出发点是在现在的内外部条件下，把系统调整到更好的结构状态。因此，如果内部、外部条件不变，战略目的是不变的。但实际上，战略目的也是变化的，只是变化的幅度较小，它能促进系统结构的渐变。例如，一家具有技术优势的企业实施产品领先战略，可能会扩大研发机构的规模或重新分配资源，这对企业来说是企业结构的渐变。

③基本目的。组织的基本目的是指企业或系统长期的追求与理想。企业的愿景和任务陈述是基本的决策，是最高层次的决策，是基本目的的体现形式。基本目的可促使系统结构重构，是制订战略目标的依据。基于基本目标的决策是一个多层次的综合行动方案，具有较大的实施风险和不确定性。

各层次的目标需要进行协调。目标所处的层次越高，目标变动所需的能量就越大，当然变动的频率也较低。不同层次目标之间的关系如图 2-1 所示。

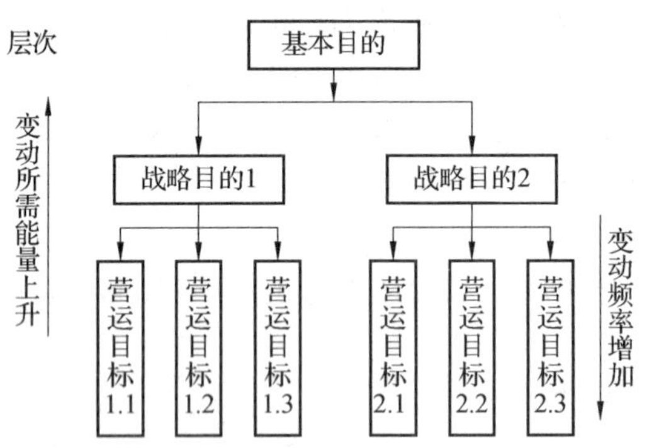

图 2-1　不同层次目标之间的关系

我们经常还会按照一个系统的组成部分或功能部分进行分解，这时可将系统目的按总系统与子系统的关系进行层次划分。例如，港口集装箱物流系统的总体目的是建立高效率的集装箱转运中心。要实现这一目的，需要装卸搬运系统、货运商务系统、集疏运系统等多个子系统能实现相应的目的和目标，进一步地，还可以对这三个子系统的目的再进行分解。这样，可构建如图 2-2 所示的港口集装箱物流系统目标的层次结构。

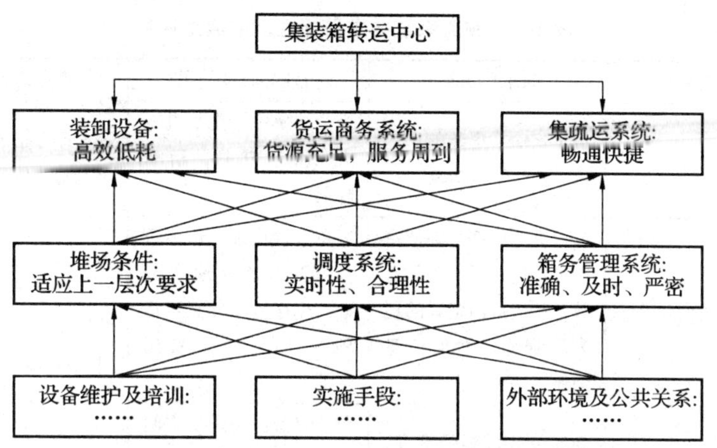

图 2-2　港口集装箱物流中心总目标与子目标之间的关系

3. 物流系统目的的冲突与解决方法

在物流系统中，目标之间的冲突普遍存在。因此，分析物流系统的目的时，不能忽视对系统目标冲突的分析。物流系统中的目标冲突主要表现在三个方面。

(1) 各物流要素之间存在目标冲突

物流系统有运输、储存、包装、装卸、流通加工、物流信息处理功能。这些功能独立存在时，各自的目标有互相冲突的地方，如表 2-1 所示。例如，运输功能要素的目标一般是追求及时、准确、安全、经济。为达到这样一个目标，企业通常会采用最优的运输方案，但是在降低运输费用、提高运输效率的同时，可能会导致存储成本的增加。

从以上的分析可以清楚地看出，物流系统的运输子系统的目标与储存子系统的目标之间是存在冲突的。但运输和储存是企业物流系统整体的两个重要组成部分，运输和储存的冲突是运输要素与储存要素的一种联系，在物流系统还没有形成的时候，它们都在追求着各自的目标。显然，它们的目标是无法简单地实现的，而必须通过物流系统集成来达成系统目标。

在包装和运输这两个物流系统要素之间也存在着目标冲突。物流包装的目标是保护商品在物流过程中避免损坏，同时要降低包装成本。因此，在包装材料的强度、内装容量的大小等方面就会考虑以能够确保商品安全为第一目标。但这常常会导致过度包装，结果不仅增加了商品物流包装的成本。同时，由于物流包装过大、过重、过于结实，增加了无效运输的比重；并且在包装回收系统不健全的情况下，当商品抵达收货人手中时，收货人往往还要花费资源专门处理这些沉重、庞大的物流包装。如果能够将物流包装要素的目标与运输要素的目标进行协调，就可以即实现包装的目标又实现运输的目标，从而实现这两个要素目标的协同。

表 2-1　物流系统要素目标之间的典型冲突

要素	主要目标	采取的方法	可能导致的结果	可能对其他要素造成的影响
运输	运费最小	批量运输，集装整车运输，铁路干线运输	交货期集中，交货批量大，待运期长，运费降低	在途库存增加，平均库存增加，末端加工费用高，包装费用高
储存	储存费最小	缩短进货周期，降低每次进货量，增加进货次数，在接近消费者的地方建仓库，增加信息沟通	紧急进货增加，送货更加零星，储存地点分散，库存量降低甚至达到零库存，库存费用降低	无计划配送增加，配送规模更小，配送地点更分散，配送、装卸搬运、流通加工、物流信息处理成本增加
包装	破损最少，包装成本最小	物流包装材料强度高，扩大内装容量，按照特定商品需要确定包装材料和方式，物流包装容器功能更多	包装容器占用过多空间和重量，包装材料费增加，包装容器的回收费用增加，包装容器不通用，商品破损降低但包装费增加	包装容器耗用的运费和仓储费用增加，运输车辆和仓库的利用率下降，装卸搬运费增加
装卸	降低装卸费，降低搬运费，加快装卸速度	使用人力节约装卸搬运成本，招聘农民工进行装卸搬运，提高装卸搬运速度，"抢装抢卸"	装卸搬运效率低，商品破损率高，不按要求堆放，节省装卸搬运费用	待运期延长，运输工具和仓库的利用率降低，商品在途和在库损耗增加，包装费用增加，重新加工增加流通加工成本
流通加工	满足销售要求，降低流通加工费用	流通加工作业越来越多；为节约加工成本，采用简陋设备	在途储存和在库储存增加，装卸环节增加，商品重复包装	商品库存费，装卸搬运费，商品包装费增加
物流信息	简化业务，提高透明度	建立计算机网络；增加信息处理设备，如手持终端，采用条形码；增加信息采集点	增加信息处理费，方便业务运作，提高客户服务，信息安全性和可靠性影响到系统运作安全	与其他要素的目标没有冲突

（2）物流要素内部的目标冲突

物流系统的要素可作为系统来分析。物流系统的功能要素，如运输功能、储存功能、包装功能等要素都是物流系统的子系统。如果将物流系统内部功能要素之间的目标冲突应用于任何一个功能要素的话，物流系统要素内部也存在着类似的目标冲突。

以运输功能为例，各种运输方式都存在着各自的优劣势。采用铁路运输成本比较低，但不够灵活；采用公路运输灵活性强，可提供"门到门"的服务，但长距离运输运费相对高，且易污染和发生事故；采用航空运输速度快，不受地形的限制，但成本较高。因此，如果追求速度快、灵活性强，就要付出成本高的代价，各目标之间存在冲突。由于任何运输方式都有其特定目标和优势，各种运输方式的优势不能兼得，所以在选择运输方案时就要综合权衡，

（3）物流要素与外部系统之间存在冲突

当物流系统本身也是一个更大系统的低一层次的子系统时，物流系统就要与外部系统

发生联系。这就是物流系统与环境的联系，而构成物流系统环境的就是这些与物流系统处在同一层次的子系统。与物流系统一样，环境中其他系统都有着特定的目标，这些目标之间的冲突也是普遍存在的，物流系统以这种方式同环境中其他系统发生联系。

制造企业的供应系统、生产系统、销售系统并列，各自有目标，需要从公司利益的高度进行协调和权衡。物流系统要素之间的目标冲突不能在要素这个层次得到协调，必须在比要素高一个层次的系统中才能得到解决。

如何解决这种多目标之间的冲突现象呢？系统是一个由诸多要素构成的有机的整体，要协调各要素（子系统）目标的冲突，首先就要以系统总目标为依据，在确保总目标实现的基础上进行各部门目标的分解。但是要注意，总目标与各部门分目标间的关系不是简单的累加的数学关系，而是一种乘积关系，即某一部门目标的失误，会使整个系统的目标无法实现。为避免这一现象的发生，就需要在各部门之间实现目标的协调，使各子系统目标的制订与子系统拥有的能力和资源水平相协调。

另外，还可以应用运筹学的目标规划法对物流系统的多目标问题进行优化。以系统的总目标为优化目的，对于多层次的多个目标，如果不存在相互冲突，可先经过分析确定主要目标和次要目标，采取某种方法进行归一化处理后再优化；如果其中存在相互冲突的目标，可选择其中的主要目标作为优化目标，其余的目标作为约束条件。总之，如果能将物流系统的目标量化，就可充分利用运筹学的多目标规划方法进行系统总目标的优化。

（二）物流系统目的的必要性分析

系统重组时，新建一个系统或进行物流首先要对提出的系统目的进行必要性分析。物流系统与外界环境有很大关系，不同的时间点、不同的市场环境，会导致两个看似相似的问题的目标有很大的差异。

为制订必要的目标体系，可以先列出所有希望系统实现的目的和所有希望避免发生的后果，再通过与相关决策者的共同讨论，初步确定系统的目的，并确保系统目的的逻辑合理性。对于初步提出的系统目的，对其含义进行具体界定，进一步将这些目的转化为有意义的目标，形成衡量目的的目标体系，并且还要从价值的角度和逻辑的角度判断目标体系的合理性与必要性。

一般来说，可从以下几方面分析物流系统目的的必要性。

第一，现有的物流系统是否出现了与客观环境不适应，或与国民经济发展不适应的情况？

政策环境和经济环境的变化，会使原有的物流系统在某些方面不再满足要求。例如，随着环保法规的日益严厉，对固体废物、车辆尾气排放等制订了更加严厉的标准，这就要求物流系统的流通加工、包装、运输等环节能适应新的环保要求，减少废弃物和废气的排放量。可重用的包装容器、绿色运输、建立逆向物流系统等就是适应环保新要求的选择方案。再如，水上运输系统的发展趋势是船舶大型化、码头建设专业化和深水化，相应地就要大力提高港口的装卸能力，因而必须对港口物流系统的装卸子系统进行重新设计或改造，否则，就不能适应客观环境的要求。还如电子商务的快速发展，对快速物流配送提出了更高的要求。

第二，系统内部的软硬件环境是否能满足新技术发展的要求？

例如，由于条码技术、网络技术、信息技术的发展及在物流领域的广泛应用，可能会使企业原有的物流信息系统过时，或与供应链上的其他企业不兼容。再如，由于仓储设备、装卸设备的落后，影响物流作业效率的提高，不能满足客户服务要求等。这时就需要提出新的系统目的。

第三，是否出现新的市场需求，或消费者是否提出了全新的服务要求？

例如，区域经济的发展、产业结构的调整，消费者需要更高标准的物流增值服务等。新的物流市场需求将产生，因而有必要建立新的物流系统。再如，随着国际贸易与互联网的融合发展，跨境电子商务迅猛发展，对于跨境物流也提出了新的要求。物流企业必须与电商企业、海关、检验检疫部门等深度合作，建立跨境电商物流系统平台。

（三）物流系统目的的可行性分析

系统目的的可行性包括系统目的的提出在理论上是否有充足的证据、现实条件是否能保证系统目的的实现。

1. 理论依据的充分性

主要是审查所提出的物流系统的目的是否有科学的依据，是否经过充分的论证，是否与有关基础理论相违背，是否与宏观经济发展政策相适应。

总之，系统目的不能建立在空想的基础之上。

2. 客观条件的保证

分析、评价现有的技术水平、资金能力、资源条件、人才条件、外部环境等是否能够保证系统目的的实现。

第三节　物流系统结构分析

一、物流系统结构的含义

物流系统结构是指物流系统内部各组成要素之间的相互联系、相互作用的方式或秩序，即各要素在时间或空间上排列和组合的具体形式。例如，物流系统的功能结构包括运输系统、储存系统、配送系统、包装系统、装卸搬运系统、流通加工系统和物流信息处理系统等在数量上的比例和空间上、时间上的联系方式。物流系统结构分析的目的是弄清和理顺物流系统各构成要素（子系统）之间的关系，为实现物流系统整体功能建立优良的结构体系。

二、物流系统结构的特性

物流系统结构的主要特性包括如下几个方面。

（一）稳定性

稳定性是系统存在的一个基本特点。系统中各要素只有在稳定联系的情况下，才构成系统的结构。当物流系统受到外界环境的干扰时，有可能使物流系统偏离某一状态而产生不稳定，但一旦干扰消除，物流系统又可恢复原来的状态，继续出现稳定。物流系统结构的稳定性，就是指物流系统总是趋向于某一状态。

物流系统属于一类非严密结构的系统，系统组成要素及其相互关系总是处于不断变化的状态之中，且各要素对外界环境总是保持着一定的活动性，不断地与外界环境进行着物质能量和信息的交换。例如，港口物流系统中的装卸子系统，由于货物到港规律有一定的随机性，装卸作业活动也呈现很大的随机性。为了保持要素之间的有机联系，可以通过数理统计方法从整体上求出随机现象所呈现的规律，这种联系方式也是系统结构稳定性的一种表现。物流系统与社会系统、经济系统、企业系统等人造系统都属于动态稳定型的非平衡结构系统。

（二）层次性

物流系统由一系列子系统构成，子系统又由更低一层次的子系统构成。处于最高层次的是社会物流系统，处于最低层次的是静态的结构系统。层次性是物流系统空间结构和时间跨度的特定形式，对于分析系统结构要素之间的横向联系和纵向关系、对各要素进行协调和管理具有重要作用。

（三）开放性

在系统世界中，任何类型的系统结构都不会是绝对封闭和绝对静态的，任何系统总存在于环境之中，总要与外界进行能量、物质、信息的交换，系统的结构在这种交换过程中总是由量变到质变，这就是系统结构的开放性。物流系统结构也是开放的，系统要素与不断变化着的外部环境相互作用，导致物流系统的不断变化和发展趋势。

（四）相对性

系统结构的层次性决定了系统结构和要素之间的相对性。在物流系统结构的层次中，高一级系统内部结构的要素，又包含着低一级系统的结构；复杂系统内部结构中的要素，又是一个简单的结构系统。结构与要素是相对于系统的等级和层次而言的。物流系统结构的层次性，决定了物流系统结构与要素的相对性。在分析物流系统时，既要将一个子系统当作高层次系统结构中的一个要素来对待，以求得统一和协调，又要考虑到子系统不仅是大系统的一个要素，它本身还包含着复杂的、特殊的结构，应予以区别处理。高一级的结构层次对低一级的结构层次有制约作用，而低一级结构又是高一级结构的基础，同时又反作用于高一级的结构层次。因此，它们之间具有辩证的关系。

三、物流系统结构分析的任务

由于系统结构决定系统的功能，最优的结构有利于产生最佳的系统功能，所以物流系统结构分析的任务包括以下几点。

（一）系统构成要素及系统结构分析

分析物流系统由哪些要素构成，这些要素之间有什么样的关系，这些关系会产生什么样的结构关系。

（二）系统结构的稳定性分析

系统的稳定性表示系统在其寿命周期内可靠地完成系统应有功能的能力。所有系统都有一个共同的特点才能够正常地工作，也就是要满足稳定性的要求。因此，必须重视系统结构的稳定性分析，保持系统良好的结构。

（三）系统结构的合理性分析

物流系统结构的合理性分析就是想办法创造优良的物流系统，防止物流系统的优良结构转化为不良结构；改进结构不良的物流系统，使其结构向有利的结构方向转化。

四、物流系统结构分析的步骤

物流系统结构分析的主要任务是分析物流系统的组成要素以及要素之间的关系。构成系统的要素数量、各要素的转换能力以及各要素之间发生联系的方式不同，系统的功能和性质也随之不同。系统结构分析就是从系统内部来考察其组成要素的联系关系的一种分析方法，要素之间的关系发生了变化，就会引起系统结构的变化，其分析步骤主要有以下几点：

①明确物流系统构建的目的及期望实现的基本功能。应以系统目的为依据，确定物流系统功能，并将功能进行分解。

②分析并确定系统构成的要素。以期望实现的目的和功能为依据，分析系统应该包括哪些组成部分，应该由哪些要素构成，怎样描述各要素的输入和输出。实际分析时，对每个要素的描述要具体到该要素的功能上，即对输入、输出的要求和结果做出完整的描述。描述要素功能是系统结构分析的关键之一。

③分析并描述各要素之间的联系。要素之间的联系反映了要素之间的相互作用和影响。要素之间的联系可按照因果关系、过程顺序或职能结构进行描述，并通过各要素间存在的作用与反馈现象表现出来。

④重复第二步和第三步，对系统要素进行更细一级的分解，得出更下一层的要素及其联系。

⑤系统结构方案评价。根据研究的深入程度，构造出最底层的要素后，即可构建出整个系统的结构。这是一个初步结构方案，需要应用定性或定量分析的方法进行方案的评价，以确定最终的系统结构方案。

下面以某企业物流系统结构设计为例进行分析。

某产品生产企业欲建立自己的面向全国市场的产品销售物流网络系统。系统应该包括哪些部分？什么样的结构是最合理的？

要建立从企业成品库到零售市场的物流系统，可以参照图 2-3 的网络结构形式。在这一物流系统中，系统的构成要素就是各级设施点，包括地区性的分销中心或物流中心。所涉及的主要问题如下：

①从企业成品仓库到零售店之间应该设几级仓库？即要确定物流系统网络的垂直结构。级数就是分销物流系统的层级数，层级数越多，物流经过的中间环节越多，物流过程越复杂。一般可考虑采用 2 级、3 级或 4 级的结构。

②对每一级仓库，其数量各应该设置多少？每一级的仓库数量越多，越接近市场，便于提供及时的服务，提高服务水平。

③每个仓库的位置应该设置在哪里？即要确定各设施点的具体位置。

④如何为每个仓库划分服务的市场范围？

上述四个问题，前两个问题属于系统网络结构的问题，后两个问题属于网络设施选址规划的问题，需要应用数学模型进行优化（详细内容参见本书后面相关章节）。

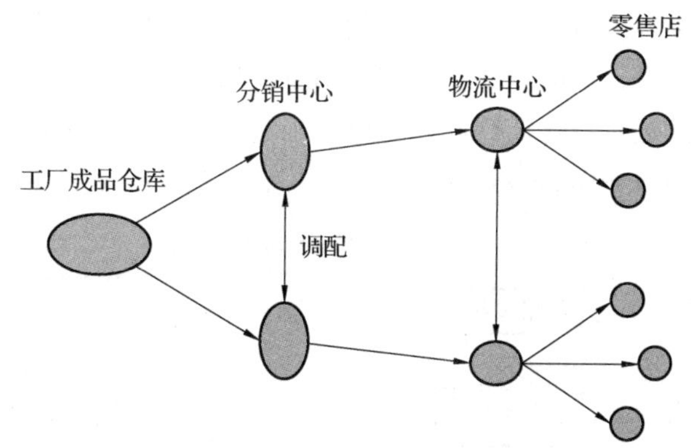

图 2-3　产品物流网络结构图

要回答上述问题，需要结合定性分析与定量分析的方法。通过数据的收集及分析，提出多种可行方案，并对各种方案进行分析和评价，最后确定合适的物流网络结构。

图 2-4 是某企业的物流网络结构图。在该物流系统中，仓库设计共分为三个层次，第一层是生产仓库，设置为 1 个；第二层为中央仓库（分销中心仓库），设置为 2 个；第三层为配送中心仓库，共设置为 6 个。配送中心仓库直接为位于居民区的零售店提供配送服务。

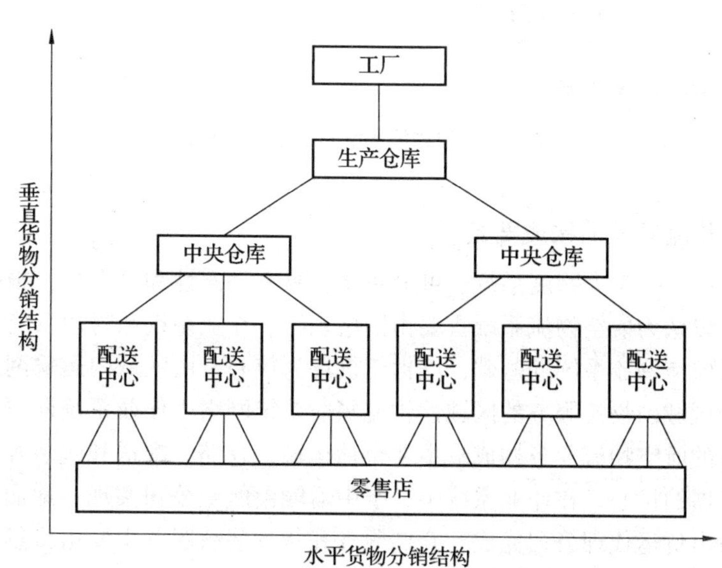

图 2-4　某企业的物流网络结构图

五、航空物流系统结构分析

（一）航空物流系统的概念模型

航空物流系统是一个涉及多个不同类型企业组织之间协同工作的结构体系。从航空物流的作业内容分析，航空物流系统是由集货、地面运输、订舱、包装、空中运输和配送等作业环节共同构成，为客户提供门到门物流服务的综合体；从航空物流系统的服务职能分析，则包含了航线管理、航班计划、舱位控制、货栈服务、需求管理和配送管理等多方面的服务职能；从管理层次认识航空物流系统，则可以从战略规划、决策分析、管理控制和业务处理四个方面对其进行描述。因此，参照霍尔系统工程的三维模型，可以得出航空物流系统的三维概念模型，如图 2-5 所示。

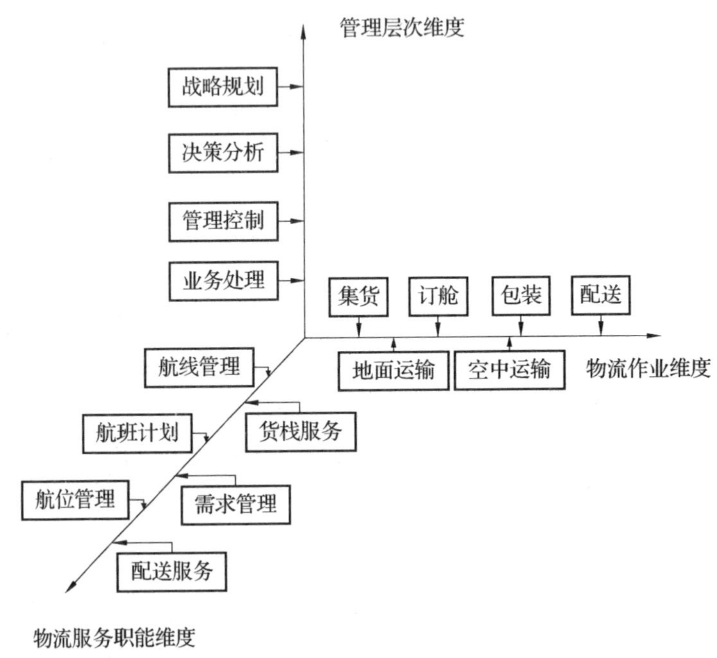

图 2-5　航空物流系统的三维概念模型

（二）航空物流系统的构成要素

航空物流系统是一个大跨度系统、可分系统，具有动态性和复杂性。根据航空物流三维概念模型，可以认为航空物流系统主要由网络系统、作业系统和管理系统组成。

网络系统是航空物流系统的基础，以枢纽机场为核心，由区域内运输网络及众多物流节点构成，承担区域内物流服务的区域性物流辐射系统网络。作业系统即航空物流生产服务系统，由具体的航空物流业务构成，主要包括运输、仓储、配送和包装等作业项目。它是航空物流业发展的核心。在作业系统中，空中运输由航空公司实现，地面运输、配送和包装等项目一般由货运代理公司完成，仓储服务和货物装载服务主要由机场完成。管理系统即航空物流组织管理和协调系统，主要职能是对航空物流系统的规划、指导、控制和协调，是航空物流业发展的关键。

（三）航空物流系统的结构分析

从航空物流系统的构成要素来看，它们彼此是互相平行、相互独立的，具有自身的性能和作用，不能互相代替。但在系统中，却要遵循物流规律，以不同的深度和广度、不同的数量比例和不同的关联方式相结合，形成不同的结构，产生不同的功效。几种主要的航空物流系统结构形式如下：

1. 质态结构

质态结构是指物流系统的实体要素以技术和功能上的相互适应性而发生联系的作用方式。质态结构的目标是追求全面发挥各要素的潜在能量，实现物流系统的最大功效。基于枢纽机场的航空物流系统的实体要素包括航空公司、枢纽机场、航空货代、海关、物流服务外包商等，其结构如图 2-6 所示。它们在实现航空物流系统的功能时分别承担不同的职责。在质态结构中，以枢纽机场为中心，依托航空公司的空中运力和航班服务，利用卡车航班或货代的地面运输配送系统、仓储系统实现货物从起始地到目的地的物流服务。当然，还有外围的物流服务外包商和相关的管理部门，也在整个系统中发挥着重要的作用。

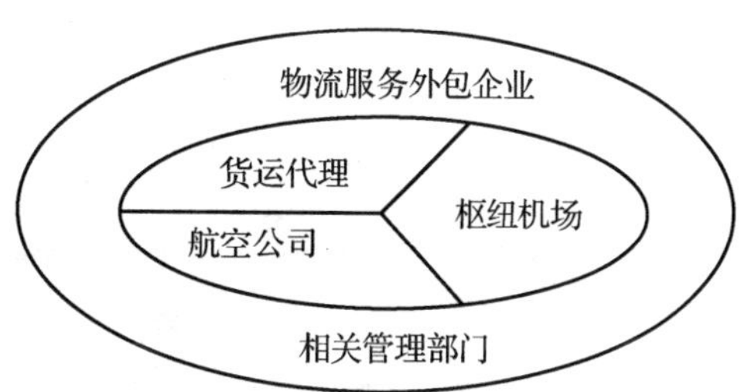

图 2-6　航空物流系统的质态结构

2. 量态结构

量态结构就是物流实体要素以相互协调的数量比例关系而发挥作用的联结方式。物流系统的量态结构表现在运输与储存、运输与装卸、搬运等不同物流环节的连接中。如果实体要素之间、不同环节的数量比例不协调，就会使多余的要素不能发挥作用，闲置浪费，甚至可能产生一定的干扰作用。在航空物流系统中，各主体资源的数量主要是：航空公司的航线、航班数和货运运力；枢纽机场货运处理能力、仓储能力；航空货代地面配送能力、仓储能力；海关的通关速度等。各资源相互结合的目的就是最大限度地满足货主的需求，从而获取收益，其机构如图 2-7 所示。

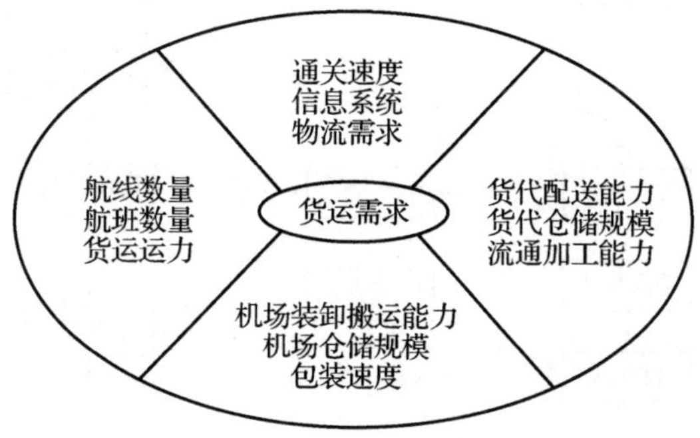

图 2-7　航空物流系统的量态结构

3. 空间结构

空间结构是指物流实体要素之间、不同环节之间在空间地域上分布的关联状态。空间结构合理与否是影响物流系统效能的重要因素之一。航空物流系统的空间结构主要体现在起止流量（OD流）、航线网络、物流节点布局等方面。以枢纽机场为基础的航空物流系统的空间结构核心是枢纽机场的航线网络，其表现是枢纽机场与非枢纽机场、配送中心、发货地与收货地的地理分布，如图2-8所示。特别是以枢纽机场为核心而形成的航空物流园区，将航空货运、现代生产制造、海关通关、货物仓储与配送等物流职能集于一身，实现货主零库存和准时配送。

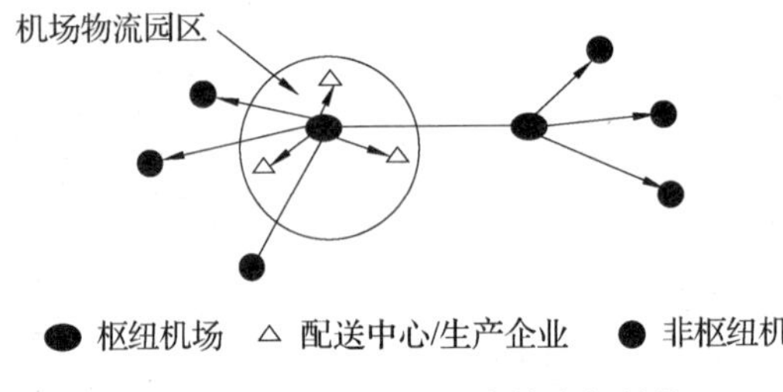

图2-8　航空物流系统的空间结构

4. 时间结构

时间结构是指运输、装卸搬运、储存、配送等不同环节根据需要而形成的，按先后次序连接的状态。时间结构的基本功效是把航空物流的不同环节结合成在时间上先后有序、上下衔接紧密的时序过程，使其具有更高的效率和效益。主要是从货物出发开始，经过货代收货、订舱，由航空公司空运到达目的地机场，然后分拣配送的整个流程，具体如图2-9所示。航空物流系统的时间结构复杂，并且每个环节都由不同的主体完成。在强调航空物流服务时效性的情况下，利用科学方法对每个流程进行分析和优化是非常重要的。

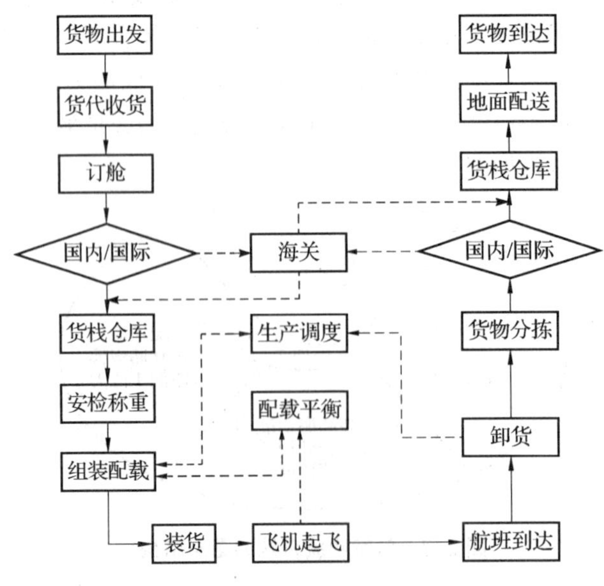

图2-9　航空物流系统的时间结构

第四节　物流子系统分析

一、物流子系统分析的意义

通常对一个物流系统的所有功能进行审查分析是不太可行的。根据分析所要达到的目的，有时只需对部分子系统进行分析就足够了。部分子系统的分析还是整个物流系统分析的重要组成部分。如果没有对构成总系统的各个不同子系统的业绩进行衡量和了解，是很难对一个复杂系统进行总的业绩评价和分析的。因此，部分子系统的分析对了解一个系统如何运作非常重要。

但是，子系统分析的范围较窄，其侧重点也有局限，子系统分析的目的不能用来改进整个系统。如果只根据部分子系统的分析来进行物流系统决策，就可能做出片面的决策，甚至有碍于整个系统的最佳化。

部分子系统分析的内容很多，如顾客赢利分析、仓储系统生产效率分析、运输成本分析、客户服务水平分析等。下面介绍物流系统中的仓储子系统分析和运输子系统分析。

二、仓储子系统的分析

仓储系统是配送系统中关键的子系统，其生产率是衡量配送系统业绩的主要指标之一。

仓储业务包括储存、包装、打标签、分货、拣货、发货等，如何降低仓储成本是企业和研究人员关注的重要问题。20 世纪 90 年代初期，美国仓储教育与研究委员会开发了对仓储系统运营成本进行计算的软件包。通过这种计算软件包，可以对仓储成本进行精确控制。但是，控制仓储成本也意味着缩小仓库规模。在降低仓库规模之前，就必须考虑仓储业务的重组问题，因而，需要进行仓储系统的分析。仓储系统分析的步骤及每一步的主要问题如下：

第一，分析影响成功的关键因素，并建立合理的业绩衡量体系。其主要涉及的问题是如何才能取得仓储系统的成功。回答了该问题后，再回答哪些指标能反映这种成功性。最后，建立衡量成功的方法和指标体系。

第二，评估现有的环境，包括对现有的机构和工作岗位的客观评估。主要涉及的问题有：配送产品到底需要哪些活动；各种活动之间的执行顺序是什么；哪些活动可由同一个岗位承担；哪些岗位可并为同一机构等。通过对这些问题的追问，可评估现有的机构和工作岗位设置得是否合理。

第三，确定哪些属于增值服务，以增加利润来源。主要涉及的问题有：分析对顾客而言，哪种过程会增值；顾客是否愿意为此付款以获得增值服务；哪些是不会增值的；哪些可能是顾客不会愿意支付的。

第四，设计目标环境及需要变革的计划。该步骤主要是对目标和现状进行重新审核，以确定：哪些是必须要改变的；变化的过程是什么；通过哪些途径才能实现这种改变的目的；能否贯彻落实等。

第五，计划实施的外部条件评估及后续计划的确定。运用第一步的业绩衡量体系，对实施的外部条件进行评估，并对实施的过程进行监督。

完成对上述问题的分析后，根据分析结果，再决定是否需要缩减仓储系统规模，是否需要进行仓储系统的重组。

三、运输子系统的分析

与仓储子系统一样，运输也是物流系统中成本支出非常大的子系统，很多公司的运输费用约占公司物流费用的40%。国际贸易的增多、订单呈现出的量少频次多的趋势、燃料费用的上涨、劳动力的短缺、承运方兼并导致的承运方市场竞争力减弱，种种因素促使运输费用暴涨。如何在维持甚至提高客户服务水平的前提下削减运输成本，是摆在物流管理者和决策者面前的重要问题。

运输决策的总目标应该是在满足客户服务水平和服务政策的前提下，用最低的运输成本连接供货点和客户。为实现这一目标，我们不仅要分析运输活动的成本构成，还需要分析客户反应核心计划、供应核心计划和库存核心计划，因为运输方案对库存持有成本和仓储成本都有重大影响，对客户服务政策的满足也有直接影响。

（一）运输成本的构成分析

运输总成本主要包括货运、车队、燃料、设备维护、劳动力、保险、装卸、逾期滞留费、税收或费用、跨国费用等。

（二）物流系统其他要素与运输成本的关系分析

物流系统其他要素与运输成本的关系主要表现在运输方案对库存持有成本和仓储成本有重大影响。因此，制订目标时，必须考虑这两种成本对运输方案决策的影响。另外，最优的运输方案同时也必须满足客户服务政策的要求，如客户要求的反应时间、配送时间、数量要求、频率要求、货物保养要求等，这些要求会影响对运输方案的选择。

（三）运输子系统内部能力的约束分析

这主要是对影响运输方案最优化的运输能力方面的因素的分析，如：

①通道能力：通行速度、起始点间频率、体积、重量限制等。

②车辆能力：体积、载重、运行时间限制。

③容器能力：体积、承重限制。

④劳动力能力：持续工作时间限制。

⑤工作量差异：运输部门员工的能力差异。

（四）运输的历史数据分析

分析有关的历史数据资料，有利于确保运输方案的可靠性。应该分析物流网络中运输线路的下列数据：

①送货频率。

②送货的重量及价值分布。

③起始点的工作时间。

④在途时间。

⑤运输方式和承运人的可行性及能力。

⑥运输费用。

⑦索赔和损失比例。

⑧不正常运行的时间和速度。

⑨距离。

运输成本的分析涉及运输子系统内部及外部的很多方面，而且成本的分析贯穿整个运输规划中，如网络设计、配送规划、运输方式和承运人选择、运费谈判等。

本章小结

当物流系统所处的内外部环境发生改变时，需要重新设计物流系统或改造现有的物流系统，这时就需要进行物流系统分析。因此，物流系统分析的目的就是为了从目的、功能、结构、效益等方面更清楚地认识物流系统，为构造或改造物流系统提供指导。在进行物流系统分析时，应当遵循当前利益与长远利益相结合、局部利益服从总体利益、内部因素与外部条件相结合、定性分析与定量分析相结合的基本原则。在系统分析的初期，面对高度不确定性环境，运用5W1H提问法有助于快速明确问题，因此，应理解物流系统分析中的常见问题。

系统目的的确定关系到整个系统的方向，因此，物流系统目的的分析是进行物流系统分析的首要任务。物流系统目的分析的主要内容包括物流系统目的的完备性分析、必要性分析和可行性分析等，而完备性分析又包括物流系统目的的多样性分析和层次性分析。物流系统结构分析就是要弄清构成物流系统的各组成要素及其相互作用方式，认识物流系统的本质，为实现物流系统整体功能建立优良的结构体系。本章最后介绍了物流系统子系统的分析，具体介绍了仓储子系统分析和运输子系统分析。物流子系统的分析也是整个物流系统分析的重要组成部分。

复习题

1. 系统分析的目的是什么？举例说明什么时候或什么情况下需要进行物流系统分析？
2. 为什么进行物流系统分析时，要遵循定性分析与定量分析相结合的原则？
3. 进行物流系统分析时，“局部利益服从总体利益”的原则非常必要，为什么？
4. 系统分析的五个要素是什么？
5. 物流系统目的的多样性表现在哪些方面？举例说明。
6. 物流系统目的的层次性有哪些体现？
7. 什么是物流系统结构？物流系统结构的特性有哪些？
8. 简述什么是航空物流系统的空间结构。
9. 为什么要进行物流系统的结构分析？

10. 为什么物流子系统分析很重要?
11. 运输成本由哪几部分构成?

案例分析

尤斯摩尔公司的分销网络评估

一、公司介绍

尤斯摩尔洗涤用品公司的产品是系列清洁剂，主要供工业企业和公共机构使用。公司产品系列包括200多类，将近800种产品，包装规模不一，小到18磅（8.16千克）的箱子，重到550磅（249.48千克）的金属桶。

公司的销售遍布美国内陆的48个州。客户的一般购买量都少于10000磅（4535.93千克），即属于零担货量。某些客户会以整车的批量大量购买。零担货物都通过仓库转运，每年的零担货物销售量高达15000万磅（6.8万吨）；大宗货物由工厂直接供货，每年的销售量为7500万磅（3.4万吨）。每年收入约1.6亿美元。

市场销售以直销为主，销售佣金方式灵活。销售人员将自己看作独立的中间商，在公司内部具有很大的自治权。这个市场销售战略是成功的，该公司是分散化经营的母公司内盈利最多的分公司之一。

二、问题综述

目前，随着需求的增长和模式的变化，现有四个工厂的生产能力逐渐紧张。此外，分销成本发生了变化，公司已有12年未对分销网络进行研究，这一切都提出了要重新适当布局仓库位置的问题。

三、可供选择的改进措施

物流网络规划可以从两个方面进行：一是从空间方面考虑各种设施（工厂、零售店、库房）的地理位置布局；二是从时间上考虑客户响应速度和客户服务水平。

四、本案例采用的方案

本案例从分销网络整体出发，在设定了客户服务结构标杆的基础上，全面考虑了分销网络中的各项成本：生产成本、存储成本、搬运成本、订单处理成本、运输成本和库存持有成本等。

五、案例分析

（一）现状

作为一家清洁剂制造企业，尤斯摩尔洗涤用品公司拥有庞大的物流网络：它的分销网络包括4个可生产所有系列产品的工厂，这些工厂分别位于肯塔基州的卡温顿、纽约州的纽约市、得克萨斯州的阿灵顿和加利福尼亚州的长滩市。当前，这些工厂分别生产595102担、391876担、249662担和241386担（1担=100磅，1磅=0.45千克）的产品以供应小批量购买的客户。生产出来的成品或者从工厂运到分销网络中的基层仓库，或者直接运往工厂当地的客户。后一种情况下，工厂既作为基层仓库，也作为生产中心。

如表2-2所示，18个公共仓库和4个工厂都存储产品。这些仓库很分散，这样大多数客户都在某个库存点的一天运到的范围之内，也就是约300英里（482.8千米）内。工厂除了像仓库那样提供服务外，也以整车批量为仓库补货。每个仓库都会对客户订单进行处理，并提供零担运输服务。除此之外，公司还在考虑是否在伊利诺伊州的芝加哥和田纳西州的孟菲斯建立工厂，以及在表2-3所示的地点增建仓库。

表2-2　现有工厂和公共仓库的位置

序号	地名	序号	地名	序号	地名
1	卡温顿·肯塔基州①	9	克里夫兰·俄亥俄州	17	米尔沃基·威斯康星州
2	纽约·纽约州①	10	达文伯特·艾奥瓦州	18	奥兰多·佛罗里达州
3	阿灵顿·得克萨斯州①	11	底特律·密歇根州	19	匹兹堡·宾夕法尼亚州
4	长滩·加利福尼亚州①	12	大急流镇·密歇根州	20	波特兰·俄勒冈州
5	亚特兰大·佐治亚州	13	格林斯伯勒·北卡罗来纳州	21	西萨克拉门托·加利福尼亚州
6	波士顿·马萨诸塞州	14	堪萨斯城·堪萨斯州	22	西切斯特·宾夕法尼亚州
7	布法罗·纽约州	15	巴尔的摩·马里兰州		
8	芝加哥·伊利诺伊州	16	孟菲斯·田纳西州		

注：①作为工厂运营组成部分的基层仓库。

表2-3　公共仓库可能的选址点

序号	地名	序号	地名	序号	地名
23	阿尔伯克基·新墨西哥州	32	菲尼克斯·亚利桑那州	41	路易斯维尔·肯塔基州
24	比灵斯·蒙大拿州	33	里士满·弗吉尼亚州	42	哥伦布·佛罗里达州
25	丹佛·科罗拉多州	34	圣路易斯·密苏里州	43	纽约·纽约州
26	埃尔帕索·得克萨斯州	35	盐湖城·犹他州	44	哈特福德·康涅狄格州
27	坎布希尔·宾夕法尼亚州	36	圣安东尼奥·得克萨斯州	45	迈阿密·佛罗里达州
28	休斯敦·得克萨斯州	37	西雅图·华盛顿州	46	莫拜尔·路易斯安那州
29	拉斯维加斯·内华达州	38	斯波坎·华盛顿州	47	孟菲斯·田纳西州①
30	明尼阿波利斯·明尼苏达州	39	旧金山·加利福尼亚州	48	芝加哥·伊利诺伊州①
31	新奥尔良·路易斯安那州	40	印第安纳波利斯·印第安纳州		

注：①指位于计划工厂处的仓库。

（二）销售数据

洗涤剂和洗衣粉的制造工艺并不复杂，很容易模仿，因此，市场上竞争激烈。洗涤用品的产品特性之间无差异，导致竞争主要集中在产品的价格和服务上。客户服务尤其重要，因为它直接受仓库选址的影响。良好分销服务的总价值是无法用货币来衡量的，因为它取决于客户对服务的态度，以及有可能因此而进行的购买。公司一般认为服务质量应该保持在高水平，这样才不会危及销售。服务的“高”水平可以表示为在24~48小时或者更短时间内送货，这样客户距仓库一般应在 300~600 英里（482.8~965.6 千米）。

每年经由仓库网络销售的产品约为 14700 万磅（6.67 万吨），年收入略高于 1 亿美元。市场的分布与人口的分布相类似，平均利润率为 20%。

公司的五年规划列出了全美销售量的增长幅度。由于人口和商业迁移的模式各地不同，竞争条件和促销力度不同，所以各地市场的增长情况也不相同。与现在的销售水平相比，预计各销售区域的变化如表 2-4 所示。

表 2-4　各销售区域的预计变化

地区号	销售区	五年增长系数①
1	东北部地区	1.30
2	东南部地区	1.45
3	中西部地区	1.25
4	西北部地区	1.20
5	西南部地区	1.15
6	西部地区	1.35

注：①现有销售量的乘数。

（三）生产能力和生产成本

现有工厂的生产可变成本都不同。这些不同是由劳动力成本、原材料购买量、工厂和主要原材料供应商的接近程度所导致的入库运输成本差异而造成的。不同地区的生产成本如表 2-5 所示。

表 2-5　不同地区的生产成本

地区	生产成本（美元）
卡温顿	21.0
纽约	19.9
阿灵顿	21.6
长滩	21.1

据估计，位于芝加哥未来工厂的生产可变成本是每担 21 美元，而位于孟菲斯工厂的生产可变成本是每担 20.6 美元。现有工厂扩建后的可变成本不变。因为现有工厂的固定成本已经是沉没成本，所以不考虑固定成本。但是新建工厂或扩建工厂至少需要投资 400 万美元，这样将导致在可预见的未来，工厂的年产出（如果是增建的工厂，则为产出增加量）将高达 100 万担。按照当前的分销方式，现有的工厂是以表 2-6 所列速率（与吞吐量相比）进行生产的。

表 2-6 现有生产情况

地区	现有生产能力（担）	现有产量（担）	生产能力利用率（%）
卡温顿	620000	595102	96
纽约	430000	390876	91
阿灵顿	300000	249662	83
长滩	280000	241386	87
合计	1630000	1477026	91

（四）仓储费用和仓储能力

企业与公共仓库管理人的合同表明，仓储费用可分为存储费用、搬运费用和附加费用。存储费用按所持有的平均库存以美元/（担·月）为单位进行计算。只要产品进出仓库就会出现搬运费用，按美元/担计算。附加费用是一系列服务（如准备提单、本地配送和报告库存状态）的费用。4 个工厂的这部分费用应合理估计，并将其作为生产运作的合理组成部分。

与仓储相关的还有补货成本。这些成本用于准备正常补货的文书工作、将货物发往仓库等。库存订货成本和客户订货成本则可以根据每个订单的平均成本乘以仓库的平均订单量来计算。

表 2-7 列出的是与仓库相关的成本和其他信息。现有网点的成本数据来自公司的记录，潜在仓库的成本来自相应城市仓库管理员的配额或由估计得到。

表 2-7 库存点的费率和订单规模信息

仓库序号	仓储成本（美元/美元）[①]	搬运成本（美元/担）[②]	仓库订单成本（美元/担）	仓库订单规模（担/订单）	客户订单处理成本（美元/订单）	客户订单规模（担/订单）	本地配送费率（美元/担）[③]
1	0.0672	0.46	18	400	1.79	9.05	1.90
2	0.0567	0.54	18	400	1.74	10.92	3.89
3	0.0755	0.38	18	400	2.71	11.59	2.02
4	0.0735	0.59	18	400	1.74	11.30	4.31
5	0.0946	0.50	18	401	0.83	9.31	1.89
6	0.1802	0.75	18	405	3.21	9.00	4.70
7	0.0946	0.74	18	405	1.23	8.37	1.55
8	0.2072	1.14	18	405	1.83	13.46	1.79
9	0.1802	1.62	18	409	4.83	9.69	4.92
10	0.1442	1.14	18	410	2.74	8.28	2.23
11	0.0946	1.04	18	409	3.93	10.20	1.81
12	0.1982	1.06	18	410	3.18	15.00	1.00
13	0.0766	1.06	18	400	1.08	9.07	1.63
14	0.1262	1.22	18	423	1.56	11.72	1.17
15	0.1126	0.82	18	426	1.20	9.35	1.73
16	0.0991	0.64	18	433	1.78	8.70	0.50

续表

仓库序号	仓储成本（美元/美元）①	搬运成本（美元/担）②	仓库订单成本（美元/担）	仓库订单规模（担/订单）	客户订单处理成本（美元/订单）	客户订单规模（担/订单）	本地配送费率（美元/担）③
17	0.1577	0.71	18	394	5.33	8.07	1.46
18	0.1307	0.79	18	398	0.91	7.66	2.29
19	0.1487	1.15	18	399	2.08	9.39	2.20
20	0.2253	0.82	18	490	1.10	7.31	1.49
21	0.1370	1.39	18	655	1.70	9.31	2.72
22	0.0991	0.83	18	400	2.46	10.14	4.17
23	0.1260	0.59	18	110	2.33	5.07	2.37
24	0.0631	0.45	18	134	1.88	6.80	1.36
25	0.0946	1.68	18	341	2.58	6.83	2.21
26	0.1216	0.88	18	149	1.83	14.32	0.80
27	0.0721	0.55	18	198	1.83	7.38	3.88
28	0.1532	0.80	18	420	1.58	9.70	2.14
29	0.1172	1.04	18	287	0.78	7.52	1.51
30	0.1080	1.46	18	408	5.33	11.46	1.70
31	0.1487	0.95	18	340	1.36	10.48	1.63
32	0.1396	0.69	18	333	1.50	6.67	1.66
33	0.1126	0.64	18	277	2.33	11.98	1.54
34	0.1712	1.35	18	398	0.93	10.13	1.84
35	0.1261	0.79	18	434	2.08	6.81	1.58
36	0.1352	0.80	18	232	0.88	7.67	1.93
37	0.2704	0.96	18	423	0.89	8.57	3.08
38	0.2250	0.80	18	425	2.88	7.61	1.43
39	0.1487	1.49	18	400	1.46	7.55	6.44
40	0.2073	1.14	18	400	2.75	10.13	2.83
41	0.2073	1.14	18	400	2.75	10.13	2.83
42	0.1802	1.62	18	400	2.75	10.13	4.81
43	0.2613	1.39	18	400	2.71	11.59	3.89
44	0.1396	0.71	18	400	2.04	9.37	3.89
45	0.1036	0.55	18	400	2.75	10.13	1.74
46	0.0946	0.55	18	400	1.74	9.31	1.89
47	0.0682	0.64	18	400	1.78	8.70	0.50
48	0.0672	1.22	18	400	1.79	9.05	1.55

注：①以美元计算的仓库每美元平均库存的年存储成本。

②按年率计算的1担货物运进、运出仓库的成本。

③此处为运输费率，适用于存储点周围30英里（48.3千米）内的客户运输服务。

公共仓库没有实际仓储能力的限制。尤斯摩尔的仓储空间的需求只是公共仓库总仓储能力中很小的一部分。另外，开设新仓库的最低预期吞吐量是每年至少吞吐10400担或每两周一次以整车量补货。4个现有工厂存储能力有限，以吞吐量表示的存储能力限制分别是：卡温顿45万担、纽约38万担、阿灵顿14万担、长滩18万担。

（五）运输成本

对尤斯摩尔公司而言，三类运输成本非常重要：入库运输成本、出库运输成本和当地配送成本。仓库的入库运输成本取决于货运量和工厂与仓库的距离。从工厂出发的不同距离内卡车承运人整车运输费率的抽样结果表明，工厂与仓库之间的运输费率可以近似地用线性函数合理表示，即整车运输费率为：

$$P-W\text{费率}=0.92+0.0034d$$

其中，d是两点间的距离，以英里为单位。总的入库运输成本等于P-W费率乘以工厂和仓库之间分派的产品流量。

仓库的出库运输成本取决于客户距仓库的距离。如果客户距仓库30英里（48.3千米）以内，则通常适用当地货车费率，表2-7按仓库给出了当地货运费率。如果距离大于30英里（48.3千米），就可以得出类似入库运输费率的线性函数。假定仓库发出的平均货运量约为1000磅（453.59千克），则仓库到客户的运输费率函数为：

$$W-C\text{费率}=5.45+0.0037d$$

出库的总运输成本的计算和入库运输成本的计算是一样的。

（六）库存成本

库存成本取决于仓库保有的平均库存量和该库存水平所适用的库存费率系数。这些费率系数包括资金成本、个人财产税和保险成本。仓库的平均库存随仓库需求和控制库存的方法变化而改变。通过绘制每个实际存储点的年平均库存量和年吞吐量可以得到基于年仓库吞吐量的库存的数学表达式。图2-10描述了得出的关系曲线。已知年库存持有成本约为平均产品价值的12%（产品的价值是26美元/担），则每个仓库的总库存持有成本为：

$$IC_i=0.12\times26\times11.3D_i^{0.58}=35.3D_i^{0.58}$$

式中：IC_i——仓库i的年库存持有成本（美元）；

D_i——仓库i的年需求吞吐量（担）。

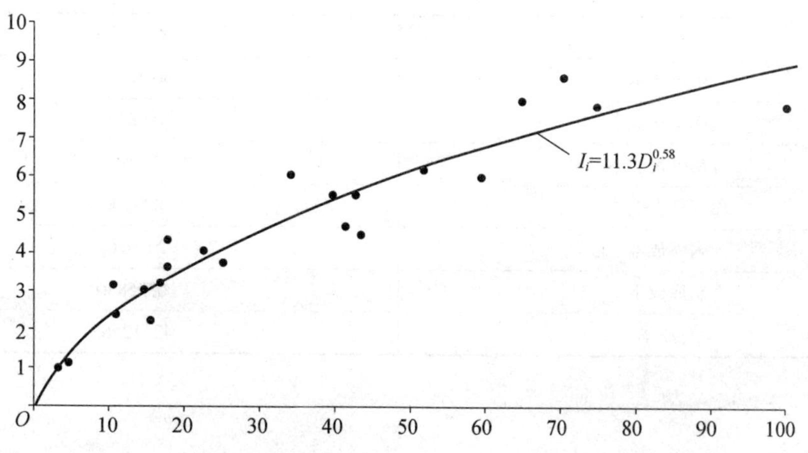

图2-10　尤斯摩尔洗涤用品公司库存—仓库吞吐量之间的关系

（七）仓库运作成本

仓库运作成本指存储成本和搬运成本，是向仓库分派需求的结果。存储成本是用存储费率乘以估计的仓库内的平均库存量，数学上可以表示为：

$$SC_i = SR_i \times 26 \times 11.3D_i^{0.58}$$

式中：SC_i——仓库 i 的年存储成本（美元）；

SR_i——表中仓库 i 的存储费率（成本）；

D_i——仓库 i 的年需求吞吐量（担）。

搬运成本是仓库吞吐量的函数。搬运费率乘以吞吐量就得到搬运成本，即：

$$HC_i = HR_i \times D_i$$

式中：HC_i——仓库 i 的年搬运成本（美元）；

HR_i——表 2-7 中仓库 i 的搬运费率（成本）。

（八）订单处理成本

订单处理成本指处理与补货和客户订单相关的文书时产生的成本。每个仓库计算这两种成本的方法本质相同，也就是用订单处理费率乘以仓库的年需求量，再除以订单规模。

（九）总成本

不同生产分销结构下的总成本就是所有相关成本之和。对尤斯摩尔洗涤用品公司而言，这些成本包括生产成本、仓库运作成本（存储成本、搬运成本、库存订单处理成本和客户订单处理成本）、运输成本（入库运输成本、出库运输成本和当地配送成本）和库存持有成本。改变工厂和仓库的数量和位置将导致这些成本因素的平衡发生改变。例如，增加仓库一般将减少运输成本，但增加库存持有成本，影响客户服务。这类问题的核心是评估成本和客户服务之间的平衡关系。

表 2-8 和表 2-9 给出了现有网络设计中成本和客户服务因素的总结。尤斯摩尔洗涤用品公司能够将 93%的需求置于仓库 300 英里（482.8 千米）以内，这样做的总成本是 42112463 美元。

表 2-8　现有分销网络的成本结构

成本类型	成本（美元）
生产成本	30761520
仓库运作成本	1578379
订单处理成本	369027
库存持有成本	437290
入库成本	2050367
出库成本	6895880
总成本	42112463

表 2-9 客户服务结构标杆

仓库至客户距离（英里，1英里=1.6千米）	需求的百分比（%）	需求的累计百分比（%）	总需求（担）
0~100	56.4	56.4	833043
101~200	21.3	77.7	314607
201~300	15.7	93.4	231893
301~400	2.1	95.6	31018
401~500	1.5	97.0	221555
501~600	0.5	97.5	7385
601~700	2.0	99.5	29541
701~800	0.5	100.0	7384
801~900	0.0	100.0	0
901~1000	0.0	100.0	0
>1000	0.0	100.0	0
合计	100		1477026

（十）现有分销网络的评估

在对现有网络的评估中，使用了 LOGWARE 软件中的一个模块 WARELOCA 作为辅助工具。给定工厂、工厂生产能力、客户服务限制和仓库条件的组合，该计算机程序会利用线性规划对需求中心的供给仓库和仓库的供给工厂做出最优安排。在仓库给定时，如果在需求中心的规定服务范围内有多个仓库可以提供服务，那么要选择费用最低的仓库。如果服务距离内没有仓库，则选择距该需求中心最近的仓库。

本案例中，在数据输入时，工厂能力设为现有生产水平，客户服务距离设为 300 英里（482.8 千米），选定现有 22 个仓库进行评估。

在为需求中心分派供应仓库时只用到线性的可变成本，而不考虑非线性的存储和资金成本以及固定成本。存储和资金成本都包括在系统成本中，固定成本则应附加在系统成本之上，构成总成本。

表 2-10 至表 2-14 给出了 WARELOCA 的运行结果，是对现有分销网络中 4 个工厂和 22 个潜在仓库的分析总结。

表 2-10 系统成本

项目		金额
生产成本（美元）		30761429
仓库运作成本（美元）		1515395
订单处理成本（美元）		357343
库存持有成本（美元）		447282
运输成本	入库运输成本（美元）	2354107
	出库运输成本（美元）	6657464
总成本（美元）		42093020

表 2-11　300 英里（482.8 千米）服务距离的客户服务结构

仓库至客户的距离（英里，1 英里=1.6 千米）	占需求的百分比（%）	仓库至客户的距离（英里，1 英里=1.6 千米）	占需求的百分比（%）
0~100	55.9	800~900	0.0
100~200	18.2	900~1000	0.0
200~300	19.5	1000~1500	0.0
300~400	1.8	1500~2000	0.0
400~500	2.0	2000~2500	0.0
500~600	0.3	2500~3000	0.0
600~700	2.0	>3000	0.0
700~800	0.4		

表 2-12　工厂吞吐成本

地点	吞吐量（担）	生产成本（美元）
卡温顿·肯塔基州	595102	12497142
纽约·纽约州	390876	7778432
阿灵顿·得克萨斯州	249662	5392699
长滩·加利福尼亚州	241386	56093244
总计	1477026	30761518

表 2-13　仓库吞吐量及成本

仓库序号	地点	吞吐量（担）	仓库总成本（美元）	存储成本（美元）	搬运成本（美元）	资金成本（美元）
1	卡温顿	236640	180853	25845	108854	46153
2	纽约	228067	189677	21345	123156	45176
3	阿灵顿	104081	86246	18033	39550	28662
4	长滩	106047	109288	17747	62567	28974
5	亚特兰大	46949	55775	14239	23474	18052
6	波士顿	49350	83524	27919	37012	18592
7	布法罗	28342	45076	10625	20973	13478
8	芝加哥	87860	170997	44858	100160	25979
9	克里弗兰	0	0	0	0	0
10	达文波特	13068	33837	10337	14897	8602
11	底特律	82999	131269	19815	86318	25135
12	大急流镇	17330	45238	16736	18369	10132
13	格林斯伯勒	31832	57362	9203	33741	14417
14	堪萨斯城	73416	137595	24618	39567	23409
15	巴尔的摩	38128	62294	15021	31264	16008

续表

仓库序号	地点	吞吐量（担）	仓库总成本（美元）	存储成本（美元）	搬运成本（美元）	资金成本（美元）
16	孟菲斯	67480	83888	18409	43187	22292
17	米尔沃基	28121	51015	17632	19965	13417
18	奥兰多	11523	71765	19076	35173	17515
19	匹兹堡	21553	50534	14249	248785	11499
20	波特兰	74280	107242	44250	59424	23568
21	西萨克拉门托	65744	137256	23915	91384	21957
22	西切斯特	31216	51936	11772	25909	14255
总计		1477026	1962667	425655	1089739	447282

表 2-14 运输成本

仓库序号	地点	订单处理（美元）	入库（美元）	出库（美元）
1	卡温顿	57453	0	1166502
2	纽约	46603	210610	1135465
3	阿灵顿	29020	96128	511022
4	长滩	21101	97942	528650
5	亚特兰大	6293	112810	212015
6	波士顿	19794	82324	261289
7	布法罗	5424	59064	72647
8	芝加哥	15850	168091	276774
9	克里弗兰	0	0	0
10	达文波特	4898	30896	74424
11	底特律	35631	154332	173983
12	大急流镇	4434	34705	46545
13	格林斯伯勒	5222	71933	129723
14	堪萨斯城	12896	196711	381234
15	巴尔的摩	6504	60638	152684
16	孟菲斯	16611	174640	344308
17	米尔沃基	19857	62954	42548
18	奥兰多	7302	174726	236580
19	匹兹堡	5746	45302	47416
20	波特兰	13906	325989	343276
21	西萨克拉门托	13811	153326	379100
22	西切斯特	8977	40887	141269
总计		357343	2354017	6557465

问题讨论：本案例中，在进行物流网络进行评估时，哪些方面体现了物流系统分析的思想和原则？

（来自百度文库）

物流系统建模

本章学习目标

- 了解系统模型的定义与分类。
- 了解系统概念模型构造方法。
- 掌握系统数学模型构造方法。
- 认识常见物流系统模型。

本章导读

模型是研究系统最重要也是最基本的工具，系统模型是系统工程解决问题的必要工具。对物流系统进行规划设计和决策，也必须建立物流系统模型，并借助模型对物流系统进行定性与定量相结合的分析。因此，物流系统的建模也是物流系统决策与管理人员必须掌握的重要手段。本章介绍了系统模型的定义及分类，介绍了物流系统模型建立的原则，并介绍了几种常见的物流系统模型建立方法。

第一节　物流系统模型

一、系统模型的定义与特征

客观存在的一切事物都可称为“实体”或“实体系统”。实体系统正是人们认识与实践的对象系统。我们研究实体系统，就是要对实体系统的性质进行认定、描述，对实体系统的运行进行预测、控制或重新设计。要完成这些工作，就需要用人类可交流的语言或实物等表达工具对实体系统进行描述。系统模型就是我们用来描述实体系统的工具，但它并不能对实体系统的全部特性进行描述。

简单地讲，系统模型就是对一个系统某一方面的本质属性的描述，它以某种确定的形式（如文字、符号、图表、实物、数学公式等）提供关于该系统的某一方面的知识。

系统模型一般不是系统对象本身，而是对现实系统的描述、模仿或抽象。系统是复杂的，系统的属性也是多方面的。对于某一特定的研究目的而言，没有必要考虑系统的全部属性。因此，系统模型只是对系统某一方面或某几方面的本质属性的描述，本质属性的选取完全取决于系统工程研究的目的。所以，对同一个系统，根据不同的研究目的，可以建立不同的系统模型。

客观存在的实体，在人类的科学体系中都是以模型的形式存在的。由此看来，科学意义上的模型就是人类用可交流的语言或工具（如图像、文字、算符），对实体某一层次的特性与规律的描述。模型本身并不神秘，我们对任何事物的理解其实就是我们在头脑中形成的这一事物在某一层次、某一层面上的模型。而我们经常说的模型很难建立，主要是指用数学语言描述模型很困难。

总之，系统模型来源于实际系统，反映的是实际系统的主要特征，但它又高于实际系统，能反映同类问题的共性，是对所要研究问题的抽象。一个恰当、适用的系统模型应该具有如下三个特征：

第一，它是对现实系统的抽象或模仿。

第二，它是由反映系统本质或特征的主要要素构成的。

第三，它集中体现了这些主要要素之间的关系。

二、系统模型的分类

模型是对原实际物理系统某一方面属性的描述，因此，一个系统可以有不同类型的模型，反映不同方面的属性。对于系统从不同的角度观察，可以得出多种不同的分类方法。例如，按建模材料的不同，可分为抽象模型和实物模型；按与实体系统的关系，可分为形象模型、相似模型和数学模型；按与时间的依赖关系，可分为动态模型和静态模型；按模型的用途，可分为概念模型、结构模型、评价模型和优化模型等。图 3-1 表示了各种模型。

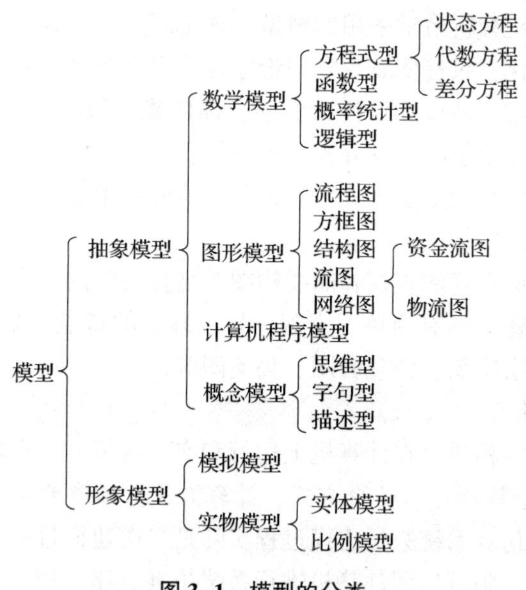

图 3-1　模型的分类

下面对各模型的含义进行解释。

（一）抽象模型

抽象模型是用数字、字符、运算符号组成的表达式或表格、图形，没有具体的物理结构。

1. 数学模型

广义地说，凡是一切数学概念、数学理论体系、数学公式、方程式以及由公式系列构成的算法系统等都可称为“数学模型”。狭义地说，凡是将具体现象、事物的特征和性质以数学表达的数学结构，如各种等式、不等式、图、表或框图等，也叫“数学模型”。数学模型是以解决某个现实问题为目的，从该问题中抽象归结出来的数学问题也叫“数学模型”。也就是说，数学模型是用数学术语对现实问题的具体描述。

数学模型，常用集合论、群论、拓扑论、模糊数学等数学理论描述出系统的层次、子层次、子系统；运用数理统计和概率论、线性规划、决策理论、排队论等数学理论，分析系统的数据，描述系统的行为特征（即变化规律）。例如，20 世纪 30 年代由美国经济学家昂节夫建立的投入产出模型，用一组线性方程成功地刻画出了在一个经济系统中的投入和产出的关系，并据此提出了一系列产出和消费指标，这些指标经常被用于经济分析中。该模型又称为“方程式模型”或“线性模型”。

数学模型包括以下几种类型：

①方程式型模型，通过状态方程、代数方程等来表达。

②函数型模型，如柯布-道格拉斯生产函数。

③概率统计型模型，利用已有的数据按概率、统计的方法建立的模型。

④逻辑型模型，用逻辑变量按逻辑运算法则建立的模型。

数学模型是物流系统分析最常采用的模型。这是因为：一方面，一切系统都或多或少涉及数量或形态空间变化，只有依靠数学理论才能认识其本质，物流系统也不例外；另一方面，物流系统一般较难开展或无法进行实验，即使能进行实验往往也要花费较多经费，付出很大代价，而利用数学模型进行分析、模拟能经济、方便地获得所需结果。数学模型已成为物流系统分析、优化的重要工具，有无可比拟的优越性。

2. 图形模型

图形模型是采用不同形式的直线和曲线构图，结合简明的文字、数字说明，形象地表现出事物本质和变化规律，具有简单、直观、易于理解的特点，如企业产品生产流程图、组织结构图、管理决策层次图、信息流图、物流图等。

3. 计算机程序模型

计算机程序模型是一种适合在计算机上运行和实验的模型，也称为“仿真系统数学模型”，主要根据计算及运算特点、仿真方式、计算方法、精度要求，将原始系统的数学模型转化成计算机程序。仿真系统数学建模过程实际是二次建模过程。对于物流系统有时无法建立传统的数学模型，则可运用计算机进行系统仿真。建立物流系统计算机程序仿真模型是一个有效的分析手段，是物流系统分析建模的一个新兴发展方向，越来越受到人们的重视。

下面介绍两种计算机模型：

①克莱顿希尔模型。这是一种采用逐次逼近法的模型，用来处理企业物流策略的方法。其目标为：最好的服务水平、最少的物流费用、最快的信息反馈。其决策变量有：流通中心的数目、流通中心的收发货时间的长短、对用户的服务水平、库存分布、系统整体的优化等。

②哈佛大学的物流系统模拟。该物流系统模拟采用逐次逼近的方法，按照一定的步骤来确定物流网络的构造和策略，经若干步骤，顺次求出其可行解为最小的集合，最后求得收入额与费用的差值，即得利润最大解，称为“最优解”。在这个模型里，具体考虑的是物流服务和物流费用。物流服务包括货物收发时间的长短和仓库服务效率等内容，物流费用包括装卸费、运输费、保管费、信息费及投资费用等。

需要确定的具体问题是：流通中心的数目和地点选择、流通中心的装卸设备选择、运输和发送手段的选择等。同时为了满足物流服务水平，需要确定各流通中心的能力和库存水平。

4. 概念模型

概念模型是人们根据实践经验及掌握的有关理论知识，直观地构想出的模型。在没有任何历史资料的情况下，人们只能充分发挥自己的想象，通过概念模型，一步步积累资料，丰富和改进模型。

（二）形象模型

形象模型是具有物理结构的模型，它提供了一个系统的直观形象，常称为“物理模型”。

1. 实物模型

它是真实系统按一定比例的再现，如自动化仓库建造模型、城市住宅小区规划建设模型、大坝水利实验模型、飞机风洞实验模型等。

2. 模拟模型

模拟模型和原系统的物理元素完全不同，但动作相似，当两系统性质之间的关系相同时，常作为研究另一系统的模型。例如，机械运动中研究速度、力与质量的关系，可用电路中的电压、电流和电容来模拟。在电路中改变电压、电流和电容，远比在机械运动中改变速度、力和质量简单得多。

第二节　物流系统建模方法

物流系统模型是对物流系统的特征要素及其相互关系和变化趋势的一种抽象描述。物流系统模型反映物流系统的一些本质特征，用于描述物流系统要素之间的相互关系、系统与外部环境的相互作用等。由于物流系统时域和地域上的广泛性，使得系统要素和特性也多种多样。因此，有必要借助物流系统抽象模型进行系统特性的研究。本节将介绍物流系统模型建立的原则和步骤，以及常用的一些物流系统的建模方法。

一、建立物流系统模型的原则

物流系统的复杂性决定了物流系统模型建立的复杂性。建立一个简明、适用的物流系统模型，将为物流系统的分析、评价和决策提供可靠的依据。但是，建造系统模型尤其是抽象程度很高的数学模型，是一种创造性的劳动，既是一种技术，也是一门“艺术”。根据系统建模的三条要求，建立物流系统模型时，必须遵循以下几条基本原则。

（一）切题

系统模型应该只包括与研究目的有关的方面，而不是物流系统的所有方面。

（二）清晰

物流系统是由许多密切联系的子系统组成的，对应的系统模型也应该是由许多子模型（或模块）组成的。在子模型与子模型之间，除了保留研究目的所必需的信息联系，子模型之间的其他耦合关系要尽可能减少，以保证模型结构尽可能清晰。

（三）精度要求适当

应根据研究目的和使用环境的不同，选择适当的精度等级，既要保证所建模型能准确反映系统本质，又要简单明了。模型太精确，虽然能更准确反映系统的真实情况，但是考虑的因素必然会很多，这将使模型难以控制和操纵，失去了建模的意义。因此，模型的精度要适中。

（四）尽量使用标准模型

物流系统中的有些问题已有标准模型。因此，在建立实际的物流系统模型时，应该首先查阅标准模型库，如果其中某些模型可以借鉴，就应该先试用。如果能满足要求，就应该使用标准模型。这样既可以节省时间和精力，又可以节约建模费用。

二、物流系统建模的步骤

不同条件下的建模方法虽然不同，但是建模的全过程始终离不开了解实际系统，掌握真实情况，抓住主要要素，弄清变量关系，构造模型，反馈使用效果，不断修改改进以逐步向实际逼近。因此，建立模型的步骤可以归纳为以下几步。

（一）弄清问题，掌握真实情况

要清晰准确地了解系统的规模、目的、范围以及判定准则，确定输出输入变量及其表达形式。对于经济模型而言，要根据有关经济理论，假定结构方程，确定变量关系，设定随机量的概率分布。

（二）搜集资料

搜集真实可靠的资料，全面掌握资料，对资料进行分类，概括出本质内涵，分清主次变量，把已研究过或成熟的经验知识或实例进行挑选作为基本资料，供新模型选择和借鉴。将本质因素的数量关系，尽可能用数学语言来表达。

（三）确定因素之间的关系

确定本质因素之间的相互关系，列出必要的表格，绘制图形和曲线等。

（四）构造模型

在充分掌握了资料的基础上，根据系统的特征和服务对象，构造一个能代表所研究系统的数量变换数学模型。这个模型可能是初步的、简单的，如初等函数模型。

（五）求解模型

用解析法或数值法求解模型最优解。对于较复杂的模型，有时需编出框图和计算机程序来求解。

（六）检验模型的正确性

这一步的目的在于肯定模型是否在一定精确度的范围内正确地反映了所研究的问题。必要时要进行修正和反复订正，如除去一些变量，合并一些变量，改变变量性质或变量间的关系以及约束条件等，使模型进一步符合实际，满足在可信度范围可解、易解的要求后投入使用。

三、物流系统数学模型建立的过程

建立系统模型是解决问题过程中的一个子过程。从问题出发到选择恰当方法解决问题，都需要运用模型。图 3-2 描述的是实体与模型的关系，从中可以归纳出建立系统模型的过程。

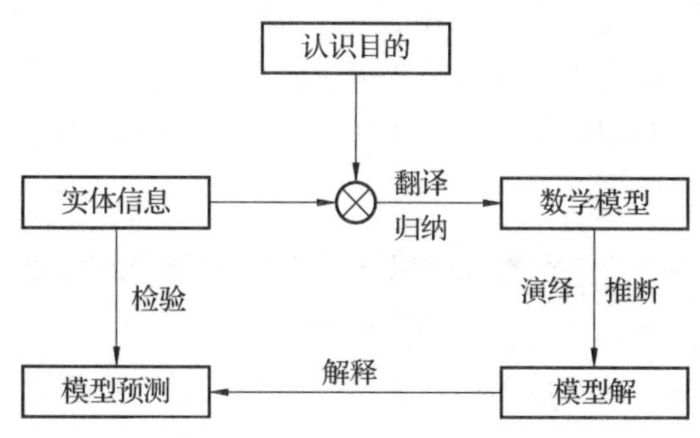

图 3-2　实体与模型的关系

虽然系统数学模型的建立并不能按照技术化的程序完成，但是存在一些原则性的步骤。原则上，可按以下五个步骤来建立物流系统的数学模型。

（一）明确问题

数学模型的特点在于清楚描述变量之间的数量关系，所以，要建立物流系统的数学模型，首先就要能采用适当的形式描述变量之间的关系，并用一种数学结构来表达问题。该数学结构所展示的模型的解是与问题解决的方式相对应的，这样才算明确了问题。

例如，著名的哥尼斯堡七桥问题：有两座小岛和七座桥，如图 3-3（a）所示，能否从岛上或岸上任一点出发通过每座桥一次且仅通过一次后又回到出发点。

欧拉巧妙地把该问题模型化为一笔画问题，图 3-3（b）是七桥问题的图论模型。因此，七桥问题就对应了一笔画的数学结构，而能否一笔画成图 3-3（b）的形状的模型解对应了原问题的解答，即从任一点出发通过桥一次回到出发点与一笔画成图 3-3（b）是等效的。

类似地，我们也可以将配送线路优化问题应用图论模型描述。

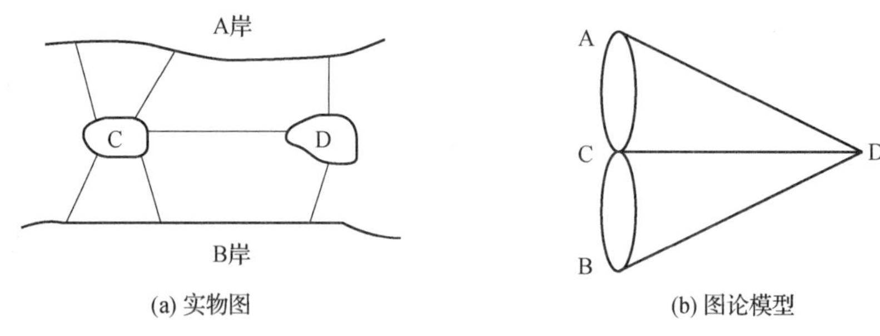

图 3-3　七桥问题

（二）模型假设

模型假设即是对建模对象的特征与存在条件进行简化。对一个实体系统来说，影响因素是复杂的，然而建模就是要在复杂性中抽象出既有说服力又简单可操作的模型，因此，合理的简化是必要的。

模型假设可以从不同范围、不同角度设定，既可以对问题的宏观条件进行简化与假设，也可以在宏观条件简化后再对变量与变量之间的关系提出假设。例如，物流设施的布局问题中，一般假设运输费用与运输量成正比，并且假设两设施点之间的距离是直线。

（三）建立模型

建立模型就是选择一个合理的数学形式，将实际问题中的要素和关系用数学语言表达出来。很显然，数学语言越丰富，建模的路子就越宽。

同一个问题可用多种不同的数学形式表达，但是，后续解题过程的难易程度可能相差很大。这正是需要对模型的优劣进行评价的原因之一。

（四）模型求解

模型建立后，需要应用数学方法或其他方法求出问题的解答，这是一项技术性很强的工作。要得到问题的解，既可以应用数学算法，也可以利用计算机仿真方法。这里重要的是模型的解要存在，或者能将模型的解转化为实际问题的解决答案。

（五）模型检验与调整

由于使用模型的目的不同，模型解的含义与要求也不同。因此，需要对模型的假设条件、解的可靠性等各方面进行分析和检验，并根据模型检验情况进行模型的调整。

对于以预测、控制等为目的的问题，就需要对模型解的误差进行分析，要求在允许的误差范围内使用模型及模型的解。如果是为了解释某些现象，就要求某种解是存在的。还可根据模型解的特征对模型进行检验。通过了检验，就说明模型是可以使用的；否则，就需要修改模型的假设条件，或修改模型参数，甚至修改模型结构。

四、物流系统建模的常用方法

建立系统模型并没有一套程序化的技术或过程。建立一个合适的系统模型既需要综合运用各种科学知识，又需要充分发挥人的创造性，针对不同系统对象，或建造新模型，或巧妙利用已有的模型，或改造已有的模型。有人认为，系统模型的建造是一种艺术，因而不可能有现成的、通用的方法。这里提供几种物流系统模型建立的思考方法或思路。

系统工程中使用的模型，通常都包括可控变量和不可控变量。有如下形式：

$$U=f(x_i,\ y_i)$$

式中：U——描述系统功能质量的效用或准则值，有时称为“目标函数”；

x_i——可控变量；

y_i——不可控变量，对 U 有影响；

f——U 与 x_i，y_i 之间的关系函数。

上述表达式中，U 代表目的值，一般希望达到最大值（如利润、效益等）或最小值（如成本、支付、亏损等），加上约束条件就形成一个系统模型。

建立物流系统模型的方法大体有以下几种。

①优化方法。该方法运用线性规划、整数规划、非线性规划等数学规划技术描述物流系统的数量关系，以便求得最优决策。由于物流系统庞大而复杂，建立整个系统的优化模型一般比较困难，而且由于计算机求解大型优化问题的时间长和费用高。因此，优化模型常用于物流系统的局部，并结合其他方法求得物流系统的次优解。

②仿真模拟方法。该方法是利用数学公式、逻辑表达式、图表、坐标等抽象概念来表示实际物流系统内部状态和输入输出之间的关系，以便通过计算机对模型进行实验，通过实验取得改善物流系统或设计物流系统所需要的信息。虽然仿真模拟方法在模拟构造、程序调试、数据整理等方面的工作量大，但由于物流系统结构复杂，不确定因素多，所以仿真模拟方法仍以其描述和求解问题的能力优势，成为物流系统建模的主要方法。

③启发式方法。该方法是运用一些经验法则来降低优化模型的数学精确程度，并通过模拟人的跟踪校正过程求出物流系统的满意解。它能同时满足详细描绘问题和求解需要，缺点是难以知道什么时候好的启发式解已经求得。因此，只有当优化方法不必要或不实用时才使用启发式方法。

除了以上三种主要方法，还有其他一些建模方法，如用于预测的统计分析法、用于评价的加权函数法、功效系统法及模糊数学方法等。一个物流决策课题通常有多种建模方法，一种建模方法也可用于多个物流决策课题。

下面结合具体实例，介绍几种建立模型的具体方法。

（一）推理分析法

对于问题明确、内部结构和特性十分清楚的系统，可以利用已知的定律和定理，经过一定的分析和推理，建立系统模型。例如，流通加工中的下料问题，就可以根据裁剪后的余料最少建立数学模型。

现有一批某种型号的圆钢，长 7.4 米，需截取长 2.9 米、2.1 米和 1.5 米的毛坯各 100

根。问如何才能既满足需要又使用料最少?

为了找到省料的方案，先设计出较好的几个下料方案（见表 3-1）。其次要求这些方案的总体能裁下所有各种规格的圆钢，以满足对各种不同规格圆钢的需要并达到省料的目的。

表 3-1　套裁下料方案

下料根数 \ 长度（米）	方案				
	Ⅰ	Ⅱ	Ⅲ	Ⅳ	Ⅴ
2.9	1	2	0	1	0
2.1	0	0	2	2	1
1.5	3	1	2	0	3
合计	7.4	7.3	7.2	7.1	6.6
料头	0	0.1	0.2	0.3	0.8

设按方案Ⅰ、Ⅱ、Ⅲ、Ⅳ、Ⅴ下料的原材料根数分别为 x_j（$j=1, 2, 3, 4, 5$），可列出下面的数学模型：

$$\min z = 0x_1 + 0.1x_2 + 0.2x_3 + 0.3x_4 + 0.8x_5$$

$$\begin{cases} x_1 + 2x_2 + x_4 = 100 \\ 2x_3 + 2x_4 + x_5 = 100 \\ 3x_1 + x_2 + 2x_3 + 3x_5 = 100 \\ x_1,\ x_2,\ x_3,\ x_4,\ x_5 \geqslant 0 \end{cases}$$

这个问题的所有方程都是线性方程，故称为“线性规划问题”。线性规划是运筹学的一个重要分支，适用范围很广，主要用来解决诸如下料问题、生产计划安排问题、运输问题、厂址选择问题等。

（二）统计分析法

对于那些内部结构和特性不很清楚，且又不能直接进行实验观察的系统（大多数的物流系统及其他非工程系统就属于此类），可以采用数据收集和统计分析的方法，建立系统模型。常用方法有线性回归、非线性回归、旋转回归、数量化理论等。

例如，为预测某市物流需求量的变化，需找出物流需求量变化的规律。经统计分析，影响物流需求量的最显著因素为 GDP。若仅限于研究物流需求量随 GDP 变化的规律性，则可利用现有统计资料采用回归分析的方法建立模型。依据统计资料，经回归分析建立的该市物流需求量的预测模型为：

$$y = 2.5659x + 7357$$

式中：y——该市综合货运量（物流需求量）的预测值；

x——该市 GDP 年预测值。

（三）系统模拟法

系统模拟的方法有物流模拟和计算机模拟。物理模拟是指被模拟的现象或过程是按其物理性质及几何形式进行的一种模仿，但与系统的结构和性质可以不同。计算机模拟是指在电子计算机上对系统的模型进行实验，对系统的性能做出定量分析的过程。当系统结构复杂、性质不太明确、缺乏足够的数据且无法进行实验观察时，可借助一些模拟法，逐步建立物流系统模型。

例如，某厂拟建一新供应仓库供应 P_i（$i=1$，2，…，n）个地点用料。从新库到各用料点的运输费用与运输量和运输距离的乘积成正比（以吨·千米表示）。已知各用料点的物资需要量为 W_i（$i=1$，2，…，n）。应如何选择新库的位置，才能使总运输费用最低？

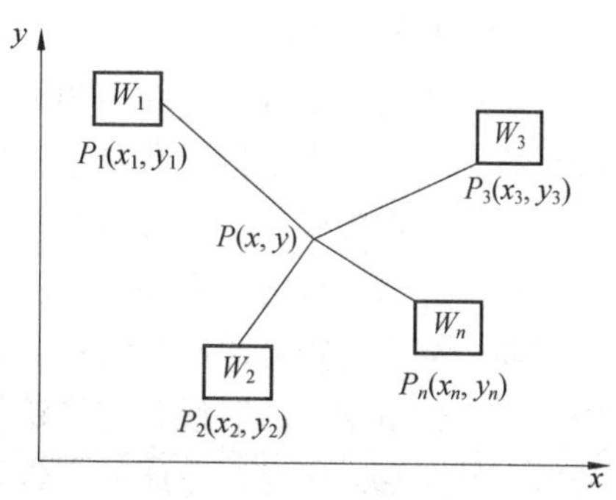

图 3-4　用料位置图

这是一个最佳库址选择问题。如图 3-4 所示，P_1，P_2，…，P_n分别表示各用料点的位置；P（x，y）为新选库址。

如果用直接分析法可得出目标函数。

从仓库 P（x，y）到用料点 P_i（x_i，y_i）的运输距离为（根据两点间的距离公式）：

$$L_i=\sqrt{(x_i-x)^2+(y_i-y)^2}$$

从仓库 P（x，y）到用料点 P_i（x_i，y_i）的运输费用为（根据题目，运输费用与运输量和运输距离的乘积成正比）：

$$M_i=W_i\cdot L_i=W_i\sqrt{(x_i-x)^2+(y_i-y)^2}$$

前面是一个点的运输费用，当有 n 个用料点时，总的运输费用为（将每个点的费用求和）：

$$S=\sum_{i=1}^{n}M_i=\sum_{i=1}^{n}W_i\sqrt{(x_i-x)^2+(y_i-y)^2}$$

其中，S 表示总运输费用，即是我们需要的目标函数，按题意是求它的最小值，即 min（S）。这个模型的求解需要借助于计算机，用迭代求解可达到所需的精度。下面还可用物理模拟的办法方便地解决这个问题，如图 3-5 所示。

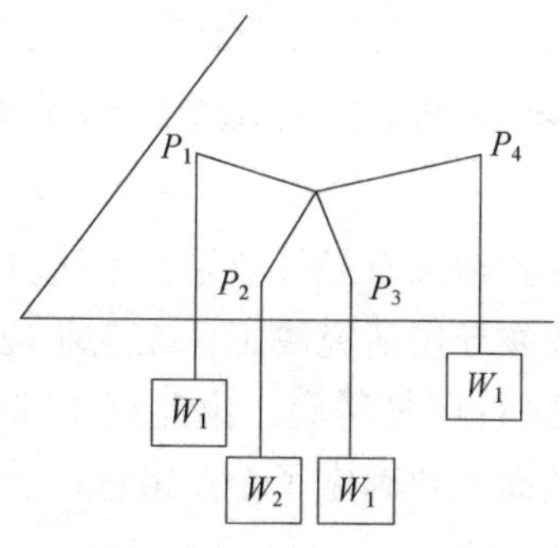

图 3-5　模拟法求仓库的位置

在一块平板上，按比例在各供应点 P_j 的坐标处钻孔，在每一孔中穿一根细线绳，在板下面的绳子一端各系相应重物 W_j，与各地点所需用料 W_j 成比例，将板上面各绳头系于一个小环上。若小孔光滑，绳与孔的摩擦力可忽略不计。最终小环停下来的自由平衡位置就是使总费用达到最小的近似位置。

（四）实验分析法

若对系统内部结构和特性不很清楚，但可对系统进行实验操作，通过实验发现矛盾、分析矛盾，确定关键变量及参变量，建立一个初步的实验模型，并一步步改进。若可建立系统的计算机程序模型，通过程序模型的反复运行，分析输入输出结果，亦可一步步辨识系统，逐步弄清系统的本质特征，从而改进系统，取得满意的结果。这就是实验分析法。

例如，某企业物流部的销售物流系统经常通过广告宣传本企业的产品，收到了不错的效果。当广告费增加的时候，往往销售额成正比例递增（见图 3-6 中线条①）。但营销系统分析人员在深入研究企业产品广告费用与销售额的关系时发现，广告费用并不始终与销售额成正比例。当某产品广告费用达到一定额度后，销售额不随之增加，而是出现一个平台期（见图 3-6 中线条②）。即无论怎样多做广告，销售额都不会再增长，始终维持在一个水平上。这样，系统分析人员认识到，本企业的产品也和一切市场产品一样，符合心理学中一种典型的刺激反应规律，即推销员老是喋喋不休地介绍一种产品，顾客由于逆反心理反而不愿意购买。这条规律引出这样一个结论：每种产品必然有一个最佳广告费用，即最佳广告宣传额度。超出这个额度，宣传过量，会适得其反，使销售额下降（见图 3-6 中线条③）。

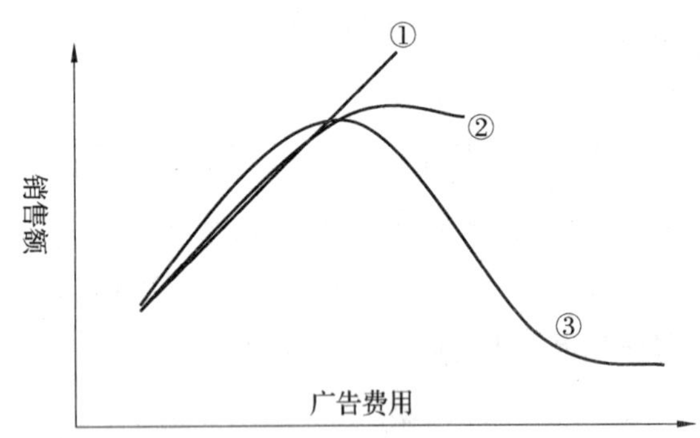

图 3-6　广告费用与销售额的关系示意图

怎样把握这个尺度，做到既省钱又有最佳效果？系统分析人员依据现有资料，不能确定这个最佳广告费用值。经企业领导层研究决定，在企业现有 400 个销售区中，依据产品消费群体的特点，选出 30 个区进行反复实验。由此逐步找出针对消费群体的不同特点应该投入的最佳广告费用额度，从而大致确定了企业最佳广告费用的范围。由此改进，建立起一个新的效率更高的营销系统。

（五）人工实现法

若对系统的内部结构和特性尚不清楚，系统结构复杂，既无足够的数据，又无法对系统进行实验，甚至不允许做实验时，可以人为地逐步建立模型。

首先投入人工形成一个实际操作系统，对形成的实际系统的人工现实，做适当简化归类、分析归纳，构造出一个人工实现实验情况。然后将复杂的人工实现实验情况，分解成一些局部小系统，从局部小系统的相关事件中了解情况、摸清底细，经反复实验形成局部模型。再返回到第一次投入人工形成的实际操作系统，依据局部模型，根据实际情况进行适当的补充修改，使之形成更接近物流系统内在规律、更能体现物流系统的本质特点的实际操作系统。如此反复进行，直到获得具有更为一般性和满意的指导实际系统的系统模型为止（见图 3-7）。

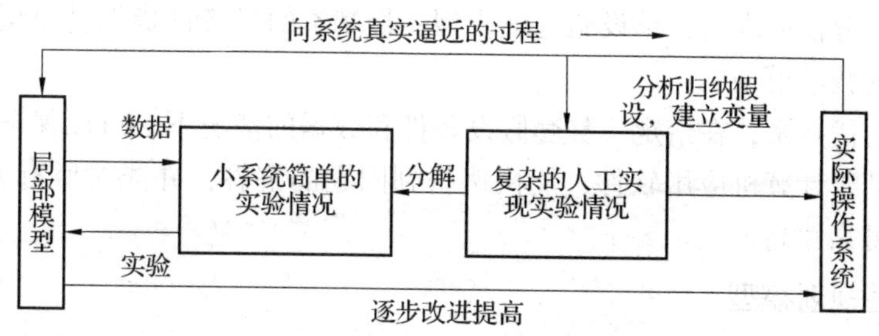

图 3-7　人工实现法建模示意图

（六）主观想象法

若对系统内部结构和特性不清楚，既无足够数据，又不能在系统上做实验，且无法通过人工具体实施，在似乎无法开展建模活动的情况下，可以利用“主观想象”，凭直觉经验人为地先构想一个模型。例如，希望对未来若干年以后的社会经济系统提出构想，以便于更好地把握现在的经济发展，可以先主观（但不是科学地）地设想一些情况，构造出一个简单模型，并据此推出一些结论。再邀请有关专家共同研究讨论，产生新的构想，反过来进一步修正模型。如此反复多次，随着对未来经济系统认识的深化，模型逐渐逼近一个真实系统。诸如国际大物流系统、国内全局物流系统、军事系统、社会行为系统、生态系统等复杂巨大系统，它们被称为“巨系统”。其因素极多，又不确定，人们又想通过建立模型来分析它们的发展变化，或建立模型来描述它们未来的状况，此时，采用主观想象的方法来建立初步模型是可行的方法。

第三节　常见的物流系统模型

物流系统的分析、规划、最优设计等过程是复杂的，常常需要借助各种数学模型和计算机模型。实际系统的问题及研究目的多种多样，系统分析中采用的方法也多种多样。按照物流系统建模的方法，可划分为最优模型、仿真模型、启发式模型三种模型；按照应用问题的不同，又可划分为设施选址模型、库存模型、物流路径优化模型、资源配置模型等。本节将介绍第一种分类法中的三种模型，按应用问题划分的其他模型将在本书其他章节中进行介绍。

一、最优模型

最优模型是依赖精确的数学方程式和严密的数学过程来分析和评价物流系统的各种可选方案，从数学上可以证明所得到的解是针对该问题的最优解（最佳选择）。

最优模型属于数学模型。物流系统规划与决策中的许多确定型的运筹学模型都属于此类。这些模型包括各种数学规划模型（线性规划、非线性规划、动态规划、混合整数规划）、排队模型、枚举模型、微积分模型等。

例如，在运输调度、资源分配问题中常采用线性规划模型；库存控制问题可采用动态规划模型或微积分模型求解；单设施选址模型、最基本的经济订货批量模型等都是采用以微积分为基础的数学模型。

最优模型的优点是，在给定一整套假设条件和数据的情况下，可以保证用户能得到最优解，而且借助于计算机应用软件，能快速得到问题的解答，并能对所有方案进行评估，分析效率高，可靠性高。

（一）线性规划模型

线性规划是运筹学中研究较早、发展较快、应用广泛、方法较成熟的一个重要分支，是辅助人们进行科学管理的一种数学方法，是决策系统的静态最优化数学规划方法之一。它作为经营管理决策中的数学手段，在现代决策中的应用是非常广泛的，可以用来解决科学研究、工程设计、生产安排、军事指挥、经济规划、经营管理等各方面的大量问题。

在解决实际问题时，把问题归结成一个线性规划数学模型是很重要的一步，但往往也是困难的一步。模型建立的是否恰当，直接影响到求解。而选取适当的决策变量，是我们建立有效模型的关键之一。

建立线性规划模型一般采取三个步骤：

第一步，选择决策变量，建立目标函数。

第二步，分析限制因素，列出约束条件。

第三步，求解模型。在目标最大的前提下，根据各约束条件找出决策变量的最佳组合。

线性规划模型的一般形式为：

$$\max(\min)z = \sum_{i=1}^{n} c_i x_i$$

$$\text{s.t.} \sum_{j=1}^{n} a_{ij},\ x_j \leqslant (\geqslant,\ =) b_i,\ i = 1,\ 2,\ \cdots,\ m(m\text{ 个约束})$$

$$x_j \geqslant 0,\ j = 1,\ 2,\ \cdots,\ n$$

上述模型可以简化为矩阵形式，即：

$$\max(\min)z = c^T X$$

$$\text{s.t.}\ AX \leqslant (\geqslant,\ =) b$$

$$X \geqslant 0$$

其中，$X=(x_1,\ x_2,\ \cdots,\ x_n)^T$，为决策向量；$c=(c_1,\ c_2,\ \cdots,\ c_n)^T$，为目标函数的

系数向量；$b=(b_1, b_2, \cdots, b_m)^T$，为常数向量；$A=(a_{ij})\ m\times n$，为系数矩阵。

（二）库存控制模型

库存是暂时闲置的资源，要占用大量的资金，使得资金周转延缓。此外，企业还得为库存支付管理费、保险费、利息等，这些费用的增加会使企业的利润下降。库存控制的目标在于降低库存的负面影响，做到既能保证生产经营正常运作，又使库存发生的费用最低。库存控制要解决三个主要问题：确定库存检查周期、确定订货量、确定订货点（何时订货）。库存模型必须也只能反映库存问题的基本特征。同库存控制模型有关的基本概念有需求、补充、费用和库存策略。

1. 需求

对于一个库存系统而言，需求就是它的输出，即从库存系统中取出一定数量的物资以满足生产或消费的需要，库存量因满足需求而减少。

需求可以有不同的形式：①间断的或连续的，如商业库存系统中，顾客对时令商品的需求是间断的，对日用品的需求是连续的；②均匀的（线性的）或不均匀的（非线性的），如工厂自动流水线对原料的需求是均匀的，而一个城市对电力的需求则是不均匀的；③确定性的或随机的，如生产活动中对原材料的需求一般是确定性的，而销售活动中对商品的需求则往往是随机的。对于随机需求，通过大量观察实验，可以了解需求发生时间和数量的统计规律性。

2. 补充

库存由于需求而不断减少，必须加以补充。补充就是库存系统的输入。补充有内部生产和外部订购（采购）两种方式。库存模型就是对于补充订货的订货时间及每次订货的数量进行控制。

通常，从订货到交货之间有一段滞后时间，称为“拖后时间”。为使库存在某一时刻获得补充，就必须提前一段时间订货，这段时间称为“提前时间”（订货提前期）。它可能是确定性的或随机的。

3. 费用

衡量一个库存策略优劣的常用数量指标就是库存系统的运营费用（Operating Costs）。它包括进货费用、存储费用、缺货费用三项费用。

（1）进货费用

进货费用指补充库存而发生的费用，记为 C_0，其一般形式为：

$$C_0=\begin{cases} a+cQ, & Q>0 \\ 0, & Q=0 \end{cases}$$

式中：a——每次进货的固定费用，跟进货批量 Q 的大小无关；

c——单位变动费用，cQ 则是变动费用，与进货批量 Q 有关。

进货费用又分为内部生产与外部订购两种费用。

①订购费用：因订货与购货而发生的费用。订购费用是指为补充库存，办理一次订货所发生的有关费用。

a，每次订货费用，如手续费、电信费、外出采购的差旅费、最低起运费、检查验收费等。订购费只与订购次数有关，而与订货批量 Q 无关。

c，单位货物的购置费用，如货物本身的购价、单位运费等。cQ 就是一批货物的购置费用，与订货批量 Q 有关。

②生产费用：生产货物所发生的费用。

a，对于生产企业，每批次的装配费用（或准备、结束费用），如更换生产线上的器械、添置专用设备等的费用，与生产批量 Q 无关。

c，单位产品的生产费用，即单位产品所消耗的原材料、能源、人工、包装等费用之和。cQ 就是一批产品的变动生产费用，与生产批量 Q 有关。

（2）存储费用

存储费用又称为“库存持有费用”“保管费用”，即因持有这些库存而发生的费用，包括仓库使用费，管理费，货物维护费，保险费，税金，积压资金所造成的损失（利息、占用资金费等），存货陈旧、变质、损耗、降价等所造成的损失，等等。

C_H，存储费用，与单位时间的库存量有关。

h，单位时间内单位库存的存储费用。

（3）缺货费用

缺货费用是指因库存供不应求时所引起的损失，如停工待料所造成的生产损失、失去销售机会而造成的机会损失（少得的收益）、延期付货所交付的罚金和商誉降低所造成的无形损失等。

C_S，缺货费用，与单位时间的缺货量有关。

l，单位时间内缺少单位货物所造成的损失费。

运营费用即为上述三项费用之和，故又称为“总费用”，记为 C_T。

$$C_T = C_O + C_H + C_S$$

能使运营费用 f 达到极小的进货批量称为“经济批量”，记为 Q^*。对几种确定性库存系统，人们已经导出了经济批量 Q^* 的数学表达式，通称为“经济批量公式”。这些公式也是库存模型的一种形式，称为“经济批量模型”。

4. 库存策略

对一个库存系统而言，需求是其服务对象，不需要进行控制，需要控制的是库存的输入过程。此处，有两个基本问题要做出决策：何时补充，称为“期”的问题；补充多少，称为“量”的问题。

管理者可以通过控制补充的期与量这两个决策变量，来调节库存系统的运行，以便达到最优运营效果。这便是库存系统的最优运营问题。

决定何时补充、每次补充多少的策略称为“库存策略”。常用的库存策略有以下几种类型。

（1）t 循环策略

t，运营周期，是一个决策变量。

Q，进货（补充）批量，也是一个决策变量。

该策略的含义是：每隔 t 时段补充库存量为 Q，使库存水平达到 S。这种策略又称为

“经济批量策略”，适用于需求确定的库存系统。

（2）（s，S）策略

每当库存量 $x>s$ 时不补充，当 $x \leqslant s$ 时补充库存，补充量 $Q=S-x$，使库存水平达到 S。其中，s 称为“最低库存量”。

（3）（t_0，a，S）策略

t_0，固定周期（如一年、一月、一周等），是一个常数而非决策变量。

a，临界点，即判断进货与否的库存状态临界值，是一个决策变量。

S，库存上限，即最大库存量，也是一个决策变量。

I，本周期初（或上周期末）的库存状态，是一个参数而非决策变量。

该策略的含义是：每隔 t_0 时段盘点一次，若 $I \geqslant a$，则不补充；若 $I<a$，则把库存补充到 S 水平，因而进货批量为 $Q=S-I$。

（4）（T_0，β，Q）策略

β，订货点，即标志订货时刻的库存状态，是一个决策变量。

$I(\tau)$，τ 时刻的库存状态，是一个参量而非决策变量。

该策略的含义是：以 T_0 为一个计划期，其间每当 $I(\tau) \leqslant \beta$ 时立即订货，订货批量为 Q。

后两种策略适用于需求随机的库存系统。其中，（s，S）称为“定期盘点策略”，（t_0，a，S）称为“连续盘点策略”。采用连续盘点策略需要用计算机进行监控，储存必要的数据并发出何时补充及补充多少的信号。

5. 库存模型

（1）经济订购批量库存模型

假设：需求连续均匀，需求率为一常数 d；当库存降至零时，可以立即得到补充，即一订货就交货；缺货损失费为无穷大，即不允许缺货；在每一运营周期 t 的初始时刻进行补充，每期进货批量相同，均为 Q 。

不允许缺货情况下的库存状态图如图 3-8 所示。

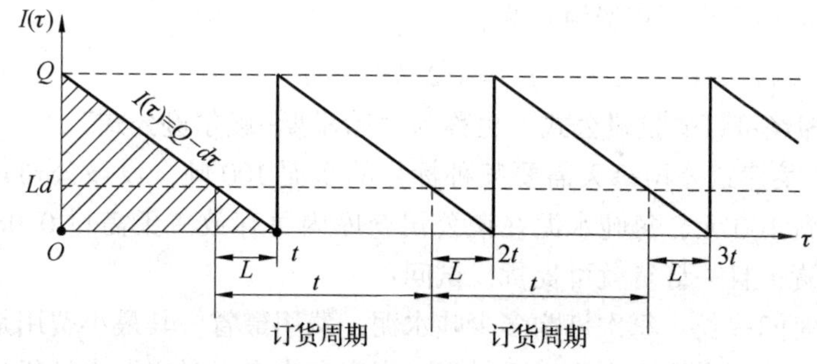

图 3-8　不允许缺货情况下的库存状态图

根据上述条件可知：$I(\tau)=Q-d\tau$，$\tau \in [0,\ t]$；L 是订货提前期，当每个运营周期 t 内库存状态 $I(\tau)=Ld$ 时就立即订货，这样可保证在 $I(t)=0$ 时将库存立即补充到最高水平

Q，易知 $Q = dt$。

由图 3-8 可知，在 $[0, t]$ 时段内的库存量为：

$$\int_0^t I(\tau)\mathrm{d}\tau = \int_0^t (Q - d\tau)\mathrm{d}\tau = Qt - \frac{1}{2}dt^2 = \frac{1}{2}Qt$$

单位时间内单位货物的存储费用为 h，因此在一个运营周期 t 内的存储费为 $C_{\mathrm{H}} = \frac{1}{2}hQt$。

订购费为 $C_0 = a + cQ$，由于不允许缺货，无缺货费用，故一个周期 t 内的运营费用 C_{T} 只包括上述两项，为：

$$C_{\mathrm{T}} = C_{\mathrm{H}} + C_0 = \frac{1}{2}hQt + a + cQ$$

单位时间的平均运营费用为：

$$f = \frac{C_{\mathrm{T}}}{t} = \frac{1}{2}hQ + \frac{a}{t} + \frac{cQ}{t} \tag{3-1}$$

式中有 Q，t 两个决策变量。因 $Q = dt$，故 $t = Q/d$，代入式（3-1）得：

$$f(Q) = \frac{1}{2}hQ + \frac{ad}{Q} + cd \tag{3-2}$$

为了求得 $f(Q)$ 的极小点，由一阶条件 $\frac{1}{2}h - \frac{ad}{Q^2} = 0$ 解得驻点为：

$$Q^* = \sqrt{\frac{2ad}{h}} \tag{3-3}$$

根号前取正号是因为 $Q > 0$。又由二阶条件 $\frac{2ad}{Q^3} > 0$ $(Q > 0)$ 可知，式（3-3）给出的 Q^* 为 f 在 $Q \in (0, \infty)$ 上的唯一最小点。而最佳运营周期为：

$$t^* = \frac{Q^*}{d} = \sqrt{\frac{2a}{hd}} \tag{3-4}$$

故最优值（最小平均运营费用）为：

$$f^* = \sqrt{2ahd} + cd \tag{3-5}$$

式（3-3）即经济订购批量公式，也称为“哈里斯-威尔逊公式”。

【例 3-1】 某建筑公司每天需要某种标号的水泥 100 吨。设该公司每次向水泥厂订购，需支付订购费 100 元，每吨水泥在该公司仓库内每存放一天需付 0.08 元的存储保管费。若不允许缺货，且一订货就可提货，试问：

①每批订购时间多长，每次订购多少吨水泥，费用最省？其最小费用是多少？

②若从订购之日到水泥入库需 7 天时间，当库存为多少时应发出订货？

解：①这里 $a = 100$ 元，$c = 0.50$ 元，$d = 100$，$h = 0.08$，由式（3-3）、式（3-4）和式（3-5）得：

$$Q^* = \sqrt{\frac{2ad}{h}} = \sqrt{\frac{2 \times 100 \times 100}{0.08}} = 500\text{（吨）}$$

$$t^* = \sqrt{\frac{2a}{hd}} = \sqrt{\frac{2 \times 100}{0.08 \times 100}} = 5\text{（天）}$$

$$f^* = \sqrt{2ahd} + cd = \sqrt{2 \times 100 \times 0.08 \times 100} + 0.50 \times 100 = 40 + 50 = 90\text{（元）}$$

②因拖后时间 $l=7$ 天，即订货的提前时间为 7 天，这 7 天内的需求量为：

$$s^* = dl = 100 \times 7 = 700\text{(吨)}$$

故当库存量为 700 吨时应发出订货。

s^* 称为“再订购点”。

（2）不允许缺货、非即时补充的经济批量模型

经济订购批量模型有个前提条件，即每次进货能在瞬间全部入库，可称为“即时补充”。许多实际库存系统并非即时补充，如订购的货物很多，不能一次运到，需要一段时间陆续入库；又如工业企业通过内部生产来实现补充时，也往往需要一段时间陆续生产出所需批量的零部件等。在这种情况下，假定除了进货时间大于 0，模型 I 的其余假设条件均成立。设：

T，进货周期，即每次进货的时间（$0<T<t$）。

p，进货速率，即单位时间内入库的货物数量（$p>d$）。

又设在每一运营周期 t 的初始时刻开始进货，且每期开始与结束时刻库存状态均为 0。

根据上述假设条件，可以画出该系统的库存状态图（见图 3-9）。由图可见，一个周期［0，t］被分为两段：［0，T］内，库存状态从 0 开始以 $p-d$ 的速率增加，到 T 时刻达到最高水平（$p-d$）T，这时停止进货，而 pT 就是一个周期 t 内的总进货量，即有 $Q=pT$；在［T，t］内，库存状态从最高水平（$p-d$）T 以速率 d 减少，到时刻 t 降为 0。

综上可知，在［0，t］内的库存状态为：

$$I(\tau) = \begin{cases} (p-d)\tau, & \tau \in [0,\ T] \\ (p-d)\tau - d(\tau - T), & \tau \in [T,\ t] \end{cases}$$

故每一运营周期 t 内的库存量为：

$$\int_0^t I(\tau)\mathrm{d}\tau = \int_0^T (p-d)\tau \mathrm{d}\tau + \int_T^t [(p-d)T - d(\tau - T)]\mathrm{d}\tau$$

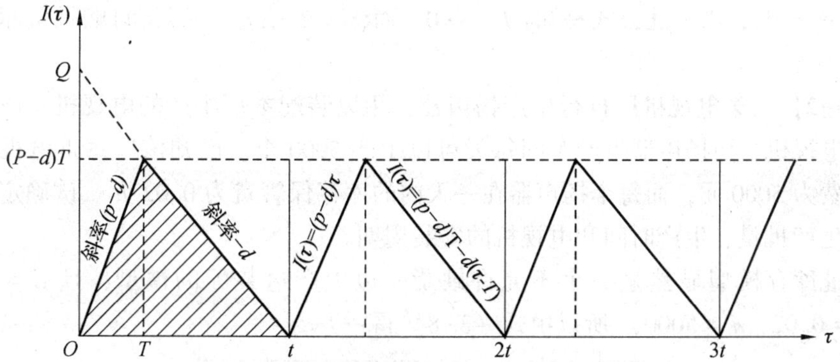

图 3-9　非即时补充库存状态图

它等于图 3-9 中阴影三角形的面积，即为 $\int_0^t I(\tau)\,\mathrm{d}\tau=\frac{1}{2}(p-d)Tt$，故每一周期 t 的存储费为 $C_H=\frac{1}{2}h(p-d)Tt$。而订购费为 $C_O=a+cQ$，故每一周期 t 的运营费为 $C_T=C_H+C_O=\frac{1}{2}h(p-d)Tt+a+cQ$，而单位时间内的平均运营费用为：

$$f=\frac{C_T}{t}=\frac{1}{2}h(p-d)T+\frac{a}{t}+\frac{cQ}{t} \tag{3-6}$$

式中有三个决策变量 Q，t，T，易知它们之间有关系：$Q=pT=dt$，故 $T=\frac{Q}{p}$，$t=\frac{Q}{d}$，代入式（3-6）得：

$$f(Q)=\frac{1}{2}h(1-\frac{d}{p})Q+\frac{ad}{Q}+cd \tag{3-7}$$

由一阶条件 $\frac{1}{2}h(1-\frac{d}{p})-\frac{ad}{Q^2}=0$ 解得驻点为：

$$Q^*=\sqrt{\frac{2ad}{h(1-\frac{d}{p})}} \tag{3-8}$$

由二阶条件易知 Q^* 为 f 在 $Q\in(0,\infty)$ 上的唯一最小点，于是有：

$$t^*=\frac{Q^*}{d}=\sqrt{\frac{2a}{hd(1-\frac{d}{p})}} \tag{3-9}$$

$$T^*=\frac{Q^*}{p}=\sqrt{\frac{2ad}{hp(p-d)}} \tag{3-10}$$

$$f^*=\sqrt{2ahd(1-\frac{d}{p})}+cd \tag{3-11}$$

当 $p\to\infty$ 时，由上述公式易知：$T^*\to 0$，而 Q^*，t^*，f^* 与经济订购批量库存模型完全一致。

【例 3-2】 某电视机厂自行生产扬声器，用以装配本厂生产的电视机。该厂每天生产 100 台电视机，而扬声器生产车间每天可以生产 5000 个。已知该厂每批电视机装备的生产准备费为 5000 元，而每个扬声器在一天内的库存保管费为 0.02 元。试确定该厂扬声器的最佳生产批量、生产时间和电视机的安装周期。

解：此库存模型显然是一个不允许缺货、边生产边装配的模型，且 $d=100$，$p=5000$，$h=0.02$，$a=5000$，所以由式（3-8）得：

$$Q^*=\sqrt{\frac{2ad}{h(1-\frac{d}{p})}}=\sqrt{\frac{2\times 5000\times 100\times 5000}{0.02\times(5000-100)}}\approx 7140$$

$$t^{*}=\frac{Q^{*}}{d}=\frac{7140}{100}\approx 71$$

$$T=\frac{Q^{*}}{p}=\frac{7140}{5000}=1.4$$

（3）允许缺货、即时补充的经济批量模型

模型Ⅰ的假设条件之一为不允许缺货，现在考虑放宽这一条件而允许缺货的库存模型，其余假设不变。

由于允许缺货，所以当库存暂时不急于补充，而是过一段时间再补充。这样，虽需支付一些缺货费，但可少付一些订货费和库存费，因而运营费用或许能够减少。假设在时段 $[0, t]$ 内，开始库存状态为最高水平 S，它可以供应长度为 $t_1\in(0, t)$ 的时段内的需求；在 $[t_1, t]$ 内，库存状态持续为0，并发生缺货，假设这时本系统采取“缺货后补”的办法，即先对需求者进行预售登记，待订货一到立即全部付清。于是有：

$$I(\tau)=\begin{cases}S-d\tau, & \tau\in[0, t_1]\\ 0, & \tau\in[t_1, t]\end{cases}$$

还可画出库存状态图，如图3-10所示。W 为最大缺货量，$W=d(t-t_1)$。由图可知，$[0, t]$ 内的库存量为 $\frac{1}{2}St_1$，故库存费为 $C_H=\frac{1}{2}hSt_1$；而 $[t_1, t]$ 内的缺货量为 $\frac{1}{2}W(t-t_1)=\frac{1}{2}d(t-t_1)^2$，即图中阴影三角形的面积。因 $[0, t_1]$ 内不缺货，故 $[0, t]$ 内的缺货费用为 $C_S=\frac{1}{2}ld(t-t_1)^2$；又知订购费为 $C_O=a+cQ$，则 $[0, t]$ 内的运营费用为 $C_T=C_H+C_S+C_O=\frac{1}{2}hSt_1+\frac{1}{2}ld(t-t_1)^2+a+cQ$。单位时间的平均运营费用为：

$$f=\frac{1}{t}\left[\frac{1}{2}hSt_1+\frac{1}{2}ld(t-t_1)^2\right]+\frac{a}{t}+\frac{cQ}{t} \tag{3-12}$$

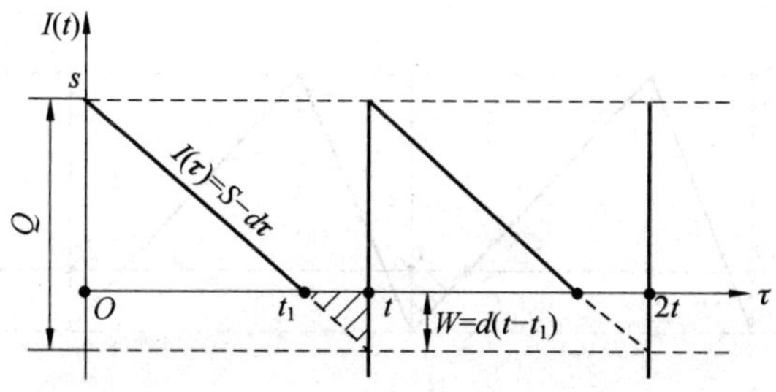

图3-10 允许缺货库存状态图

式中有 Q，S，t，t_1 四个决策变量，但自由变量只有两个。易知 $S=dt_1$，$Q=dt$ 代入式（3-12）得：

$$f(t_1, t)=\frac{1}{t}\left[\frac{1}{2}hdt_1^2+\frac{1}{2}ld(t-t_1)^2\right]+\frac{a}{t}+cd \tag{3-13}$$

其极小点的一阶条件为：

$$\begin{cases}\dfrac{\partial f}{\partial t_1}=\dfrac{1}{t}[hdt_1-ld(t-t_1)]=0\\[2ex]\dfrac{\partial f}{\partial t}=\dfrac{1}{t^2}[hdt_1^2+\dfrac{1}{2}ld(t-t_1)^2]+\dfrac{1}{t}ld(t-t_1)-\dfrac{a}{t^2}=0\end{cases}$$

由此可得：

$$t^*=\sqrt{\frac{2a(h+l)}{hld}} \tag{3-14}$$

$$t_1^*=\frac{l}{h+l}t^*=\sqrt{\frac{2al}{hd(h+l)}} \tag{3-15}$$

$$Q^*=dt^*=\sqrt{\frac{2ad(h+l)}{hl}} \tag{3-16}$$

$$S^*=dt_1^*=\sqrt{\frac{2ald}{h(h+l)}} \tag{3-17}$$

$$W^*=Q^*-S^*=\frac{h}{h+l}Q^*=\sqrt{\frac{2ahd}{l(h+l)}} \tag{3-18}$$

$$f^*=\sqrt{\frac{2ahld}{h+l}}+cd \tag{3-19}$$

若不允许缺货，则 $l\to\infty$，$\dfrac{l}{h+l}\to 1$，易见这时模型Ⅲ就成模型Ⅰ了。

(4) 允许缺货、非即时补充的经济批量模型

本模型为模型Ⅱ、Ⅲ的综合，其库存状态如图 3-11 所示。

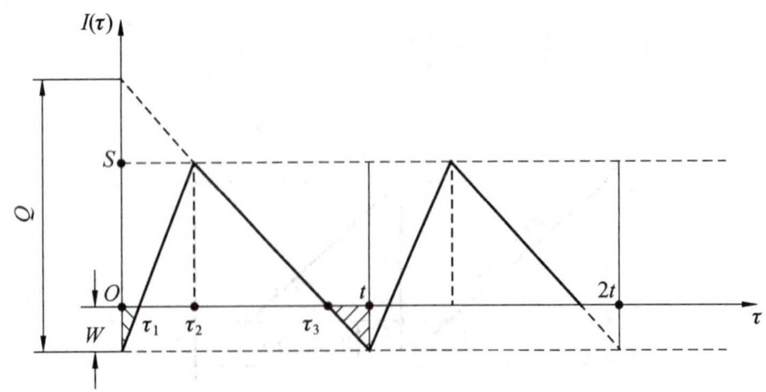

图 3-11　允许缺货、非即时补充的库存状态图

在每一周期 $[0, t]$ 内，从 $\tau=0$ 时刻开始以速率 p 进货，但因此刻有累计缺货量 W，因此在开始一段时间 $[0, \tau_1]$ 内无库存。进货除满足该段内的需求外，还需清偿预售的缺货。

$[\tau_1, \tau_2]$ 为进货时间。从 τ_1 时刻起，库存以 $p-d$ 的速率由 0 递增，到 τ_2 时刻达到最

高水平 S 并停止进货。

$[\tau_2, \tau_3]$ 为纯消耗期。库存以速率 d 由 S 递减，到 τ_3 时刻降为 0。

$[\tau_3, t]$ 为缺货期，不进货但预售，直到 t 时刻开始进货，从而又开始新一周期的运行。

图 3-11 中的每一周期 t 都对应于图 3-10（模型Ⅲ）中的一个周期 t，相应的需求率记作 d_1，则有 $Q_1 = d_1 t$。又由图 3-11 及假设条件可知 $S = d(\tau_3 - \tau_2)$，$W = d(t - \tau_3)$，$Q = p\tau_2 = dt$，则有 $Q_1 = S + W = d(t - \tau_2) = d(t - \frac{d}{p}t) = d(1 - \frac{d}{p})t$，故 $d_1 = d(1 - \frac{d}{p})$。用 d_1 取代式（3-14）中的 d，即得：

$$t^* = \sqrt{\frac{2ap(h + l)}{hld(p - d)}} = \sqrt{\frac{2a(h + l)}{hld(1 - \frac{d}{p})}} \tag{3-20}$$

类似可得其他公式，为：

$$Q^* = dt^* = \sqrt{\frac{2ad(h + l)}{hl(1 - \frac{d}{p})}} \tag{3-21}$$

$$W^* = \frac{hd}{h + l}(1 - \frac{d}{p})t^* = \sqrt{\frac{2ahd}{l(h + l)}(1 - \frac{d}{p})} \tag{3-22}$$

$$S^* = \sqrt{\frac{2ald}{h(h + l)}(1 - \frac{d}{p})} \tag{3-23}$$

$$f^* = \sqrt{\frac{2ahld}{h + l}(1 - \frac{d}{p})} + cd \tag{3-24}$$

易见：当 $p \to \infty$ 时，模型Ⅳ就成为模型Ⅲ；当 $l \to \infty$ 时，模型Ⅳ就成为模型Ⅱ；而当 $p \to \infty$ 且 $l \to \infty$ 时，则模型Ⅳ就成为模型Ⅰ。

【例 3-3】　某车间每年能生产本厂日常所需的某种零件 80000 个，全厂每年均匀地需要这种零件约 20000 个。已知每个零件库存一个月所需的库存费是 0.1 元，每批零件生产前所需的安装费是 350 元。当供货不足时，每个零件缺货的损失费为 0.2 元/月。所缺的货到货后要补足。试问应采取怎样的库存策略最合适？

解：已知 $a = 350$ 元，$d = 20000/12$，$p = 80000/12$，$h = 0.1$ 元，$l = 0.2$ 元，则：

$$t^* = \sqrt{\frac{2ap(h + l)}{hld(p - d)}} = \sqrt{\frac{2a(h + l)}{hld(1 - \frac{d}{p})}} = \sqrt{\frac{2 \times 350(0.1 + 0.2)}{0.1 \times 0.2 \times 20000/12(1 - \frac{20000}{80000})}} \approx 2.9\ (\text{月})$$

$$Q^* = dt^* = \frac{20000}{12} \times 2.9 = 4833\ (\text{个})$$

$$S^* = \sqrt{\frac{2ald}{h(h + l)}(1 - \frac{d}{p})} = \sqrt{\frac{2 \times 350 \times 0.2 \times 20000/12}{0.1(0.1 + 0.2)}(1 - \frac{20000}{80000})} \approx 2415\ (\text{个})$$

（5）（t_0，a，S）策略模型

假设：需求随机，但在每一固定周期 t_0（如一年、一季、一个月、一周等）内的需求量 X 的概率分布 P（X）可知；订货与交货之间的时滞很短，在模型中取作 0，即被视为无时滞；进货时间很短，在模型中也取作 0，即被视为即时补充；采用（t_0，a，S）策略，即每隔 t_0 周期盘点一次，若库存状态 $I<a$，则立即补充到 S 水平，否则不补充。

该系统的库存状态示意图如图 3-12 所示。第 4 周期初的库存状态 $I<0$，这时 I 表示最大缺货量，而进货量为 $Q=S-I$，（$I<a$）。由于每期初的库存状态 I 各不相同，因此每次进货量 Q 也各不相同。

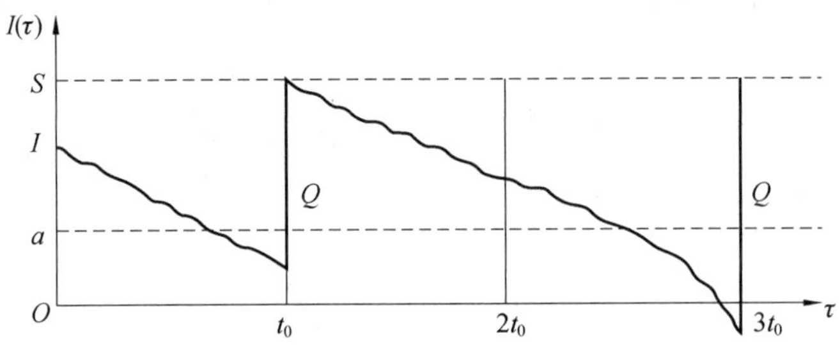

图 3-12　（t_0，a，S）策略系统的库存状态示意图

先来看需求量 X 为离散随机变量的情况。用一个典型例子——报童问题来分析这类模型的解法。

报童问题：有一报童每天售报数量是一个离散型随机变量。设销售量 r 的概率分布 P（r）为已知，每张报纸的成本为 u 元，售价为 v 元（$v>u$）。如果报纸当天卖不出去，第二天就要降价处理，设处理价为 w 元（$w<u$）。问报童每天最好准备多少份报纸？

此问题就是要确定报童每天报纸的订货量 Q 为何值时，赢利的期望值最大或损失的期望值最小？

以下用损失的期望值最小来确定订货量。

设售出的报纸数量为 r，其概率 P（r）为已知，$\sum\limits_{r=0}^{\infty} P(r)=1$，报童订购报纸数量为 Q。这时，损失有两种。

当供大于求（$Q\geqslant r$）时，报纸因当天不能售完，第二天需降价处理，其损失的期望值为 $\sum\limits_{r=0}^{\infty}(u-w)(Q-r)P(r)$。

当供不应求（$Q<r$）时，因缺货而失去销售机会，其损失的期望值为 $\sum\limits_{r=0}^{\infty}(v-u)(r-Q)P(r)$。

故总损失的期望值为：

$$C(Q)=(u-w)\sum_{r=0}^{Q}(Q-r)P(r)+(v-u)\sum_{r=Q+1}^{\infty}(r-Q)P(r) \tag{3-25}$$

要从式（3-25）中决定 Q 的值，使 C（Q）最小。如果 Q 为最佳订购批量，则无论

增加或减少都应使损失的期望值加大。因此，通过计算 $C(Q) \leqslant C(Q-1)$ 和 $C(Q) \leqslant C(Q+1)$ 可以确定最佳订购批量 Q^*，如式（3-26）所示，其中 $\frac{v-u}{v-w}$ 称为“临界值”。

$$\sum_{r=0}^{Q-1} P(r) \leqslant \frac{v-u}{v-w} \leqslant \sum_{r=0}^{Q} P(r) \tag{3-26}$$

【例 3-4】 设某货物的需求量在 17~26 件之间，已知需求量 r 的概率分布如表 3-2 所示。

表 3-2 需求量 r 的概率分布表

需求量 r	17	18	19	20	21	22	23	24	25	26
概率 $P(r)$	0.12	0.18	0.23	0.13	0.10	0.08	0.05	0.04	0.04	0.03

并知其成本为每件 5 元，售价为每件 10 元，处理价为每件 2 元，问应进货多少能使总利润的期望值最大？

解：此题属于单周期需求是离散随机变量的库存模型。已知 $u=5$，$v=10$，$w=2$，由公式 $\sum_{r=17}^{Q-1} P(r) \leqslant \frac{10-5}{10-2} \leqslant \sum_{r=17}^{Q} P(r)$ 得 $\sum_{r=17}^{Q-1} P(r) \leqslant 0.625 \leqslant \sum_{r=17}^{Q} P(r)$。

因为 $P(17)=0.12$，$P(18)=0.18$，$P(19)=0.23$，$P(20)=0.13$，

所以 $P(17)+P(18)+(19)=0.53<0.625$；$P(17)+P(18)+P(19)+P(20)=0.66>0.625$，

故最佳订货批量 $Q^*=20$（件）。

再来看需求量 X 为连续随机变量的情况。

设有某种单周期需求的物资，需求量 r 为连续型随机变量。已知其概率密度为 $\varphi(r)$，每件物品的成本为 u 元，售价为 v 元（$v>u$）。如果当期销售不出去，下一期就要降价处理，设处理价为 w 元（$w<u$）。求最佳订货批量 Q^*。

同需求为离散型随机变量一样，如果订货量大于需求量（$Q \geqslant r$），其赢利的期望值为 $\int_0^Q [(v-u)r-(u-w)(Q-r)]\varphi(r)\mathrm{d}r$。

如果订货量小于需求量（$Q \leqslant r$），其赢利的期望值为 $\int_Q^\infty (v-u)Q\varphi(r)\mathrm{d}r$。

故总利润的期望值为：

$$\begin{aligned} C(Q) &= \int_0^Q [(v-u)r-(u-w)(Q-r)]\varphi(r)\mathrm{d}r + \int_Q^\infty (v-u)Q\varphi(r)\mathrm{d}r \\ &= -uQ + (v-w)\int_0^Q r\varphi(r)\mathrm{d}r + w\int_0^Q Q\varphi(r)\mathrm{d}r + v\left[\int_0^\infty Q\varphi(r)\mathrm{d}r - \int_0^Q Q\varphi(r)\mathrm{d}r\right] \\ &= (v-u)Q + (v-w)\int_0^Q r\varphi(r)\mathrm{d}r - (v-w)\int_0^Q Q\varphi(r)\mathrm{d}r. \end{aligned}$$

令 $\frac{\mathrm{d}C(Q)}{\mathrm{d}t}=0$，得：

$$\int_0^Q \varphi(r)\mathrm{d}r = \frac{v-u}{v-w}$$

记 $F(Q)=\int_0^Q \varphi(r)\mathrm{d}r$，则有：

$$F(Q)=\frac{v-u}{v-w} \tag{3-27}$$

又因为：

$$\frac{\mathrm{d}^2C(Q)}{\mathrm{d}Q^2}=-(v-w)\varphi(Q)<0$$

故由式（3-27）求出的 Q^* 为 $C(Q)$ 的极大值点，即 Q^* 是使总利润的期望值最大的最佳经济批量。式（3-27）与式（3-26）是一致的。

【例 3-5】 书亭经营某种期刊，每册进价为 0.80 元，售价为 1.00 元，如过期，处理价为 0.50 元。根据多年统计表明，需求服从均匀分布，最高需求量 $b=1000$ 册，最低需求量 $a=500$ 册。问应进货多少，才能保证期望利润最高？

解：由概率论可知，均匀分布的概率密度为：

$$\varphi(r)=\begin{cases}\dfrac{1}{b-a}, & a\leqslant r\leqslant b\\ 0, & \text{其他}\end{cases}$$

由式（3-27）得：

$$F(Q)=\frac{v-u}{v-w}=\frac{1.00-0.80}{1.00-0.50}=0.40$$

即：

$$\int_0^Q \varphi(r)\mathrm{d}r=0.40$$

又因为：

$$\int_0^Q \varphi(r)\mathrm{d}r=\int_a^Q \frac{1}{b-a}\mathrm{d}r=\frac{Q-a}{b-a}$$

所以 $\dfrac{Q-500}{1000-500}=0.40$。

由此解得最佳订货批量为 $Q^*=700$（册）。

（三）排队模型

排队是日常生活中常见的现象，如顾客到商店购买物品、病人到医院看病，购买物品、看病都是顾客希望得到某种服务，但在某时刻要求服务的数量超过服务机构（服务台、服务员）的容量时，会出现排队现象。电话局的占线问题，车站、码头的车船堵塞和疏导，机器的停机维修，水库的存储调节等，都是有形无形的排队现象。

出现了排队现象，如果增添服务设备，就要增加投资或产生空闲浪费；如果服务设备太少，排队现象就会严重。因此，就要考虑如何在两者之间取得平衡。排队论就是为解决上述问题而发展起来的一门学科。

1. 排队过程的一般表示

排队过程如图 3-13 所示。各顾客由顾客源（总体）出发，到达服务机构（服务台、服务员）前排队等候接受服务，接受完服务后就离去。

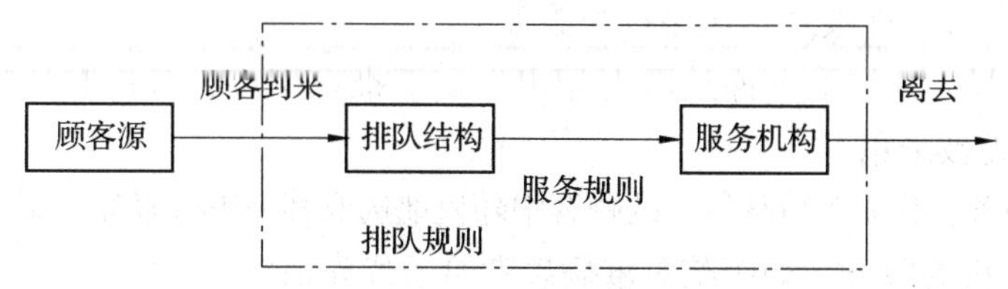

图 3-13 排队系统

排队规则和服务规则：顾客在排队系统中按怎样的规则、次序接受服务。“顾客”“服务员”是广义的，可以是人，也可以是非生物。队列可以是具体的排列，也可以是无形的。顾客可走向服务机构，也可以反向（送货上门）。

表 3-3 描述了几种排队的例子。

表 3-3 几种排队的例子

到达的顾客	要求服务的内容	服务机构
1. 不能运转的机器	修理	修理工
2. 病人	诊断或手术	医生
3. 电话呼唤	通话	交换台
4. 到达机场上空的飞机	降落	跑道

2. 排队系统的组成和特征

（1）输入过程

输入过程指顾客到达排队系统。

①顾客总体的组成可能是有限的，如停机维修的机器，也可能是无限的，如上游河水流入水库。

②顾客到来的方式可能是一个接一个的，也可能是成批的，如到餐厅就餐的顾客有单个到来的，也有成批到来参加宴会的。

③顾客相继到达的间隔时间可以是他们的确定的，也可以是随机的，如自动装配线上装配的部件按确定的时间间隔到达装配点，定期的班车、轮班、航班也是，但到商厦购物的客人、看病的病人、通过路口的车辆，他们的到达是随机的。

④顾客到达可以是相互独立的，即到达的情况对以后顾客的到来没有影响，也可以是关联的。在此讨论独立的情形。

⑤输入过程可以是平稳的，即描述相继到达的间隔时间分布和所含参数（期望值，方差）与时间无差，也可以是非平稳的。

（2）排队规则

①即时制（损失制）：顾客到达时，如所有的服务台都正被占用，顾客可立即离去，如市内电话呼唤。

等待制：排队等候。

对于等待制，有下列各种规则：

（i）先到先服务，即按到达次序接受服务。

（ii）后到先服务，如乘电梯是后进先出。在情报系统中，最后到达的信息往往是最有价值的，常最先被采用。

（iii）随机服务，指服务员从等待的顾客中随机地选取其一进行服务，而不管到达的先后。

（iv）有优先权的服务，如医院对重病患者给予优先治疗。

②从占有空间看，有的队列是具体的，有的是抽象的。有的系统要规定容量的最大限制，有的则认为容量可以是无限的。

③从队列的数目看，可以是单列，也可以是多列。

（3）服务机构

①服务机构可以没有服务员，也可以有一个或多个服务员。例如自选商场，选购时没有服务员，付款时有多个服务员。

②在有多个服务台的情形下，它们可以是平行排列的，也可以是前后排列的，还可以是混合的。

图 3-14 为各种服务机构的情况。

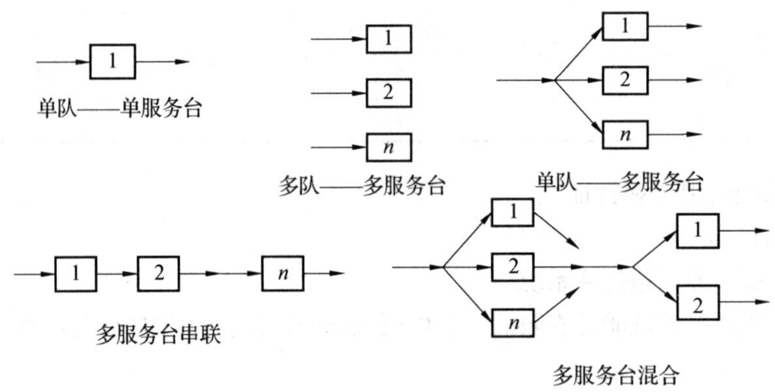

图 3-14　各种服务机构的情况

③服务方式：单独顾客、成批顾客（公共汽车对站台上的顾客成批服务）。

④服务时间：确定型、随机型。

⑤服务时间的分布：平稳的，即分布的期望、方差不受时间的影响。

3. 排队模型的分类

上述各种特征中最主要的、影响最大的是：相继顾客到达间隔时间分布、服务时间分布、服务台个数。故按此分类，排队模型的一般形式是：

$$X/Y/Z$$

其中，X 为相继到达间隔时间的分布；Y 为服务时间的分布；Z 为并列服务台数目。

解排队问题时，要研究它属于哪个模型，其中 X、Y 需用实测求得，其他因素在问题提出时给定。

4. 排队问题的求解

解排队问题的目的，是研究排队系统运行的效率，估计服务质量，确定系统参数的最优值，所以必须确定用以判断系统运行优劣的基本数量指标。解排队问题首先求出这些指标的概率分布。

①队长，即系统中的顾客数，设其期望值为 L_s。

排队长，即系统中排队等待服务的顾客数，设其期望值为 L_q。

$$L_s = L_q + \text{正被服务的顾客数}$$

L_s或 L_q越大，说明服务率越低。

②逗留时间，即一个顾客在系统中的停留时间，设其期望值为 W_s。

等待时间，即一个顾客在系统中的排队等待的时间，期望值 W_q。

$$W_s = W_q + \text{服务时间}$$

在机器故障问题中，无论是机器等待修理或正在修理都使工厂受到停工损失，所以逗留时间（停工时间）是主要的；购物、看病问题中，仅仅等待时间是顾客关心的。

③忙期，从顾客到达空闲服务机构起到服务机构再次为空闲止这段时间长度，即服务机构连续繁忙的时间长度。忙期和一个忙期中平均完成服务顾客数都是衡量服务机构效率的指标。

④损失率，即时制或排队有限制，由于顾客被拒绝而受到的损失。

⑤服务强度，即每个服务台单位时间内的平均服务时间。

计算上述指标的基础是表达系统状态的概率。

系统状态指系统中顾客数。若系统状态是 n，它的可能值是：

队长无限制时，$n=0$，1，2，…

队长有限制时，设最大数为 N，$n=0$，1，2，…，N

即时制，服务台个数为 C，$n=0$，1，2，…，C

这些状态的概率一般随时刻 t 而变化。

一般情况下，在时刻 t，系统状态为 n 的概率为 $P_n(t)$。

二、仿真模型

能提供数学最优解的模型虽然看起来最好，但有时理论上的最优解对现实的系统却没有意义。例如，物流设施选址问题，按数学模型求出的最优点可能位于某条河道或桥梁上。物流系统规划及决策分析中，存在许多随机因素，而且有时数学上的最优解并不是问题的关键。因此，经常利用仿真技术，建立系统仿真模型。

所谓“仿真模型”，就是以代数和逻辑语言做出的对系统的模拟。这种模拟通常要利用随机的数学关系。可以说，仿真的过程就是对系统模型进行抽样实验的过程。仿真模型能真实地模拟系统过程，可用于物流系统中的各种规划，如生产物流系统规划、仓库选址、物流绩效分析、物流设备配置、物流成本分析等，不胜枚举。

大部分仿真模型要针对所分析的具体问题专门设计。尽管目前已有一些专门处理物流问题的仿真工具，可以很方便地建立仿真模型，但更多的仿真模型还是建立在通用仿真语言的基础上。本书第六章将作专门介绍。

最优模型与仿真模型的区别可以仓库选址问题为例进行对比。最优选址模型寻求的是最佳的仓库数量、最佳的位置、最佳的仓库规模，而仿真模型则是试图在给定的多个仓库、多个分配方案的条件下，反复使用模型，对多个布局方案进行评价，从中找出最优的系统方案。

系统仿真需要借助计算机的帮助，建立仿真模型需要大量的数据信息，要应用统计分析技术，同时还需要较长的计算机运行时间。尽管如此，由于物流系统中大量存在的随机现象，使得物流仿真技术的应用越来越普遍。

三、启发式模型

仿真模型能够实现模型定义的真实性，最优模型能够实现寻求最优解的过程，启发式模型介于这两种模型之中，既考虑现实问题和实际经验，又能得到满意解。启发式模型是以启发式方法为基础建立的系统模型。启发式方法指那些能指导实际问题求解的原理、概念和经验法则。借助于这些启发式规则，可以得到满意解，且求解过程简便，但无法保证获得最优解。

启发式模型对物流系统中某些难以解决的问题，是一种很实用的方法。例如，物流网络选址规划既可以应用选址优化数学模型求解，也可以应用启发式方法求出满意的选址方案。在物流网络选址规划、运输路径规划等问题的求解方面，都有大量的启发式经验。如果能将这样的知识或经验以规则形式融入现有模型中，能得到更高质量的解。

以下是物流系统中的一些启发式规则：

①最适合建仓库的地点是那些需求最大的地区或临近这些地区的地方。

②按整车批量购买的客户应该直接由供应点直接供货，而不应再经过中转仓库系统。

③如果某产品出、入库运输成本的差异能够弥补该产品的仓储成本，就应该将该产品存放在仓库里。

④下一个进入分拨系统的仓库是那个节约成本最多的仓库。

⑤从分拨角度看，成本最高的客户是那些以小批量购买且位于运输线末端的客户。

将启发式模型与专家系统技术结合，就可建立专家系统模型，能辅助物流管理人员很快提高决策能力。

根据实际问题的不同，物流系统的模型也多种多样，如设施选址模型、库存决策模型、运输路径规划模型、车辆调度模型、装载模型、物资调拨模型等。

一般来说，决策者所处的层次越高，决策过程中的不确定性因素、定性因素就越多。例如，战略层的设施选址决策，不仅要考虑设施建设的成本，还要考虑市场、投资环境、政策、法规等因素。这些因素很难量化，但又影响很大，不可忽视。因此，战略层次的决策问题一般很难用精确的数学模型表达，而应该采取与启发式模型、专家系统模型相结合的方法。另外，对于运作层次的物流决策问题，如物资调拨方案、配送路径规划、补货计划的制订等，可以近似地按照确定型问题建立数学模型。详细的建模过程可参见后面章节的内容。

本章小结

系统模型是对现实系统某一方面或某几方面的本质属性的描述。系统模型来源于实际系统，又高于实际系统，能反映同类问题的共性。同一系统从不同的角度观察，可以得出多种不同的模型。由于实际的物流系统构成复杂，需要通过系统模型来进行特定的研究。当然，建立的系统模型必须满足现实性、简明性和标准化三条基本要求。

系统模型的建立既需要运用各种科学知识，还需要充分发挥人的创造性，没有固定的通用的程序。系统建模的思路一般可分为推理分析法、统计分析法、人工模拟法三种类型。本章分别以系统概念模型和系统数学模型为例，介绍了不同系统模型的建立过程。其中，系统概念模型主要用来描述系统的结构和过程，需要从实际的作业活动中抽象出过程单元，然后再形成系统概念模型。数学模型的建模过程非常复杂，主要包括明确问题、建立模型假设条件、建立初步模型、模型求解、模型检验与调整等过程。物流系统中存在大量的模型，按照建模方法的不同，可分为最优化模型、仿真模型和启发式模型三种类型；按照应用问题的不同，又可分为设施选址模型、库存模型、物流路径优化模型、资源配置模型等。

复习题

1. 什么是系统模型？建立系统模型的目的是什么？
2. 常见的系统模型可分哪些类型？
3. 物流系统模型有哪些主要特征？
4. 为什么在物流系统的规划和评价决策中，广泛使用系统模型而不是真实的物流系统？
5. 物流系统建模的原则是什么？
6. 物流系统建模主要有哪些方法？试分析这些建模方法的适用场合和优缺点。
7. 物流系统数学模型构建的一般过程是什么？
8. 试比较最优模型与启发式模型的优缺点。
9. 有一个生产和销售图书馆设备的公司，经营一种图书馆专用书架。基于以往的销售记录和今后市场的预测，估计今后一年的需求量为4900个。由于占有的利息、存储库房以及其他人力物力的费用，存储一个书架一年要花费1000元。这种书架是该公司自己生产的，而组织一次生产要花费设备调试等生产准备费500元。该公司为了最大限度降低成本，应如何组织生产？要求求出每次最优的生产量及相应的生产周期。
10. 承接第9题，若该公司每年书架的生产能力为9800个，求最佳生产批量、生产周期。
11. 承接第9题，若此图书馆设备公司只销售书架而不生产书架，其所销售的书架是靠订货来提供的。若允许缺货，设一个书架缺货一年的缺货费为2000元，求出使一年总费用最低的最优每次订货量、相应的最大缺货量及相应的订货周期。

第四章

物流系统需求预测

本章学习目标

- 认识系统需求预测的本质。
- 掌握系统需求预测的一般过程。
- 认识物流需求的特征，理解预测误差与需求汇聚的关系。
- 掌握物流需求预测的移动平均法、指数平滑法、回归分析法及季节性需求预测方法。
- 具有进行实际的物流系统需求预测分析的能力。

本章导读

不论是进行物流系统规划，还是进行物流系统运营管理，都需要准确预测物流需求量。物流需求预测将为物流系统规划、管理和决策提供基础数据。本章介绍了系统预测的本质和预测的一般过程；分析了物流需求的特征，讨论了物流需求汇聚对预测误差的影响，为数据收集和方法选择提供依据。应用各种预测方法定量预测物流需求是物流系统规划决策的基础，本章介绍了时间序列平滑预测法（包括移动平均法、指数平滑法）、回归分析预测法和季节性需求预测方法。

第一节　物流需求预测

物流需求预测是根据物流市场过去和现在的需求状况以及影响物流市场需求变化的因素之间的关系，利用一定的经验判断、技术方法和预测模型，应用合适的科学方法对有关反映市场需求指标的变化以及发展的趋势进行预测。

物流需求预测的目的主要是及时准确地掌握市场物流需求情况的变化规律，结合本企业的实际状况，采取一定的分析方法提出切实可行的需求目标，在此基础上制订需求计划，指导诸如原材料或货物的购进、库存的控制、必要设施的配备等企业物流工作的开展。

一、物流系统需求及物流需求分析

（一）物流系统需求的含义

物流需求指对物流服务的需求。对物流服务的需求是指一定时期内社会经济活动对生产、流通、消费领域的原材料、成品和半成品、商品以及废旧物品、废旧材料等的配置作用而产生的对物流在空间、时间和效率方面的要求，涉及运输、库存、包装、装卸搬运、流通加工、配送以及与之相关的信息需求等物流活动的诸方面。物流系统需求分析是指用定性或定量的方法对物流系统要进行的运输、存储、装卸搬运、包装、流通加工、配送等作业量进行预测分析。

此外，物流需求是流量而非存量，即是在一段时间内而非在某一点上所发生的量，没有时间限制笼统地谈物流需求是没有意义的。

（二）物流系统需求的特征

1. 现代物流系统需求包括物流需求量和物流需求结构两个方面

这一特征主要表现为从物流需求规模和物流需求结构综合表示出物流需求。物流需求量是物流活动中运输、储存、包装、装卸搬运和流通加工等物流作业量的总和。

物流需求结构可以有不同的表述。从物流服务内容上分，包括运输、仓储、包装、装卸搬运、流通加工、配送、信息服务等方面的需求。从物流需求形态上分，包括有形的需求和无形的需求，有形的需求是指对物流服务内容的需求，无形的需求是指对物流服务质量的需求，如物流效率、物流时间、物流成本等方面的需求。

2. 物流系统的需求具有时间和空间特征

物流系统的需求通常包含时间方面和空间方面的分析，即进行了物流系统的时间方面的需求分析后还要分解为不同的地区的物流需求。物流包括产品的运输、库存、包装、装卸搬运、流通加工等各个环节，既涉及产品的时间效用（如存储），又涉及产品的空间效用（如运输）。作为一个物流管理者，不仅需要知道物流需求随时间的变化规律，还要知道其空间的需求，如运输的距离、仓库的分布与库容，并根据企业物流的预计需求量规划仓库的位置等。

3. 物流需求同时包含独立需求和派生需求

如果需求是来自许多客户的，而且各客户彼此独立，需求量只构成企业物流总量的很少部分，此时的需求就具有随机性，被称为“独立需求”。第三方物流企业的物流服务需求就是一种市场需求，具有一定的独立性。

如果某种物质的需求量与其他物资有直接的配套关系，是按特定的生产计划要求派生出来的，当其他某种物资的需求量确定后，就可以直接推算出它的需求量，此时的需求就是派生需求，也称为“相关需求”。它可分为垂直相关和水平相关，垂直相关需求是将需求分为若干层次，水平相关需求是指物资中包括的附属物、赠品、促销品等。

例如，对于制造业来说，物流预测是要根据生产规划或计划估计未来的需求，用来指导存货定位，满足预期的顾客需求。生产计划制订好以后，物流管理部门便根据市场所需要的不同型号的产品、用户的个性化（如颜色等要求）开始做物料计划。再将物料计划送到供应商手上，供应商就会按照所需要的品种、时间、地点将物料送到。一般在大型的跨国公司中，所有的物料都应该先集中在物料配送中心，再根据生产线的需要送到生产线进行生产或装配。这个过程中产生的物流需求多为派生的需求。

物流需求与产品或服务的销售（或采购）数量直接相关。产品方面的估计一般由营销、市场或专门的计划人员完成。通常，物流管理者主要是制订库存控制或车辆调度之类的短期计划，包括对提前期、价格和物流成本等进行预测，并不需要独自为企业做综合预测。物流需求特性不同，预测方法也不同。物流需求预测可以根据预测对象、预测条件的不同而选择不同的定性或定量预测方法。如果需求是独立的，采用统计预测的方法会有较好的效果，多数短期预测模型都要求预测对象是独立随机的。对于派生需求，只要最终产品的需求确定，就可以得出非常准确的派生需求的预计值。因此，本章主要讨论具有独立性的物流需求的预测。

4. 物流需求具有层次性

物流需求是有层次的，可分为基本物流需求和增值物流需求等。基本物流需求主要包括运输、仓储、配送、装卸搬运和包装等物流基本环节的需求。增值物流需求主要包括库存规划和管理、流通加工、采购、订单处理和信息系统、系统设计、设施选址和规划等具有增值活动的需求。基本物流需求一般是标准化服务需求，而增值物流需求则是过程化、系统化、个性化服务需求。发达国家除了基本物流需求旺盛外，对增值物流服务也有很大的需求，如库存管理、物流系统设计需求。发展中国家则主要集中于基本物流服务，如干线运输、市内配送、储存保管等服务。

5. 物流需求具有量化特征

进行物流需求分析，就是寻找物流需求变量的变化规律，而对物流需求进行量化研究有利于更精确地掌握其变化的规律。在进行量化研究时，必须选择一些量化指标，这些指标从不同角度反映了变量的不同变化规律。选择物流需求的量化指标应遵循以下几个原则：

（1）绝对量与相对量互补的原则

绝对量反映客观事物的规模、水平、大小，必须要用一定的单位来表示。相对量是两个绝对量的比值，通常用百分数、比率或倍数表示，可以反映一定经济条件下的经济规律。物流需求的绝对量反映了一定时期物流需求的规模，但没有反映出这样规模同时的经济发展水平。物流需求的绝对量与经济发展水平的比值则反映了在一定经济发展条件下，物流需求变化的规律。两者各有利弊，缺一不可。

（2）统一度量衡的原则

物流需求涉及面广、内涵丰富，不同的物流服务有不同的计量单位。例如，运输量采用吨或吨·千米，库存采用重量单位或体积单位，集装箱运输装卸采用 TEU 等。物流需求的量化指标要想全面地表示物流需求的内容，必须有一个统一的计量单位。采用价值计量单位是经济学中普遍的做法。它适用于一切经济现象，也能反映一定的经济规律。所以，采用价值单位作为物流需求量化指标的量纲，可以反映物流需求的经济意义，同时也具有与其他经济变量的兼容性。但具体物流作业量的预测则要根据其作业性质，赋予其特定的度量单位。

（3）静态与动态兼顾的原则

物流系统是一个动态开放的系统，分析既要做静态分析，也要做动态分析。

物流需求的静态分析既可以是一定时点上的物流系统自身需求的分析，也可以是与其他物流系统需求的比较分析。

物流系统的动态分析主要是指在动态的环境下考察物流系统的变化情况，从而对物流系统的设计和运营提供必要的信息。

流量和存量的分析是静态分析，反映了一定时点上变量的水平。趋势分析、增量分析和投入产出分析都是动态分析的方法，变量的动态特征是变量变化规律的主要方面。

6. 物流需求具有规律性与不规律性

如果需求模式有规律，可以分解为趋势变化因素、季节变化因素、周期性因素和不确定性因素。

（1）季节性需求

产品的需求量随着季节的转换而发生较大的变化，有明显的季节特征，如夏日的凉鞋等。

（2）周期性需求

产品的需求量随着时间的推移而呈现周期性的变化，如家庭生活用品、食用油等。

（3）趋向性需求

产品的需求量随着时间的推移而朝着某一个方向有规律的运动，如奥运会的吉祥物等。

（4）随机性需求

上述几种以外的需求，需求量由于偶然变动而呈现无规则的变化趋势。

如果某种产品的总体需求量不大，需求时间和需求量又非常不确定，需求模式是间歇式的，这种需求就是无规律的，如刚进入企业产品线的新产品或马上要退出产品线的老产品等。

（三）物流需求分析的含义

物流需求分析是指用定性或定量的方法对物流系统的运输、存储、装卸搬运、包装、流通加工、配送等作业在时间、空间、效率方面的需求进行分析。

物流系统需求分析具有一定的前瞻性，会考虑未来一定时期的物流系统的状况，因此，物流系统需求分析包含了当前物流市场和潜在物流市场的需求分析。

对物流系统需求的分析，首先应包括物流系统各作业项目的分析。由于物流的功能包括了运输、库存、包装、装卸搬运、流通加工等，所以对物流系统的需求进行分析，包含了上述几个方面的物流作业的分析。另外，针对一个具体的物流系统，在对其进行需求分析之前，首先应分析该物流系统是处于一个供应链中服务于供应链的下游企业，还是独立于供应链的、为社会大众服务的物流系统，如宅急便物流系统与专门供应某一类企业的第三方物流系统，这两者的物流需求模式是不同的。在对物流系统需求进行预测之前，首先要明确物流需求预测的对象，所要预测的是运输作业量还是配送作业量。根据该物流系统运输作业的特点，分析其运输的地域范围、货物的包装形式、与之适应的装卸作业方式。在明确了上述各项内容后，对运输量进行预测，按所预测出的运输量，进一步分析可得出所对应的包装需要量和装卸作业需要量。

不同的产品具有不同的物流需求模式。在设计企业的物流系统时，物流管理人员会为不同的产品确定不同的服务水平，相应的物流需求就会呈现出不同的模式。产品需求特点会直接体现为物流需求的规律性与不规律性。通常，刚刚投入市场还处于投入期和成长期的产品，其市场需求不稳定，客户是一个较小的群体，相应的物流需求也是不平稳的，难以找到一般的规律对其进行概括。而进入成熟期的产品，市场分布稳定，销售量会随着季节、时间的变化呈现出一定的趋势，其相应的物流服务也会呈现出某种趋势，能够采用一定的方法对其进行预测。与产品相关的各个因素，如原材料、分销方式、销售渠道等都会对物流需求产生影响。

二、系统预测的概念及其实质

所谓“预测”，就是对尚未发生或目前还不确切的事物进行预先的估计和推断，是此时对事物将要发生的结果进行的探讨和研究。预测理论作为通用的方法论，既能用于研究自然现象，也能用于研究社会现象。将预测理论、方法与实际问题结合，就产生了预测的各个分支，如社会预测、人口预测、经济预测、科技预测、气象预测等。

古人云：“凡事预则立，不预则废。”自有历史记载以来，人们就试图预测未来。但是，未来并不是靠想入非非或求神问卦就能预测到的，科学的预测是建立在客观事物发展变化规律基础之上的科学推断。

在设计一个新系统或改造旧系统时，人们都需要对系统的未来进行分析估计，以便做出相应的决策。即使是正在正常运转的系统，也要经常分析系统的发展变化趋势。根据系统发展变化的实际数据和历史资料，运用现代科学理论和方法，以及各种经验和知识，对系统在未来一段时期内的可能变化情况进行推测、估计和分析的一系列过程就是系统预测。

由此可以看出，系统的预测是以系统的变化为前提的。没有系统的变化，就不需要预测。因此，系统预测的实质就是充分分析使系统发生变化的原因，探究系统发生变化的规律，根据系统的过去和现在估计未来，由已知预测未知，从而减少对未来事物认识的不确定性，减少决策的盲目性。

对一个系统来说，各种因素交错复杂，一旦预测错误，往往会使系统遭到毁灭性的打击。因此，预测技术自20世纪六七十年代以来就一直受到重视，并已发展成为一门独立的应用性很强的学科。系统预测对于长远规划的制订、重大战略的决策以及系统可靠性的提高等，都具有极其重要的意义。

三、预测方法的分类

由于预测对象、时间、范围、性质等的不同，按照不同的标准划分，预测技术可有多种不同的分类。下面介绍两种分类方法。

（一）按预测的时间长短分类

1. 长期预测

长期预测是指对 5 年以上发展前景的预测。长期经济预测是制订国民经济和企业生产经营发展的十年计划、远景计划，提出经济长期发展目标和任务的依据。

2. 中期预测

中期预测是指对 1 年以上、5 年以下发展前景的预测。中期经济预测是制订国民经济和企业生产经营发展的五年计划，提出经济五年发展目标和任务的依据。

3. 短期预测

短期预测是指对 3 个月以上、1 年以下发展前景的预测。短期预测是制订企业生产经营发展年度计划、季度计划，明确规定经济短期发展具体任务的依据。

4. 近期预测

近期预测是指对 3 个月以下企业生产经营状况的预测。近期预测是制订企业生产发展月计划、旬计划，明确规定近期经济活动具体任务的依据。

也有人将短期和近期预测合并，凡是 1 年以下的预测，统称为“短期预测”。事实上，不同的领域，划分的标准也不一样。例如气象部门，不超过 3 天为近期预测，1 周以上的为中期预测，超过 1 个月就是长期预测了。

（二）按预测方法的性质分类

按照预测方法的不同，可分为定性预测和定量预测。它们又分别包括多种不同的预测方法。

1. 定性预测法

定性预测是预测者根据自己掌握的实际情况、实践经验、专业水平，确定预测目标未来发展的性质、方向和程度。定性分析大多根据专业知识和实际经验进行，对把握事物的本质特征和大体程度有重要作用。这种预测主要利用主观判断、直觉、调查或比较分析，对未来做出定性的估计。在定性分析的基础上，有时也可以提出数量估计。定性预测的特点是：需要的数据少，能考虑无法定量化的因素，简便可行。通过定性预测，提出有预见性的建议，为政府和企业进行经济决策、计划管理、指导工作提供依据，因此，这是一种不可缺少的灵活的经济预测方法。

在掌握的数据不多、不够准确或主要影响因素难以用数字描述，无法进行定量分析时，定性预测就是一种行之有效的预测方法。如新建企业生产经营的发展前景、新产品销售的市场前景，由于缺少历史资料，采用定性预测方法更合适。又如新技术、新商业模式导致物流需求的变化，也很难量化，只能通过主观判断进行定性预测。总体来讲，定性预测的数据准确性不高，但预测的结果是方向性的，对定量预测也具有指导性。

定性预测方法较多，主要有专家调查预测法、市场调查预测法、主观概率法、领先指标法、预兆预测法、类推法等。

2. 定量预测法

定量预测是指根据准确的统计数据和信息，运用统计方法和数学模型，对事物未来的发展规模、水平、速度等进行的估算。定量预测与统计数据和统计方法有密切关系。常见的定量预测方法有时间序列预测、因果关系预测等。

（1）时间序列预测法

时间序列预测是将预测目标的历史数据按照时间点顺序排列成为时间序列，然后分析它随时间的变化趋势，外推预测目标的未来值。实际上就是将影响事物变化的一切因素归结为“时间”的影响，即只考虑时间变量对系统发展变化的影响。该方法的基本前提就是假设事物未来的变化模式会重复过去的模式。时间序列预测法很多，主要有移动平均法、指数平滑法、趋势外推法、博克斯-詹金斯（Box-Jenkins）方法等。

（2）因果关系预测法

当系统变量之间存在着某种前因后果关系时，找出影响系统结果的一个或几个因素，建立起它们之间的数学模型，然后根据自变量的变化预测系统结果变量的变化，这种预测方法称为“因果关系预测法”。因果关系预测法也包括多种不同方法和模型，如回归分析、投入-产出分析、生命周期模型等。应用因果关系预测法的主要问题在于，影响系统变化的关键因素及它们之间的数学模型常常很难确定。因而在实际应用时，预测误差可能较大。

按预测方法的性质划分的预测方法如图 4-1 所示。

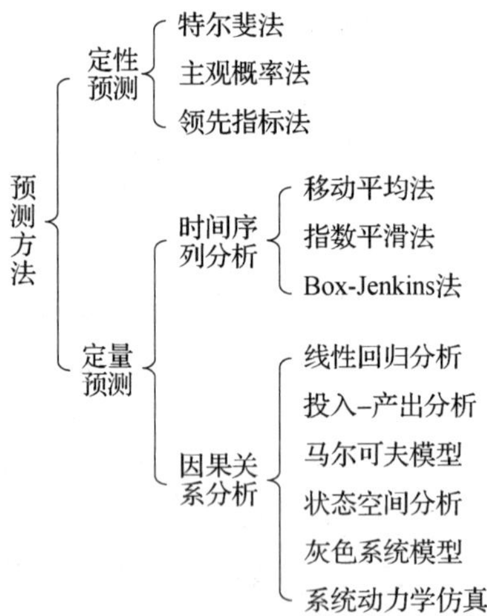

图 4-1　预测方法的分类

除上述预测技术，近几年在信息领域和人工智能领域广受关注的人工神经网络方法也越来越多地被应用到预测中。神经网络法是受生物神经功能的启发而形成的数学预测模型，其特点是模型可以对新的数据进行学习。对于不连续的时间序列数据，该方法的预测精度较其他时间序列预测模型更高。神经网络法特别适合非线性预测。

四、系统预测的一般过程

系统预测是对系统对象的发展、演变规律进行认识和分析的过程。虽然预测的过程随着预测目的、预测对象及具体方法的不同而不同，但主要包括以下几个步骤。

（一）确定预测目的

系统预测是为系统决策服务的。因此，预测的第一步就是根据决策任务要求确定预测目的，包括预测指标、预测对象和预测期限。只有目的明确，才能根据预测目的去收集数据、选择预测方法和预测精度。这是系统预测极为重要的准备阶段。

（二）资料收集和数据分析

根据预测目的和预测对象，分析影响预测目标的各种因素，通过直接或间接方法，尽可能多地收集有关影响预测对象的各种资料和历史数据，并对数据进行分析、整理，去伪存真，填平补齐，形成合格的数据样本。

（三）选定预测方法，建立预测模型

根据预测目的及数据收集状况，选定合适的预测方法。运用相关变量和参数建立起能反映研究对象变化规律的数学模型，运用收集到的统计数据进行模型参数估计，从而建立预测模型。

（四）模型检验与修正

实际的系统受多种确定因素和随机因素的影响，而预测模型不可能考虑所有因素，故预测结果与实际值有一定差距，即预测误差。如果误差太大，就失去了预测的意义。因此，必须对建立的预测模型的有效性和合理性进行检验。一方面要对模型的假设条件进行检验，如线性关系的假设、独立性的假设等。另一方面要对模型精度进行检验，如果预测结果与实际值之间的误差太大，说明预测模型不满足要求。这时就必须对原有的预测模型进行修正。若模型预测结果与实际结果之间存在显著的差异，还需要重新选择预测方法。

（五）预测实施与结果分析

预测实施就是运用通过检验的预测模型，对未来结果进行预测和分析，必要时还可运用多种模型同时预测结果并加以分析对比或综合，以便做出更可靠的预测判断，为系统决策提供科学依据。

实际预测时，上述各过程往往需要多次反复进行，不断修正。因此，预测是对系统不断认识和深化的动态过程，这一动态过程可用图 4-2 示意说明。

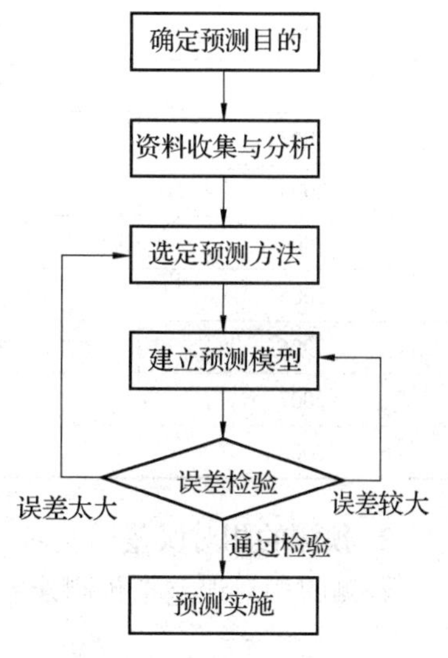

图 4-2　动态的预测过程

五、需求预测误差与需求汇聚

（一）需求预测误差

预测是对未来的一种估计，没有一种预测模型能保证在所有的情况下、在所有的时间段都适用，因此，预测总是不准确的。通常，我们用预测误差来衡量预测的精确度。预测误差是不可避免的，要尽可能减少预测误差，首先必须认识关于预测误差的两条规律。

1. 短期预测比长期预测的误差更小

这就是说，预测精度与要预测的时期的远近有很大关系。例如，要预测某产品今年 6 月的需求量，一种情况是从今年 1 月开始进行预测，另一种情况是从今年 4 月开始进行预测。显然，后一种情况的预测误差更小，精度更高。

2. 预测大范围需求比预测小范围需求的误差更小

需求范围包括产生需求的时间范围和地理范围，即需求的时间特性和空间特性。前者如日需求、月需求、季度需求、年需求；后者如来自一个个街道的需求、县域范围的需求、全省范围的需求、全国范围的需求等。对同一产品来说，大地域范围的需求量比小地域范围的需求量更稳定，年需求量比日需求量更稳定。需求量越稳定，预测模型越容易建立。这就是说，预测某产品在一个财政年度内、在全国的总需求量，比起预测该产品一周内在各地区的需求量要容易得多，预测误差更小。

（二）几种比较常用的需求预测误差

1. 预测的误差

预测的误差指预测对象的实际值与预测值之差。用 y_t 表示第 t 时期的实际值，$\hat{y}_t$ 表示第 t 时期的预测值，则预测的误差为 $y_t - y\hat{y}_t$，记为 e_t，即：

$$e_t = y_t - \hat{y}_t \tag{4-1}$$

若 $e_t > 0$，则 $\hat{y}_t$ 为低估预测值；若 $e_t < 0$，则 $\hat{y}_t$ 为高估预测值；若 $e_t = 0$，则 $\hat{y}_t$ 为准确预测值。

表 4-1 是河南省货运量统计数据，用回归法预测得到预测值，并计算了每个时期的预测误差。

表 4-1　河南省历年货运量实际值、预测值和误差

年份	实际值	预测值	误差
2000	60. 68	61. 42	-0. 74
2001	65. 19	63. 30	1. 89
2002	68. 40	65. 31	3. 09
2003	69. 69	68. 57	1. 12
2004	73. 80	75. 17	-1. 37
2005	78. 83	83. 19	-4. 36
2006	86. 61	90. 14	-3. 53
2007	101. 41	100. 56	0. 85
2008	116. 89	113. 92	2. 97

2. 预测的相对误差

预测的相对误差指预测误差占实际值的百分比，记为：

$$\tilde{e}_t = \frac{e_t}{y_t} = \frac{y_t - \hat{y}_t}{y_t} \times 100\% \tag{4-2}$$

可以看出，预测的相对误差不受指标量纲的影响，因此，可用于不同预测问题准确度的比较。

3. 预测的平均误差

预测的平均误差指 n 次预测误差的平均值，记为 MD。

$$MD=\frac{\sum_{i=1}^{n}(y_i-\hat{y}_i)}{n}=\frac{\sum_{i=1}^{n}e_i}{n} \tag{4-3}$$

其中，$\sum_{i=1}^{n}(y_i-\hat{y}_i)$ 为 n 次预测误差的总和。由于每次的预测误差可能为正，也可能为负，加总时一部分正负值将相互抵消，所以 MD 的大小无法真正反映预测误差的大小，但它可作为修正预测值的依据。若 $MD>0$，说明预测值平均来说比实际值低；若 $MD<0$，说明预测值平均来说比实际值高。

4. 预测的平均绝对误差

预测的平均绝对误差指 n 次预测误差的绝对值，记为 MAD。

$$MAD=\frac{\sum_{i=1}^{n}|y_i-\hat{y}_i|}{n}=\frac{\sum_{i=1}^{n}|e_i|}{n} \tag{4-4}$$

MAD 可用来表示预测误差的平均大小。它计算简单，但受指标量纲的影响。表 4-1 中的平均绝对误差是这样计算出来的。

$$\begin{aligned}MAD&=(|-0.74|+|1.89|+|3.09|+|1.12|+|-1.37|+|-4.36|\\&\quad+|-3.53|+|0.85|+|2.97|)/9\\&=2.21\end{aligned}$$

5. 预测的平均绝对相对误差

预测的平均绝对相对误差指 n 次预测的相对误差的绝对值的平均值，记为 $AARE$。

$$AARE=\frac{1}{n}\sum_{i=1}^{n}|\tilde{e}_i|=\frac{1}{n}\sum_{i=1}^{n}\left|\frac{e_i}{y_i}\right|\times 100\%=\frac{1}{n}\sum_{i=1}^{n}\left|\frac{y_i-\hat{y}_i}{y_i}\right|\times 100\% \tag{4-5}$$

$AARE$ 不受量纲的影响。

表 4-1 中的平均绝对相对误差的结果为：

$$\begin{aligned}AARE&=\{[|-0.74|/60.68+|1.89|/65.19+|3.09|/68.40+|1.12|/69.69\\&\quad+|-1.37|/73.80+|-4.36|/78.83+|-3.53|/86.61\\&\quad+|0.85|/101.41+|2.97|/116.89]/9\}\times 100\%\\&=2.79\%\end{aligned}$$

6. 预测的方差和标准差

预测的方差是 n 次预测误差平方的平均值，记为 S^2。

$$S^2=\frac{1}{n}\sum_{i=1}^{n}e_i^2=\frac{1}{n}\sum_{i=1}^{n}(y_i-\hat{y}_i)^2 \tag{4-6}$$

预测的标准差就是方差的算术平方根，记为 S。

$$S=\sqrt{\frac{1}{n}\sum_{i=1}^{n}e_i^2}=\sqrt{\frac{1}{n}\sum_{i=1}^{n}(y_i-\hat{y}_i)^2} \tag{4-7}$$

表 4-1 中预测结果的方差和标准差可用下面的算式计算：

$$\begin{aligned}S^2 &= [(-0.74)^2+(1.89)^2+(3.09)^2+(1.12)^2+(-1.37)^2+(-4.36)^2\\ &\quad+(-3.53)^2+(0.85)^2+(2.97)^2]/9\\ &=6.42\end{aligned}$$

$$S=\sqrt{6.42}=2.534$$

预测精度是指预测结果与实际情况的符合程度。它与误差大小呈反向变动关系，因而可以用上述预测误差指标来评价。利用这些评价预测精度的方法，我们有两种确定最佳预测法的方式。第一种，这些评价精度指标可以确定具体预测方法中参数的最佳值。例如，在指数平滑法中，它可以使用的平滑常数取值范围为 0~1，可以这样确定这个参数的最佳值，首先选取若干个 0~1 之间的数，得出预测结果，选取预测精度评价指标最小的值所对应的常数作为平滑常数的最佳值。第二种，数据一定，利用预测精度指标确定最佳预测方法。例如，在考虑使用指数平滑法和移动平均法预测一个静态时间序列时，则可以通过比较预测精度指标来选择其中较好的方法。

（三）需求汇聚

根据上述预测误差的第二条规律，对大范围的需求进行预测具有更高的可靠度。因此，进行物流系统规划或决策之前，要确定合适的需求尺度，使物流需求在时间上和空间上进行适当的汇聚。

1. 需求的时间汇聚

对于战略性规划决策，如物流系统网络规划问题，需求量宜按年进行汇聚，需求量的统计和预测都应该按年需求量进行。对于运作层的问题，如补货计划、配送车辆安排等，应该考虑每天或每周的需求量。

2. 需求的空间汇聚

从空间位置来讲，物流需求来自一个一个末端客户。以一个大型连锁企业为例，其末端零售店铺可能多达几千家，如果按照各零售店铺进行销售量统计，数据量将非常庞大，且数据波动幅度大。如果以此数据为基础进行需求预测和库存控制，不仅计算工作量大，而且准确度低，库存水平将很高。因此，需要进行需求的空间汇聚。空间汇聚可以按配送中心或区域分拨中心进行，也可以按照行政区划，或按照街道邮政编码进行。

第二节　定性预测法

定性预测是指预测者依靠熟悉业务知识、具有丰富经验和综合分析能力的人员与专家，根据已掌握的历史资料和直观材料，运用个人的经验和分析判断能力，对事物的未来发展做出性质和程度上的判断，然后再通过一定的形式综合各方面的意见，作为预测未来的主要依据。

定性预测的特点在于：

第一，着重对事物发展的性质进行预测，主要凭借人的经验以及分析判断能力。它是一种十分实用的统计预测方法，特别是在对预测对象所掌握的历史统计资料不多，或影响因素复杂，难以分清主次，或对主要影响因素难以定量分析等情况下，定性分析方法将是适用性很强的方法。

第二，着重对事物发展的趋势、方向和重大转折点进行预测。它主要适用于下列情况的预测：国家经济形势的发展、经济政策的演变、市场总体形势的演变（如卖方市场向买方市场的过渡）、科学技术的发展与实际应用、新产品的开发、企业未来的发展方向、企业经营环境分析和战略决策方向、企业市场经营组合的改变等。

定性预测的优点主要是：注重事物发展在性质方面的预测，具有较大的灵活性，易于充分发挥人的主观能动作用，且简单迅速，省时、省费用。其缺点是：易受主观因素的影响，比较注重人的经验和主观判断能力，从而易受人的知识、经验和能力的多少、大小的束缚和限制，尤其是缺乏对事物发展做数量上的精确描述。

常用的定性预测方法主要有头脑风暴法、德尔菲法、集体意见法等。

一、头脑风暴法

头脑风暴法（Brain-Storming）又称“智力激励法”，是由美国 BBDO 公司总经理 A. E. 奥斯本于 1939 年首次提出，1953 年正式发表的一种激励创造思维的方法。它主要是通过组织专家会议激励全体与会专家积极开拓创造性思维的一种激发创造性思维的方法。

采用头脑风暴法组织群体决策时，要集中有关专家召开专题会议，主持者以明确的方法向所有参与者阐明问题和说明会议的规则，尽量创造融洽轻松的会议气氛。主持人一般不发表意见，以免影响会议的自由气氛。由专家们“自由”地提出尽可能多的方案，再由分析组处理和分析方案，得出最后的结果。

（一）头脑风暴法的优点

①简便易行。头脑风暴法没有高深的理论，对环境没有特殊要求，实施起来简单易行。

②集思广益。头脑风暴法能够使与会人员通过交流信息、相互启发，产生“思维共振”，起到集思广益的作用，从而极大地提高管理决策的质量与效率。

③创新性强。头脑风暴法由于使用了没有拘束的规则，使与会人员没有心理压力，能在短时间内得到更多创造性的成果。

④增强团队精神。头脑风暴法为参加会议的人员创造了一个无拘无束的信息交流平台，大家可以自由地发表自己的意见和看法，从而增进与会人员的交流与了解，有利于增强群体凝聚力和团队精神。

（二）运用头脑风暴法的预测程序

①准备阶段。在开会前要做好准备工作。

②热身阶段。这个阶段的目的是创造一种自由、宽松、祥和的氛围，以便活跃气氛，使大家得以放松，进入一种无拘无束的状态，促进思维。主持人宣布开会后，先说明会议

的规则，然后随便谈点有趣的话题或问题，让大家的思维处于轻松和活跃的境界，如说说笑话、猜个谜语、听一段音乐等。

③明确问题阶段。主持人扼要地介绍有待解决的问题。介绍时须简洁、明确，不可过分周全，否则过多的信息会限制人的思维，干扰思维创新的想象力。

④畅谈阶段。为了使大家能够畅所欲言，需要制订一些规则。主持人首先要向大家宣布这些规则，如果时间允许，可以让每个人先就所需解决的问题独立考虑 10 分钟左右。随后引导大家自由发言，使彼此相互启发、相互补充，真正做到知无不言、言无不尽。

⑤筛选阶段。通过组织头脑风暴畅谈，往往能获得大量与议题有关的设想。至此任务只完成了一半，更重要的是对已获得的结果进行整理、分析。

实践证明，利用头脑风暴法进行预测，通过专家之间直接交换信息，充分发挥创造性思维，有可能在比较短的时间内找到一组切实可行的方案。当然，头脑风暴法实施的成本（时间、费用等）是很高的。另外，头脑风暴法对参与者自身素质要求较高。这些因素可直接影响到头脑风暴法实施的效果。

二、德尔菲法

（一）德尔菲法的概念和特点

德尔菲法是根据有专门知识的人的直接经验，对研究的问题进行判断、预测的一种方法，也称“专家调查法”。美国兰德公司于 1946 年首先将其用于预测领域。德尔菲是古希腊传说中的神谕之地，城中有座阿波罗神殿可以预卜未来，因而借用其名。德尔菲法一般适用于长期预测。

德尔菲法具有以下三个特点。

①反馈性。反馈表现在多次作业、反复、综合、整理、归纳和修正，但不是漫无边际，而是有组织、有步骤地进行。

②匿名性。由于专家是背靠背提出各自意见的，因而可免除心理干扰影响。把专家看作一台电子计算机，脑子里储存着许多数据资料，通过分析、判断和计算，可以确定比较理想的预测值。

③统计性。对各位专家的估计或预测数进行统计，然后采用平均数或中位数统计出量化结果。

（二）德尔菲法的预测程序

德尔菲法的一般预测程序如下：

第一步：提出要求，明确预测目标，用书面形式通知被选定的专家、专门人员。在这里，选择专家是关键。专家一般是指掌握某一特定领域知识和技能的人，人数不宜过多，一般以 8~20 人为宜。要求每位专家讲明有什么特别资料可用来分析这些问题以及这些资料的使用方法。同时，向专家提供有关资料，并请专家提出进一步需要哪些资料。

第二步：专家接到通知后，根据自己的知识和经验对所预测事物的未来发展趋势提出自己的预测，并说明其依据和理由，书面答复主持预测的单位。

第三步：主持预测的单位或领导小组根据专家的预测意见，加以归纳整理，对不同的预测值，分别说明预测值的依据和理由（根据专家意见给出，但不注明是哪个专家的意见），然后再寄给各位专家，要求专家修改自己原有的预测，以及提出还有什么要求。

第四步：专家等接到第二次通知后，就各种预测意见及其依据和理由进行分析，再次进行预测，提出自己修改的预测意见及其依据和理由。如此反复往返征询、归纳、修改，直到意见基本一致为止。修改的次数根据需要确定。

（三）运用德尔菲法预测时应遵循的原则

第一，问题要集中，要有针对性，不要过于分散，以便使各个事件构成一个有机整体。问题要按等级排队，先简单，后复杂，先综合，后局部，这样易于引起专家回答问题的兴趣。

第二，调查单位或领导小组意见不应强加于调查的意见之中，要防止出现诱导现象，避免专家的评价向领导小组靠拢，以至于得出迎合领导小组观点的预测结果。如果是这样，其预测的可靠性是值得怀疑的。

第三，避免组合事件。如果一个事件包括两个方面，一方面是专家同意的，另一方面是专家不同意的，这样，专家将难以做出回答。

（四）德尔菲法的优缺点

德尔菲法的优点在于：

①可以加快预测速度，节约预测费用。

②可以获得各种不同但有价值的观点和意见。

③适用于长期预测和对新产品的预测，在历史资料不足或不可测因素较多时尤为适用。

德尔菲法的缺点在于：

①对于分地区的顾客群或产品的预测可能不可靠。

②责任比较分散。

③专家的意见有时可能不完整或不切合实际。

（五）德尔菲法的应用案例

某公路部门准备将一段普通公路改造为高速公路，为进行该工程的经济评价，需要对该公路今后若干年的车流量做预测。采用德尔菲法进行预测，具体过程如下：

①提出问题。用德尔菲法预测该公路今后第五年的日均车流量。

②邀请专家。邀请了 4 位经济学家、3 位研究人员、4 位领导人员、6 位业务管理人员、3 位用户代表，共 20 人，发放意见征询表，请每个人对该公路今后第五年的日均车流量做预测。

③意见汇总、整理、计算、分析，经过 3 轮反馈，得到该公路车辆流量的预测统计情况，如表 4-2 所示。

表 4-2 公路车流量的预测统计表

专家	第一次判断（百辆）	第二次判断（百辆）	第三次判断（百辆）
1	240	280	300
2	200	200	200
3	240	200	280
4	48	88	164
5	220	200	200
6	220	180	140
7	100	140	140
8	180	176	180
9	88	112	112
10	120	136	136
11	88	100	148
12	140	140	180
13	140	140	200
14	130	140	140
15	140	130	130
16	160	160	160
17	150	c140	150
18	70	100	110
19	250	220	220
20	140	150	150
合计			3440

方法一：用平均数计算。

公路车流量预测结果 = 3440 百辆/20 = 17200（辆）

方法二：用中位数计算。

首先把 20 位专家的第三轮预测意见从小到大依次排列，得出以下数列：110，112，130，136，140，140，140，148，150，150，160，164，180，180，200，200，200，220，280，300。则中位数为第十个数和第十一个数的平均数（150+160）/2 = 155（百辆），即公路车流量预测结果为 15500 辆。

三、集体意见法

（一）集体意见法预测程序

集体意见法是把预测者的个人预测通过加权平均而汇集成集体预测的方法，其程序如下：

①要求每一位预测者就预测结果的最高值、最低值和最可能的值加以判断，并对这 3

种情况出现的概率进行估计。例如，第 i 位预测者得出的预测结果如下：最高值为 F_{1i}，其出现的概率为 P_{1i}；最可能的值为 F_{2i}，其出现的概率为 P_{2i}；最低值为 F_{3i}，其出现的概率为 P_{3i}。

②根据预测者对预测结果最高值、最可能的值和最低值的估计，以及对 3 种情况出现概率的估计，计算每一位预测者的意见平均值 F_i，其计算公式为：

$$F_i = \sum_{j=1}^{3} F_{ji} P_{ji} \tag{4-8}$$

③根据每位预测者个人意见的重要程度 W_i，通过加权平均，得出集体的意见 F，其计算公式为：

$$F = \sum_{i=1}^{n} F_i W_i \tag{4-9}$$

其中，n 表示预测者人数。

（二）集体预测法应用案例

某港区现有泊位不够使用，计划扩建。为对该项目进行可行性研究，需对未来的运量进行预测。预测采用集体意见法进行，其具体过程如下：

①明确问题。要预测该港今后第五年的日均货船吞吐量。

②组织专家进行预测。组织了甲、乙、丙 3 位专家，要求对该港口今后第五年的最高、最可能和最低日均货船吞吐量进行估计，并对这 3 种情况出现的概率进行估计。设专家的预测结果如表 4-3 所示。

表 4-3　专家预测结果

专家	预测值类别	预测值（艘/日）	估计该情况出现的概率	期望值（艘/日）
甲	最高货船吞吐量	200	0.3	146
	最可能货船吞吐量	140	0.5	
	最低货船吞吐量	80	0.2	
乙	最高货船吞吐量	240	0.2	180
	最可能货船吞吐量	180	0.6	
	最低货船吞吐量	120	0.2	
丙	最高货船吞吐量	180	0.2	114
	最可能货船吞吐量	120	0.5	
	最低货船吞吐量	60	0.3	

③计算最终预测结果。首先要分别给 3 位专家的预测值赋一个权重，设甲、乙、丙 3 位专家的预测值的权重分别为 0.4、0.3、0.3，则 3 位专家最终的集体意见为 $146 \times 0.4 + 180 \times 0.3 + 114 \times 0.3 \approx 147$（艘/日），这也是最终的预测结果。

四、情景预测法

（一）情景预测法的概念和特点

情景预测法是 20 世纪 70 年代兴起的一种预测技术，又称“剧本描述法”。“情景”

一词最早出现在 60 年代末凯恩和维拉的《2000 年》一书中。该书将情景分析定义为：用于着重研究偶发事件及决策要点的一系列假设事件。情景预测法是对将来的情景做出预测的一种方法。它把研究对象分为主题和环境，通过对环境的研究，识别影响主题发展的外部因素，模拟外部因素可能发生的多种交叉情景，以预测主题发展的各种可能前景。

情景预测法首先是构造一个“无突变”情景 A，即在假定当前的环境不发生重大变化的条件下研究对象的未来情景。然后分析情景 A 的环境因素，各因素的不同取值对 A 造成不同的影响，由此产生了情景 B 和情景 C，进而可以得到 A，B，C，AB，AC，BC 六种情景。同时，还可假设有突发事件 D，它对情景 A，B，C 又有不同程度的影响，从而又产生了 AD，BD，CD，ABD，ACD，BCD 六种情景，由于环境因素的不同取值，还可得到其他多种情景，但情景的范围是确定的，为 $B\cup C\cup D$，如图 4-3 所示。

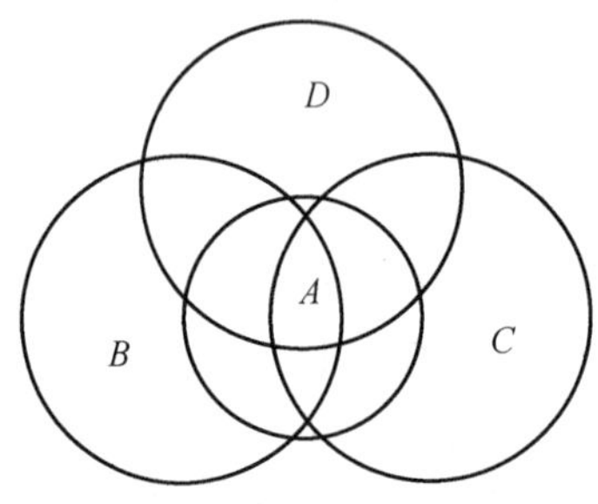

图 4-3　情景示意图

情景预测法在分析过程中根据不同情景可采用不同的预测方法，使定量、定性分析相结合，这样就弥补了定性预测和定量预测各自的缺陷。

情景预测法不同于一般方法，其特点主要表现在以下几个方面：

第一，适用范围很广，不受任何假设条件的限制，只要是对未来的分析，均可使用。

第二，考虑问题周全，又具有灵活性。它尽可能地考虑将来会出现的各种状况和各种不同的环境因素，并引入各种突发因素，将所有的可能尽可能地展示出来，有利于决策者进行分析。

第三，通过定性分析与定量分析相结合，为决策者提供主、客观相结合的未来情景。它通过定性分析寻找出各种因素和各种可能，并通过定量分析提供一种尺度，使决策者能更好地进行决策。

第四，能及时发现未来可能出现的难题，以便采取行动消除或减轻它们的影响。

（二）情景预测法的一般方法

常见的情景预测法有未来分析法、目标展开法、间隙分析法三种。

1. 未来分析法

未来分析法立足于现在、着眼于未来，是最常用的一种方法。未来分析法通常视未来为三种情景：无突变情景、悲观情景、乐观情景。一般而言，未来分析法先假设目前的状况会持续发展，预测以这样的发展状况未来会出现什么样的情景，即得到无突变情景；再找出对未来情景有影响的各种环境因素，让它们进行不同程度的变化，从而得到有利的环境和不利的环境；最终分析在有利环境和不利环境下分别得到什么样的乐观情景和悲观情景。

2. 目标展开法

目标展开法与未来分析法不同，它立足于未来，分析现在，即已确定好目标，去分析如何达成这一目标。在分析过程中，可根据总目标设计出各子目标，再分析实现这些目标需满足的环境、条件，并从中寻找一条最佳路径。

例如，若确定在未来一年内经济增长速度为10%，现对这一目标进行分析。经济增长主要受资金、劳动力、科技进步三个因素的影响。这三者对经济增长的不同贡献率的组合，均可实现这一目标。我们可根据现实状况设置不同的组合，如三者贡献率依次为30%、30%、40%，或50%、10%、40%，又或30%、10%、60%等。根据不同的组合分析它们的可行性，从中选取最优的实现途径。当然，不同状况下的最优选择也不同，如改革前可能会选取偏重于劳动力、资金的投入，而在改革后更重视对科技的贡献率。其中，还要考虑资金、劳动力、科技进步各自的环境因素的影响，但不同的环境、不同的组合，最终的目标均为10%的增长速度。

3. 间隙分析法

间隙分析法立足于现在和未来，寻找中间途径。它主要是先根据目前状况，预测如此发展的话，将来会怎样，再根据两者的状况决定中间的路该怎样走。这与目标展开法有类似之处，但间隙分析法更强调阶段性，如分别考虑5年、7年、10年这些不同阶段下应怎样做。

（三）情景预测法的一般步骤

第一步，确定预测主题。

第二步，根据预测主题寻找资料，充分考虑主题将来会出现的状况。

第三步，寻找影响主题的环境因素，要尽可能周全地分析不同因素的影响程度。在做这些分析的同时，还要考虑这些环境因素本身还受到哪些因素的影响，这样才能使分析尽可能得周密、详细。

第四步，将上述影响因素归纳为几个影响领域，分析在不同影响领域下主题实现的可能性，同时分析是否有突发事件的影响；若有，影响如何。

第五步，对各种可能出现的主题状态进行预测。在这一步骤中可采用不同的方法，对有数据的主题可采用定量分析方法，否则进行定性分析，也可定量与定性相结合进行预测。

第三节　时间序列预测法

时间序列是指某种统计指标数值按照时间先后顺序排列而成的数列。时间序列中，每个时期变量数值的大小都受到许多因素的影响。时间序列预测法是将一切影响数值变化的因素归结为“时间”因素进行综合描述，外推预测目标的未来值。时间序列平滑预测方法很多，如移动平均法、指数平滑法、差分指数平滑法、自适应滤波法等。下面主要介绍移动平均法和指数平滑法。

一、移动平均法

移动平均法是一种简单的预测技术。它的基本思想是：根据时间序列信息，逐项推移。依次计算包含一定项数的序时平均值，以反映数据序列的长期趋势。因此，当时间序列的数值由于受周期变动和随机波动的影响，起伏较大，不易显示出事件的发展趋势时，使用移动平均法可以消除这些因素的影响，显示出事件的发展方向与趋势（即趋势线），然后依趋势线分析预测序列的长期趋势。移动平均法分为简单移动平均法、加权移动平均法和趋势移动平均法。

（一）简单移动平均法

设有一时间序列 y_1，y_2，…，y_t，…则按数据点的顺序逐项推移求出 N 个数的平均数，即可得到一次移动平均数。

$$M_t^{(1)} = \frac{y_t + y_{t-1} + \cdots + y_{t-N+1}}{N} = M_{t-1}^{(1)} + \frac{y_t - y_{t-N}}{N} \tag{4-10}$$

式中：$M_t^{(1)}$ ——第 t 周期的一次移动平均数；

y_t ——第 t 周期的观测值；

N——移动平均的项数，即求每一移动平均数时使用的观察值个数，且 $t \geqslant N$。

这个公式表明，当 t 向前移动一个时期时，就增加一个新近数据，去掉一个远期数据，得到一个新的平均数，逐期向前移动，所以称为“简单移动平均法”。

由于移动平均可以平滑数据，消除周期变动和不规则变动的影响，使长期趋势显示出来，因而可以用于预测。其预测公式为：

$$\hat{y}_{t+1} = M_t^{(1)} \tag{4-11}$$

即以第 t 周期的一次移动平均数作为第 $t+1$ 周期的预测值。从式（4-10）可以看出，移动平均计算的每个新的预测值是对上一期预测值的调整。随着 N 的增大，调整幅度越小，平滑效果越明显。

在实际应用移动平均法时，移动平均项数 N 的选择十分关键，它取决于预测目标和实际数据的变化规律。

【例 4-1】 某运输公司统计过去 10 个月的货运量如表 4-4 所示，试用简单移动平均预测法预测该公司下个月的货运量。分别取 $N=3$ 和 $N=4$ 计算，并进行比较。

表 4-4 货运量统计表

月份	1	2	3	4	5	6	7	8	9	10
货运量（吨）	223	260	258	242	330	320	405	420	502	360

分别取 $N=3$ 和 $N=4$，应用式（4-10）计算各期的平均值，求出各期的预测值，并与实际进行比较，求出各期预测值的绝对误差值和平均绝对误差值。其结果列于表 4-5 中，其预测曲线如图 4-4 所示。

表 4-5　简单移动平均预测结果

月份	实际货运量（吨）	预测值 $\hat{y}_t$		绝对误差值 $\lvert y_t - \hat{y}_t \rvert$	
		$N=3$	$N=4$	$N=3$	$N=4$
1	223				
2	260				
3	258				
4	242	247		5	
5	330	253	246	77	84
6	320	277	273	43	48
7	405	297	288	108	118
8	420	352	324	68	96
9	502	382	369	120	133
10	360	442	412	82	52
11		427	422		
平均绝对误差				72	88

由图 4-4 可以看出，由移动平均计算后所得到的新数据，其数据起伏波动的范围变小了，异常大和异常小的数据值被修匀了，从而异常数据对移动平均值的影响不大。因此，移动平均预测有较好的抗干扰能力，可以在一定程度上描述时间序列变化的趋势。

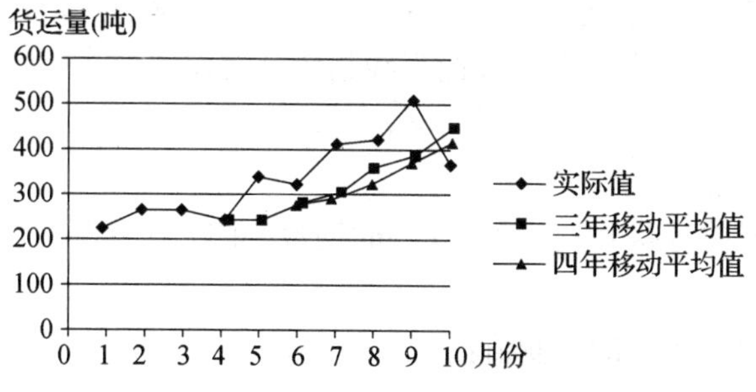

图 4-4　公司货运量 1~10 月实际值及预测值

移动平均预测法对时间序列中数据变化的反应速度及对干扰的修匀能力取决于 N 的值。随着 N 的减小，移动平均对时间序列数据变化的反应敏感性增加，但修匀能力下降；而 N 的增大，移动平均对时间序列数据变化的反应敏感性减少，但对时间序列的修匀能力却上升。所以，移动平均法的修匀能力与时间序列数据变化的敏感性是矛盾的，两者不可兼得。在确定 N 的时候，一定要根据时间序列的特点来确定。

一般的选择原则是：要由所需处理的时间序列的数据点的多少而定，数据点多，N 可以取得大一些；要由已有的时间序列的趋势而定，趋势平稳并基本保持水平状态的，N 可以取得大一些；趋势平稳并保持阶梯性或周期性增长的，N 应该取得小一些，趋势不稳并有脉冲式增减的，N 应取得大一些。

在使用时，一个有效的方法是取几个 N 值进行试算，比较它们的预测误差，从中选择最优的。

例如，在例 4-1 中要预测 11 月份的货运量，究竟应取 $N=3$，还是取 $N=4$，可以通过计算平均绝对误差来选择。从表 4-5 知道，$N=3$ 时平均绝对误差较小，因此取 $N=3$，11 月份货运量的预测值为 427 吨。

简单移动平均法只适合做近期预测，即只能对后续相邻的那一项进行预测。它一般适用于预测对象的发展趋势变化不大的情形。如果预测对象的发展趋势存在其他复杂的变化，采用简单移动平均法就会产生较大的预测偏差。

（二）趋势移动平均法

当时间序列没有明显的趋势变动时，使用一次移动平均就能够准确地反映实际情况，直接用第 t 周期的一次移动平均数就可预测第 $t+1$ 周期之值。但当时间序列出现线性变动趋势时，用一次移动平均数来预测就会出现滞后偏差，因此，需要进行修正。修正的方法是在一次移动平均的基础上再做二次移动平均，利用移动平均滞后偏差的规律找出曲线的发展方向和发展趋势，然后才建立直线趋势的预测模型。这种方法称为“趋势移动平均法”。

设一次移动平均数为 $M_t^{(1)}$，二次移动平均数为 $M_t^{(2)}$，其计算公式为：

$$M_t^{(2)} = \frac{M_t^{(1)} + M_{t-1}^{(1)} + \cdots + M_{t-N+1}^{(1)}}{N} = M_{t-1}^{(2)} + \frac{M_t^{(1)} - M_{t-N}^{(1)}}{N} \tag{4-12}$$

其中，$t \geqslant N$。再设时间序列 $y_1, y_2, \cdots, y_t, \cdots$ 从某时期开始具有直线趋势，且认为未来时期亦按此直线趋势变化，则可设此直线趋势预测模型为：

$$\hat{y}_{t+T} = a_t + b_t T \tag{4-13}$$

式中：t——当前时期数；

T——由当前时期数 t 到预测期的时期数，即 t 以后模型外推的时间，$T=1, 2, 3, \cdots$；

$\hat{y}_{t+T}$——第 $t+T$ 期的预测值；

a_t——截距；

b_t——斜率。

a_t，b_t 又称为“平滑系数”。

根据移动平均值可得截距 a_t 和斜率 b_t 的计算公式为：

$$a_t = 2M_t^{(1)} - M_t^{(2)} \tag{4-14}$$

$$b_t = \frac{2}{N-1}\left[M_t^{(1)} - M_t^{(2)}\right] \tag{4-15}$$

【例 4-2】 已知某市 1996~2009 年的货运量如表 4-6 所示。

表 4-6　某市货运量趋势移动平均预测值

T	年份	实际值（y_t）	$M_t^{(1)}$	$M_t^{(2)}$
1	1996	26.11		
2	1997	26.84		
3	1998	27.13	26.69	
4	1999	28.87	27.61	
5	2000	30.70	28.90	27.74
6	2001	30.96	30.18	28.90
7	2002	32.75	31.47	30.18
8	2003	34.53	32.75	31.46
9	2004	35.31	34.20	32.80
10	2005	36.98	35.61	34.18
11	2006	38.46	36.92	35.57
12	2007	39.60	38.35	36.96
13	2008	41.13	39.73	38.33
14	2009	42.54	41.09	39.72

试建立趋势移动平均模型，并求 2010 年和 2011 年的货运量。

首先根据表 4-6 中货运量历年的实际数据做散点图，如图 4-5 所示。从图中可以看出货运量基本上呈直线上升趋势，可以用趋势移动平均法来预测。

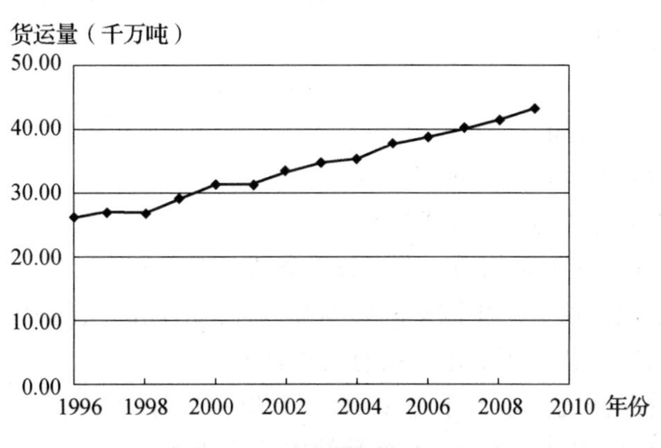

图 4-5　货运量发展趋势

取 $N=3$，根据式（4-10）和式（4-12）分别计算一次移动平均值和二次移动平均值，结果列于表 4-6 中。

根据式（4-14）和式（4-15）得：

$$a_{14} = 2M_{14}^{(1)} - M_{14}^{(2)} = 2 \times 41.09 - 39.72 = 42.46$$

$$b_{14} = \frac{2}{3-1}[M_{14}^{(1)} - M_{14}^{(2)}] = 41.09 - 39.72 = 1.37$$

从而得到线性预测模型为

$$\hat{y}_{14+T} = 42.46 + 1.37T$$

2010 年和 2011 年的货运量预测值为

$$\hat{y}_{2010} = \hat{y}_{14+1} = 42.46 + 1.37 \times 1 = 43.83\text{（千万吨）}$$

$$\hat{y}_{2011} = \hat{y}_{14+2} = 42.46 + 1.37 \times 2 = 45.20\text{（千万吨）}$$

利用趋势移动平均法进行预测，不但可以进行近期预测，而且还可以进行远期预测，但一般情况下，远期预测误差较大。在利用趋势移动平均法进行预测时，时间序列一般要求必须具备较好的线性变化趋势，否则其预测误差也是较大的。

二、指数平滑法

指数平滑法是在移动平均法基础上发展起来的一种方法，实质上是一种特殊的加权移动平均法。指数平滑法是一种非常有效的短期预测法。该方法很简单、易用，只要得到很少的数据就可以连续使用，当预测数据发生根本变化时还可以进行自我调整。指数平滑法包括一次指数平滑法、二次指数平滑法和多次指数平滑法。下面主要介绍一次指数平滑法、二次指数平滑法。

（一）一次指数平滑法

一次指数平滑法是利用时间序列中本期的实际值与本期的预测值加权平均作为下一期的预测值，其基本公式为：

$$F_{t+1} = \alpha x_t + (1-\alpha)F_t \tag{4-16}$$

式中：t——本期的时间；

α——指数平滑系数，规定 $0<\alpha<1$；

x_t——在 t 时刻的实际需求值；

F_{t+1}——在 $t+1$ 时刻的一次指数平滑值，即在 t 时刻对下一期的预测值。

由上述公式可看出，所有历史因素的影响都包含在前期的预测值内。这样，在任何时刻，只需保有一个数字就代表了需求的所有历史情况。

例如，假设本月预测的需求水平是 1000 个单位，本月的实际需求是 950 个单位。取平滑系数 $\alpha=0.3$。根据式（4-16），下个月的需求预计为：

$$\text{新预测值} = 0.3\times950+0.7\times1000=985$$

当下个月重复这一过程时，该预测值就变为“前期预测值”，依次类推。

初始值 F_1 要通过一定的方法选取。如果时间序列数据多且可靠，可以将已有数据中的某一部分的算术平均值或加权平均值作为初始值 F_1；若历史数据较少或数据的可靠性较差，则可采用定性预测法选取 F_1，如采用专家评估法确定。

指数平滑系数 α 的选择有一定的主观性。α 值越大，近期需求所占权重越大，预测结果对近期数据的变化越敏感；α 过大可能使预测过于“敏感”，结果只会跟踪时间序列的随机波动，而不是根本性变化。α 值越小，则历史数据所占的权重越大，近期数据的影响减少，消除了随机波动性，可反映出长期的大致发展趋势。如果 α 的值太低，预测结果会非常“平稳”。如何选择 α 值，是用好指数平滑模型的一个技巧。在进行短期预测时，希望能尽快反映观测值的变化，可以选取较高的 α 值，一般可取 $\alpha=0.6\sim0.8$；如果是希望消除季节波动对时间序列的影响，反映时间序列的长期趋势规律，可以选择较小的 α 值，一般取 $\alpha=0.1\sim0.3$。若在历史数据很少的情况下进行预测，推荐选择较高的 α 值进行短期预测。

在实际操作过程中，通常采用指数平滑值来进行描述。设有一时间序列 y_1，y_2，…，y_t，…则一次指数平滑公式为：

$$S_t^{(1)}=\alpha y_t+(1-\alpha)S_{t-1}^{(1)} \tag{4-17}$$

式中：$S_t^{(1)}$ ——一次指数平滑值；

α ——平滑系数，$0<\alpha<1$。

其预测模型即为：

$$\hat{y}_{t+1}=S_t^{(1)}=\alpha y_t+(1-\alpha)S_{t-1}^{(1)}=\alpha y_t+(1-\alpha)\hat{y}_t \tag{4-18}$$

也即是以第 t 期的指数平滑值作为第 t+1 期的预测值。

【例 4-3】　表 4-7 中的季度数据代表某产品需求的时间序列。试对今年第三季度的需求进行预测。

表 4-7　某产品需求的时间序列

年份＼季度	1	2	3	4
去年	1200	700	900	1100
今年	1400	1000		

解：首先根据经验选定 $\alpha=0.2$，其次将去年 4 个季度的需求平均值作为今年预测的初始值 $S_0^{(1)}$，即：

$$S_0^{(1)}=(1200+700+900+1100)/4=975$$

然后，从今年第一季度的需求开始预测，直到预测出今年第三季度的需求。

具体预测计算过程如下：

今年第一季度的预测需求为：

$$\hat{y}_1=S_0^{(1)}=975$$

今年第二季度的预测需求为：

$$\hat{y}_2=S_1^{(1)}=\alpha y_1+(1-\alpha)S_0^{(1)}=0.2\times1400+(1-0.2)\times975=1060$$

今年第三季度的预测需求为：

$$\hat{y}_3=S_2^{(1)}=\alpha y_2+(1-\alpha)S_1^{(1)}=0.2\times1000+(1-0.2)\times1060=1048$$

（二）二次指数平滑法

二次指数平滑法是指在一次指数平滑值基础上再做一次指数平滑，然后利用两次指数平滑值，建立预测模型，确定预测值的方法。二次指数平滑法解决了一次指数平滑法存在的两个问题：一是解决了一次指数平滑不能用于有明显趋势变动的市场现象的预测；二是解决了一次指数平滑只能向未来预测一期的局限性。

二次指数平滑法预测过程如下：

1. 计算时间序列的一次、二次指数平滑值

二次指数平滑法的计算公式为：

$$S_t^{(2)} = \alpha S_t^{(1)} + (1-\alpha) S_{t-1}^{(2)} \tag{4-19}$$

式中：$S_t^{(1)}$ ——第 t 期第一次指数平滑值；

$S_t^{(2)}$ ——第 t 期第二次指数平滑值；

α ——平滑系数。

2. 建立二次指数平滑预测模型

二次指数平滑法的数学预测模型为：

$$y_{t+T} = \alpha_t + b_t T \tag{4-20}$$

式中：y_{t+T} ——第 $t+T$ 期预测值；

T ——由 t 期向后推移期数。

$$\alpha_t = 2S_t^{(1)} - S_t^{(2)} \tag{4-21}$$

$$b_t = \frac{\alpha}{1-\alpha}[S_t^{(1)} - S_t^{(2)}] \tag{4-22}$$

3. 利用预测模型进行预测

【例 4-4】 某市货运量如表 4-8 所示，用二次指数平滑法预测 2005 年和 2006 年该市的货运量。

表 4-8 某市货运量及二次指数平滑预测

t	观察期（年份）	货运量 y_t（万吨）	$S_t^{(1)}$（万吨）	$S_t^{(2)}$（万吨）
0			72	72
1	1999	62	64	65.6
2	2000	74	72	70.7
3	2001	80	78.4	76.8
4	2002	92	89.3	86.8
5	2003	100	97.9	95.7
6	2004	104	102.8	101.4

解：①选择 α，确定初始值和 $S_1^{(2)}$。

取 $\alpha=0.8$，确定初始值和 $S_0^{(2)}$。由于本例 $n<10$，故取时间序列中前 3 个数据的平均数为初始值，即：

$$S_0^{(1)} = S_0^{(2)} = \frac{62+74+80}{3} = 72$$

②按 $S_{t+1}^{(1)} = \alpha x_t + (1-\alpha) S_1^{(1)}$ 计算一次指数平滑值：

$$S_1^{(1)} = 0.8 \times 62 + (1-0.8) \times 72 = 64$$

$$S_2^{(1)} = 0.8 \times 74 + (1 - 0.8) \times 64 = 72$$

……

$$S_6^{(1)} = 0.8 \times 104 + (1 - 0.8) \times 97.9 = 102.8$$

③按 $S_t^{(2)} = \alpha S_t^{(1)} + (1 - \alpha) S_{t-1}^{(2)}$ 计算二次指数平滑值：

$$S_1^{(2)} = \alpha S_1^{(1)} + (1 - \alpha) S_0^{(2)} = 0.8 \times 64 + (1 - 0.8) \times 72 = 65.6$$

$$S_2^{(2)} = \alpha S_2^{(1)} + (1 - \alpha) S_1^{(2)} = 0.8 \times 72 + (1 - 0.8) \times 65.6 = 70.7$$

……

$$S_6^{(2)} = \alpha S_6^{(1)} + (1 - \alpha) S_5^{(2)} = 0.8 \times 102.8 + (1 - 0.8) \times 95.7 = 101.4$$

④计算 a，b 的值。

计算 a 值，依据 $a_t = 2 S_t^{(1)} - S_t^{(2)}$ 进行。

$$a_6 = 2 S_6^{(1)} - S_6^{(2)} = 2 \times 102.8 - 101.4 = 104.2$$

计算 b 值，依据 $b_t = \dfrac{\alpha}{1 - \alpha}[S_t^{(1)} - S_t^{(2)}]$ 进行。

$$b_6 = \frac{\alpha}{1 - \alpha}[S_6^{(1)} - S_6^{(2)}] = \frac{0.8}{1 - 0.8} \times (102.8 - 101.4) = 5.6$$

⑤建立二次指数平滑的数学模型：

$$y_{t+T} = y_{6+T} = a_6 + b_6 T = 104.2 + 5.6T$$

预测 2005 年该市的货运量：$Y_{6+1} = 104.2 + 5.6 \times 1 = 109.8$（万吨）。

预测 2006 年该市的货运量：$Y_{6+2} = 104.2 + 5.6 \times 2 = 115.4$（万吨）。

第四节　回归分析预测法

一、回归分析预测法

（一）回归分析预测法的含义

回归分析预测法，是在分析市场现象自变量和因变量之间相关关系的基础上，建立变量之间的回归方程，并将回归方程作为预测模型，根据自变量在预测期的数量变化来预测因变量的变化。因此，回归分析预测法是一种重要的物流需求预测方法。当我们在对物流系统需求未来发展状况和水平进行预测时，如果能将影响物流系统需求的主要因素找到，并且能够取得其数量资料，就可以采用回归分析预测法进行预测。它是一种具体的、行之有效的、实用价值很高的常用物流需求预测方法。

回归分析预测法有多种类型。依据相关关系中自变量的个数不同分类，可分为一元回归分析预测法和多元回归分析预测法。在一元回归分析预测法中，自变量只有一个，而在多元回归分析预测法中，自变量有两个以上。依据自变量和因变量之间的相关关系不同，可分为线性回归预测和非线性回归预测。

（二）回归分析预测法的步骤

1. 根据预测目标，确定自变量和因变量

明确预测的具体目标，也就确定了因变量。例如，预测具体目标是下一年度的货运量，那么货运量 y 就是因变量。通过市场调查和查阅资料，寻找与预测目标的相关影响因素，即自变量，并从中选出主要的影响因素。

2. 绘制散点图，进行相关分析

回归分析是对具有因果关系的影响因素（自变量）和预测对象（因变量）所进行的数理统计分析处理。只有当自变量与因变量确实存在某种关系时，建立的回归方程才有意义。因此，作为自变量的因素与作为因变量的预测对象是否有关、相关程度如何，以及判断这种相关程度的把握性多大，就成为进行回归分析必须要解决的问题。在进行相关分析时，一般根据统计数据绘制自变量和因变量的散点图，以观察因变量与自变量之间是否具有明显的相关关系。

3. 建立回归分析预测模型

依据自变量和因变量的历史统计资料进行计算，在此基础上建立回归分析方程，即回归分析预测模型。

4. 检验回归分析预测模型，计算预测误差

回归分析预测模型是否可用于实际预测，取决于对回归分析预测模型的检验和对预测误差的计算。回归方程只有通过各种检验，且预测误差较小，才能将回归方程作为预测模型进行预测。

5. 计算并确定预测值

利用回归分析预测模型计算预测值，并对预测值进行综合分析，确定最后的预测值。

二、一元线性回归分析预测法

一元线性回归分析预测法，是根据自变量 x 和因变量 y 的相关关系，建立 x 与 y 的线性回归方程进行预测的方法。由于市场现象一般是受多种因素的影响，而并不是仅仅受一个因素的影响，所以，应用一元线性回归分析预测法必须对影响市场现象的多种因素做全面分析。只有当诸多的影响因素中，确实存在一个对因变量影响作用明显高于其他因素的变量，才能将它作为自变量，应用一元相关回归分析市场预测法进行预测。

一元线性回归分析法的预测模型为：

$$\hat{y}_t = a + bx_t \tag{4-23}$$

式中：x_t ——第 t 期自变量的值；

$\hat{y}_t$ ——第 t 期因变量的值，即预测值；

a，b——一元线性回归方程的参数。

建立回归方程就是要根据变量的历史数据 $\{x_i, y_i\}$ $(i = 1, 2, \cdots, n)$ 确定方程中的参数 a 和 b。根据预测误差式（4-1）和最小二乘法原理，预测误差平方和最小的回归方程为最优方程。

$$\min\sum_{i=1}^{n}e_i^2=\min\sum_{i=1}^{n}(y_i-\hat{y}_i)^2=\min\sum_{i=1}^{n}(y_i-a-bx_i)^2 \tag{4-24}$$

即满足上述式子的 a 和 b 就是要求的回归方程（4-23）中的参数 a，b。根据微积分求极小值的方法可得到下列公式（用 $\sum$ 代表 $\sum_{i=1}^{n}$）：

$$\begin{cases}a=\dfrac{\sum y_i}{n}-b\dfrac{\sum x_i}{n}\\ b=\dfrac{n\sum x_iy_i-\sum x_i\sum y_i}{n\sum x_i^2-(\sum x_i)^2}\end{cases} \tag{4-25}$$

为简便计算，我们做以下定义：

$$\begin{cases}L_{xx}=\sum(x_i-\bar{x})^2=\sum x_i^2-\dfrac{(\sum x_i)^2}{n}\\ L_{yy}=\sum(y_i-\bar{y})^2=\sum y_i^2-\dfrac{(\sum y_i)^2}{n}\\ L_{xy}=\sum(x_i-\bar{x})(y_i-\bar{y})=\sum x_iy_i-\dfrac{\sum x_i\sum y_i}{n}\end{cases} \tag{4-26}$$

其中，$\bar{x}=\dfrac{\sum x_i}{n}$，$\bar{y}=\dfrac{\sum y_i}{n}$。

这样定义后，a，b 参数由下列公式求得：

$$\begin{cases}a=\bar{y}-b\bar{x}\\ b=\dfrac{L_{xy}}{L_{xx}}\end{cases} \tag{4-27}$$

将 a，b 代入一元线性回归方程 $\hat{y}_t=a+bx_t$，就可以建立预测模型。那么，只要给定 x_t 值，即可求出预测值 $\hat{y}_t$。

【例 4-5】 某企业从有关资料中发现广告投入和产品销售有较密切的关系，广告投入越大，产品销售额也越大。近年该企业广告费和销售额资料如表 4-9 所示。若 2003 年广告费为 120 万元，请用回归分析法预测 2003 年产品销售额。

表 4-9　该企业广告费和销售额的统计数据

年份	广告费 x（万元）	销售额 y（百万元）	xy	x^2	y^2
1994	35	18	630	1225	324
1995	52	25	1300	2704	625
1996	60	30	1800	3600	900
1997	72	38	2736	5184	1444

续表

年份	广告费 x（万元）	销售额 y（百万元）	xy	x^2	y^2
1998	85	41	3485	7225	1681
1999	80	44	3520	6400	1936
2000	95	49	4655	9025	2401
2001	100	52	5200	10000	2704
2002	105	60	6300	11025	3600
$\sum$	684	357	29626	56388	15615

具体步骤如下：

解：①数据的直观分析和散点图描述。

根据统计数据，绘制广告费与销售额的散点图（见图 4-6），以观察因变量与自变量之间是否具有明显的线性相关关系，是正相关还是负相关。很显然，销售额与广告费之间具有明显的线性正相关关系。

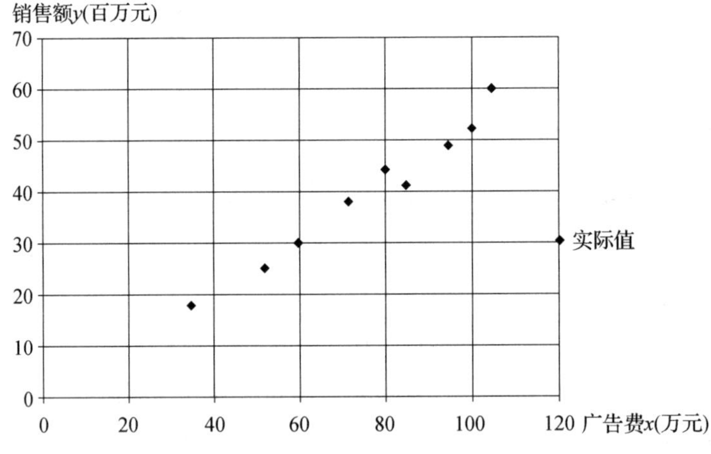

图 4-6　广告费与销售额的散点图

②列表（见表 4-9），计算 $\sum x$，$\sum y$，$\sum xy$，$\sum x^2$，$\sum y^2$，L_{xx}，L_{xy}，L_{yy} 等数值。依据式（4-26）和式（4-27）得：

$$L_{xx} = \sum x_i^2 - \frac{(\sum x_i)^2}{n} = 56388 - \frac{684}{9} = 4404$$

$$L_{yy} = \sum y_i^2 - \frac{(\sum y_i)^2}{n} = 15615 - \frac{357^2}{9} = 1454$$

$$L_{xy} = \sum x_i y_i - \frac{\sum x_i \sum y_i}{n} = 29626 - \frac{684 \times 357}{9} = 2494$$

$$\bar{x} = \frac{\sum x_i}{n} = \frac{684}{9} = 76$$

$$\bar{y} = \frac{\sum y_i}{n} = \frac{357}{9} = 39.67$$

③计算 a，b 参数，建立一元线性回归预测模型。

依据式（4-27）有：

$$\begin{cases} a = \bar{y} - b\bar{x} = 39.67 - 0.57 \times 76 = -3.65 \\ b = \dfrac{L_{xy}}{L_{xx}} = \dfrac{2494}{4404} = 0.57 \end{cases}$$

一元线性回归方程（即预测模型）为 $\hat{y} = -3.65 + 0.57x$。

④求相关系数，做相关分析和 γ 检验。

相关系数反映了变量 x 与 y 之间线性相关的密切程度。样本相关系数的计算公式为：

$$\gamma = \frac{L_{xy}}{\sqrt{L_{xx}L_{yy}}} \tag{4-28}$$

相关系数$-1 \leqslant \gamma \leqslant +1$。通常认为：

$0 < |\gamma| \leqslant 0.3$，$y$ 与 x 之间微弱线性相关；

$0.3 < |\gamma| \leqslant 0.5$，$y$ 与 x 之间低度线性相关；

$0.5 < |\gamma| \leqslant 0.8$，$y$ 与 x 之间显著线性相关；

$0.8 < |\gamma| \leqslant 1$，$y$ 与 x 之间高度线性相关；

$|\gamma| = 1$，y 与 x 之间完全线性相关；

$|\gamma| = 0$，y 与 x 之间不存在线性相关关系。

例题中的相关系数 $\gamma = \dfrac{L_{xy}}{\sqrt{L_{xx}L_{yy}}} = \dfrac{2494}{\sqrt{4404 \times 1454}} = 0.986$。

相关系数为 0.986，说明企业广告费和销售额之间是高度线性相关的。

⑤对回归预测模型做 F 检验。

F 检验法是将自变量作为一个整体来检验与因变量之间的相关关系是否显著，回归预测模型是否有效。

F 的计算公式如下：

$$F = \frac{\dfrac{\sum (\hat{y}_i - \bar{y})^2}{m}}{\dfrac{\sum (y_i - \hat{y}_i)^2}{n - m - 1}} \tag{4-29}$$

式中：m——自变量个数；

　　　n——资料数据的个数。

当 $m=1$ 时，有：

$$F=\frac{\sum(\hat{y}_i-\bar{y})^2}{\frac{\sum(y_i-\hat{y}_i)^2}{n-2}}=\frac{\frac{L_{xy}^2}{L_{xx}}}{\frac{L_{yy}-L_{xy}^2/L_{xx}}{n-2}} \tag{4-30}$$

F 检验的步骤为：

a. 选择检验的显著性水平 α；

b. 根据 α 以及自由度 m 和自由度 $n-m-1$，查 F 分布表的临界值 $F_\alpha(m, n-m-1)$；

c. 将计算的 F 与 $F_\alpha(m, n-m-1)$ 做比较判断。若 $F>F_\alpha(m, n-m-1)$，则认为回归预测模型具有显著水平，回归预测模型所含自变量的变化足够解释因变量的变化。在选择显著水平 α 上，从总体看回归预测模型有效；若 $F<F_\alpha(m, n-m-1)$，则认为回归预测模型达不到显著水平，回归预测模型所含自变量的变化不足以解释因变量的变化。在选择显著水平 α 上，从总体上看回归预测模型无效。显然，只有在选择的一定显著水平 α 上，回归预测模型有效，才能应用于预测，反之则不能应用于预测。

本题中，把前面已经计算的 L_{xx}，L_{xy}，L_{yy} 的值代入式（4-30），有：

$$F=\frac{\frac{L_{xy}^2}{L_{xx}}}{\frac{L_{yy}-L_{xy}^2/L_{xx}}{n-2}}=\frac{\frac{2494^2}{4404}}{\frac{1454-2494^2/4404}{9-2}}=239.4$$

若选择显著水平 $\alpha>5\%$，考虑 $m=1$ 和 $n-m-1=7$，查得 F 分布临界值 $F_\alpha(m, n-m-1)=5.59$。因为 $F>F_\alpha(1, 7)$，所以可以认为从总体上讲，该企业年度广告费与销售额两变量间线性关系具有5%显著水平，回归分析建立回归方程。对总体而言，预测的有效性达95%。

⑥对回归预测模型做标准差检验。

为了把握线性回归方程应用于预测的精确度，还要做回归标准差检验。

回归标准差用 S 表示，计算公式如下：

$$S=\sqrt{\frac{\sum(y_i-\hat{y}_i)^2}{n-m-1}}=\sqrt{\frac{L_{yy}-L_{xy}^2/L_{xx}}{n-2}} \tag{4-31}$$

显然，回归标准误差 S 越大，观察值 y_i 在回归直线周围分布离散程度越大，线性回归方程应用的精确度越低；反之，S 越小，y_i 在回归直线周围分布离散程度越小，线性回归方程应用的精确度越高。

一般认为，若 $\frac{S}{y}<15\%$，说明线性回归方程应用精确度高；若 $\frac{S}{y}>15\%$，说明线性回归方程应用精确度低。

在本题中，有：

$$S=\sqrt{\frac{L_{yy}-L_{xy}^2/L_{xx}}{n-2}}=\sqrt{\frac{1454-2494^2/4404}{9-2}}=\sqrt{5.9}=2.43$$

$$\frac{S}{y}=\frac{2.43}{39.67}=0.061<15\%$$

所以可以断定线性回归方程 $\hat{y}=-3.65+0.57x$ 实际应用的精确度高，令人满意。

⑦利用回归预测模型，计算预测值。

在本题中，2003 年广告费将达 120 万元，即 $x=120$，代入回归方程，即：

$$\hat{y}_{2003}=-3.65+0.57\times120=64.75\ (\text{百万元})$$

以上预测结果为点值预测。若要进行区间预测，就要确定因变量 $\hat{y}_t$ 的置信区间。在置信度水平（1-α）上，$\hat{y}_t$ 的置信区间为 $[\hat{y}_t-t_{\alpha/2}S,\ \hat{y}_t+t_{\alpha/2}S]$，$S$ 即为回归标准差。

在本题中，当广告费为 120 万元，置信度为 95%，即 $\alpha=5\%$，$n-2=7$ 时，由 t 分布表查得：

$$t_{\alpha/2}(n-2)=2.365$$

则销售额预测值的置信区间为 $[64.75-2.365\times2.43,\ 64.75+2.365\times2.43]$，即 $[59,\ 70.5]$。

三、多元线性回归分析预测法

物流系统决策中，经常有多个因素影响物流需求，如某地区货运量的增长就与该地区工业产值和人均收入的增长有关。因此，这些变量也应该被包括在预测模型中。多元回归分析就是这样一种统计分析方法。它是一元线性回归理论与技术在多变量线性关系系统中的延伸，也是预测中经常使用的方法。

设要预测的变量（因变量）y 有 m 个影响因素，用自变量 x_1，x_2，…，x_m 表示。在明确因变量与各个自变量存在线性相关关系的基础上，给出适宜的线性回归方程，并据此做出关于因变量的发展变化趋势的预测。因此，多元线性回归分析预测法的关键是找到合适的回归方程。类似于一元线性回归分析，可用下列方程描述 y 与 x_1，x_2，…，x_m 之间的线性关系：

$$y=b_0+b_1x_1+b_2x_2+\cdots+b_mx_m \tag{4-32}$$

式中，b_0 为待定的常数，b_1，b_2，…，b_m 为回归系数，表示当其他自变量固定不变时，该自变量变化一个单位而使 y 平均变化的量。b_0，b_1，…，b_m 是有待估计的模型参数，同一元线性回归方程类似，可用最小二乘法进行回归参数的估计。其推导过程可参考相关统计学教材，由于计算非常复杂，一般需借助统计分析软件求解。

目前，很多软件工具均提供了回归参数求解功能，如 Excel、SPSS，故本书略去回归参数推导过程，但要求自学运用 Excel 求解回归问题。

【例 4-6】　某港口的货物吞吐量与该地区的国民生产总值、人均收入的近几年统计数据如表 4-10 所示。如果该地区 2007 年的国民生产总值预计为 451 亿、人均月收入为 1400 元。请预测该港口 2007 年的吞吐量。

表 4-10　相关的统计数据

序号	年份 t	港口年吞吐量 y（万吨）	国民生产总值 x_1（亿元）	人均月收入 x_2（元）
1	1999	714	215.8	900
2	2000	736	280.0	880

续表

序号	年份 t	港口年吞吐量 y（万吨）	国民生产总值 x_1（亿元）	人均月收入 x_2（元）
3	2001	645	338.4	950
4	2002	537	321.6	1050
5	2003	595	344.7	1100
6	2004	630	378.5	1150
7	2005	733	409.5	1250
8	2006	980	444.0	1300

解：通过对每个自变量绘制与因变量的散点图可以看出，港口吞吐量与这两因素之间有一定的线性相关关系，用二元回归方程表示为：

$$y = b_0 + b_1 x_1 + b_2 x_2$$

x_1为国民生产总值，x_2为人均月收入。利用 Excel 中的回归分析工具，代入表 4-10 中的观测数据，可求得回归参数为：

$$b_0 = 330.96，b_1 = 0.2024，b_2 = 0.2761$$

因此，回归方程为：

$$y = 330.96 + 0.2024x_1 + 0.2761x_2$$

将 2007 年的国民生产总值估计值和人均月收入值代入上述回归模型，即 $x_1 = 451$，$x_2 = 1400$，就可以预测出该港口 2007 年的总吞吐量为：

$$y = 330.96 + 0.2024 \times 451 + 0.2761 \times 1400 \approx 809 \text{（万吨）}$$

第五节　季节性物流需求预测

由于有些统计数据同时存在趋势变动和季节性变动的影响。为准确把握数列的季节性变化规律，需要应用季节性需求预测方法。

一、移动平均季节指数预测法原理

季节性需求预测一般是以季节性指数为基础进行的。时间序列的时间单位是季或月，其变动循环周期为 4 个月或 12 个月。利用季节指数法进行需求预测，首先要利用统计方法计算出各季度的季节性指数，以测定需求季节变动的规律性；然后在已知月度或季度平均值的条件下，预测未来某个月（季）的预测值。测定时间序列季节指数的方法很多。由于大部分市场现象的季节变动是与趋势变动交织在一起的，因此，本节介绍能处理趋势变动的移动平均季节指数法。

移动平均季节指数法的基本原理和方法如下：

①先利用移动平均法还原时间序列的趋势变动、季节性变动和不规则变动因子。

②计算消除长期趋势变动和不规则变动后的反映季节变动情况的季节性指数。

③应用趋势法预测时间序列的未来趋势值。

④应用季节性指数对趋势值进行修正，得到考虑季节性变动的未来需求。

二、季节性需求预测方法过程

下面通过例题来具体说明季节性需求预测方法的过程和具体步骤。

【例 4-7】　某公司过去 5 年按季度统计的某产品销售数据如表 4-11 所示。试用移动平均季节指数法预测今年各季度销售额。

表 4-11　产品在过去 5 年各季度销售量　　单位：万元

年份＼季度	1	2	3	4
5 年前	3260	2300	4100	3960
4 年前	3500	2410	4410	4300
3 年前	3720	2570	4800	4540
2 年前	4080	2730	5120	4920
1 年前	4300	2860	5600	5380
今年				

解：图 4-7 是表中数据对应的趋势变化图，从中可看出明显的季节性变化特征。

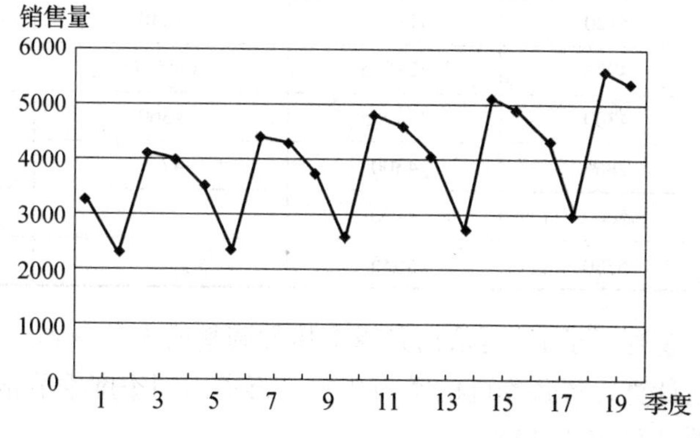

图 4-7　历史数据的季节性变化特征

用移动平均季节指数法进行季节性需求预测包括以下五个步骤。

第一步：应用移动平均法，还原时间序列的长期趋势 T。

计算结果列入表 4-12 中第④⑤列。

第二步：消除长期趋势的影响，得到季节性指数与不规则因子的综合系数 SI。

$$\frac{X}{M_t}=\frac{TSI}{T}=SI$$

计算结果见表 4-12 中第⑥列。

表 4-12　还原趋势及季节变动与不规则变动的综合指数计算　　金额单位：万元

①年份	②季度	③销售额 $X=TSI$	④移动平均数 T ($N=4$)	⑤中心化移动平均数 $M_t=T$	⑥各年季度季节指数 SI=③/⑤×100（%）
5 年前	1	3260			
	2	2300			
	3	4100		3435	119. 36
	4	3960	3405	3478. 75	113. 83
4 年前	1	3500	3465	3531. 25	99. 12
	2	2410	3492. 5	3612. 5	66. 71
	3	4410	3570	3682. 5	119. 76
	4	4300	3655	3730	115. 28
3 年前	1	3720	3710	3798. 75	97. 93
	2	2570	3750	3877. 5	66. 28
	3	4800	3847. 5	3952. 5	121. 44
	4	4540	3907. 5	4017. 5	113. 01
2 年前	1	4080	3997. 5	4077. 5	100. 06
	2	2730	4037. 5	4165	65. 55
	3	5120	4117. 5	4240	120. 75
	4	4920	4212. 5	4283. 75	114. 85
1 年前	1	4300	4267. 5	4360	98. 62
	2	2860	4300	4477. 5	63. 87
	3	5600	4420		
	4	5380	4535		

第三步：消除不规则因子 I，再求出各季节指数调整值 S。

①先用平均值法计算每年各季度的季节指数，再求出同季度季节指数平均值 S'，以消除不规则因子的影响（见表 4-13）。

②按下式计算调整系数 K。

$$K=\frac{4}{\text{季节指数平均数总和}}\times 100\% \tag{4-33}$$

本例中，$K=400/399.11=1.002$。

③计算季节指数调整值 S。

$$S=S'\times K$$

这一步的计算过程及结果如表 4-13 所示。

表 4-13　季节指数调整值计算

季度＼年份	5 年前	4 年前	3 年前	2 年前	1 年前	同季度季节指数平均值 S'（%）	季节指数调整值 S（%）
1		99.12	97.93	100.06	98.62	98.93	99.13
2		66.71	66.28	65.55	63.87	65.60	65.73
3	119.36	119.76	121.44	120.75		120.33	120.57
4	113.83	115.28	113.01	114.85		114.24	114.47
合计						399.11	400.00

第四步：应用趋势预测法预测趋势值。

可采用指数平滑法或一元线性回归模型预测时间序列的趋势值。这里采用一元线性回归模型，得到销售量与时间 t（即季度序列）的直线趋势方程。

略去参数求解过程，求得的趋势预测模型为：

$$\hat{X}_t = 3042.68 + 85.74t$$

根据该趋势预测模型，计算今年各季度需求趋势预测值如下（单位为万元）：

第 1 季度，即当 $t=21$ 时，$\hat{X}_t = 3042.68+85.74\times 21 = 4843.22$ 万元；

第 2 季度，即当 $t=22$ 时，$\hat{X}_t = 3042.68+85.74\times 22 = 4928.96$ 万元；

第 3 季度，即当 $t=23$ 时，$\hat{X}_t = 3042.68+85.74\times 23 = 5014.70$ 万元；

第 4 季度，即当 $t=24$ 时，$\hat{X}_t = 3042.68+85.74\times 24 = 5100.44$ 万元。

第五步：利用季节性指数修正趋势预测值，求出各季度的预测值。

将各季度的趋势预测值乘以表 4-13 中的各季节指数调整值加以修正，即可得到考虑季节因子后的预测值。

第 1 季度预测值：$\hat{y} = \hat{X}_t \times S_1 = 4843.22\times 0.9913 = 4633.51$ 万元；

第 2 季度预测值：$\hat{y} = \hat{X}_t \times S_2 = 4928.96\times 0.6573 = 3325.02$ 万元；

第 3 季度预测值：$\hat{y} = \hat{X}_t \times S_3 = 5014.71\times 1.2057 = 6107.40$ 万元；

第 4 季度预测值：$\hat{y} = \hat{X}_t \times S_4 = 5100.44\times 1.1447 = 5973.13$ 万元。

本章小结

需求预测是为系统的规划、运营管理、决策等提供基础数据，因此，在物流系统工程中具有重要地位。所谓“系统预测”，就是根据系统发展变化的实际数据和历史资料，运用科学方法，对系统在未来一段时期内的可能变化进行估计和分析的过程。系统预测包括预测目的确定、资料收集与分析、选定预测方法、建立预测模型、模型检验与修正、预测实施等一系列过程。

进行物流需求预测首先要认识物流需求的特征，并根据物流需求特征正确选择预测方法。另外，预测误差是不可避免的。但是，通过合理地汇聚物流需求，如对物流需求进行时间上和空间上的汇聚，可以减少需求预测的误差，提高预测的可靠度。定量预测是系统规划决策的根本。本章详细介绍了几种常见的定量预测法，包括移动平均法、指数平滑法、回归分析预测法、季节性需求预测方法。根据物流系统中的具体问题，选择不同的预测方法进行需求预测，并掌握常用软件工具（如 Excel、SPSS）在预测中的应用。

复习题

1. 物流需求预测对物流管理与决策的重要性是什么？你认为下列企业物流管理者的关心焦点有什么不同？①某食品厂；②某大型连锁零售店；③某飞机制造厂；④某医院。

2. 试分析并举例说明物流系统的需求特征：

①需求的空间特征与时间特征。

②需求的规律性与不规则性。

③需求的独立性与派生性。

3. 分析比较预测法中的定性预测、回归分析预测和时间序列分析预测方法，每种预测法的长处是什么？物流管理者应怎样选择预测方法？

4. 某卡车运输公司必须决定每周所需的卡车和司机的数量。通常的做法是司机在星期一出发去取货或送货，在星期五回到出发点。对卡车的需求可由该周要运送的货物总量来决定。但为了制订计划，必须提前一周得到有关数字。表 4-14 给出的是过去 10 周内的货运量。

表 4-14　过去 10 周内的货运量

周	10 周前	9 周前	8 周前	7 周前	6 周前	5 周前	4 周前	3 周前	2 周前	本周
货运量（万吨）	205. 6	234. 9	189. 5	151. 4	119. 4	226. 8	265. 3	203. 9	239. 9	250. 8

要求用一次指数平滑模型预测下一周的货运量。（注意：要使预测误差尽量小；利用最早的四周数据开始预测，即确定 F_0，并以 0. 1 的递增幅度寻找合适的平滑指数值）

5. 参看第 4 题的条件及数据，利用二次指数平滑法预测未来 1 周、2 周的货运量。

6. 某市 2006~2010 年货运量与该市社会总产值的一组统计资料如表 4-15 所示。试分析该市货运量与社会总产值之间的关系，并预测当该市 2012 年的社会总产值达到 50 亿吨时，该市的货运量是多少千万吨？

表 4-15　2006~2010 年的货运量和总产值

年度	2006	2007	2008	2009	2010
货运量 y（千万吨）	15. 0	25. 8	30. 0	36. 6	44. 4
总产值 x（亿万元）	40. 0	44. 8	45. 0	41. 2	48. 6

7. 对第 6 题的预测结果进行相关性检验，货运量与社会总产值之间的相关程度如何？并给出置信度为 95%的预测区间。

8. 某港口企业要根据吞吐量的变化情况决定未来一年的设备采购计划。研究表明，港口货物吞吐量与港口所在地居民收入密切相关。该港口近几年的吞吐量与当地居民年可支配收入的统计数据如表 4-16 所示。根据有关部门预测，该地区 2015 年的居民可支配收入预计为 47000 元，试用一元线性回归模型预测该港口 2015 年的吞吐量。

表 4-16 某港口吞吐量与当地居民可支配收入统计数

年份	港口吞吐量（万吨）	人均年可支配收入（元）
2005	37897	16683
2006	44317	18645
2007	53748	20668
2008	56144	23623
2009	58170	26675
2010	59205	28838
2011	65339	31838
2012	72758	36230
2013	73559	40188
2014	77575	43851

9. 对第 8 题的预测结果进行相关性检验，港口吞吐量与居民可支配收入之间的相关程度如何？并给出置信度为 95%的预测区间。

10. 某燃油供应公司过去四年的汽油销量如表 4-17 所示，考虑需求的季节性波动特点，试用季节性指数法预测下一年 4 个季度的汽油需求量。

表 4-17 汽油消耗量的历史数据

年/季度		汽油消耗量（万桶）	年/季度		汽油消耗量（万桶）
2011	一季度	9	2013	一季度	25
	二季度	11		二季度	30
	三季度	15		三季度	32
	四季度	12		四季度	30
2012	一季度	11	2014	一季度	28
	二季度	18		二季度	35
	三季度	20		三季度	40
	四季度	16		四季度	36

案例分析

SH 公司区域物流需求预测分析

一、背景简介

湖北 SH 专用汽车有限责任公司是湖北省一家从事汽车底盘及专用车生产和销售的企业。公司具备年产 3 万辆各种专用车（重型卡车、中型卡车和轻型卡车）的能力。为进一步做大做强汽车产业，集团公司决定注资支持该公司推进“6 万辆”整车战略发展项目，实现销售收入 100 亿元以上。西南川渝地区是 SH 公司传统的优势市场，整车需求量占公司产品总销售的 50%。因此，在未来 5 年，把握该地域的市场份额对企业的发展至关重要。

由于专用车属于大宗高价值产品，分销渠道建设宜短不宜长。目前，公司在川渝市场的产品分销主要通过分销商来实现。随着市场竞争的日益激烈，这种分销结构存在的局限性越来越明显：分销商为了获得更多产品数量的代理，往往夸大市场实际需求，“虚假需求”产品订单较多，导致公司承担了较高的库存成本和产品滞销风险；而在市场销售的高峰时段，又容易出现运力匮乏、整车物流效率低下等问题，最终影响了客户服务水平，导致企业利润下降。为此，公司决策层决定对川渝市场的分销网络进行重构，计划在西南地区建立1个大型区域分销中心，将一次分销和二次分销方式综合使用，提高公司在川渝地区商用车的整车物流服务水平。

为了合理地确定分销中心的地理位置、规模以及吞吐能力，公司需要准确地把握未来几年目标市场的需求量。因此，公司需要对川渝地区的专用车需求量进行预测，为分销中心选址决策提供依据。

二、公司产品销售历史数据

（一）产品需求汇聚

SH公司专用车产品在川渝地区主要的用户对象包括专业运输企业、个体运输者、特殊行业用户（如港口、矿山、国防等）。公司产品需求与地区的经济发展水平、人口规模、地理位置等因素密切相关。公司根据川渝地区各县市经济发展水平、人口及地理位置分布，对产品需求进行了空间汇聚，将川渝地区的产品市场进一步划分成5个区域：重庆市场为A区；成都、雅安、眉山以及泸州附近区域为B区；巴中、南充、广元、广安、达州、德阳、绵阳及附近地区为C区；西昌及攀枝花等地区为D区；马尔康、甘孜藏族自治州等州市为E区。

（二）历史数据统计

根据上述市场分区，对该公司2001~2010年10年间各类产品在川渝地区各市场的实际销售数据进行收集整理，并分成重型卡车、中型卡车和轻型卡车三类产品进行统计，得到表4-18至表4-20的统计数据，为预测未来几年各类产品的需求量提供了数据基础。

表4-18　2001~2010年重卡在5个区域市场的销售量　　单位：辆

区域 时间	A	B	C	D	E
2001	125	471	126	58	18
2002	145	503	120	65	20
2003	110	645	152	76	29
2004	198	552	196	86	26
2005	255	595	279	84	35
2006	298	689	307	176	75
2007	371	750	317	113	70
2008	501	647	301	130	50
2009	509	864	328	147	63
2010	750	910	597	244	100

表 4-19　2001~2010 年中卡在 5 个区域市场的销售量　　单位：辆

时间＼区域	A	B	C	D	E
2001	360	396	154	411	160
2002	318	428	163	290	127
2003	411	478	183	143	122
2004	456	544	217	87	126
2005	551	672	266	120	107
2006	697	793	239	105	133
2007	980	1126	479	90	181
2008	848	859	433	77	146
2009	1361	1264	543	46	154
2010	1088	989	510	34	138

表 4-20　2001~2010 年轻卡在 5 个区域市场的销售量　　单位：辆

时间＼区域	A	B	C	D	E
2001	310	377	154	58	25
2002	167	325	153	56	22
2003	427	440	166	61	39
2004	400	562	200	76	47
2005	496	996	198	95	55
2006	650	943	225	106	73
2007	725	823	311	178	100
2008	759	798	453	169	86
2009	784	1455	501	231	174
2010	1088	1113	587	352	196

问题讨论：

1. 针对案例企业进行分销网络设计的任务，试讨论合适的需求预测期限宜为多长。

2. 应用指数平滑法预测该公司在接下来的 5~10 年中，重卡、中卡和轻卡在 5 个区域的需求量。

3. 对重卡、中卡、轻卡三类产品进行汇总，然后再预测 5 个区域未来 5~10 年的需求总量。

4. 比较问题 2 和问题 3 的结果，讨论哪种预测结果更适合作为分销网络规划的依据。

（来自百度文库）

第五章 物流系统网络规划

本章学习目标

- 熟悉物流网络结构、网络规划的主要任务及基本过程。
- 掌握物流网络设施选址的方法。
- 掌握运输方式的选择和运输管理规划中常用的定量方法。

本章导读

根据物流系统范围和层次的不同，物流系统规划的内容和方法也有很大的差异。其中，物流网络规划属于战略层次的规划问题，它决定了企业物流系统的结构模式，对于上下游合作企业的选择以及运输方式的选择均有重要影响。物流网络规划主要包括物流网络结构设计、物流设施选址与运输规划决策等任务。本章介绍了物流网络规划的基本任务及规划过程、物流网络规划的数据及其来源、设施选址的影响因素、单设施选址规划的重心法、多设施选址规划的混合整数规划方法和启发式方法，以及运输规划中运输方式的选择、运输组织与运输调配决策、车辆配送路径规划等内容。

第一节　物流系统网络规划

本节将首先对物流网络结构及其要素进行简要介绍，从而理解物流网络规划的基本内容和主要任务，再进一步介绍物流网络规划所需的数据信息及其来源。这是进行物流网络规划和设计的基础。

一、物流网络及其组成要素

（一）物流网络结构

物流网络是指物流过程中相互联系的企业及设施在空间坐标上的集合。从事物流作业活动的企业、物流设施的数量及其规模、设施的地理分布关系等都直接影响着为顾客提供服务的能力和服务成本，因此，一个结构合理的物流网络对物流系统的效率和效益的影响就显得十分重要。

图 5-1 表示的是一般产品流动网络。分析这个产品流动的全过程就可知道，产品从最源头的供应地到最终需求地的流动是由一系列的运动过程和停顿过程间断构成的；两次不连续的运动过程之间都有一个或长或短的停顿过程；一次停顿又往往与两次不连续的运动过程相连。物流过程便是由这种多次的运动—停顿—运动—停顿所组成的。运动的过程是运输活动，在线路上进行；停顿的场所是各级物流设施，也叫“存储点”，如生产基地（生产仓库）、地区物流中心、配送中心、零售店等。停顿是相对的，因为在存储点，还要对货物进行分装、流通加工、搬运、装卸、分拣等活动。

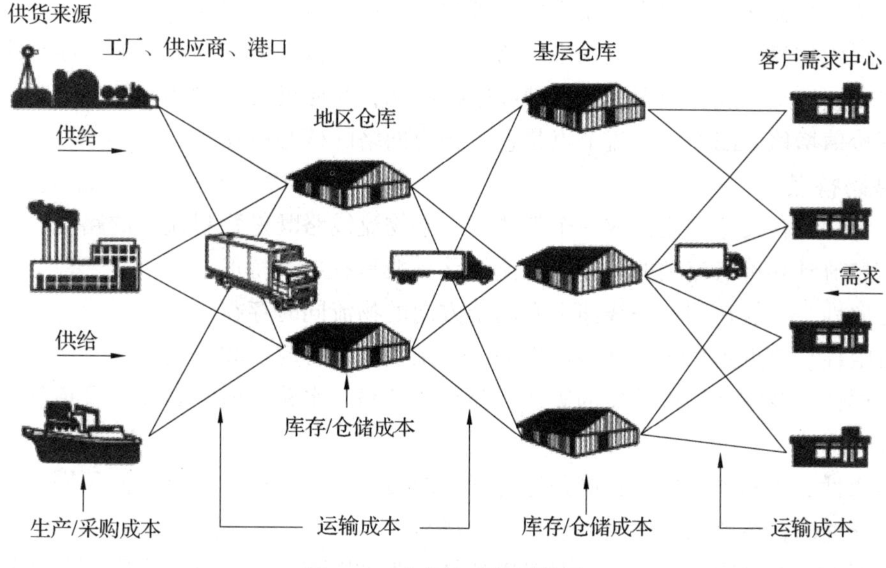

图 5-1　产品流动的网络图

将产品流动全过程所经过的运输线路和存储点连接起来，就构成一个网络，这就是物流网络。所有存储点都是物流网络的节点，存储点之间的运输线路就称为“物流网络的线路”。线路与节点之间的相互关系、相对配置、组成和联系方式的不同，决定了物流网络的不同功能和绩效，因此，节点和线路是物流网络的关键要素。

（二）物流网络中的节点类型和线路特点

节点和线路在物流网络中发挥着不同的作用。大多数物流活动，如包装、流通加工、装卸、分拣、收发货、订单管理等，都是在节点处完成的，对运输活动的调度也是在节点处进行的。

1. 网络节点的类型

根据物流节点主要功能的不同，可将物流网络中的节点分为以下几种类型：

①转运型节点，是指以接连不同运输方式为主要职能的节点。铁路运输线上的货站、编组站、车站，水运线上的港口、码头，空运中的空港，不同运输方式之间的转运站、终点站等都属于此种节点。一般而言，这种节点处于运输干线上，且以转运为主，所以货物在这种节点上停滞的时间较短。

②储存型节点，是指以存放货物为主要职能的节点。货物在这种节点上停滞时间较长。在物流系统中，储备仓库、营业仓库、中转仓库、货栈等都是属于此种类型的节点。

③流通型节点，是指以组织物资在系统中运动为主要职能的节点，在社会系统中则是一种以组织物资流通为主要职能的节点。具有销售经营功能的流通中心、配送中心、批发中心、零售点等都属于这种节点。

④综合性节点，是指在物流系统中，实现两种以上的主要功能，并且将若干功能有机地结合于一体，能进行有效衔接和协调供应的集约型节点。这种节点是为适应物流大规模化、复杂化、精益化、高效化的要求而出现的，是物流节点的主要发展方向。

随着现代物流的发展，物流网络中的节点不仅仅执行一般的物流职能，而且更多地执行指挥调度、信息管理、规划决策等神经中枢职能，并通过这些操作和管理决策活动，使产品实现价值增值。因而，物流节点是整个物流网络的核心所在。

2. 线路特点

线路将物流各设施点连接成一个整体。一条物流线路既是物料流动的路径，也是与之相关的信息流动和价值流动的路径。物流线路一般具有如下特点：

①方向性。一般在同一条线路上有两个方向的物流同时存在。

②有限性。节点是靠线路连接起来的，一条线路总有起点和终点。

③多样性。线路是一种抽象的表述，公路、铁路、水路、航空路线、管道等都是线路的具体存在形式。

④连通性。不同类型的线路必须通过载体的转换才能连通，并且任何不同的线路之间都是可以连通的，线路间的转换一般在点上进行。

⑤选择性。两点间具有多种线路可以选择，既可以在不同的载体之间进行选择，又可在同一载体的不同路径之间进行选择。物流系统论要求两点间的物流流程最短，因此，需要进行路线和载体的规划。

⑥层次性。物流网络的线路包括干线和支线。不同类型的线路，如铁路和公路，都有自己的干线和支线，各自的干线和支线又分为不同的等级，如铁路一级干线、公路二级干线等。根据载体类型可以将物流线路划分成铁路线、公路线、水路线、航空线、管道线五类。

节点和线路本来是孤立的、静止的，但是通过系统的方法，将节点和线路有机地结合起来就构成了物流网络。节点的分布、线路的选择将影响物流系统的运营成本和效益，影响物流系统的整体功效。节点与线路之间如何联系才能发挥最大作用呢？这正是物流网络规划所要解决的问题。

二、物流网络规划的主要任务和内容

物流网络规划的主要任务是确定产品从原材料供应到最终客户需求的整个流通渠道的结构，使产品经此网络流动的总成本最低或效益最高。按照图 5-1 所示的物流网络示意图，就是要确定从供应源到最终需求地之间的物流网络的层次数、各层物流设施数目及其地理位置，以及设施点之间的运输方案。

根据物流网络的范围和功能的不同，网络规划包括的具体内容有所不同。典型的物流网络规划设计的内容如下：

①确定从供应源到客户需求地的物流网络层次数。

②确定各层物流设施（如工厂、仓库、配送中心等）的数目、功能及地理位置。

③确定网络中各设施的供应商和客户分布范围，即确定每个设施的上游供应源和下游客户。

④分配各设施或仓库的产能，即在不超过设施产能的前提下，合理分配各设施点之间的物流量。

物流网络规划的总目标通常是网络总成本最小。物流网络总成本包括生产成本、库存成本、仓储作业成本、运输成本以及设施建设成本等。由于物流各子系统之间的效益悖反现象，如库存成本与运输成本之间的效益悖反，再如设施数量的增加会导致存货成本上升，但却能提高客户服务水平，并在一定范围内降低运输成本。因此，网络规划需要以总成本最小为目标。

另外，物流网络规划还必须充分考虑客户对物流反应时间的要求，即服务水平的要求。因此，物流网络规划要同时考虑空间维度和时间维度的问题。空间维度是指要考虑工厂、仓库、零售点等物流设施的地理位置分布，时间维度是指要考虑客户得到产品的时间，即考虑与运输时间、运输距离相关的因素。

综上所述，物流网络的规划通常是在满足客户反应时间要求的前提下，对物流设施数目及其地理位置进行规划设计，使物流网络总成本最小。

寻求最优网络方案的过程十分复杂，需要借助一些数学模型与算法。根据问题的不同，物流网络规划可以使用图表模型、模拟模型、优化模型、启发式模型、专家系统模型等。图表模型适合进行初级分析；优化模型适合问题比较清楚、明确，能用数学式表达的场合；启发式模型和专家系统模型适合对主观经验和定性因素的分析；模拟模型以计算机仿真技术为基础，适合带有随机不确定性的、离散事件的系统。只有了解这些应用特点，才能选择适当的网络规划模型与求解方法。

三、物流网络规划的基本过程

根据前面介绍的系统工程方法解决问题的决策过程，物流网络规划的基本过程由五个步骤构成。

（一）明确问题和目标

以企业的整体战略为指导，分析企业所处的内外部环境的变化，以及企业物流系统面临的问题，确定物流系统网络应该具备哪些功能以支持企业整体竞争战略的实现，从而明确网络规划要达到的目的。内外部环境分析的主要内容包括：

①通过调查手段，分析政策环境、市场环境的变化，了解市场需求及竞争对手的状况。

②对供应商、零售商、用户等上下游主体进行专项调查，了解供应商的基本状况、零售商的市场拓展能力和客户服务要求。

③了解企业现有的物流设施及能力现状，分析设施、设备、资金、人力等方面的约束，决定是改造现有设施，还是建立新的设施。

在上述调查和问题分析的基础上，进一步明确物流网络规划的目标和约束条件。通常，物流系统的目标是多样化的，且存在相互冲突的目标，如降低配送成本、提高客户服务水平等。因此，有必要明确哪些是首要目标，哪些可作为次要目标或约束条件。

（二）物流网络设施初步布局

在明确问题和目标后，进一步确定网络结构、各设施的功能，并初步确定设施的数量及拟坐落的地区。

首先，根据产品需求特点，确定合适的网络结构形式及各设施的具体功能。对于分销网络，产品从制造商到客户手中可以采用从工厂直送客户的单层网络形式，或者是经中转仓库再到零售端的多层网络形式。其次，初步确定网络中各层设施的数量、设施的大概坐落区域以及各设施服务的初步市场范围。设施的大概坐落区域的确定一般要考虑政治因素、汇率及其他外部因素的影响。

（三）确定一组理想的潜在设施点

在初步确定的坐落区域范围内选择一组理想的潜在地点，即备选设施点。备选设施点数量应该不少于最终要建立的设施点数量。备选地点的选择应综合考虑所选地的基础设施条件、劳动力供给、当地优惠政策、竞争对手分布等因素。

（四）精确选址及产能分配决策

这一阶段是从备选地址中选择一个或若干个最满意的设施点，并对设施间的物流量进行分配。这一阶段需要借助一些定量模型与方法，常见的方法包括重心法、混合整数规划方法等。

（五）方案比较与决策

第四阶段采用不同的方法通常会得到不同的物流网络方案。对不同的方案从物流总成本、服务水平等方面进行比较，从中选择综合效果最好的方案。

四、物流网络规划的数据及其来源

（一）物流网络规划所需的数据

对一个具体的物流网络进行规划需要一个包罗万象的数据库，主要包括产品、客户、设施地理位置、成本等方面的数据和信息。

①产品方面的数据，主要包括所有产品的名称及种类规格、运输批量、是否有特殊的运输要求（如冷藏、冷冻运输）等。

②客户相关的数据，主要包括客户的地理信息、不同区域的客户对每种产品的需求量、客户配送频率、客户服务目标等。

③设施地理数据，包括物流网络中已有的设施或潜在设施的地理位置信息，如工厂生产基地、供应商、仓库、配送中心等设施的现有位置或潜在的备选位置，还包括设施之间的距离。

④成本费率数据，指与物流网络相关的成本信息，主要包括设施的建设成本或租赁成本、仓储作业成本、设施点之间的运输成本和费率、采购或制造成本等。

⑤设施的能力限制信息，指网络中各设施（如工厂、仓库、配送中心）的最大作业能力，包括生产基地的产能限制、仓库的周转能力限制、运输能力限制等。有时，设施还要规定下限约束，即作业量小于下限能力要求时，就没有必要建设新的设施。

（二）关键数据的处理说明

1. 产品种类与客户区域

收集产品信息及客户对产品的需求信息时，可以画出客户-产品需求对应表，以便从客户信息知道其所需产品种类及数量，从产品信息中知道该产品被哪些客户需要以及需求量是多少。

产品种类和客户区域大小是决定物流网络规划设计结果的两个基础数据，必须综合权衡后进行合理划分。设计物流网络时，一般可根据产品的物流特征来划分产品类型，具有相同的物流包装方式或单位作业成本相同的产品可以作为同一种类型。客户区域可根据街道邮政编码或行政区域划分。客户区域越小，需求点越多，网络规划的复杂度和计算量均将增加。

2. 设施间的距离

设施间的距离影响设施间的运输成本，因而影响物流网络成本。设施间的距离根据各设施的位置信息进行估算。如果已知两设施的坐标值，可根据欧几里得公式计算两点之间的直线距离，再乘以一个曲率系数对直线距离加以修正。另外，利用先进的地理信息系统，也可以很方便地确定两设施所在地之间的距离。

3. 成本与费率

物流网络规划是面向未来的，但是，规划网络时需要知道设施建设成本和运营成本，这些成本数据只能借用现有的经验数据或通过统计数据估算得到。下面对运输成本、仓储作业成本和设施成本的处理方法进行说明。

（1）运输成本与费率

两设施之间可行的运输方式及相应的运输成本和费率，可根据公开的货运费率标准或统计数据获得。例如，对于公路自营运输，运输费用主要由运输人员费用、燃料费用、设备维护费、保险、装卸费用、管理费（高速费、过桥费、处罚费）等构成，可以通过企业的财务数据进行估算。

（2）仓储费率

仓储费率是指单位产品在单位时间内存放在仓库发生的费用，是仓库及设备的维修费、折旧费、保险费、税率、办公费、人工成本以及各项操作（如入库、存储、拣货、拼装、配送等）费用的综合，很难精确计算。一般可按照物流作业成本法进行粗略估算，得出单位产品的仓储成本。

（3）设施成本

设施成本是指新建、改建或租赁设施所产生的费用，亦即设施固定建设成本。设施成本可采用备选地基准地价乘以设施建设规模的方法进行估算。如果是租赁设施，则根据出租市场情况和仓库面积规模来确定。

（三）网络规划所需数据的来源

目前，物流方面的统计信息还很不完善。上述数据和信息主要来源包括经营运作文件、会计报告、物流研究报告、公开出版物等。

1. 经营运作文件

企业的经营管理中会产生一些业务报告文件，这些文件可以为物流网络规划提供原始数据。例如，可以从销售订单处理系统中获取有关顾客地理分布、各产品的历史销售数据、运输批量、存货水平以及订单满足率和顾客服务水平等重要数据。由于这些数据存放在计算机系统中，调用十分方便。

2. 会计报告

会计数据的重点在于提供包括物流活动在内的所有经营业务活动的成本。当然，目前的会计体系往往没有直接提供物流管理人员所关心的库存维持成本、仓储作业成本等重要数据，对某些物流成本的描述也含糊不清。但是，可通过会计报告中对主要作业活动的成本记录数据和作业成本方法原理，估算出一些关键的物流作业成本，如仓储作业成本、运输成本等。所以，会计报告仍是成本数据的主要来源。

3. 物流研究报告

与经营运作文件和会计报告的不同之处在于，物流研究报告将会描述和定义一些十分重要的基本关系，如销售与服务的关系、运输费率与运输距离的关系等。物流研究可以由企业内部人员、企业外部的咨询机构、大学及研究机构进行。国外有一些专门的研究机构经常开展行业性的物流研究，其研究报告也是物流数据的来源。

4. 公开出版物

公开出版物，如统计年鉴、物流行业杂志、研究报告、学术期刊、政府部门网站、行业协会网站等都包含了大量的关于物流成本、产业发展趋势、法规、标准等方面的重要信息。物流管理人员经常查阅这些公开出版物，从中可以获得很多有价值的分析数据。

第二节　设施选址规划

物流网络规划设计的关键是选择物流设施的地理位置，即设施选址问题。设施选址决定了整个物流系统的模式、结构和形状，也是决定物流系统成本的重要因素。因此，一个合适的物流设施地址的选择不仅要综合考虑企业的内部、外部因素，还要考虑物流综合成本。

一、设施选址在供应链中的重要性

物流设施在整个物流系统中具有十分重要的地位，因此，设施选址在物流系统规划中处于战略规划的重要地位。设施选址的主要作用如下：

（一）设施选址决策对供应链的运营有着长远影响

物流设施的建设需要较大的固定投入。如果某设施因区位不佳导致经营成本太高或缺乏竞争优势时，要废弃或迁移设施的代价是十分高的。合适的地理位置能使企业以较低的成本维持供应链的运营，而选址决策的失误将给供应链运营带来很大的困难。例如，著名的亚马逊公司最初在美国只设有一个中心仓库，很难做到既降低运营成本，又对全国范围的市场做出灵活反应。后来，亚马逊公司改变了布局策略，在美国其他地方也增设了仓库。

（二）物流设施的位置分布决定了供应链的构架

网络设施的地理位置会影响设施的供应源和市场配置，对供应链中原料获取或产品分销的运输方式选择、合作企业选择、库存策略等均有重要影响，进而会影响供应链的构架。从供应链系统来讲，核心企业的设施选址还会影响供应商物流系统的选址决策。例如，摩托罗拉公司的气体供应总是由北方气体公司供给，当摩托罗拉在中国天津建立生产基地后，北方气体公司就相应地建立了自己的工厂和销售机构。

二、物流设施选址决策的影响因素

影响设施选址决策的因素很多，大致可归纳为企业内部因素、外部环境因素、物流成本因素三个方面。

（一）企业内部因素

企业内部因素包括战略因素、产品技术因素两个方面。

1. 战略因素

企业的竞争战略对供应链网络设计有重要影响。

以生产成本为导向的企业更倾向于在成本最低的区域布局生产设施。例如，一些发达国家的企业为了降低成本，将生产基地迁到劳动力更低廉的国家。

强调市场反应能力的企业，更倾向于在靠近目标市场的区域布局生产设施，以便企业能对市场变化迅速做出反应。

便利连锁店的竞争战略是靠近消费者，因此，连锁网点会分散在区域范围的多个角落。而对于实施低价商品战略的折扣店来说，其会员店往往数量很少，但每个店的规模较大。

对于全球化的供应链网络的设计，首先需要明确每一设施的使命及其战略作用。例如，对于生产支撑型物流设施，其主要使命是为生产活动提供物流支持，应该建立在设有海外生产基地的国家和地区；对于市场导向型设施，其使命是为当地市场提供独具特色的物流服务，因此，应该选择在具有较大市场规模或特定需求的地区布局；对于战略投资型物流设施，其重要使命是建立公司的长期竞争优势，便于与竞争对手进行战略竞争，因此，应该在具有全球战略意义的国家或地区进行设施布局。另外，还有一种政策引致的布局策略，主要是为了享受东道国的优惠政策或规避东道国的政策限制，选择有优惠政策或行业限制的国家和地区进行设施布局。

2. 产品技术因素

与产品相关的技术因素包括产品生产工艺、设施和设备、原料获取代价等方面的特征。

如果产品生产工艺复杂、生产设施和设备投资高，适合采取数量少而规模大的集中布局策略，通过充分发挥规模经济效应，降低生产成本，如计算机芯片的生产就适合采取这种布局策略。否则，适合采用分散的网络布局策略，使生产基地接近市场，降低产品运输成本。

另外，当获取原料的运输代价较大而产品运输代价相对较低时，设施点应向原料产地靠近，以降低原料运输成本；当获取原料的运输代价较低而产品运输代价相对较高时，为降低产品的运输费用，设施点应该向市场移动。

（二）外部环境因素

外部环境因素包括经济政策、税收优惠、政治环境、文化环境、基础设施、市场竞争等因素。随着经济的全球化和市场竞争的激烈化，外部环境因素对供应链网络的成败产生了很大影响。因此，企业在进行网络设施选址决策时必须考虑这些因素。

1. 政治因素及经济政策

在全球供应链网络布局中，政治因素对布局具有重要作用。企业倾向于将设施布局在政局稳定的国家或地区。政局稳定、经贸规则完善、立法制度健全的国家能为企业的正常运营提供外部保障。但是，政治稳定性很难量化，所以在设计全球供应链网络时，只能进行主观评价和判断。

当地优惠的经济政策和税收政策也是吸引企业布局设施的重要因素。对于全球化网络的规划，如果一个目标市场所在国的关税高，在该国布局设施就可以规避关税，这也会使网络更分散。

2. 基础设施因素

场地供给，劳动力供给，靠近运输枢纽、机场、码头及高速公路入口，地方性公共设施完善，这些都是关键性的基础设施条件。良好的公共基础设施和交通条件有利于企业将来的运营，也是设施选址应该考虑的重要因素。我国的上海、北京、广州等大城市，虽然当地的劳动力成本不菲、地价较高，但却吸引了大量的外国企业投资建厂，基础设施完善是其中一个重要的因素。

3. 竞争因素

设计供应链时，企业还必须考虑到竞争对手的战略、规模和布局。企业首先面临的布局决策是：邻近竞争对手还是远离竞争对手进行设施布局？其他的决策问题还包括企业如何进行竞争、如何获得竞争优势等。

（三）物流成本因素

物流成本包括物流运营成本和设施成本。物流网络中的设施数量、规模、生产能力配置发生改变时，物流运营成本及设施成本也会发生变化。影响物流总成本的原因既有外部因素，也有内部因素。设施成本与所选区位的地价、人力成本有关系，属于外部影响因素；物流运营成本主要指设施建成后的运输成本和库存成本，属于企业内部影响因素。

设施数目对物流运营成本和设施建设成本的影响如图 5-2 所示。

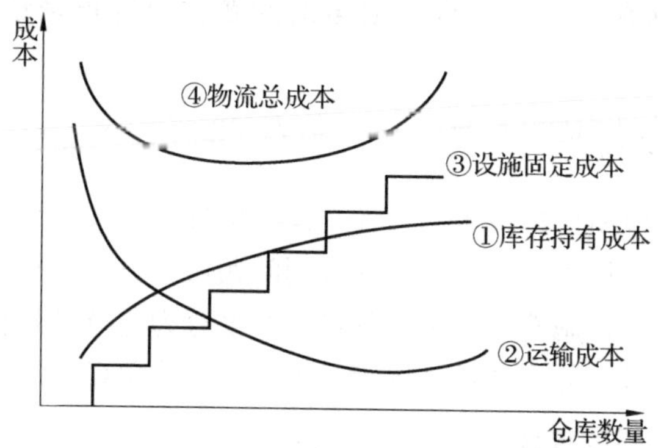

图 5-2 设施数目对物流成本的影响

1. 库存成本

物流设施数目增加，在同样安全系数的情况下，库存量会增加，由此将引起库存成本上升，如图 5-2 中曲线①所示。为减少库存成本，宜采取合并物流设施、集中库存的形式。

2. 运输成本

运输成本包括进货运输成本和送货运输成本。一般来说，单位进货运输成本比单位送货运输成本要低。

进货运输成本是指向设施运进原料时发生的成本。由于进货量一般都较大，便于采用整车装运或铁路运输，利用大运量产生规模经济效应，可使单位进货成本降低。送货运输成本是指从设施点向外运送货物时发生的成本。从物流设施点向客户送出的货物一般比从外运进来的货物数量更少，品种更多，单位运输成本更高。例如，一个配送中心从供应商那里运进的往往是整车装运的一种商品，但是客户的一张订单往往包括很多品种的商品，且每种商品的数量不多，不适合整车装运，只能利用零担运输的方式，导致单位运输成本上升。

增加仓库数量，能使仓库更接近客户，能减少送货的距离，但也使每个设施点的进货批量下降了。其结果是单位进货成本上升，单位送货成本下降，后者下降的幅度更大，因此，总运输费用会减少。但是，如果设施数量增加到一定程度，会导致进货批量规模很小，导致进货成本大幅上升，而送货成本降低的幅度越来越小，这样又会导致总运输成本上升。这种变化特征如图 5-2 中曲线②所示。

3. 设施成本

设施成本主要是指设施的建设成本和租赁成本，也包括维持设施运营的相关成本（如基本工具、水电费用等），其中大多数是与通过设施点的货流量无关的。减少设施数量能减少设施的固定投资成本，也会使相应的运营管理费用下降。其变化规律如图 5-2 中曲线③所示。

物流总成本主要是由库存持有成本、运输成本、设施成本三部分构成的，将图 5-2 中三条曲线合并，得到曲线④所代表的变化趋势，即物流总成本是随着设施数量的增加先降低，后增加的。这就存在一个最佳设施数量的问题，而这正是选址规划要解决的问题之一。

三、单设施选址规划

随着应用数学和计算机应用技术的普及，设施选址方法不仅仅是理念上的方法，更多的是数学上的方法。从不同角度划分，选址规划问题可划分为多种类型。例如，可按设施数量分为单设施选址、多设施选址；可按变量离散度分为连续选址法、离散选址法；按时间维度又可分为动态选址、静态选址，等等。本书只讨论单设施选址与多设施选址问题。

（一）单设施选址问题描述

单设施选址模型只需确定一个设施点的位置，网络中的其他设施点位置确定。该模型可用于工厂、车站、仓库、零售或服务设施的选址。重心法是最常见的单设施选址规划方法。

1. 已知条件

如图 5-3 所示，物流网路中现已有若干工厂、仓库、配送中心等设施，其位置已知。根据市场情况，现决定新建一座中转仓库，要求确定中转仓库的最佳位置。星号（✦）代表待建设的中转仓库，其坐标位置未知，用（$\bar{x}$，$\bar{y}$）表示。单设施选址问题的已知条件如下：

①网络中现有的工厂仓库和配送中心的坐标值分别为：（x_1，y_1），（x_2，y_2），…，（x_n，y_n）。

②网络中现有设施点，到待建仓库的单位运输费率为 R_i 。

③现有设施点 i 与待建仓库之间的货物运输量为 V_i。

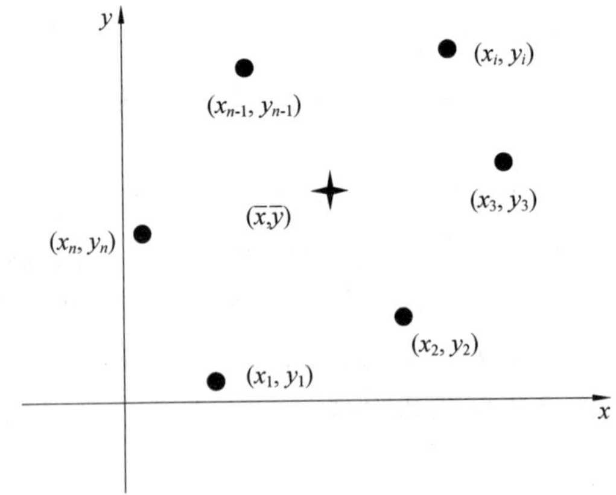

图 5-3 单设施选址示意图

2. 假设条件

应用重心模型进行单设施选址决策时，为使问题简化，提出如下假设前提：

①假设运输费用与距离成正比。

②运输线路为直线或基本按直线考虑。

③忽略在不同地点选址可能产生的固定投资、劳动力成本及库存成本的差异。

④不考虑将来的运输费率的变化。

⑤待选址设施到现有节点 i 之间的距离为 D_i，其计算公式为：

$$D_i = k\sqrt{(x_i - \bar{x})^2 + (y_i - \bar{y})^2} \tag{5-1}$$

其中，k 表示模型中坐标单位与实际空间距离的比例尺（如 1＝10 米，则 $k=10$）。

（二）重心法数学模型及求解步骤

1. 重心法数学模型

重心法是单设施选址最为常用的方法，它将运输成本作为唯一的选址决策依据，是一种静态的选址方法。

模型以总费用最小为优化目标，不考虑设施建设成本、劳动力成本和库存成本的差异，则网络总成本可简化为运输总成本，即以总运费最小为目标：

$$\min TC = \sum_i V_i R_i D_i \tag{5-2}$$

式中：TC——满足所有货物运输需求的总运输成本；

V_i——某设施点 i 的运输量；

R_i——待选址设施到现有设施点 i 的运输费率；

D_i——待选址设施到现有设施点 i 的距离。

对目标函数求偏导数，并代入距离计算表达式，经过数学整理，可求出待选设施点的坐标值如下：

$$\bar{x} = \frac{\sum_i V_i R_i x_i / D_i}{\sum_i V_i R_i / D_i} \tag{5-3}$$

$$\bar{y} = \frac{\sum_i V_i R_i y_i / D_i}{\sum_i V_i R_i / D_i} \tag{5-4}$$

式中：$\bar{x}$，$\bar{y}$——待选址设施的坐标；

x_i，y_i——已知设施点（包括供应点与需求点）的坐标。

距离 D_i 按式（5-1）计算。

2. 重心法求解步骤

①确定已知的供给点与需求点的坐标、运输量及线性运输费率。

②忽略距离 D_i 的影响，即令 $D_i=1$，根据式（5-3）和式（5-4）求得待选址设施的初始坐标值（$\bar{x}_0$，$\bar{y}_0$）。

$$\bar{x}_0 = \frac{\sum_i V_i R_i x_i}{\sum_i V_i R_i} \tag{5-5}$$

$$\bar{y}_0 = \frac{\sum_i V_i R_i y_i}{\sum_i V_i R_i} \tag{5-6}$$

③根据（$\bar{x}_0$，$\bar{y}_0$）计算出 D_i，其中比例系数 k 暂不考虑。

④将 D_i 代入式（5-3）和式（5-4）中，求出修正的（$\bar{x}$，$\bar{y}$）。

⑤根据修正的（$\bar{x}$，$\bar{y}$）重新计算 D_i。

⑥重复第 4 步和第 5 步，直到（$\bar{x}$，$\bar{y}$）的变动小于预定的误差范围。

⑦最后，根据求得的最佳坐标值计算运输总成本。

3. 重心法的特点

为分析重心法用于设施选址决策的优点和局限，先看下面的应用实例。

【例 5-1】 某企业有两个生产基地、三个地区分拨中心，各设施点的情况如表 5-1 所示。企业决定对物流网络进行改造，在生产基地与分拨中心之间新建一个中央仓库 W，由生产基地向中央仓库供货，中央仓库再向三个分拨中心供应货物（见图 5-4）。那么，如何确定中央仓库的最佳位置？

表 5-1 各设施点的坐标、货运量及运输费率

设施点序号	货运量（吨）	运输费率（元/吨·km）	坐标（x，y）
P_1	2000	0.40	（3，8）
P_2	3000	0.40	（8，2）
P_3	2500	0.60	（2，5）
P_4	1000	0.60	（6，4）
P_5	1500	0.60	（8，8）

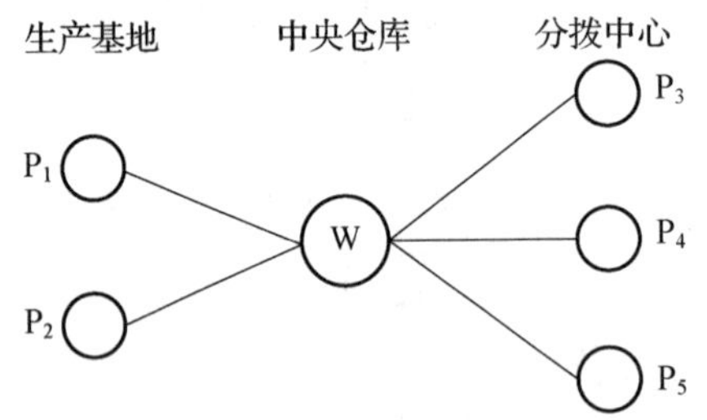

图 5-4 企业物流网络改造示意图

解：先利用式（5-5）和式（5-6）确定中央仓库的初始选址方案（$\bar{x}_0$，$\bar{y}_0$）。相关数据的计算列入表 5-2。

表 5-2 中央仓库的初始选址计算

设施点	x_i	y_i	V_i	R_i	V_iR_i	$V_iR_ix_i$	$V_iR_iy_i$	D_i	$V_iR_iD_i$
P_1	3	8	2000	0.40	800	2400	6400	35.52	28416
P_2	8	2	3000	0.40	1200	9600	2400	42.63	51160
P_3	2	5	2500	0.60	1500	3000	7500	31.65	47480

续表

设施点	x_i	y_i	V_i	R_i	V_iR_i	$V_iR_ix_i$	$V_iR_iy_i$	D_i	$V_iR_iD_i$
P_4	6	4	1000	0.60	600	3600	2400	14.48	8688
P_5	8	8	1500	0.60	900	7200	7200	40.02	36024
					5000	25800	25900		171768

根据表 5-2 的数据求得中央仓库的初始坐标如下：

$$\bar{x}_0 = 25800/5000 = 5.16$$

$$\bar{y}_0 = 25900/5000 = 5.18$$

按照求解步骤中的第 3 步、第 4 步和第 5 步，循环计算各距离 D_i，再对坐标值进行修正，迭代结果如表 5-3 所示。分析表中数据及计算结果，迭代 10 次后，总成本及坐标值已趋于平稳，不再变化，已接近最优值了。

事实上，当各节点的坐标与运输总量分布均匀、运输费率为线性的情况下，应用重心法得到的初始值（$\bar{x}_0$，$\bar{y}_0$）就是一个满意解。但对于节点数量较少，各点间的运输量差异较大，且运输费率为非线性的，应当进行适当次数的迭代修正。

表 5-3　迭代结果的比较

迭代次数	$\bar{x}$ 坐标	$\bar{y}$ 坐标	总成本
1	5.160	5.180	171768
2	5.038	5.056	171450
3	4.990	5.031	171417
4	4.996	5.032	171409
…	…	…	…
10	4.917	5.054	171401
…	…	…	…
100	4.910	5.058	171401

由计算例子可以看出，重心法的优点主要是计算速度快，能很快找到使运输总成本最低的最优位置点，缺点是得出的最佳位置也许在实际中并不可行。另外，从模型建立的假设条件及模型本身来看，还存在以下一些缺陷：

①选址模型只考虑了可变的运输成本，没有考虑在不同地点建立仓库所需的固定投资的不同，也没有考虑不同地点的设施运营费用（如人力成本、公共事业费用、库存持有成本等）的差异。

②模型假设运输成本与运距呈线性关系，而实际上的运输费用由两部分构成，一部分是不随运输距离变化的固定部分，另一部分才是随距离变化的可变部分，且呈非线性关系。

③模型将待选设施点与各仓库之间的路线假设为一条直线，实际上，运输总是在固有的道路网中进行，两设施点之间不可能总是直线距离。一般可根据实际地形，选择一个大

于 1 的折线因子，将计算出的直线距离放大相应的倍数，做近似处理。

尽管有上述局限性，但重心法计算简便，能快速得到一个理论上的最优点，管理者和决策者可以此计算结果为依据，确定一个相邻近的位置，作为初始布局方案。因此，重心法仍然得到了广泛的应用。

四、多设施选址规划

（一）问题描述

从实际应用来讲，多设施选址更具有意义，因为影响设施选址的因素不只是运输费用，还包括仓库数量、容量、库存成本等。如果产品由自己的工厂生产，则约束条件将会更多。多设施选址问题是一类复杂的优化问题，也是多个领域研究的热点。用于选址问题的方法很多，常见的包括目标规划法、树形搜索法、动态规划法等，其中应用最广的是混合整数线性规划法。

下面通过一个实例来描述多设施选址的问题。

【例 5-2】 某城市计划筹建包括生产基地在内的绿色食品专卖超市连锁网络，计划如下：

①受现有条件的限制，生产基地的数量限制在 1~2 个。

②出于人口分布的考虑，计划建立 3 个大型专卖超市，专卖超市的地址选择受种种条件的约束基本选定，没有再选择的余地。

③受专卖超市数量和位置的约束及可供选址的土地因素约束，考虑在市内建设 1~2 个大型中转仓库。

④产品分为 A、B 两大类。

现在，需要对以下几个问题进行决策：

①建设几个中转仓库？

②如果建设 1 个中转仓库，应建哪一个？

③如果建设 2 个中转仓库，如何分配超市卖场？

④建设几个生产基地？

⑤如果建设 2 个生产基地，怎样分配生产数量？怎样为中转仓库供货（在建设 2 个中转仓库的情况下）？

要进行上述问题的决策，首先必须经过严密的市场调查和可行性分析，提出初步的可选方案。在此基础上，提出图 5-5 所示的多设施选址决策网络模型。

经过初步分析，提出两个工厂 P_1 和 P_2 可作为备选的生产基地，两个仓库 W_1 和 W_2 可作为备选的周转仓库。其中，工厂 P_1 的生产能力有限制，可生产 A 产品 60000 件，或生产 B 产品 50000 件，工厂 P_2 生产任何一种产品都没有生产能力的限制。仓库 W_1 的搬运成本为 16 元/件，周转能力为每年 110000 件，仓库建设固定成本 800000 元；仓库 W_2 的搬运成本为 8 元/件，周转能力没有限制，但仓库建设的固定成本为 4000000 元。图中线条上列出的数据是产品从生产基地到仓库、从仓库到客户需求地的单位运输费用。这样，选址规划决策就转变成从两个备选的生产基地和两个备选仓库进行选择，并分配各自的生产量和运输量，因此，可用混合整数规划模型来解决。

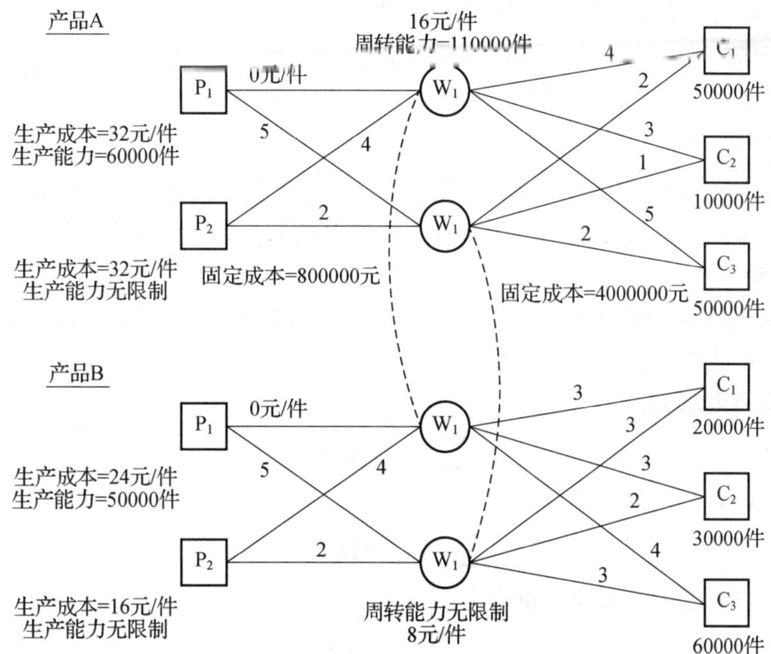

图 5-5　连锁超市决策网络模型

（二）混合整数线性规划模型

根据上面的分析，可建立上述问题的混合整数规划模型。

1. 变量说明

（1）下标索引

i，产品类别，$i=1$，2。

j，生产基地编号，$j=1$，2。

k，中转仓库编号，$k=1$，2。

l，超市卖场编号，$l=1$，2，3。

（2）决策变量

S_{ij}，产品 i 在生产基地 j 的生产量。

D_{il}，超市卖场 l 对产品 i 的需求量。

X_{ijkl}，由生产基地 j 生产、经周转库 k 周转、提供给超市卖场 l 的产品 i 的数量。

y_{kl}，0~1 变量，当周转仓库 k 向超市卖场 l 供货时取值 1，否则取值 0。

Z_k，0，1 变量，当确定使用周转仓库 k 时取值 1，否则取值 0。

（3）参数

$\underline{V_k}$，$\overline{V_k}$，周转仓库的周转总量上限、下限。

f_k，周转仓库 k 年固定成本。

u_k，产品经周转仓库 k 周转的平均操作费（元/件）。

C_{ijkl}，产品的平均生产与运输费用（元/件）。

2. 目标函数

以总成本最小作为优化的目标。在这里，总成本 TC 由产品生产成本、仓库固定建设成本、仓库作业成本、运输成本构成，即：

$$\min TC = \sum_{ijkl} C_{ijkl} X_{ijkl} + \sum_{k} f_k z_k + \sum_{k} \sum_{l} \left(\sum_{i} D_{il} \right) y_{kl} u_k \tag{5-7}$$

第一项是生产与运输成本，第二项是仓库固定成本，第三项是仓库作业成本。

3. 约束条件

约束条件包括生产基地生产能力的限制、仓库周转能力的限制、客户供货要求的约束，具体的约束式如下：

①生产能力限制为：

$$\sum_{kl} X_{ijkl} \leqslant S_{ij}$$

②满足卖场对产品的需求量为：

$$\sum_{j} X_{ijkl} = D_{il} y_{kl}$$

③一个客户只能由一家仓库供货为：

$$\sum_{k} y_{kl} = 1$$

④仓库周转总量限制为：

$$\underline{V_k} z_k \leqslant \sum_{l} \left(\sum_{i} D_{il} \right) y_{kl} \leqslant \overline{V_k} z_k$$

上述混合整数规划模型可以利用合适的优化算法并借助于优化工具软件来求解。常用的优化算法有一般线性规划方法、遗传算法等，常用的优化工具软件包括 MATLAB、LINGO/LINDO 等。

对上述例子进行求解得到的一个方案如下：

①建设一个生产基地 P_2。

②由 P_2 生产所需的全部产品。

③建设一个周转仓库 W_2 向 3 个超市卖场供货。

④运输总成本为 122 万元/年。

⑤周转仓库维持成本为 248 万元/年。

⑥周转仓库固定成本为 200 万元/年。

⑦生产成本为 816 万元/年。

⑧周转及运输总成本为 570 万元/年。

⑨总成本为 1386 万元/年。

（三）启发式方法

启发式方法以直觉、经验为基础，针对具体的问题，求解问题之前设计好一套指导问题求解的经验法则。在对网络资源进行优化的过程中，如果发生资源冲突，就依据事先确立的经验法则进行调整。启发式方法通常得到的是满意解，无法保证获得最优解。在物流网络规划过程中，常见的典型的启发式法则如下：

①仓库的最佳选址通常在那些需求最大的地区或临近这些最大需求的地方。

②购买量巨大的客户（其购买量超过正常的运输批量）应该由供应点直接供货，不必通过中转仓库二次运输。

③对需求量及需求提前期波动很小的产品，应当实行准时制管理，尽量减少库存。

④在现有配送网络中增加新设施（如仓库）的前提条件是，新增加的设施能最大程度地节约物流总成本。

⑤从分拨角度看，成本最高的客户是那些以小批量购买且位于运输线末端的客户。

⑥所谓“经济运输批量”，是将配送网络中从运输起点到最偏远客户之间的运输线路上的小批量需求累加起来而实现的满载运量。

【例 5-3】　如图 5-6 所示的配送系统：某企业计划建 P_1、P_2 两个工厂，经过备选仓库 W_1、W_2 向客户市场 C_1、C_2 和 C_3 供应某类产品。工厂 P_1 的产能不限，工厂 P_2 的实际产能为 60000 件。仓库 W_1、W_2 具有相同的搬运作业成本。三个市场 C_1、C_2 和 C_3 的产品需求分别为 50000 件、100000 件和 50000 件。各设施点之间的单位运输费用如图 5-6 数据所示。现在要求确定合适的配送策略，即选择合适的工厂及配送中心方案，在满足各市场需求的同时又不超过工厂的产能约束，并使总成本最小。

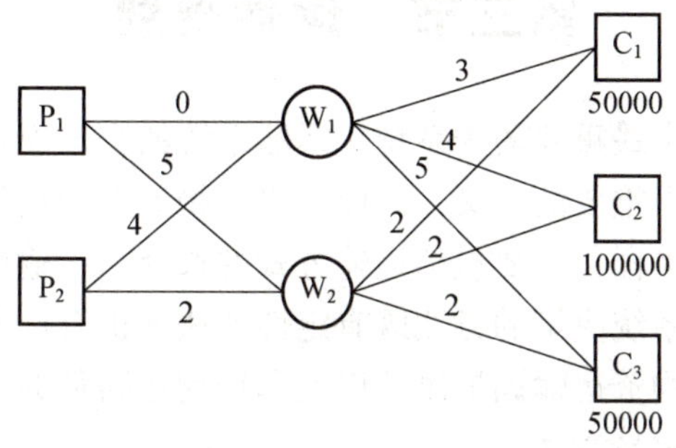

图 5-6　某企业的配送网络示意图

这是一个简单的设施选址决策问题，通过分配设施产能决定是否选择某设施点。如果某设施点没有产能，没有分配物流量，则该设施没有被选中。

通常可应用多种启发式法则来解决某一问题。例如，下面将应用两种不同的启发式法则求解该例题的问题。

启发式法则一：对每个市场，选择最便宜的仓库来满足需求。

根据这一经验法则，市场 C_1、C_2 和 C_3 都将使用仓库 W_2 来供货，仓库 W_1 不被选中。然后，再为仓库 W_2 选择配送成本最低的工厂供货，即工厂 P_2。由于 P_2 的产能有限，余下的需求将由 P_1 来满足。这样，将首先从 P_2 配送 60000 件，剩下的 140000 件由 P_1 供应。

该网络总配送成本 $= 2\times50000+1\times100000+2\times50000+2\times60000+5\times140000=1120000$（元）

启发式法则二：对每个市场，选择总配送成本最低的仓库来满足需求。

经过某仓库的总配送成本等于入库成本和出库成本之和。利用该法则，将某市场所有可行的配送路径列举出来，再分别求出各可行路径的总配送成本，然后比较选择出总配送成本最低的配送方案。完成所有市场的分析后，选择出最合适的工厂和仓库方案。

对于客户市场 C_1，有四种可行方案或配送路径，即：$P_1 \to W_1 \to C_1$，$P_1 \to W_2 \to C_1$，$P_2 \to W_1 \to C_1$，$P_2 \to W_2 \to C_1$。在这些配送方案中，总配送成本最低的是 $P_1 \to W_1 \to C_1$。因此为市场 C_1 选择仓库 W_1。通过同样的分析，对于 C_2，总配送成本最低的是 $P_2 \to W_2 \to C_2$；对于 C_3，总配送成本最低的是 $P_2 \to W_2 \to C_3$。

因此，仓库 W_1 需要向客户 C_1 配送 50000 件产品，仓库 W_2 需要向客户 C_2 和 C_3 供应 150000 件产品。最好的入库配送模式是由工厂 P_1 向仓库 W_1 供应 50000 件产品，向仓库 W_2 供应 90000 件产品，工厂 P_2 向仓库 W_2 供应 60000 件产品。

该网络总配送成本 $= 5 \times 90000 + 2 \times 60000 + 3 \times 50000 + 2 \times 100000 + 2 \times 50000 = 1020000$（元）

显然，对例题 5-3 来说，启发式法则二得到的方案更好。但是，这两种启发式算法都没有得到成本最小的策略。

由于启发式方法较多地依赖主观经验和直觉，通用性和移植性较差，并且在对复杂的网络进行规划求解时，求解时间较长，优化结果精度不高，通常得到的是满意解。

第三节 运输规划

运输系统是物流系统中最重要的子系统。运输系统的合理规划与决策对提高物流系统效益、降低物流成本具有很重要的意义，因此，也是物流系统规划与决策的关键。运输系统决策的内容和方法多种多样，主要包括运输方式的选择、运输组织与运输调配决策、车辆配送路径规划等。运输系统决策的方法既有定性方法，也有许多复杂的定量方法。本节将介绍运输方式的选择、物资运输调配决策以及车辆配送路径的优化等问题，其中详细介绍运输管理决策中常用的定量方法。

一、运输方式的选择

（一）运输方式选择的原则

合理选择运输方式是保证运输质量、提高运输效益的一个重要方面。运输方式的选择取决于运输服务的众多特性。各种运输方式都有各自的特点，不同特性的物资对运输活动的要求也不完全相同。例如，铁路运输可靠性高，若能充分利用运量与运距的规模效应，则货运成本较低，但铁路运输时间较长，缺乏灵活性。而公路运输的时间和线路均很灵活，虽然单位运输成本较高，但很容易满足及时性要求。

当同时存在多种运输方式可供选择的情况下，就需要进行选优抉择。运输方式的选择是一个非程序化的决策问题，要制订一个统一规定的标准是很困难的，只能在组织货物运输时，按照一定的原则，因地制宜地进行。

通常根据各种运输方式的经济特性和服务特征来选择合适的运输方式，主要是依赖运输成本、运输速度、可靠性、安全性等指标进行判断和选择。通常可用安全性、及时性、准确性和经济性作为选择运输方式的基本原则，这也是运输合理化所要实现的目标。

1. 安全性原则

运输的安全性是首要的原则，包括人身安全、设备安全和被运货物的安全。为了保证运输安全，首先应了解被运货物的特性，如重量、体积、贵重程度、内部结构以及其他物理化学性质（易碎、易燃、危险性等），然后选择安全可靠的运输方式。

2. 及时性原则

运输的及时性是由运输速度和可靠性决定的，能否准确及时送达也是选择运输方式时考虑的重要因素。运输速度的快慢和到货及时与否不仅决定着物资周转速度，而且对社会再生产的顺利进行影响重大。由于运输不及时会造成用户所需物资的缺货，有时还会给国民经济造成巨大损失，因此，应根据客户的急需程度选择合适的运输方式。

3. 准确性原则

运输的准确性是指运输的准点到货、不错发、不错送。货物运输的准确性在很大程度上取决于发送和接收环节，但与运输方式也有一定的关系。汽车运输可做到“门到门”运输，中转环节少，不易发生差错事故；铁路运输受客观环境因素影响小，容易做到准时准点到货。

4. 经济性原则

经济性是衡量运输效果的一项综合性指标，因为安全性、及时性、准确性中考虑的因素在一定程度上均可转化成经济因素。这里的经济性原则强调的是从运输费用上考虑选择运输成本低的运输方式。运输费用是影响物流系统经济效益的主要因素，因此，按经济性原则选择运输方式是主要原则。

根据上述原则选择运输方式，实际上是一个多目标决策问题。不过，这种多目标决策一般比较简单，无须进行复杂的定量计算，只需通过定性分析和简单计算即可达到满意效果。但是必须注意的是，上述目标之间存在效益悖反现象。例如，运输成本与运输速度、准确性之间就是矛盾的。具体决策时，应该在保证运输安全的前提下，权衡运输速度和运输费用。另外，由于运输成本与其他物流子系统成本之间也存在着效益悖反特性，在选择运输方式时，应当以物流总成本作为依据，而不能只考虑运输成本。

（二）运输方式选择的定量分析法

在有些情况下，运输方式的选择很简单，仅借助定性分析和经验判断，就可以合理地选择运输方式。但是，当涉及大宗运输货物，并且有几种可行的运输方式时，如果能借助定量分析，就会使选择的方式更科学。

下面介绍基于运输成本与库存成本的总成本分析方法。

由于物流各环节之间的效益悖反，运输成本的降低会导致其他环节（如库存）成本的上升，因此，应该以总成本分析为基础来选择运输方式。所谓“最佳服务”，就是使某种运输服务的成本与该运输服务水平以及相关的库存成本之间达到平衡的运输服务，也就是选择既能满足客户需求，又使总成本最低的运输服务。这是总成本分析比较的基本思想。

为了进一步说明此方法，先看下面的例子。

【例 5-4】 某公司欲将产品从位置 A 的工厂运往位置 B 的公司自有仓库，年运量 D 为 700000 件，产品单价 C 为 30 元，年存货成本 I 为产品价格的 30%。公司希望选择使总成本最小的运输方式。据估计，运输时间每减少一天，平均库存成本可以减少 1%。各种运输服务方式的有关参数如表 5-4 所示。

表 5-4　各种运输方式的基本参数

运输方式	费率 R（元/件）	运输时间 T（天）	年运送批次（次）	平均存货量 $Q/2$
铁路	0.1	21	10	100000
驮背	0.15	14	20	46500
公路	0.2	5	20	42000
航空	1.4	2	40	20250

解：以年总成本最低为原则来选择合适的运输方式。

总成本=运输费用+库存成本

其中，运输费用=运输量×费率；

库存成本=在途运输库存成本+工厂存货成本+仓库存货成本；

在途运输库存费用=$ICDT/365$；

工厂存货成本=$ICQ/2$；

仓库存货成本=$I(C+R)Q/2$。

代入各种运输方式的基本数据信息，将相应的成本计算结果列入表 5-5 中。

表 5-5　各种运输方式成本计算结果

成本类型	计算公式	铁路运输	驮背运输	公路运输	航空运输
运输成本	RD	70000	105000	140000	980000
在途库存	$ICDT/365$	362466	241644	86301	34521
工厂存货	$ICQ/2$	900000	418500	378000	182250
仓库存货	$I(C+R)Q/2$	903000	420593	380520	190755
总成本	Σ	2235466	1185737	984821	1387526

由表 5-5 中的结果可知，总成本最低的是公路运输方式，总成本为 984821 元，其次是驮背运输，成本最高的是铁路运输。按照总成本最低的原则，应该选择公路运输方式。

在例 5-4 中，存货成本是按存货品价格的 30%考虑的，存储费率较高。对这类产品，不能忽视库存成本对总成本的影响，因而加快库存周转是非常重要的。比较表 5-5 原始数据中的前两项，即运输费率和运输时间，虽然公路运输费率较高（仅次于航空运输费率），但公路运输的速度也较快，有利于库存快速周转，能降低库存成本，最终导致年总成本最低。如果改变存货存储费率，或改变各种运输方式的运输费率或运输时间，就会得到不同的选择结果。

二、物资运输调配决策

物资运输调配决策问题是指在多个供应地和多个需求地之间如何合理调配货物，在满足需求的前提下使总运输成本最低。这类问题中，两点间的运输线路是固定的，运输距离的影响已反映在单位运费中了，运输总成本由运输量决定。因此，多点间物资运输的调配问题不属于路径优化问题。虽然有的调拨问题涉及是否需要中间转运，但问题本质不涉及运输路径长短问题。

下面根据起点和终点之间是否存在中间转运分两种情况进行讨论。

（一）多起点、多终点的直达运输

通常，一个企业有多个生产基地或供货来源，产品服务于多个市场地，那么，怎么指定各目的市场的供货地？在存在多个供应商、多个生产基地、多个仓库、需要为多个客户提供服务的情况下，需要进行运输的组织与调配决策。主要是解决如何将多个供应点的物资运送到多个需求点，使总运输费用最低。例如，产品从工厂到仓库的配送、从仓库向销售中心的供货等，需要对运输量如何分配进行决策。实际的情况经常是供求不平衡的问题，甚至还存在中间转运，问题就更复杂了。

对于多点间直达运输的情况，问题的描述如下：设某物资有 m 个产地 A_1，A_2，…，A_m，供应 n 个销售地 B_1，B_2，…，B_n；已知 A_i 的产量为 $a_i(i=1, 2, \cdots, m)$，B_j 的需求量为 $b_j(j=1, 2, \cdots, n)$。由 A_i 到 B_j 的单位运价为 $c_{ij}(i=1, 2, \cdots, m; j=1, 2, \cdots, n)$，问怎样调运才能使总运费最小。

上述问题属于运筹学中的运输问题。如果总产量等于总需求量，即 $\sum a_i=\sum b_j$，就是产销平衡的运输问题，也是最基本的运输问题；产销不平衡的运输问题可以转化为产销平衡的运输问题。

1. 产销平衡的运输问题

（1）产销平衡运输问题数学模型

设 x_{ij} 表示由产地 A_i 运往销售地 B_j $(i=1, 2, \cdots, m; j=1, 2, \cdots, n)$ 的运量，则产销平衡运输问题的数学模型为：

$$\min z=\sum_{i=1}^{m}\sum_{j=1}^{n}c_{ij}x_{ij} \tag{5-8}$$

$$\text{s.t.}\begin{cases}\sum_{j=1}^{n}x_{ij}=a_i, & (i=1, 2, \cdots, m)\\ \sum_{i=1}^{m}x_{ij}=b_j, & (j=1, 2, \cdots, n)\\ x_{ij}\geqslant 0\end{cases} \tag{5-9}$$

（2）求解方法

运输问题属于线性规划问题，可以用单纯形法求解。但是，由于运输问题的变量和约束条件较多，用单纯形法求解比较复杂。利用运输问题的特殊性，可利用表格对运输问题进行描述，并通过对表格的操作来完成求解，这就是运输问题的表上作业法（详细求解过程参见运筹学教程的相关内容）。

2. 产销不平衡的运输问题

当产销不平衡时，通过增加一个假想的产地或销售地，转化成产销平衡的运输问题模型。转化方法如下：

(1) 总产量大于总销量

即 $\sum_{i=1}^{m} a_i > \sum_{j=1}^{n} b_j$，则增加一个假想的销售地 B_{n+1}，其销量为：

$$b_{n+1} = \sum_{i=1}^{m} a_i - \sum_{j=1}^{n} b_j \tag{5-10}$$

从产地 A_i 运往假想销售地 B_{n+1} 的物资数量实际上是停留在原产地没有运出的物资，因此，相应的运价为0，这样就将不平衡运输问题转化为平衡运输问题了。

(2) 总销量大于总产量

即 $\sum_{j=1}^{n} b_j > \sum_{i=1}^{m} a_i$，则增加一个假想的产地 A_{m+1}，其产量为：

$$a_{m+1} = \sum_{j=1}^{n} b_j - \sum_{i=1}^{m} a_i \tag{5-11}$$

由于假想的产地并不存在，其产量也不可能存在，由假想产地运往某个销售地的物资数量实际上就是该销售地不能满足的需求量，因此，相应的运价为0，这样就将不平衡运输问题转化为平衡运输问题了。

(二) 转运问题

这个问题是指最优分配多个供应点的货物到多个需求点，也可以在各中间点中转、分配，有些起点或终点也可能是中转点。解决此问题的基本思路是：补充一些虚拟的产地或需求地，将有中转的运输问题转化为无中转的直达运输问题，再进一步转化为供需平衡的运输问题，最后运用表上作业法求解。

【例 5-5】 某公司有两个工厂生产变压器，一个工厂在 A 市，另一个工厂在 B 市。A 市的工厂每天生产能力为 150，B 市的工厂为 200。变压器通过汽车运到需求点 C 市和 D 市，C 市和 D 市的需求量均为 130。公司还需要在两中间转运站 E 市和 F 市进行整合运输，运输单位费用如表 5-6 所示。试确定从工厂到需求点的最优路线。

表 5-6 各点间运输单位费用

供需点	A	B	E	F	C	D
A	0	13	4	6	12	14
B	13	0	7	6	13	12
E	4	7	0	3	8	8
F	6	6	3	0	7	8
C	12	13	8	7	0	17
D	14	12	8	8	17	0

解：该问题可分为两个阶段求解。

第一阶段，将运输模型转为简单的运输问题，其步骤如下：

①增加一虚拟的行或列来平衡需求。本例中，总供应量为 350，总需求为 260，那么增加一虚拟的需求列，虚拟需求量为 90。

②构造一个包括所有城市（起点、终点和中间点）作为供需点的运输表，这样就形成

了6×7矩阵（包括虚拟列）。

③根据表5-7的规则，确定所有点的需求和供应量。

表5-7 需求和供应量确定准则

转运问题中点的性质	在运输表中的供应值	在运输表中的需求值
供应点	起始供应+总供应	总供应
转运点	总供应	总供应
需求点	总供应	起始需求+总供应
空点	0	起始供应-起始需求

本例中，总供应量为350，最终运输表如表5-8所示。

表5-8 最终运输表

供需点	A	B	E	F	C	D	虚拟地	供应量
A	0	13	4	6	12	14	0	500
B	13	0	7	6	13	12	0	550
E	4	7	0	3	8	8	0	350
F	6	6	3	0	7	8	0	350
C	12	13	8	7	0	17	0	350
D	14	12	8	8	17	0	0	350
需求量	350	350	350	350	480	480	90	

第二阶段，运用求解平衡运输问题的数学方法求解。

三、运输路线的优化

（一）单一车辆最短路径问题

运输路线规划主要是对单一运输车辆从起点到终点间的最短行车路线进行规划和优化。优化的目标可以是行车时间最短、距离最短或运输费用最小，一般统称为“最短路径问题”。若起点和终点不同，根据从起点到终点网络图的不同结构特点，最短路径问题可采用动态规划法、迪杰斯特拉（Dijkstra）方法、逐次逼近法等不同的求解算法。若起点和终点相同，如企业使用自有货车进行运输、从某配送中心送货到各零售点后再返回，以及经典的旅行商问题和中国邮递员问题等，一辆车的行走路线是一个闭回路，对于这类问题可以采用启发式算法、线性规划法、遗传算法、神经网络法等，相关算法可以参考相关文献资料，本文主要介绍常用的动态规划法和Dijkstra方法。

1. 动态规划法

【例5-6】 美国黑金石油公司在阿拉斯加的北斯洛波发现了大的石油储量。为了大规模开发这一油田，首先必须建立相应的输运网络，使北斯洛波生产的原油能运至美国的3个装运港之一。在油田的集输站（结点C）与装运港（结点P_1、P_2、P_3）之间需要若干个中间站，中间站之间的连通情况如图5-7所示，线段上的数字代表两站之间的距离（单位：10 千米）。试确定一最佳的输运线路，使原油的输送距离最短。

解：最短路线有一个重要性质，即如果由起点 A 经过 B 点和 C 点到达终点 D 是一条最短路线，则由 B 点经 C 点到达终点 D 一定是 B 到 D 的最短路。此性质用反证法很容易证明，因为如果不是这样，则从 B 点到 D 点有另一条距离更短的路线存在，不妨假设为 $B—P—D$；从而可知路线 $A—B—P—D$ 比原路线 $A—B—C—D$ 距离短，这与原路线 $A—B—C—D$ 是最短路线相矛盾，性质得证。

根据最短路线的这一性质，寻找最短路线的方法就是从最后阶段开始，由后向前逐步递推求出各点到终点的最短路线，最后求得由始点到终点的最短路，即动态规划的方法是从终点逐段向始点方向寻找最短路线的一种方法。按照动态规划的方法，将此过程划分为 4 个阶段，即阶段变量 $k=1, 2, 3, 4$；取过程在各阶段所处的位置为状态变量 S_k，按逆序算法求解，用 $f_k(S_k)$ 表示第 k 阶段状态 S_k 到目的地的最短距离，其求解过程如下：

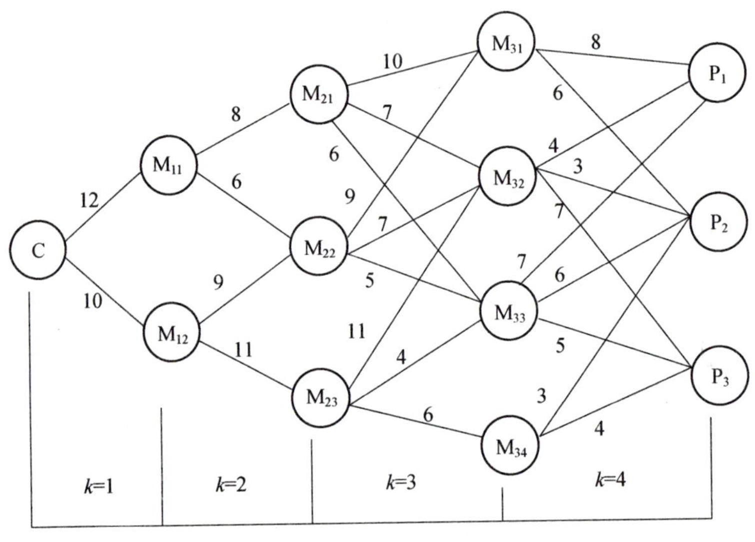

图 5-7　多阶段划分

当 $k=4$，由结点 M_{31} 到达目的地有两条路线可以选择，即选择 P_1 或 P_2。因为：

$$f_4(S_4=M_{31})=\min\begin{Bmatrix}8\\6\end{Bmatrix}=6$$

故选择 P_2。

由结点 M_{32} 到达目的地有三条路线可以选择，即选择 P_1、P_2 或 P_3。因为：

$$f_4(S_4=M_{32})=\min\begin{Bmatrix}4\\3\\7\end{Bmatrix}=3$$

故选择 P_2。

由结点 M_{33} 到达目的地有三条路线可以选择，即选择 P_1、P_2 或 P_3。因为：

$$f_4(S_4 = M_{33}) = \min\begin{Bmatrix}7\\6\\5\end{Bmatrix} = 5$$

故选择 P_3。

由结点 M_{34} 到达目的地有两条路线可以选择，即选择 P_2 或 P_3。因为：

$$f_4(S_4 = M_{34}) = \min\begin{Bmatrix}3\\4\end{Bmatrix} = 3$$

故选择 P_2。

当 $k = 3$ 时，由结点 M_{21} 到达下一阶段有三条路线可以选择，即选择 M_{31}、M_{32} 或 M_{33}。因为：

$$f_3(S_3 = M_{21}) = \min\begin{Bmatrix}10+6\\7+3\\6+5\end{Bmatrix} = 10$$

故选择 M_{32}。

由结点 M_{22} 到达下一阶段有三条路线可以选择，即选择 M_{31}、M_{32} 或 M_{33}。因为：

$$f_3(S_3 = M_{22}) = \min\begin{Bmatrix}9+6\\7+3\\5+5\end{Bmatrix} = 10$$

故选择 M_{32} 或 M_{33}。

由结点 M_{23} 到达下一阶段有三条路线可以选择，即选择 M_{32}、M_{33} 或 M_{34}。因为：

$$f_3(S_3 = M_{23}) = \min\begin{Bmatrix}11+3\\4+5\\6+3\end{Bmatrix} = 9$$

故选择 M_{33} 或 M_{34}。

当 $k = 2$ 时，由结点 M_{11} 到达下一阶段有两条路线可以选择，即选择 M_{21} 或 M_{22}。因为：

$$f_2(S_2 = M_{11}) = \min\begin{Bmatrix}8+10\\6+10\end{Bmatrix} = 16$$

故选择 M_{22}。

由结点 M_{12} 到达下一阶段有两条路线可以选择，即选择 M_{22} 或 M_{23}。因为：

$$f_2(S_2 = M_{12}) = \min\begin{Bmatrix}9+10\\11+9\end{Bmatrix} = 19$$

故选择 M_{22}。

当 $k = 1$ 时，由结点 C 到达下一阶段有两条路线可以选择，即选择 M_{11} 或 M_{12}。因为：

$$f_1(S_1 = C) = \min\begin{Bmatrix}12+16\\10+19\end{Bmatrix} = 28$$

故选择 M_{11}。

从而通过顺序（计算的反顺序）追踪，可以得到两条最佳的输运线路：C—M_{11}—

M_{22}—M_{32}—P_2，C—M_{11}—M_{22}—M_{33}—P_3。最短的输送距离是 280 千米。

2. Dijkstra 方法

Dijkstra 方法是 1959 年由迪杰斯特拉（E. W. Dijkstra）提出的标号法，主要用来解决图论中的最短路径问题。在此算法思想基础上，人们演绎出了几十种不同的路径优化算法。尽管如此，Dijkstra 方法仍是目前求解最短路径问题最常用的方法。广义上，“最短路径”不单指“纯距离”意义上的最短路径，它可以是“经济距离”意义上的最短路径、“时间”意义上的最短路径、“网络”意义上的最短路径等。

在一个连通的网络图 $G=(V,E)$ 中，点集 $V=\{v_1, v_2, \cdots, v_n\}$，边集 $E=\{e_1, e_2, \cdots, e_m\}$，Dijkstra 算法适合于每条边上权数 c_{ij} 不小于零的情况。该算法也称为“双标号法”，也就是对图中的每个点 v_j 赋予两个标号，即 T 标号和 P 标号。T 标号 $T(v_j)$，表示从 v_1 到 v_j 的最短路长的上界，即最短路长不会超过此数，称为“临时标号”。P 标号 $P(v_j)$ 表示从起点 v_1 到 v_j 的最短路长，称为“固定标号”。

凡是已经得到 P 标号的点，则说明已求出 v_1 点到该点的最短路；凡是没有得到 P 标号的点，就标上 T 标号。不断地进行搜索、计算，每一步都是将某一点的 T 标号改变为 P 标号的过程，直至求出了终点的 P 标号。所有的顶点都成为固定标号顶点时，整个网络的最短路也就找到了。

Dijkstra 算法是基于这样一个基本原理，即：若点序列 $\{v_s, v_1, v_2, \cdots, v_{n-1}, v_n\}$ 是从 v_s 到 v_n 的最短路，则 $\{v_s, v_1, v_2, \cdots, v_{n-1}\}$ 必定是从 v_s 到 v_{n-1} 的最短路。

基本 Dijkstra 算法的步骤如下：

①给起点 v_1 标上 P 标号 $P(v_1)=0$，表示从 v_1 到 v_1 的距离为 0；其余各点标上 T 标号，且 $T(v_j)=+\infty$。

②设 v_i 是刚得到 P 标号的点，考虑所有以 v_i 为起始点的弧的终点 v_j。在一个无向图中，就是考虑所有与 v_i 直接相连的 T 标号的点 v_j。按照下式修改 v_j 的 T 标号：

$$T_{新}(v_j)=\min\{T_{旧}(v_j), P(v_i)+c_{ij}\} \tag{5-12}$$

③若所有的点都是 P 标号点，则计算结束，即已求出从起点到各点的最短距离。否则，选择一个距离最小的 T 标号点，将其修改为 P 标号点。再转向第二步，继续修改 T 标号点，直到所有的点都变成 P 标号点。

若一次有多个距离最小的 T 标号点，可以从中任选一个作为 P 标号点，也可同时予以标定。下面通过例题说明 Dijkstra 算法过程。

【例 5-7】 图 5-8 是从 O 点到 T 点的道路网络图。货运车辆必须沿此网络中的道路行驶。求从 O 点到 T 点的最佳行驶路线及最短距离。

解：为使计算过程和结果更加清晰明确，我们借助表 5-9 来描述各步骤。

①给起点 O 标上 P 标号 $P(O)=0$，其余各点标上 T 标号，且 $T=+\infty$，见表 5-9 中的步骤①。

②考虑所有与 O 点直接相连的 T 标号的点，即 A，B，C 三点，修改这三点的 T 标号。

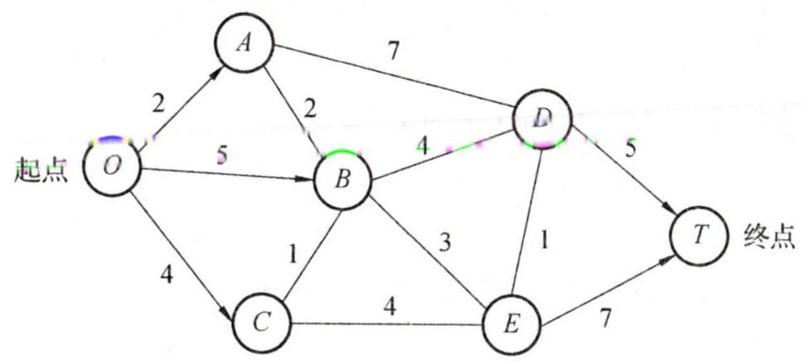

图 5-8　配送网络图

$$T_{新}(A)=\min\{T_{旧}(A),\ P(O)+c_{OA}\}\min\{+\infty,\ 0+2\}=2$$
$$T_{新}(B)=\min\{T_{旧}(B),\ P(O)+c_{OB}\}\min\{+\infty,\ 0+5\}=5$$
$$T_{新}(C)=\min\{T_{旧}(C),\ P(O)+c_{OC}\}\min\{+\infty,\ 0+4\}=4$$

将修改的 T 标号值填入表中。现在，在所有的 T 标号的点中，最小值是 $T_{新}(A)=2$，所以，将 A 点改为 P 标号点，见表 5-9 中的步骤②。

表 5-9　Dijkstra 算法步骤及结果

步骤	O	A	B	C	D	E	T
①	$P=0$	$T=+\infty$	$T=+\infty$	$T=+\infty$	$T=+\infty$	$T=+\infty$	$T=+\infty$
②		(P) $T=2$	$T=5$	$T=4$	$T=+\infty$	$T=+\infty$	$T=+\infty$
③			$T=4$	(P) $T=4$	$T=9$	$T=+\infty$	$T=+\infty$
④			(P) $T=4$		$T=9$	$T=8$	$T=+\infty$
⑤					$T=8$	(P) $T=7$	$T=+\infty$
⑥					(P) $T=8$		$T=14$
⑦							(P) $T=13$

③以刚得到的 P 标号点 A 为起点，考虑所有与 A 点直接相连的 T 标号点，即 B，D 两点，修改这两点的 T 标号：

$$T_{新}(B)=\min\{T_{旧}(B),\ P(A)+c_{AB}\}\min\{+\infty,\ 2+2\}=4$$
$$T_{新}(D)=\min\{T_{旧}(D),\ P(A)+c_{AD}\}\min\{+\infty,\ 2+7\}=9$$

在表中第三行填入修改的 T 标号值，复制没有修改的 P 标号点。在所有的 T 标号点中，最小值是 $T_{新}(B)=4=T(C)$，从 B，C 两点中任选一点变为 P 标号点，如这次选择 C 点为 P 标号点，参见表中的步骤③。

④以 C 点为起点，考察与 C 点直接相连的 T 标号点 B，E，修改这两点的 T 标号：

$$T_{新}(B)=\min\{T_{旧}(B),\ P(C)+c_{CB}\}\min\{4,\ 4+1\}=4$$
$$T_{新}(E)=\min\{T_{旧}(E),\ P(C)+c_{CE}\}\min\{+\infty,\ 4+4\}=8$$

在表中第四行填入修改的 T 标号值，复制没有修改的 T 标号点。比较所有的 T 标号点值，这次将 B 点变为 P 标号点。

⑤以 B 点为起点，考察与 B 点直接相连的 T 标号点 D，E，修改这两点的 T 标号：

$$T_{新}(D)=\min\{T_{旧}(D),\ P(B)+c_{DB}\}\min\{9,\ 4+4\}=8$$

$$T_{新}(E)=\min\{T_{旧}(E),\ P(B)+c_{BE}\}\min\{8,\ 4+3\}=7$$

比较新的 T 标号点值，这次将 E 点变为 P 标号点。

⑥以 E 点为起点，考察与 E 点直接相连的 T 标号点 D，T，修改这两点的 T 标号：

$$T_{新}(D)=\min\{T_{旧}(D),\ P(E)+c_{ED}\}\min\{8,\ 7+1\}=8$$

$$T_{新}(T)=\min\{T_{旧}(T),\ P(E)+c_{ET}\}\min\{+\infty,\ 7+7\}=14$$

这次将 D 点变为 P 标号点。

⑦以 D 点为起点，考察与 D 点直接相连的 T 标号点 T，修改该点的 T 标号：

$$T_{新}(T)=\min\{T_{旧}(T),\ P(D)+c_{DT}\}\min\{14,\ 8+5\}=13$$

这次将 T 点变为 P 标号点。

至此，将所有的点都变成了 P 标号点，计算过程完成。

从 O 点到 T 点的最短距离长是 13。最佳路线可从上述步骤中逆推出来，即 $T \leftarrow D \leftarrow B \leftarrow A \leftarrow O$。也就是说，从 O 点到 T 点的最佳路线是 $O \rightarrow A \rightarrow B \rightarrow D \rightarrow T$。

值得注意的是，如果仅从最短距离来看，这里还有另一个方案：$O \rightarrow A \rightarrow B \rightarrow E \rightarrow D \rightarrow T$。虽然这条路线的总距离长也是 13，但增加了一个中间节点。从运输网络规划原则看，应该尽量减少中间节点。

表 5-9 描述了计算步骤及结果，但看不出中间过程和最佳路线。将表 5-9 的内容和上述各步骤的内容综合，可制成表 5-10 的形式，这样可以直接在表上进行计算。

表 5-10　Dijkstra 算法步骤表

步骤	P 标号点	与 P 标号点直接相连的 T 标号点	相应的总距离	第 n 个最近点	最小总距离	最新连接
1	O	A	2	A	2	OA
2	O A	C B	4 2+2=4	C B	4 4	OC AB
3	A B C	D E E	2+7=9 4+3=7 4+4=8	E	7	BE
4	A B E	D D D	2+7=9 4+4=8 7+1=8	D D	8 8	BD ED
5	D E	T T	8+5=13 7+7=14	T	13	DT

根据最后一行的终点连线，可直接推出最佳线路为 $T \leftarrow D \leftarrow B \leftarrow A \leftarrow O$，即 $OABDT$，或 $T \leftarrow D \leftarrow E \leftarrow B \leftarrow A \leftarrow O$，即 $OABEDT$，最短距离长为 13。

Dijkstra 方法很适合应用计算机软件求解，而且能与地理信息系统（GIS）结合进行求解。但是，一般的最短路径方法只是考虑了单纯的最短距离，而现实情况是，最短路径不一定对应着最短时间，尤其是在城市配送网络中更是如此，因为模型中没有考虑各条路线的运行质量等问题。如果对时间和距离进行加权，就能使问题的最佳方案更具有实际意义。

（二）多车辆路径问题

多车辆路径问题（Vehicle Routing Problem，VRP）在物流系统中普遍存在。例如，一家大型物流中心要为成百上千的客户提供送货或取货的服务，就需要对运输车辆的数量及其行驶路线进行规划。

多车辆路径问题一般可如下描述：某物流中心要为 q 个客户提供服务。已知每个客户点的地理位置及其货运需求量，物流中心需要调用多辆货车来满足这些客户的服务需求，每辆汽车的载重量一定。要求指派多辆货车，为每辆车分配一定的客户，并确定客户服务顺序，即行车路径，目的是使总服务成本（如距离、时间等）最低。这里还有一些约定的要求，例如，每条路线的货运量不能超过汽车载重量，每个客户的需求必须且只能由一辆汽车来完成，等等。

例如，某配送中心及其服务的 13 家连锁店客户在城市道路网中的位置如图 5-9 所示（图中网格指的是城市道路）。各连锁店货物需求量 D_i 、横坐标 X_i 、纵坐标 Y_i 依次列入表 5-11 中。配送中心的坐标为（19.50，5.56），所有配送任务均由载重量为 10 吨的车辆完成，要求合理安排车辆及其服务的客户群，并确定各车辆行驶路线，使总运输里程最小。

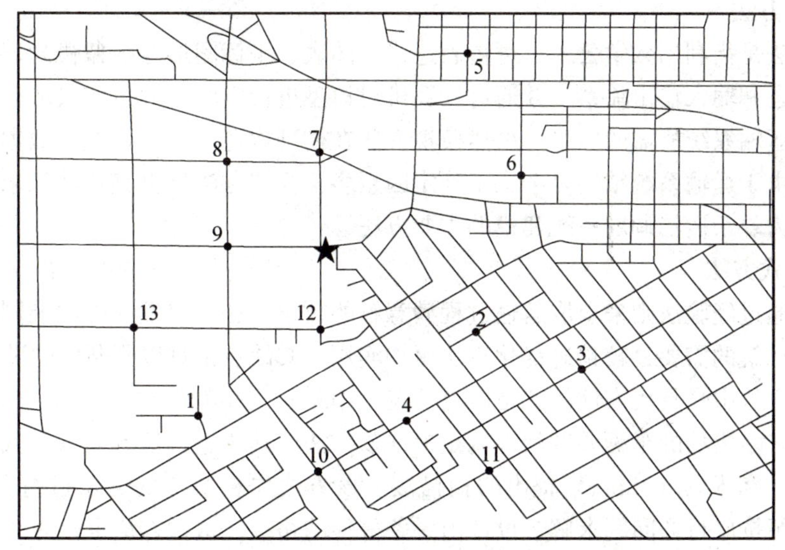

图 5-9　客户的位置图

表 5-11　客户数据信息

客户	1	2	3	4	5	6	7	8	9	10	11	12	13
D_i	1.9	2.8	3.15	2.4	2	3	2.25	2.5	1.8	2.15	1.6	2.6	1.5
X_i	20.0	18.8	18.3	19.1	18.8	18.6	19.5	19.93	20.0	19.5	18.7	19.5	20.3
Y_i	4.80	5.17	5.00	4.78	6.42	5.88	5.98	5.93	5.55	4.55	4.55	5.19	5.20

上述问题属于基本的多车辆路径问题。此外，还有一些扩展的 VRP 问题，如带时间窗约束的车辆路径问题（Vehicle Routing Problem with Time Windows，VRPTW）、优先约束车辆路径问题（Vehicle Routing Problem with Precedence Constraints，VRPPC）、随机需求的车辆路径问题（Vehicle Routing Problem with Random Demand，VRPRD）等。

求解上述多车辆路径问题，可以应用精确优化算法、人工智能优化算法、模拟方法、启发式方法等。

1. 精确优化算法

这主要是指运用线性规划和非线性规划技术进行的最优决策。在对 VRP 问题研究的早期，主要是从单源点派车如何用最短路线或在最短时间内对一定数量需求点运输的调度问题，主要着眼于最优算法。随着运输系统的复杂化和对调度的多目标要求，获得整个系统的精确优化解越来越困难，而且用计算机求解大型优化问题的时间和代价太大。因此，精确优化算法及其简化算法现在常用于运输调度的局部优化问题。

2. 人工智能优化算法

人工智能技术及其应用的不断发展，尤其是模拟退火算法、遗传算法以及人工神经网络和专家系统等新技术的发展，为解决大规模、多目标车辆调度问题提供了新的途径。

3. 模拟方法

模拟方法是指利用数学公式、逻辑表达式、图表、坐标图形等抽象概念表示实际运输系统内部状态和输入输出关系，并通过计算机对模型进行实验，通过实验取得改善运输系统或设计新运输系统所需的信息。虽然模拟方法在模型构造、程序调试、数据整理方面工作量大，但由于运输系统结构复杂、不确定因素多，模拟方法仍以其描述和求解问题的能力优势而成为复杂运输调度系统建模的主要方法。

4. 启发式方法

这是指通过经验法则来求取运输过程满意解的数学方法。启发式方法能同时满足详细描绘问题和求解的需要，较精确优化算法更加实用。其缺点是难以判断解的满意度。

启发式方法中最具代表性的就是由克拉克（Clarke）和赖特（Wright）在 1964 年提出的节约法。许多成功的车辆调度软件就是根据该方法或其改进方法开发的。其次，是吉莱特（Gillette）和米勒（Miller）提出的扫描法。该方法先将节点的需求进行分组或划群，然后对每一组按旅行商问题求解，设计出一条最佳的路线。这种方法也称为“两阶段法”，即先对客户群进行划分，每个客户群用一辆车来完成配送服务，然后再确定每个群内的最短路线。

用启发式方法解决问题时，强调的是“满意”解，而不是去追求最优性。用启发式方法求解问题是通过不断的迭代过程实现的，因而需拟定出一套解的搜索规则。为能得到满意解，在整个迭代过程中要不断吸收新的信息，必要时改变原来拟定的不合适的策略，建立新的搜索规划，注意从失败中吸取教训，并逐步缩小搜索范围。本文重点介绍扫描法和节约法。

（1）扫描法

扫描法在 VRP 求解方法中是一种先分群再寻找最佳路线的算法。求解过程分为两步：第一步是分派车辆服务的客户点；第二步是决定每辆车的行车路线。

分派车辆的过程可以通过手工计算或直接在图纸上完成，也可以利用计算机程序求解。该方法的缺点是不能处理有时间窗的 VRP 问题。

扫描法的原理是，先以物流中心为原点，将所有需求点的极坐标算出，然后依角度大小以逆时针或顺时针方向扫描，若满足车辆装载容量即划归为一群。将所有点扫描完毕后，在每个群内部用最短路径算法求出车辆行驶路径。

其具体步骤如下：

①以物流中心为原点，将所有客户需求点的极坐标计算出来。

②以零角度为极坐标轴，按顺时针或逆时针方向，依角度大小开始扫描。

③将扫描经过的客户点需求量进行累加。当客户需求总量达到一辆车的载重量限制且不超过载重量极限时，就将这些客户划分为一群，即由同一辆车完成送货服务。接着，按照同样的方法对其余客户划分新的客户群，指派新的车辆。

④重复步骤③，直到所有的客户都被划分到一个群中。

⑤在每个群内部用 TSP 算法求出车辆行驶最短路径。

扫描法在 VRP 求解模式中属先分群再求解路径的算法。在仅考虑总距离成本时，一般皆能得到不错的结果，是最为简便、常用的方法之一。

下面介绍扫描法的应用例子。

【例 5-8】　某运输公司为其客户企业提供取货服务，货物运回仓库集中后，将以更大的批量进行长途运输。所有取货任务均由载重量为 10 吨的货车完成。现在有 13 家客户有取货要求，各客户的取货量、客户的地理位置坐标如表 5-11 和图 5-9 所示。运输公司仓库的坐标为（19.50，5.56）。要求合理安排车辆及其服务的客户群，并确定各车辆行驶路线，使总运输里程最小。

解：图 5-9 反映的是客户在道路网络中的位置状况，更符合实际情况。因为车辆的行驶路线实际上是沿着现有道路网络进行的，因此，两点间的实际距离并不等于由坐标点计算的直线距离。但为简化问题，扫描法仍将两点之间的距离按直线距离处理。其求解步骤如下。

第一步：建立极坐标。

参考表 5-11 和图 5-9 中的数据信息，在图 5-10 上描述出各客户点的坐标位置，并在每个客户编号旁边的方框中标注出该客户的货运量。然后，以仓库为极坐标原点，向右的水平线为零角度线。

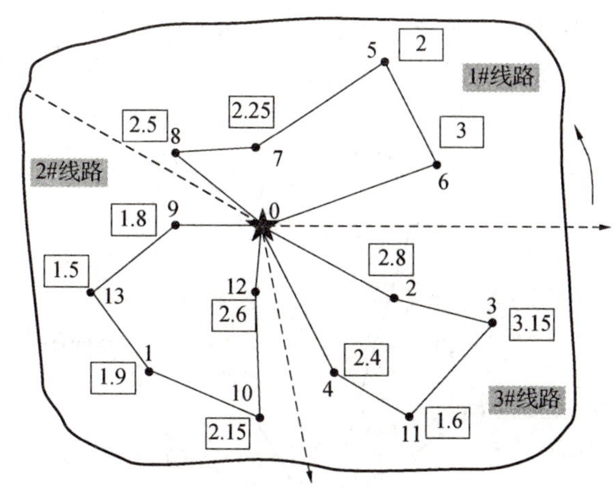

图 5-10　应用扫描法确定的多车辆路径

第二步：扫描划分客户群。

以零角度线为起始位置，按逆时针方向进行扫描。将扫描经过的客户需求量进行累加，将既不超重又能最大限度地利用车辆载重量的客户划分为一组，由一辆车提供取货服务。

根据图 5-9 客户位置分布，客户 6 首先被扫描，其取货量是 3 吨；按逆时针方向依次扫描，经过客户 5、客户 7、客户 8，这时的客户取货总量为 3+2+2. 25+2. 5＝9. 75，如果再增加下一个客户，就会超过 10 吨的极限，所以，客户 6、5、7、8 由第一辆车完成服务，这样就得到了 1#线路。

按照同样的方法，客户 9、13、1、12、10 五个客户被相继扫描，他们的累计取货量为 1. 8+1. 5+1. 9+2. 6+2. 15＝9. 95，不超过车辆载重极限。这样就得到了 2#线路。接着，客户 4、11、2、3 相继被扫描，他们的累计取货量为 2. 4+1. 6+3. 15+2. 8＝9. 95，没有超出车辆载重极限。这样就得到了 3#线路。

因此，按照既不超载又最大限度提高车辆利用率的原则，13 家客户的取货服务可由 3 辆载重量为 10 吨的货车完成。

第三步：确定每辆车的最佳路径。

即要确定上面得到的三个客户群的最佳行车路线，这是一个单一回路的运输问题，可应用本节前面介绍的方法求解。

求解的结果是：1#线路经过的客户点序列是 0—6—5—7—8—0；2#线路的客户点序列是 0—9—13—1—10—12—0；3#线路的客户点序列是 0—4—11—3—2—0。

如果要求出每辆车的总行驶里程，就需要考虑道路网络状况，并根据道路网格，求出两点之间的折线距离；如果忽略道路网格的影响，可直接根据坐标值计算两点之间的直线距离。这两种处理方式得到的结果将有很大的区别。

以上我们通过一个例子介绍了扫描法的应用方法和过程。实际上，对于多车辆路径规划问题，经常需要考虑一些更实际的限制条件。例如，在客户需求点既有送货的要求，又有一定的取货要求；使用的多部车辆可能具有不同的容积和载重量；客户对送货或取货时间有特殊的限制等。增加这些限制条件后，问题的复杂性大大增加，甚至无法寻找到问题的最优解。所以，需要利用一定的原则或启发式方法来辅助得到问题的满意解。其中，最典型的一条原则是按距离聚类的原则，即将相互距离最接近的客户点划分成一群，由一辆车提供送货服务，使客户点之间的行车时间最短。

按照这一原则，图 5-11 所示的客户群划分方案是合理的，而图 5-12 所示的客户群划分方案是应该尽量避免的。

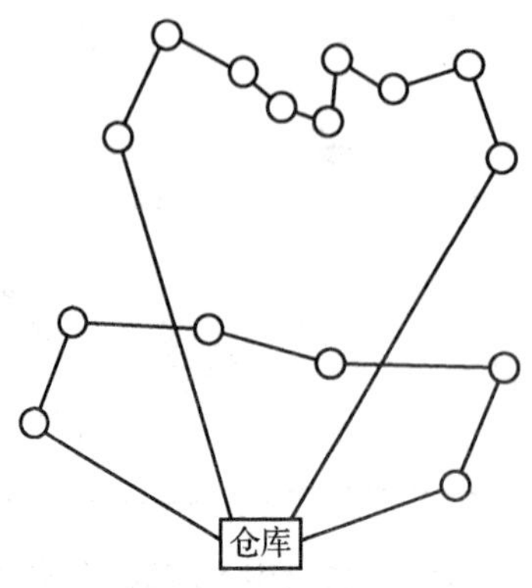

图 5-11　合理的车辆分派方案

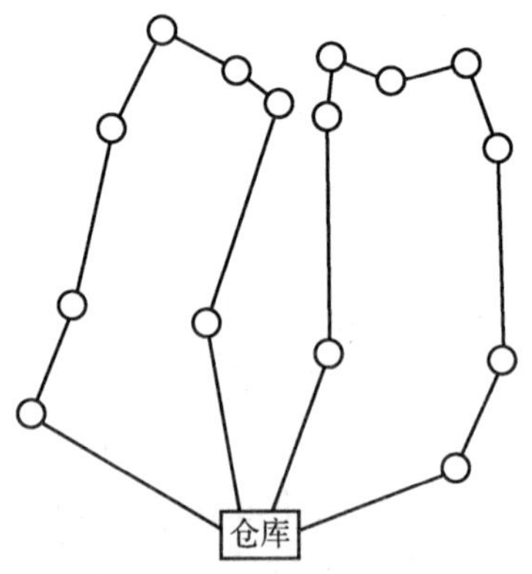

图 5-12　不合理的车辆分派方案

（2）节约法

节约法能灵活处理许多现实的约束条件，当节点数不太多时，能较快地计算出结果，且结果与最优解很接近。用于多车辆路径问题时，该方法能同时确定车辆数及车辆经过各站点的顺序，是解决VRP模型非常有效的启发式方法。

节约法的目标是使所有车辆行驶的总里程最短，使提供服务的车辆总数最少。算法的基本思想是：如果将运输问题中的两个回路合并成一个回路，就可缩短线路总里程（即节约了距离），并减少了一辆卡车。如图5-13所示，将两个回路合并成一个回路后，节约的距离为 $\Delta_{AB} = c_{AO} + c_{BO} - c_{AB}$，即几何学中三角形一边之长必定小于另外两边之和。

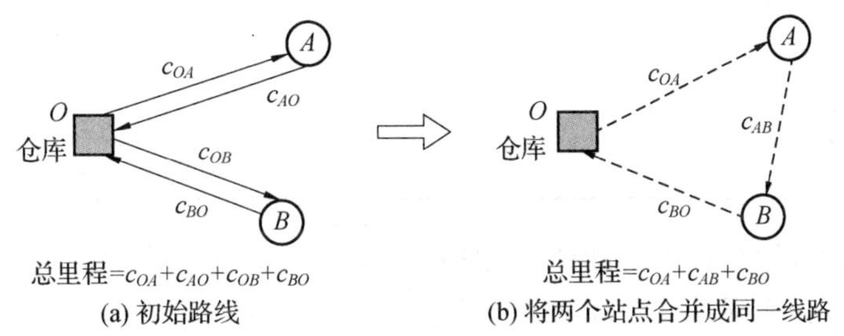

图5-13　节约法的图形描述

根据上述思想，不断地对可行运输方案中的回路进行合并，或将某个客户点加入现有的回路中，并计算出相应的节约距离，节约距离最多的点（且满足约束条件）就应该纳入现有路线中。重复这一过程，直到将所有客户都考虑到线路中。

节约法可方便地编制成程序。当节点规模不大时，也可通过手工方式完成计算，这时通常利用节约矩阵或表格的形式进行。下面通过一个具体的例子来说明其步骤。

【例5-9】　某配送中心P向10个客户A～J配送货物，其道路网如图5-14所示。图中连线上的数字表示两结点间的距离（单位：千米），各客户点旁括号内的数字表示该客户的需求量（单位：吨）。配送中心有载重量为2吨和4吨的两种车辆可供使用，但车辆一次巡回的行驶距离不能超过30千米。试制订其最优的配送线路。

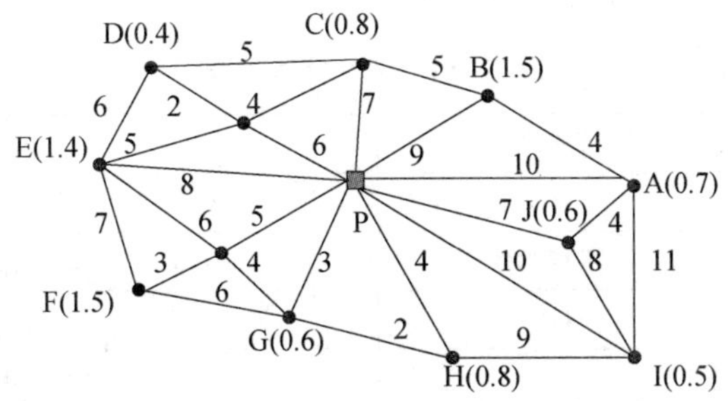

图5-14　配送中心至客户点的道路网络图

解：下面用节约法求解。

第一步：根据给出的相邻节点间的距离，求出配送中心至各客户点、各客户点间的最短距离（见表 5-12）。

表 5-12　客户及配送中心之间的距离

距离	A	B	C	D	E	F	G	H	I	J
P	10	9	7	8	8	8	3	4	10	7
A		4	9	14	18	18	13	14	11	4
B			5	10	14	17	12	13	15	8
C				5	9	15	10	11	17	13
D					6	13	11	12	18	15
E						7	10	12	18	15
F							6	8	17	15
G								2	11	10
H									9	11
I										8

第二步：根据最短距离表，计算节约矩阵，结果如表 5-13 所示。计算结果有正有负，节约值为负数时，无实际意义，故取值为零。

表 5-13　节约矩阵

节约值	A	B	C	D	E	F	G	H	I	J
A		15	8	4	0	0	0	0	9	13
B			11	7	3	0	0	0	4	8
C				10	6	0	0	0	0	1
D					10	3	0	0	0	0
E						9	1	0	0	0
F							5	4	1	0
G								5	2	0
H									5	0
I										9

第三步：将所有的节约值按从大到小的顺序排列（见表 5-14）。

表 5-14　节约值排序表

连接点	节约值	连接点	节约值
A～B	15	F～G	5
A～J	13	G～H	5
B～C	11	H～I	5
C～D	10	A～D	4
D～E	10	B～I	4
A～I	9	F～H	4
E～F	9	B～E	3
I～J	9	D～F	3

续表

连接点	节约值	连接点	节约值
A~C	8	G I	2
B~J	8	C~J	1
B~D	7	E~G	1
C~E	6	F~I	1

第四步：按照节约值的大小顺序，以及车辆载重量和行驶距离的限制，逐步构造配送线路。

首先，构建初始线路。对每一个客户分别单独派车送货，如图 5-15 所示，形成了 10 条初始配送线路。

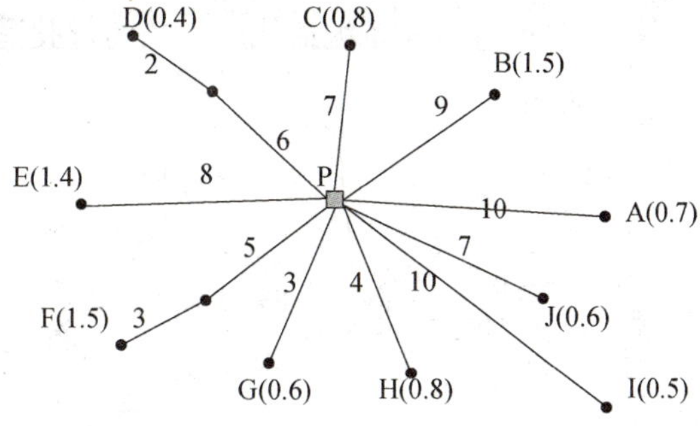

图 5-15　初始配送线路

接下来，按照节约值的大小顺序进行线路合并，连接 AB，AJ，如图 5-16 所示。

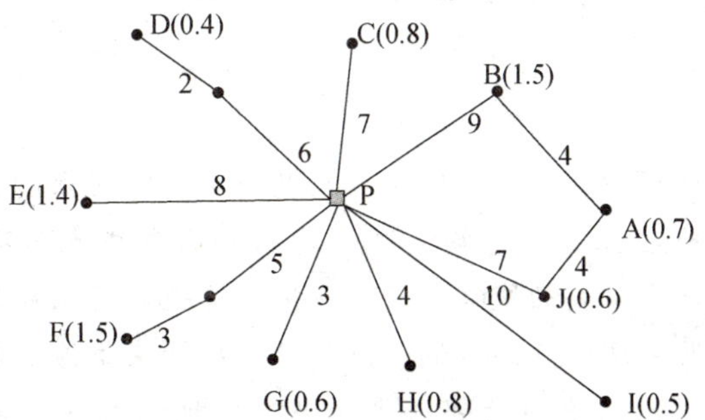

图 5-16　第一次线路合并图

接着，连接 BC，形成配送线路Ⅰ，如图 5-17 所示。此时该线路的总需求量为 3.6 吨，线路长度为 27 千米。按照节约值的大小顺序，现在应考虑是否将 CD 连接到配送线路Ⅰ。但若将 CD 连接到该线路，线路长度将超过 30 千米，不可行。

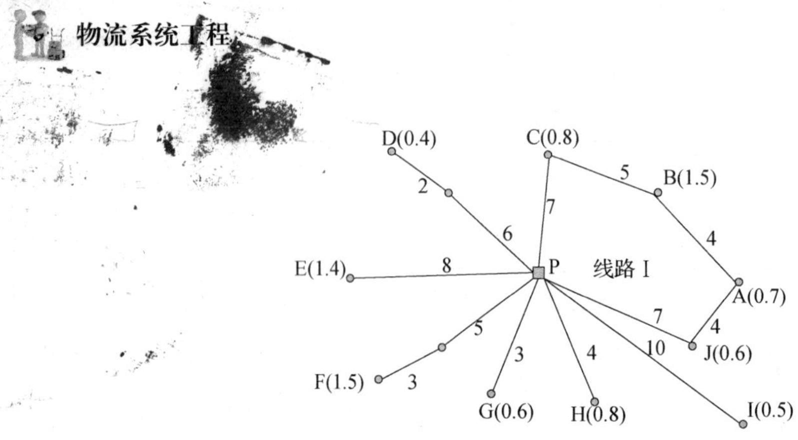

图 5-17 配送线路 I

接下来，连接 DE，开始构造配送线路Ⅱ。重复该步骤，直到没有可合并的线路为止。得到的最终解如图 5-18 所示，共构造出 3 条配送线路，总的行驶里程为 80 千米。

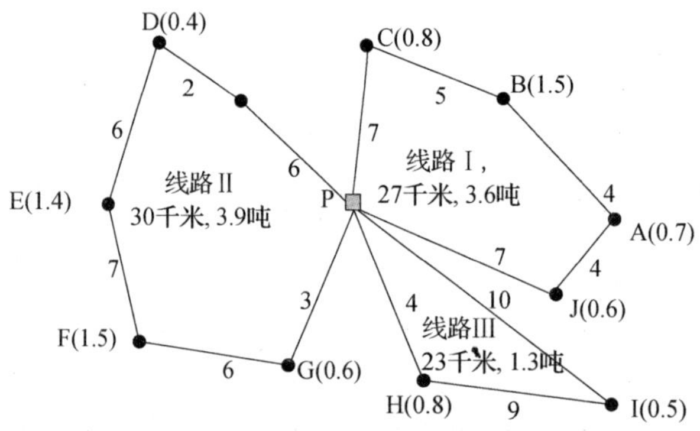

图 5-18 配送中心送货线路规划方案

本章小结

物流网络是指物流过程中相互联系的企业及其设施在空间上的拓扑联系。物流设施的数量及其规模、设施的地理位置等对物流服务能力和服务成本具有直接的重要影响，因此，物流网络规划设计具有重要的战略意义。物流网络规划的主要任务包括物流网络结构设计、设施数量、功能及地理位置的规划、设施产能规划决策等。物流网络规划包括了一系列复杂的过程，从初步的网络布局到一系列潜在地址的选择，再到精确的选址规划模型，需要收集大量的数据信息，包括产品、客户、成本、空间信息等方面。从定性角度分析，物流设施选址受到企业内部因素、外部环境因素及物流成本因素的影响。从定量角度看，单设施选址规划常见的是重心法，多设施选址规划常见的有混合整数规划方法和启发式方法。混合整数规划方法得到的选址方案更佳，总成本更低，但模型复杂，需要借助优化算法和软件工具；启发式方法得到的选址方案一般不是最佳方案，但方法简单。

运输系统是物流系统中最重要的子系统之一。运输子系统的规划决策包括了运输方式的选择、运输调配决策及车辆路径问题等。本章介绍了运输方式的选择原则，并介绍了考虑运输成本与库存成本的总成本分析的运输方式定量选择方法，介绍了在供应地与需求地之间进行运输调配的决策方法，包括直达运输和存在中间转运两类问题。对于小规模的运输调配问题，可以应用运筹学中表上作业法进行求解；对于大规模的问题，则要运用数学模型和优化方法求解。

车辆路径问题在物流系统优化中具有一定的难度。根据问题的不同，可分成单一车辆路径问题和多车辆路径问题。对于单一车辆路径问题，主要介绍了动态规划法和 Dijkstra 方法；多车辆路径规划的任务包括分配车辆数量并决定各车辆的最佳行驶路径。本章主要介绍了求解多车辆路径问题的两种启发式方法：扫描法和节约法。

复习题

1. 什么叫物流网络？物流网络的关键要素有哪些？

2. 为什么说物流网络规划属于战略层的规划？

3. 对于计算机芯片这类具有较高技术含量的产品，其生产设施布局适合采取什么样的布局策略？对于全球饮料公司（如可口可乐公司）来说，其生产设施布局又宜采取什么样的布局策略？

4. 数据收集阶段，如何确定两备选设施点之间的距离？

5. 物流总成本由哪几部分构成？物流网络规划时，如何考虑各项成本的影响？

6. 哪些外部因素会影响物流设施的选址决策？

7. 运输方式的选择应考虑哪些因素的影响？

8. 动态规划法和 Dijkstra 方法在解决单一车辆路径问题时各有什么特点？有哪些局限性？各适合什么应用场合？

9. 分析节约法的基本原理。

10. 某企业有两个生产厂（P_1、P_2）服务于三个目标市场（M_1、M_2、M_3），地理坐标、各节点的货运量和运输费率如表 5-15 所示。

表 5-15　各设施点的坐标值、货运量和运输费率

设施点序号	货运量（吨）	运输费率（元/吨·千米）	坐标（千米）(x, y)
P_1	5000	0.04	(3，8)
P_2	7000	0.04	(8，2)
M_1	3500	0.095	(2，5)
M_2	3000	0.095	(6，4)
M_3	5500	0.095	(8，8)

如果要新建一个中转仓库，试用重心法为该仓库选择最佳位置。

11. 假设有 5 家工厂，其坐标分别为 $P_1(1, 2)$，$P_2(7, 4)$，$P_3(3, 1)$，$P_4(5, 5)$，$P_5(2, 6)$。现在要建立一个中心仓库为这 5 家工厂提供原料配送服务。各工厂到中心仓库的运输由货车完成，运量按车次计算，分别为每天 3、5、2、1、6 次。试确定中心仓库的最佳位置。

12. 重心法选址的优点是什么？有哪些局限性？

13. 试应用混合整数规划方法求解例题 5-3，并对混合整数规划方法与启发式方法进行比较。

14. 某发电厂每天需煤约 45 吨，原料成本为 176 元/吨，库存保管费率为 25%。利用火车运输，运输时间为 15 天，发电厂对煤的安全库存是供货期间需求量的 2 倍。

考虑如下两种运输方案：

①单车皮运输，每节车厢可运 45 吨煤，运价为 3200 元/节车厢；

②整车运输，70 节车厢，运价为 120000 元/列火车。

考虑运输费用和库存成本后的总成本各是多少？两种运输方案哪种更合适？

15. 某商品有 3 个生产基地和 3 个需求地。各生产基地能供应的生产量分别为：A_1，10 吨；A_2，7 吨；A_3，5 吨。各需求地的需求量分别为：B_1，6 吨，B_2，8 吨，B_3，8 吨。从生产基地到需求地的产品单位运价如表 5-16 所示。如何规划运输方案，才能使总运输费用最低？

表 5-16 从生产基地到需求地的产品运价表

生产地 \ 需求地	B_1	B_2	B_3
A_1	1	10	5
A_2	9	2	4
A_3	12	7	3

16. 有一配送中心向某一客户送货，其行车可能途经 6 个地点。如图 5-19 所示，点 1 是配送中心位置，点 8 是客户位置，其他为中途可经过的点，箭头上的数代表两点间的距离（单位：千米）。求配送中心到客户的最短距离和最佳行车路线。（提示：可用 Dijkstra 方法求解）

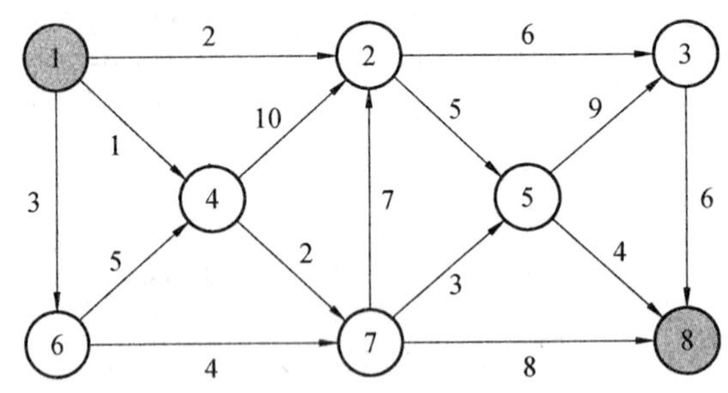

图 5-19 配送中心到客户间的网络图

17. 某批发中心每天要为城区 21 个零售店客户送货，客户的位置信息和需求信息如表 5-17 所示。一年按 250 个营业日考虑；该地区公路网完善，没有河流、湖泊或其他需要绕行的障碍。目前，公司有 5 辆送货车，每辆车可装 500 箱货物。

①用扫描法确定所需的运货卡车数量。

②确定每辆卡车的最佳运输路线及客户服务顺序。

③讨论扫描法的优点和缺点。

表 5-17　客户位置信息及货运需求量数据

客户序号	坐标		需求量（箱）	客户序号	坐标		需求量（箱）
	x	*y*			*x*	*y*	
1	7.5	28.5	120	12	11.0	40.0	90
2	10.0	9.0	200	13	32.0	40.0	80
3	12.0	24.0	120	14	7.5	18.0	50
4	13.0	30.0	150	15	5.0	13.5	160
5	13.5	34.0	50	16	23.0	8.0	100
6	17.5	16.5	90	17	27.0	8.0	140
7	23.0	38.5	140	18	36.0	8.0	50
8	23.0	16.5	60	19	32.0	4.0	90
9	23.5	75.0	110	20	32.5	22.0	150
10	27.0	33.5	180	21	31.5	13.0	80
11	29.0	28.0	30				
仓库	15.0	35.0		总计			

18. 某网上销售公司现收到 12 个客户的订货请求，客户的位置及订货规模如表 5-18 所示。该公司送货部门有 5 辆卡车，卡车最大装载量均为 225 件。试用节约法为该公司设计合理的运输方案，并说明每种方案的车辆行驶总路程。

表 5-18　客户位置及订货规模

站点	*X* 坐标	*Y* 坐标	订单规模（件）
配送中心	0	0	
顾客 1	-12	0	74
顾客 2	-5	6	55
顾客 3	-15	7	68
顾客 4	-12	9	109
顾客 5	-3	15	81
顾客 6	0	20	41
顾客 7	2	17	74
顾客 8	4	7	52
顾客 9	6	1	80
顾客 10	6	15	69
顾客 11	7	20	103
顾客 12	9	7	75

案例分析 1

Efes 公司选址决策案例

一、案例背景

阿纳多鲁艾菲斯（Anadolu Efes）啤酒公司（简称“Efes 公司”）通过成功的分销、定价及市场营销计划与决策，自 20 世纪 80 年代以来就成为土耳其啤酒市场的领导者。Efes 公司在 1998 年通过购买可口可乐在土耳其瓶装版权扩大了自己的业务范围，并且使企业向国际化业务转型。目前，公司的生产基地和市场遍布土耳其、俄罗斯、哈萨克斯坦、格鲁吉亚、乌克兰等。公司在 21 世纪面临的两项主要挑战是如何开展企业多样化战略及巩固自己在土耳其啤酒酿造行业的核心地位。

依据土耳其国内啤酒市场的现状，Efes 公司亟待解决的问题是企业的产能无法跟上市场对啤酒的需求。与此同时，愈来愈激烈的竞争亦成为企业面临的另一个重要问题。Efes 的最大竞争对手土耳斯杜伯（Turk Tuborg）被丹麦嘉士伯（Danish Carlsberg）啤酒公司收购，然后推出了 Carlsberg 品牌啤酒以对抗 Efes。虽然 Efes 公司的老牌产品艾菲斯比尔森（Efes Pilsen）拥有较高数量的忠实客户群，但面对巨大竞争压力，Efes 管理层依旧认为重新设计并强化 Efes 产品分销网络是获取竞争优势的关键。

二、Efes 的啤酒生产过程及分销渠道

啤酒由谷物如玉米、水稻、小麦等中的糖类发酵而成，其主要成分为麦芽、水及啤酒花。啤酒的酿造过程包括四步：第一步，将麦芽、蔗糖、啤酒花和水混合，经过一系列操作变为麦芽汁；第二步，酿造，将麦芽汁冷冻并放入发酵箱中；第三步，加入酵母，并进行 3~10 天的发酵过程；第四步，根据不同类型啤酒产品进行后续处理。根据 Efes 实际生产工艺，对于国产及进口麦芽，每 1000 吨麦芽可酿造的啤酒量分别为 8333 万升及 9091 万升。

Efes 的啤酒产品生产实际过程发生于麦芽生产厂及酿造厂中。麦芽生产厂产出麦芽等原材料，再经酿造厂酿造处理后，成品通过分销渠道运送至各市场。Efes 在土耳其有 3 个麦芽生产渠道，其中，国内现有 2 个麦芽生产厂，分别位于大麦主种植区科尼亚和阿菲永，另有 1 个通过伊兹密尔港口进口国外麦芽产品。Efes 的 2 个酿造厂分别位于伊斯坦布尔和安卡拉。产出的啤酒通过 5 个渠道销出，分别由位于伊斯坦布尔、安塔利亚、布尔萨、开塞利的分销中心配送至所在区域，以及通过伊兹密尔港口出口到其他国家。

三、Efes 面临的问题

由于预测到啤酒市场的需求将在未来几年内增长，为了保持现有市场份额，Efes 将扩大产能提上决策日程。但由于旧厂已投入运营，无法在现有的旧厂基础上进行扩建，Efes 管理层需要对是否新建酿造厂进行决策。新的酿造厂将装备最新制造工艺，能够达到每年 7 亿升的产能；如果在新酿造厂基础上进行扩建，则可以达到每年 120 亿升的产能，但由于资金的限制，扩建成本需要用年利率为 10%的贷款实现。公司管理层从水源及原料质量等方面慎重考虑，将伊兹密尔、萨卡里亚和阿达纳作为 3 个潜在的新建工厂地点。管理层需要做出以下决策以达到成本最小（由于建造成本的回收周期，可以将建造成本分摊至

20 年进行成本计算)：

(1) 在哪些地点建立新的酿造厂？

(2) 是否对某个新建酿造厂进行扩建？

(3) 如何分配各厂的生产数量以满足各地市场需求？

四、数据信息

麦芽生产厂至酿造厂、酿造厂至各地分销中心的运输费用如表 5-19 及表 5-20 所示；表 5-21 包括了 Efes 公司未来 3 年各地分销中心的啤酒需求预测量；表 5-22 及表 5-23 列出了现有麦芽生产厂及酿造厂的生产与酿造能力；表 5-24 为酿造厂新建及扩建成本。

表 5-19　麦芽制造厂至酿造厂的运输费用　　单位：千万美元/千万升

麦芽制造厂 \ 酿造厂	现有酿造厂		待建酿造厂		
	伊斯坦布尔	安卡拉	伊兹密尔	萨卡里亚	阿达纳
阿菲永	0. 026	0. 017	0. 020	0. 019	0. 032
科尼亚	0. 037	0. 017	0. 031	0. 030	0. 022
出口（伊兹密尔）	0. 032	0. 033	0. 004	0. 028	0. 048

表 5-20　酿造厂至分销中心的运输费用　　单位：千万美元/千吨

酿造厂 \ 分销中心		伊斯坦布尔	伊兹密尔	安塔利亚	布尔萨	开塞利	出口（伊兹密尔）
现有	伊斯坦布尔	0. 000	0. 040	0. 052	0. 017	0. 055	0. 042
	安卡拉	0. 032	0. 041	0. 039	0. 027	0. 023	0. 043
待建	伊兹密尔	0. 040	0. 000	0. 032	0. 023	0. 062	0. 002
	萨卡里亚	0. 011	0. 034	0. 041	0. 011	0. 045	0. 036
	阿达纳	0. 067	0. 064	0. 040	0. 060	0. 024	0. 066

表 5-21　分销中心未来每年需求预测量　　单位：千万升/年

分销中心 \ 年数	第一年	第二年	第三年
伊斯坦布尔	103	110	125
伊兹密尔	74	80	90
安塔利亚	50	53	60
布尔萨	60	75	85
开塞利	102	110	125
出口（伊兹密尔）	13	13	15
总计	402	441	500

表 5-22　麦芽制造厂生产能力　　单位：千吨/年

麦芽制造厂	生产能力值
阿菲永	30
科尼亚	68
出口（伊兹密尔）	20

表 5-23　酿造厂生产能力　　单位：千万升/年

酿造厂 / 生产能力值	现有酿造厂		待建酿造厂		
	伊斯坦布尔	安卡拉	伊兹密尔	萨卡里亚	阿达纳
生产能力	220	200	70	70	70
扩建后可增加生产能力	不可扩建	不可扩建	50	50	50

表 5-24　待建酿造厂新建及扩建费用　　单位：千万美元

待建酿造厂	新建费用	扩建费用
伊兹密尔	75	30
萨卡里亚	70	27
阿达纳	68	25

问题讨论：

通过以上数据，建立该问题的优化模型，并进行优化求解。帮助管理者进行如下问题的决策：

（1）在哪些地点建立新的酿造厂？

（2）是否对某个新建酿造厂进行扩建？

（3）如何分配各厂的生产数量以满足各地市场需求？

（来自百度文库）

案例分析 2

人道主义物流：捐赠食品从瑞士到赞比亚的运输

一、项目背景

无国界儿童联盟（Alliance for Children Everywhere，ACE）是一个以信仰为基础的慈善组织。ACE 主要关注解救儿童、提供营养食品，帮助他们恢复健康、重归家庭或是把他们安置在合适的领养家庭。位于赞比亚首都卢萨卡的摩西之家（Homes of Moses，HOM）是 ACE 在赞比亚的办事处。ACE 通过赞比亚基督教儿童联盟（CACZ）为婴幼儿童提供细致呵护。CACZ 在赞比亚有着极高的声誉，对当地的居民状况和政府官员很了解，其援助资金主要来自个人、教堂、基金会及志愿者团体的捐助。

2006 年年初，德国的慈善组织援手（Giving Hands）受瑞士和德国的多个慈善团体的资助，有机会以极低的价格从一家瑞士制造商处购买一大批婴幼儿食品。Giving Hands 与卢萨卡摩西之家的 CACZ 人员沟通，确定了当地对婴儿食品的需求。这样，Giving Hands 准备用两个集装箱来装运这些捐赠的婴儿食品，然后将这些食品从瑞士巴塞尔的制造商那运往赞比亚卢萨卡的 HOM。

CACZ 认为这是个非常复杂的运输问题，必须请教相关专家管理该物流项目。CACZ 的人员几乎没有物流方面的工作经历，所以，他们招募了一批具有物流和供应链管理经验的志愿者。

二、运输线路的选择

该项目的第一步就是要选择运输线路，确定从瑞士巴塞尔到赞比亚卢萨卡的运输方式。项目组考虑了几种可能的运输方式。

第一种方案：利用英国航空公司从英国希斯罗机场（LHR）到赞比亚卢萨卡（LUN）的直达航线，货物从瑞士巴塞尔或苏黎世经 LHR 机场到卢萨卡机场。

第二种方案：使用不同的欧洲航空公司（如荷兰皇家航空公司、德国汉莎航空公司、瑞士国际航空）或南非航空公司，但这种方式需要取得与约翰内斯堡的联系。

第三种方案：使用国际货运代理公司来完成，如 UPS、联邦快递、DHL、瑞士泛亚班拿（Panalpina）等。这些国际货代公司可能最终会采取包机的形式来完成运输。

项目组认为，航空运输的费用太昂贵，远远高于海运或陆运的费用。因此，他们又提出了另外的可选方案，即水运与陆运相结合的运输方式。由于巴塞尔属于莱茵河水系，集装箱可以通过驳船运输到欧盟的主要集装箱港口，如鹿特丹、安特卫普，也可以通过铁路或公路运输的方式到达这些港口。一旦集装箱抵达出口港口，可供选择的海运线路和承运公司就非常多了。

然而，除了交通问题需要考虑之外，资金、政治、自然风险、中转国家的可靠性等因素也需要认真考虑。当货物要经多个国家或采取多种运输方式时，怎样避免运输过程中的不稳定因素是一个非常重要的问题。除此之外，还要考虑货船经过的海域或港口附近是否有海盗抢劫的可能性。

经过多方权衡比较，进一步确定了两条备选线路。一条线路是先从安特卫普港或鹿特丹港到西非安哥拉港或南非开普敦港，然后再用卡车运往卢萨卡。另一条线路是先经苏伊士运河运往东非港口（如肯尼亚的蒙巴萨、坦桑尼亚的达累斯萨拉姆、南非的德班），然后再用卡车运往卢萨卡。

最终选定的路线是：先通过驳船将货物从巴塞尔运达安特卫普港，然后由荷兰西欧集装箱运输公司（WEC）承运，自安特卫普港经地中海和苏伊士运河，运达坦桑尼亚的达累斯萨拉姆港，最后再利用卡车运输将集装箱从达累斯萨拉姆港运送到卢萨卡。这条线路被认为是最佳路线，因为该线路所经过的城市之间有很好的公路连接，并且坦桑尼亚与赞比亚在跨境运输和贸易方面有良好的合作关系。赞比亚是个内陆国家，必须依赖其他国家的港口来完成货物进出口。

三、装运方案

制造商将这些婴儿奶粉、麦片用收缩袋包装或托盘放置在 2 个 40 英尺（1 英尺=

0.3048 米）的集装箱内。在货物装箱时，将托盘按照产品类型进行分类排序（例如，4 个月以上婴幼儿配方奶粉、米糊等）并标注产品使用保质期等。集装箱密封后由驳船运输到安特卫普。

1 号集装箱内分别用 67 个托盘按保质期的长短将婴儿配方奶粉进行分装，这些捐赠货物的总重达 11413 千克，共 12853 盒婴儿食品。为防止因温度和湿气的变化导致食物变质，每盒婴儿食品统一用铝箔严密包装。婴儿配方奶粉使用纸盒包装，每盒内另由 3 个小盒组成，总计 4284 个纸箱。2 号集装箱内的食品包括 1 种婴儿配方奶粉、6 种不同类型的谷物产品等，按 11 个不同的保质期放置在 69 托盘上，总计 10263 千克，共 17440 盒。由于谷物的密度比奶粉低，所占空间较大，所以 2 号集装箱比 1 号集装箱用了更多的储物空间。

集装箱在 2006 年 3 月底通过驳船从巴塞尔运往安特卫普，4 月 7 号经荷兰 MSC Loretta 且装船运往达累斯萨拉姆。经过约 30 天的航行后抵达目的港。到港后，集装箱先经港口海关检验，然后由卡车运往终点卢萨卡；最终在 5 月 29 日抵达卢萨卡，并放置在海关监管区。

德国慈善团体 Giving Hands 对货运全程总费用情况进行了考虑，他们也负责货物在卢萨卡的所有费用，包括海关、搬运、装卸、卡车、燃料、集装箱装卸叉车租赁等费用。

另外，国际货物运输，特别是容易变质的食品运输，需要大量的运输单据。为了减少海关费用，减少这批捐赠货物被转卖的可能性，还需要其他一些文件证明。主要运输单据包括海运提单、装船通知、捐赠证明书、装箱单、食品卫生检验证、兽医检验证书等。

四、从海关到 HOM 的运输

负责此项目的志愿者预计货物在 2006 年 6 月 20 日之后才抵达港口，因此，他们 6 月 21 日才抵达卢萨卡。志愿者与 HOM 的代表 6 月 23 日去海关提取两个集装箱。海关收取了关税及其他手续费总计 1220 美元。

HOM 想买下其中一个集装箱用作他们在卡尼亚马的安全存储单元，费用约 1400 美元。2 号集装箱抵达时，还保持安全密封状态，所以，HOM 想买下该集装箱。而 1 号集装箱已被打开，其中的货物被转移到仓库内。这样做可以减少 5 月 29 日到 6 月 23 日的海关保管费用。不幸的是，这些货物被随意摆放在泥土地上，纸箱外布满了尘土，托盘全部损坏，所有的物品都杂乱摆放，原本按保质期摆放的顺序也全都混乱了。因此，需要花大量时间和精力去整理仓库内的 4284 个食品纸箱，查看是否有遗失和被盗的情况。

接下来，需要完成从海关到摩西之家 HOM 长达 15 千米的运输。HOM 有一辆沃尔沃卡车专门用于货物运输，有 1 个司机和 3 个搬运工。装货过程面临很多问题，首先是需要更多的人手来帮助装车；其次，HOM 的卡车没有足够的侧边栏板和篷布遮挡货物，卡车空间利用率低。一共花了 4 天的时间才完成这批货物的运输。这批工人的雇佣费用每天约合 15 美元（包括午餐在内）。

最后，1 号集装箱内的所有货物都被送至 HOM。现在要做的是按照 4 种不同类型和 5 种保质期将食品分类。所有 HOM 的工作人员、志愿者和雇佣的工人们都在努力地完成这项枯燥乏味的任务。

经过了1号集装箱搬运装卸后，搬运2号集装箱内的货物变得简单多了。由于货物都完好地保存在密封容器内，原计划将2号集装箱直接从海关监管区运往HOM，但是因为缺乏大功率的移动式起重机而不能吊起整箱集装箱货物，也没有足够大的卡车能装运集装箱，最后不得不放弃这种设想。除了HOM原有的卡车司机和搬运工人之外，HOM雇用了所有可移动的起重机和叉车，将托盘从集装箱内运送至卡车上。在操作过程中，要保持托盘的完整性，且不能混淆产品摆放顺序。

第一天的搬运状况良好。只搬运同一保质期内（2006年11月22日之前使用）的食品箱，并将这些纸箱整齐地堆放在一起。但是，接下来搬运多个不同保质期内的食品箱就变得十分烦琐，导致后期就很少按照保质期来摆放了。为尽快将货物搬出海关仓库，HOM又租用了一辆卡车，租金约150美元。工作人员又花费大量精力，分类整理，最后才将1号、2号集装箱内的货物整理完毕且摆放整齐。至此，完成了货物从海关到HOM的运输。

五、捐赠食品向其他救助机构的分发

项目一开始就清楚地知道，这些集装箱内的婴儿食品总量大大超过了HOM的需求总量，所以需要寻找一些专为婴幼儿服务的救援机构接收这些食品。

HOM领导者根据经验，准备将多余的食品送给精心挑选出来的三家机构：世界宣明会（World Vision）、赞比亚大学附属医院（UTH）和监狱（注：在赞比亚，女性服狱人员将自己的孩子带进监狱同自己一起生活）。少数食物也被分配给了一些与HOM有合作的当地机构和部门。例如，100箱食物分给了赞比亚社会福利署，30箱分给了国际行动部，30箱分给了耶稣军教会和学校，50箱分给了当地的麻风病院。

食品从海关运到HOM的物流总费用为2770美元，包括：海关结算费1220美元，叉车、起重机租用费1115美元，雇佣搬运工人、租赁货车等435美元。

问题与讨论：

1. 结合本案例讨论，在国际物流中，运输线路的选择主要考虑哪些因素？

2. 讨论食品从卢萨卡海关到HOM的运输过程，分析物流运输费用由哪几部分构成？

（来自百度文库）

第六章

物流系统仿真

本章学习目标

- 理解系统仿真的概念、分类及一般步骤。
- 理解离散事件系统仿真的基本概念和策略。
- 掌握排队系统的仿真建模方法。
- 初步具备典型物流系统仿真分析能力。

本章导读

系统仿真作为研究、分析和设计系统的一种有效技术被广泛应用。凡是利用计算机在模型上而不是在真实的系统上进行实验、运行的研究方法都可认为是仿真。由于物流系统的复杂性，利用计算机进行各种复杂物流系统运营过程的模拟和控制具有非常重要的意义，是研究、设计物流系统的一种日益重要的手段。本章主要介绍了系统仿真的基本概念和一般步骤，重点介绍了离散事件系统仿真，还介绍两个典型的物流系统——集装箱物流系统和废弃物物流系统的仿真过程和方法，最后介绍了物流系统仿真应用实例。

第一节　系统仿真

一、系统、模型与仿真

为了研究系统，理论上可以用实际的系统来做实验，但是出于经济、安全及可能性方面的考虑，往往不希望在真实的系统上进行实验，尤其是对一个未建立的系统，要预测它的性能，也不可能用真实系统做实验，因而必须引入系统模型。系统模型是对系统本质特性和内在关系的描述，不是系统的“复现”。模型可分为物理模型、数学模型和概念模型等。

仿真是指在实际系统尚不存在的情况下对于系统或其活动本质的模拟。系统、模型、仿真三者之间有着密切的关系。系统是研究的对象，模型是系统的抽象，仿真是通过对模型的实验来达到研究系统的目的。

现代仿真技术是在计算机支持下进行的，因此，系统仿真也称为“计算机仿真”。系统建模、仿真建模和仿真实验是系统仿真的三个基本活动，联系这三个活动的是系统仿真的三要素，即系统、模型、计算机（包括硬件和软件），它们的关系可用图 6-1 描述。

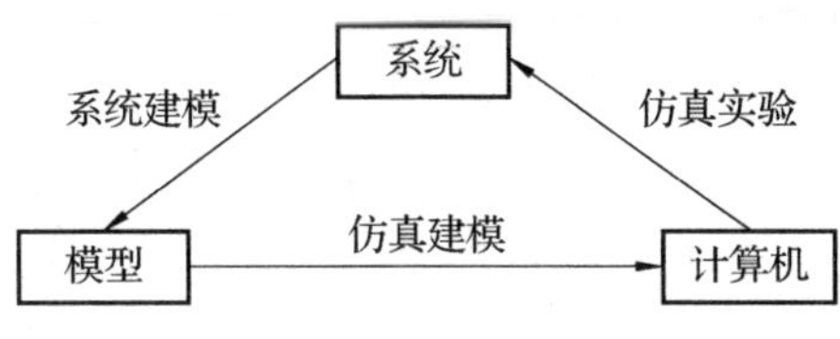

图 6-1　计算机仿真三要素及三个基本活动

二、系统仿真的类型

可以从不同的角度对系统仿真加以分类。

（一）根据模型的种类分类

根据模型种类的不同，系统仿真可分为物理仿真、数学仿真和半实物仿真。

物理模型是对真实系统进行简化或按比例处理得到的复制品，因而仿真直观、形象，但是模型改变困难，实验限制多，投资大。数学模型是对系统特性、规律的描述，比较抽象，数学仿真的主要问题是系统数学模型不易建立。半实物仿真是将数学模型与物理模型甚至实物结合起来进行实验，根据特点将系统分成几个部分分别用不同模型描述，取长补短，仿真时将两者连接起来完成整个系统的实验。

（二）根据仿真时钟与实际时钟的关系分类

仿真时钟是表示仿真时间变化的时钟，根据仿真时钟与实际时钟的关系，可分为实时仿真、亚实时仿真和超实时仿真。

仿真时钟与实际时钟完全一致的是实时仿真，对物理模型或实物模型，必须进行实时仿真。仿真时钟慢于实际时钟的称为“亚实时仿真”，即模型的速度慢于实际系统运行的速度，如爆炸过程的仿真。模型仿真的速度快于实际系统运行速度的称为“超实时仿真”，如大气环流的仿真、交通系统的仿真、物流系统的仿真等。

（三）根据系统的特性分类

根据系统的特性，系统仿真可分为连续系统仿真、离散事件系统仿真。

连续系统是指系统状态随时间连续变化的系统。连续系统的模型按其数学描述可分为：集中参数系统模型，一般用常微分方程描述；分布参数系统模型，一般用偏微分方程描述。

离散事件系统是指系统状态在某些随机时间点上发生离散变化的系统，属于人造系统。模型可采用数学方程、曲线、图表、计算机程序等多种形式表征。

基于系统的模型，可分析系统的行为性能及其与系统结构和参数的关系，研究系统的控制和优化。例如，在研究物流系统的调度、控制、优化等问题时，就可以把物流系统看作离散事件系统。但是，对一个复杂的离散事件动态系统建立比较完善的模型很困难。

三、系统仿真的一般步骤

系统仿真的主要步骤如下：

①针对实际系统建立系统模型，确定模型的边界。

②仿真建模，即根据系统的特点和仿真要求选择合适的算法。

③程序设计，将仿真模型用计算机程序描述。利用专用的仿真语言，能大大减轻程序编制的工作量。

④程序检验，即程序调试的检验和仿真算法的合理性检验。

⑤对模型进行实验。

⑥仿真输出结果分析。结果分析非常重要，特别是对离散事件系统来说，其输出分析甚至决定着仿真的有效性。输出分析既是对模型数据的处理，同时也是对模型的可信性进行验证。

实际仿真时，上述步骤往往需要多次反复和迭代。

四、物流系统仿真软件

由于物流系统的复杂性，如果用一般的高级语言（如 Fortran、C 语言）进行仿真，存在着程序量大、界面差、不易维护等缺点，因此，需要专用的仿真软件作为支撑工具。专用的仿真软件可以使模型的描述更加方便和直观，仿真过程更为灵活，仿真结果更易于理解。下面就目前国内外比较有代表性的几种仿真软件进行说明。

（一）AutoMod

AutoMod 是由美国布鲁克自动化（Brook Automation）公司开发的产品，是目前市面上比较成熟的三维物流仿真软件，被广泛地应用于制造系统、仓储系统、物流处理、企业内部物流、港口、车站、配送中心以及控制系统等的仿真分析、评价和优化设计等。

它拥有编辑和仿真 2 个界面，使用 10 种模型系统来刻画实际的生产系统和物流系统结构。这 10 种模型系统分别是逻辑进程（Process）、子模型（Submodel）、移动路径（Pathmover）、输送系统（Conveyor）、释放系统（Power & Free）、容器与管道系统（Tanks & Pipes）、自动化立体仓库（As/Rs）、桥式起重机（Bridgecrane）、运动机构（Kinematies）、静态系统（Statie）。其中 Process 系统是模型的主线，相当于主程序，在高版本的 AutoMod 中创建模型时自动生成，其他 9 个模型系统均可以通过 AutoMod 主菜单进行操作。

AutoMod 主要包括了三大模块：AutoMod、AutoStat 和 AutoView。AutoMod 模块是这个软件中最基本的部分，其他模块的使用必须建立在这个模块的基础之上。它包括两个部分——AutoMod ModelEdito 和 AutoMod Runtime。AutoMod ModelEdito 提供给用户一系列的物流系统模块来仿真现实世界中的物流自动化系统，主要包括输送机模块（辊道、链式），自动化存取系统（立体仓库、堆垛机）、基于路径的移动设备（AGV 等）、起重机模块等。AutoMod Runtime 提供了运行设定与仿真环境，可设定运行时间参数。它提供了两种随机数发生器和多种随机函数，可以支持稳态仿真的多次快速仿真。AutoStat 模块为仿真项目提供增强的统计分析工具，由用户定义测量和实验的标准，自动在 AutoMod 的模型上执行统计分析。主要特点是：基于发展策略运算法则的最优化分析，用户为得到更好的模型来定义输出审核，多 CPU 并行计算等。AutoView 可以允许用户通过 AutoMod 模型定义场景和摄像机的移动，产生高质量的 AVI 格式的动画。用户可以缩放或平移视图，或使摄像机跟踪一个物体的移动，如叉车或托盘的运动。AutoView 可以提供动态的场景描述和灵活的显示方式。

AutoMod 建立搬运机器设备等对象物体，对各个作业流程都要建立过程语言，通过编程才能做出作业流程。全部配置结束后，编译源程序来执行模型。作为物流仿真器，为多数用户所采用。它的功能十分强，如果能灵活使用，就能够实现相当高难度的仿真，而且不同模块之间可以进行通信。AutoMod 建模操作十分复杂，由于全部机器设备等对象物体都需要程序命令语言，所以操作人员必须要具备编程知识。

（二）Witness

Witness 是 Lanner Group 公司开发的功能强大的仿真软件系统，主要用于离散事件系统的仿真。它采用面向对象建模的编程方法，建模灵活，使用方便，适应面宽，是工业流程仿真器的老字号，其齐备的基本仿真功能和数据处理优势，一直是大家所公认的。作为可选项，还具备了三维立体显示功能（VR），扩大了其适用范围。Witness 代表了当今世界最新一代仿真软件的水平。与同类软件相比，它在欧洲各国及美国应用很广，市场占有率高。Witness 经常被用于解决诸如投资规划、物料输送策略、交通运输、码头规划、自动化生产线、识别生产瓶颈、生产计划与调度、人力需求规划、成本估算等问题。

Witness 的主要特点有以下几个方面。

1. 交互式面向对象的建模环境

将对象的图形与逻辑关系集成在一起，在模型建立的任何时刻，允许对某些单元进行修改和定义。修改完毕，模型将继续运行，不需要重新返回到仿真的初始时刻。

2. 灵活的执行策略

允许通过交互界面定义各种系统执行的策略，如排队优先级、物料发送规则等，优先级层次不限。软件提供了 14 种基本的输入和输出规则，且允许规则间相互组合。

3. 工程友好性强

Witness 所提供的物理单元，充分考虑了可能遇到的各种工程实际需要。例如，对机器单元，提供加工周期、维修时间、操作工数量、工班等。

4. 实时的彩色动画显示

系统逻辑单元建立的同时，可以建立相应的彩色图形模型，并显示在屏幕上。模型运行过程中可实时地动画显示出系统的运行过程，从而辅助建模和系统分析。

5. 灵活的输入、输出方式

除了菜单引导下的输入方式和报表、曲线图、饼图、直方图四种方式实时输出外，还可以与写字板、Excel 等应用软件相连，相互配合使用。利用这些软件进行数据输入和实时输出，便于仿真分析，甚至可以利用 Visual Basic 来建立自己的用户界面。

6. 丰富的模型单元

Witness 提供了丰富的模型单元（11 种物理单元、11 种逻辑单元），可以组成各种复杂的系统模型，从而适应多种系统仿真的需要。

7. OLE 自动服务（一种相关软件间数据共享的机制）

允许 Witness 充当 OLE 自动服务器，从而被其他应用程序控制，如 VB 和 Excel。

8. 子模型

整个 Witness 模型可以由许多不同人员开发的子模型组建而成，从而大大加快了复杂模型的构造速度。

（三）eM-Plant

eM-Plant 是 Tecnomatix Technologies Inc 软件家族中的一员，有很强的制造工程背景。它是用 C++实现的关于生产、物流和工程的仿真软件，提供了建模语言 SimTALK、友好的图形用户界面、集成环境和非流程式操作，使用户不需要预先进行过程的定义。

其特点体现在：

1. 层次建模

层次无限套叠，支持自上而下（top-down）和自下而上（bottom-up）方式，可以实时修改，无须编译。

2. 继承

子对象可以直接继承父对象的特征，便于快速修改和维护。

3. 建库

可以利用面向对象技术将公用模块建库，便于重用。

4. 可视化

2D、3D 模型相互对应联系，通过 VRML 实现模型的三维可视化，或者提供物流过程的三维场景，可以通过 VRML 接口获取其他 CAD 系统的模型。

5. 仿真手段

在仿真过程中可以存储模型状态，修改模型和参数，任意设置仿真速度，交换数据，能够对模型值进行图形表示和评估，对任意时间的仿真结果进行统计，在仿真完成后，提供各种统计结果。

6. 具有遗传算法模块

能提供物流系统的遗传算法优化方法，可以通过 GA 技术找到随机变化的结果。

7. 多接口

可以通过 ODBC 与 Excel 和 Access 通信，实时获取仿真数据，画出统计图表。通过 SQL 与数据库接口，通过端口与其他不同的软件系统或设备通信。

（四）Arena

1. 软件简介

Arena 是由罗克韦尔（Rockwell）端口公司开发的仿真软件包。作为通用的可视化仿真环境，Arena 的应用范围十分广泛，几乎覆盖可视化仿真的所有领域。在物流领域，

Arena 的应用涉及从供应商到客户的整个供应链，包括供应商管理、库存管理、制造过程、分销物流、商务过程以及客户服务等。

Arena 提供了建模、仿真、统计分析和结果输出的基本功能，通过五个层次的模块实现这些功能。COMMON 是最高层次、最常用的模块功能；SUPPORT 模块是低一级的层次；TRANSFER 模块主要进行运输和物料处理方面的仿真；BLOCKS 模块主要用于停留可延迟等方面的仿真；ELEMENTS 模块是最低层次的模块，可以利用它进行二次开发。此外，可以利用 VBA 和 C/C++语言与 Arena 进行接口运算，从而完成业务流程的仿真算法。最后的仿真结果可以利用 Excel 进行输出。

2. 软件特点

Arena 的可视化集成仿真环境，将通用过程语言、专用仿真语言和仿真器的特点有机地整合集成起来，采用面向对象技术、层次化的系统结构，兼备易用性和建模灵活性两方面的优点。Arena 通过完整的体系保持其建模的柔性，通过用户编写的 VB、C/C++、FORTRAN 等程序代码→SIMAN 模板（块和元素模板）→Arena 模板（支持与运送模板）→Arena 模板（常用模板）→应用方案模板（AST）→用户生成模板，从而使层次化建模架构建模水平从下向上依次提高。Arena 的层次化建模架构使其具有以下功能特点：

（1）可视化柔性建模

Arena 采用直观的图形用户界面及业务流程图式的建模方法，同时具有层次化的体系结构，保证了具有易用性和柔性建模两方面优点。

（2）定制与集成

Arena 开发了两项 Windows 技术以增强桌面应用程序的集成性。ActiveXz 自动化允许应用程序间通过一个编程界面相互控制。用户可以使用 C++、VB 或 Java 这样的编程语言来实现对许多桌面程序如 Microsoft Office、AutoCAD 和 Visio 等的控制。Arena 开发的第二项应用程序集成技术解决了编程界面的问题。Arena 在工具菜单中集成了 Visual Basic 支持的 ActiveX 自动化编程环境 Visual Basic for Application（VBA）。通过这两项 Windows 技术，Arena 可以和其他支持 AcitiveX 自动化的程序集成在一起。

（3）与其他开发工具的兼容和接口

Arena 提供与过程语言的接口。使用 Arena 专业版，在最低层用户可以使用 VB、C/C++、FORTRAN 等过程语言来建立模型，可用来满足一些特别需求，如复杂的决策规则或外部数据的选取等，也可以通过这些编程语言实现对 Microsoft Office、AutoCAD 和 Visio 等桌面程序的控制，还可以定制用户化的模块和面板。

另外，Arena 还具有独特的输入分析器、输出分析器以及强大的分析优化工具来支持系统定量化分析和数据处理的需要。

（五）乐龙（RaLC）

RaLC 是从意为“可迅速开发（建模）”的“Rapid”中取了前两位字母“Ra”，同时考虑到该软件专门针对物流中心，所以又从“Logistic Center”中取出“LC”两个字母组合而成。

产品名中的“Pro”和“Brain”分别来自“Proposal”（提案）和“Brainwork”（脑力

工作）两个英文单词，从而强调了它与一般意义上的模拟器所不同的优点。它是由仿真技术诞生的、性质与过去的模拟器完全不同的工具。

该系列软件分为：以确立布局和印象效果为目的，专用于演示（软件）的 RaLC Pro；引用用户实际数据，专用于详细验证的 RaLC-Brain；以系统开发和验证为目的，专用于仿真的 RaLC-Emu 等，对应各个（物流工程）阶段的三种产品种类。

RaLC 系列软件有着不同于其他软件的一些特点。

1. 卓越的操作性

物流中心所使用的基本搬运器械设备（各种传送带、自动立体仓库、搬运平板车等）以及工作人员（装卸、分拣、叉车搬运人员等）全部以按钮的形式被注册在工具栏上。用鼠标选择想要设置的与该机械设备相对应的按钮，并只要指向三维动画空间中想要放置的位置，它就立刻出现在层面上，其后沿着布局图一一摆放，并按照货物流水顺序依次对接下去即可。

由于各个传送带之间可自动对接，因此，连接作业不费时间。只要轻轻一按开始按钮，即可启动模型实验。另外更令人惊讶的是，它还可以组化设备来进行定义和复制。于是，巨大规模的物流中心也可以轻而易举地构建“动态”三维物流中心模型。器械设备的长度、运行速度以及仓库货架数量等，即使在运行中也能在属性窗口中更改其参数，并同步将变化结果反映到动作上。视点的变化也可以仅仅通过鼠标操作来实现，用户可按照自己的兴趣爱好自由转换观看角度。可以在笔记本电脑上运行。营业主管可与客户展开对话的同时，一边构建模型一边当场演示“动态物流中心”给客户看，双方可通过商量将各自的印象效果融入模型中。

2. 适应人工作业

RaLC-Brain 软件还进一步强化了详细验证功能，其中，任务管理器功能是更加据实、更加简单地完成人工作业验证操作的个性化功能。例如，对于分拣、验货、包装、搬运等一系列作业，用户既可以让多数人来分担，又可以使工人相互协作或设定作业优先度等。仅仅选择“画面上的任务管理器”与“进行作业支援的任务管理器”连接后即可简单完成这些复杂的作业运行，不需要任何复杂程序。

作业管理器所附带的自动路径功能更是自动生成最短行进路径的智能化功能。例如，只要给出存货位置数据和分拣指令，作业员就会走向指令产品的放置位置去拣货。即使货位数据当场发生变化，作业员也能立即去适应。

当布局和货位发生变化时，在行走路径的设置上不必花费太多时间就能极其简单地进行多方面的验证。基于此功能，也可以在没有传送带和自动立体仓库等机器设备的平置型仓库的人员模拟操作中灵活使用，其效果也非常好。另外，RaLC 通过配用 Excel、Access 等文件格式，可以更加自由地进行多方面的分析。

3. 个性化的客户服务

RaLC 系列软件也能灵活响应不同用户的要求。例如，可以将设备厂家独自制造生产的新产品作为 RaLC 系列软件的扩张设备，进行个性化注册。厂家独自的特殊设备也将和其他普通的设备一样，仅仅单击其对应的按钮就能规划和设计出物流中心模型的布局。因此，无论是厂家的设备引进提案，还是用户的现有生产线设备引进验证，都可以得到有效利用。

（六）Extend

1. Extend 软件介绍及其特点

Extend 是一种普遍使用的仿真程序，是由美国幻想之地（Imagine That）公司开发的通用仿真平台。它为不同层次的建模者提供了多种高效、便捷的建模工具。系统工具的开发者可以利用 Extend 内嵌的编译语言 MODL（类似 C 语言）来创建可重复使用的模块。所有这些都是在自成一体的集成环境中完成的，不需要外部接口、编译器和代码产生器。

Extend 包含一个基于消息传递的仿真引擎，提供一种迅速的模型运行机制和灵活建模机制，它的模块可以很容易地搭建并组合在一起。Extend 的成功应用领域包括制造业、服务业、企业重组、通信、物流、卫生、控制系统、科技、环境研究等。

Extend 具有许多独特的特点和功能。这些特点使建模者能够把精力集中在建模过程中并且迅速地建立容易理解、容易沟通的模型。其主要特点包括如下几个方面。

（1）交互性

Extend 模型具有高度图形化和交互性特点。这可以使那些熟悉实际系统的人更好地使用和直观理解所建的模型。仿真如果想取得好结果，就应该允许用户和模型进行最直接而广泛的互动。Extend 的交互性体现在其结构中。

在 Extend 里，模型参数可以在运行中途进行修改，而不需要建模者编程确定哪个参数被修改。当用户单击对话框值的时候，模型暂停下来给建模者输入新值的时间。当模型重新开始运行时，模型将使用这一新值。除此之外，当一个值发生变化后，消息处理器会报错或通知其他模块。

滑条和开关等控制模块也允许用户进行交互式修改。把这些功能加入 Extend 模型中，仅仅需要把这些模块添加到模型中并与相关的模块进行连接，还可通过使用嵌入式的 ActiveX 控件来创建。

（2）可重复使用性

建模者通过拖拉的方法可以非常容易地创建完全交互式的界面模块，并可保存到自己创建的模块库中，可在其他建模过程中重复使用，甚至可被其他的建模者所使用。这一特点增加了模型设计的效率和连续性。

（3）开放性和可扩展性

Extend 支持 ActiveX/OLE 控件和 ODBC 数据源。和其他仿真软件不同的是，这些技术在 Extend 里被当作模块来使用，所以都是以拖拉的方式来完成而没有必要编程。

Extend 的模块是用 Extend 的编译语言和集成开发环境来开发的。它们是开放的，允许被修改和完善。这是建模技术的进步，因为用户能够完善并开发自己特有的模块。Extend 提供了 600 多个系统函数，可以实现与数据库、Excel 及其他数据源的集成，还充分利用 Windows 操作系统的资源，可以与 Delphi、C++Builder、Visual Basic、Visual C++代码链接。

由于 Extend 的分层结构是无限制的，所以可以用来创建含有成千上万个模块的企业模型。

2. Extend的建模环境

Extend模型是用基于模块库的图标模块来搭建的。每一个模块代表处理过程的一个计算或步骤。每一个模块提供对话框用来输入模型参数，并将模块自动计算的一些运行结果在对话框中显示出来。模块保存在模块库里。每一个模块库包含特性相似的一组模块，如离散事件、制造、连续、绘图、电路设计、商业流程重组等。模块可以通过拖拉的方式从模块库窗口中移到工作表上，模块之间形成逻辑关系流。

Extend模块之间有两种逻辑流。第一种是物件，代表流入系统的物体。物件可被赋予属性（预制属性和自定义属性）和优先级。物件的含义很广，包括生产零部件、病人、通信传输中的信息包等。第二种是数值，在模型运行期间不断变化。所谓“数值”，是一个单纯的数，包括队列长度、统计值、容器中液面高度等。

模块之间的逻辑流是通过直线连接来定义的。双线连接代表物件连接，单线连接表示数值连接。数值连接和物件连接的思想是Extend的独到之处。当仿真输入来源于模型中其他点的数值时，许多其他的仿真软件需要编写函数，而在Extend中，这种类型的逻辑不需要任何编程就可以实现。

逻辑的连接是相对的，因此可方便地创建可重复使用的模块。除此之外，模型的逻辑对于任何测试模型结构的人来说都是可见的。为了简化模型外观，模块之间的连接线和连接点可以隐藏。

Extend通过IPC技术（Inter Process Communication）可以使两种应用系统之间交换和共享数据。Extend利用这种技术集成外部应用软件和数据。Extend与其他应用工具之间的数据交互采取下述五种方式中的任意一种。

①“剪贴连接”使Extend和Excel之间的信息自动更新。

②使用IPC函数的模块直接与其他应用工具连接。

③通过ODBC数据源连接。

④内嵌ActiveX或OLE。

⑤动态连接库DLL。

对于模型开发者来说，与其他工具（特别是Excel）交互的便利性非常重要。Extend建模者不需要用另外一种语言编程就可以与其他应用系统进行信息交换，大大节省了用户界面开发所花费的时间。

3. Extend的功能模块

（1）数据分析功能

Extend提供了许多数据输入和输出的分析方法，主要包括：

①分布函数拟合程序接口，用来帮助用户根据经验数据来选择合适的统计分布规律。

②灵敏度分析，用来测定系统对特定输入参数变化的敏感程度，选中对话框中的库存容量参数，同时选择编辑菜单中的“参数灵敏度分析”命令，定义模型每次运行时参数改变的大小。

③分析统计库，帮助用户收集和分析输出数据。分析统计模块库中的模块自动收集特

定模块中的数据，并且计算出关键参数的置信区间。

实际上，任何统计分析工具都可通过搭建适当的模块来实现，用户可自行开发一些常用的分析报告。

（2）Extend 优化器

Extend 的优化器使用先进有效的遗传算法来确定最佳模型配置。使用拖拉方式将可以变化的绩效指标和参数输入到优化器模块中，这些参数在定义目标函数的方程中使用。当模型运行的时候，优化器产生很多备选解，然后寻找统计学上的最佳方案。Extend 的优化器在一个模块里执行，用户可以对其源代码进行测试和修改。

（3）Extend 动画

在 Extend 里，从一个模块移动到另一个模块的动画图标代表进入系统的物件流。用户可以选择 Extend 提供的许多图标，还可以用外部的图形工具创建自己的图标。动画自动成为每一个 Extend 模型的一部分。当 Show Animation 命令打开时，系统显示默认的动画。动画特征可以以不同的动画图片的形式添加到模型中，这些图形代表不同种类的实体、显示数值、层次、颜色变化或响应仿真事件的声音等。

（4）Extend 分层次建模

复杂的模型可以被分成几个逻辑单元或子模型，由一个统一的描述性图标来代表。通过双击分层模块图标就可打开一个新的窗口显示子模型，用户还可根据不同对象适当地隐藏或显示模型细节部分。

如果把所有的模型模块都放到一个层面上，即使是维持一个中型规模的模型也是非常困难的。Extend 的分层概念允许建模者把模型分解成更小的、更易管理的几个部分。此外，新的模型也可以直接放到新的分层模块里。Extend 不限制模型层次的层数。

同时选中一组模块，单击模型菜单边的“建立分层模块”。模型中的这部分就被压缩在一个分层模块里，不需要对变量和连接重新命名。另外，同一个模型中可以有许多不同的分层模块，分层模块可以被复制或保存到模块库中。分层模块的图标可以通过使用内嵌的图标编辑器或引入已有图形来修改。模型所有细节部分仍然可以查看，通过双击任何分层模块图标来浏览下面的子模型。

利用分层工具，建模者可以迅速、准确地创建可重复使用的模型模块。

（5）对话框克隆技术和笔记本功能

Extend 模型相关的输入、输出参数可以在模块对话框中查看，但要查找特定的数据就比较笨拙，对于包含很多分层模块的大规模模型来说尤其困难。Extend 使用笔记本功能和克隆技术来解决这一问题。

所谓“笔记本”，是一张空白表单，可以添加文本、图形，模块的关键参数也可以通过克隆技术添加。其中，克隆技术直接和对话框参数相连。选中工具栏中的克隆按钮，可将对话框中的参数拖到笔记本或工作表中。一旦使用了克隆功能，任何变化立即在模块和副本中反映出来。这样，就没必要打开对话框来改变输入参数或浏览更新结果。

创造性地使用笔记本功能可使大型、复杂的模型有了简洁、有效的交互界面。

（6）Extend 脚本

脚本是通过调用一系列 MODL 函数来创建和修改模型的一种语言。通过这个功能，用户可以创建自动产生和修改模型的命令。脚本用户还可以开发自己的建模向导或自我修改模型，不必依赖于其他软件商提供的向导程序。用户可以根据自己的需求来开发向导程序，同时可以安全控制自动建模不同层次的细节和精度。

（7）Extend 流体建模功能

当物料的移动是流体或可以看作是流体时，Extend 的流体建模能够提供一个非常好的选择。经典的离散事件体系和连续体系对这种情况下建模都不合适，得到的模型有可能很不精准，对问题刻画也比较笨拙，模型的运行速度也会减慢，而 Extend 流体体系结构能够提供一个合适的、快速运行的模型。Extend 可以将离散物件和流体两者有机地组合起来，提供一个转换模块，很容易地将物料从离散物件转换成流体结构，也可以很容易地从流体结构转换成离散物件。

第二节　离散事件系统仿真

一、基本概念

物流系统是一种典型的离散事件系统，它的状态只是在离散时间点上发生变化，而且这些离散时间点一般是不确定的。

【例 6-1】　某单泊位码头系统，船舶的到达时向一般是随机的，为每个船舶装卸的时间长度也是随机的，描述该系统的状态是码头的状态（忙或闲）、船舶排队等待的队长。显然，这些状态量的变化也只能在离散的随机时间点上发生。

由于离散事件系统固有的随机性，对这类系统的研究往往十分困难。经典的概率及数理统计理论、随机过程理论虽然为研究这类系统提供了理论基础，并能对一些简单系统提供解析解，但对工程实际中的大量系统，唯有依靠计算机仿真技术才能提供较为完整的结果。

下面首先介绍离散事件系统仿真的基本概念。

（一）实体

实体是描述系统的三个基本要素之一。离散事件系统中的实体可分为两大类：临时实体和永久实体。在系统中只存在一段时间的实体叫“临时实体”。这类实体由系统外部到达系统，通过系统，最终离开系统。例如，物流系统中的货物、例 6-1 中的船舶就是临时实体，船舶按一定规律到达，经过码头装卸（可能要排队等待一段时间）后即离开系统。永久驻留在系统中的实体称为“永久实体”，如物流系统中的 AGV、缓冲站、仓库及例 6-1 中的装卸设备。只要系统处于活动状态，这些实体就存在，或者说，永久实体是系统活动的必要条件。临时实体按一定规律不断地到达（产生），在永久实体作用下通过系统，最后离开系统，整个系统呈现出动态过程。

（二）事件

“事件”是描述离散事件系统的另一个重要概念，是引起系统状态发生变化的行为。从某种意义上说，这类系统是由事件来驱动的。

在物流系统中，“货物到达”为一类事件，因为由于货物到达，系统的状态——仓库货位的“状态”可能从空变到占用，或者另一系统状态——排队等待入库的货物数量发生变化。

（三）活动

离散事件系统中的活动，通常用于表示两个可以区分的事件之间的过程，它标志着系统状态的转移。在例 6-1 中，船舶的到达事件与该船舶开始接受装卸服务事件之间可视为一个活动。该活动使系统的状态（队长）发生变化，船舶开始接受装卸服务到该船舶装卸完毕后离去也可视为一个活动，它使队长减 1 或使服务台由忙变闲。

（四）进程

进程由若干个有序事件及若干有序活动组成，一个进程描述了它所包括的事件及活动间的相互逻辑关系及时序关系。如例 6-1 中，一条船到达码头系统、经过排队、接受服务、直到服务完毕后离去可视为一个进程。

事件、活动、进程三者之间的关系可用图 6-2 表示。

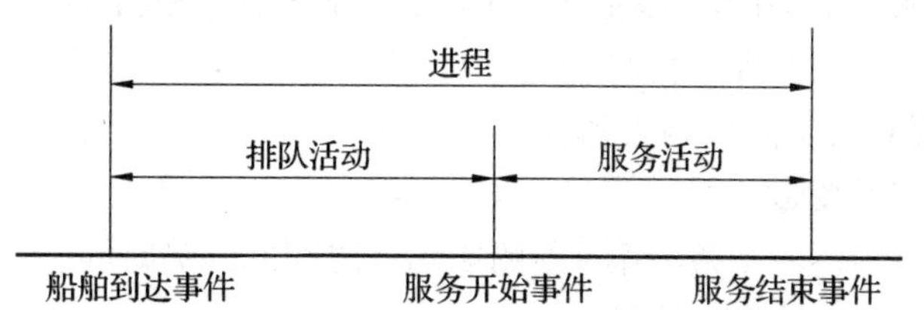

图 6-2　事件、活动、进程三者之间的关系

（五）仿真钟

仿真钟用于表示仿真时间的变化。离散事件动态系统的状态只在离散时间点上发生变化，因而不需要进行离散化处理。但是，由于引起状态变化的事件发生时间的随机性，仿真钟的推进步长则完全是随机的；而且，两个相邻发生的事件之间系统状态不会发生任何变化，因而仿真钟可以跨过这些“不活动”周期。从一个事件发生时刻推进到下一事件发生时刻，仿真钟的推进呈现跳跃性，推进速度具有随机性。

（六）统计计数器

离散事件动态系统的状态随着事件的不断发生呈现出动态变化，这种变化过程是随机的，某一次仿真运行得到的状态变化过程只不过是随机过程的一次取样。需要统计多次仿真运行的数据才有意义。

在例 6-1 中，由于船舶到达的时间间隔具有随机性，装卸设备为每一条船舶服务的时间长度也是随机的，因而在某一时刻，船舶排队的队长或码头的忙闲情况完全是不确定的。在分析该系统时，感兴趣的可能是系统的平均队长、船舶的平均等待时间或者是装卸设备的利用率等。在仿真模型中，需要有一个统计计数部件，以便统计系统中的有关变量。

二、仿真钟的推进与仿真策略

（一）仿真钟的推进

离散事件系统仿真的仿真钟推进方法有两大类：一类是按下一最早发生事件的发生时间推进，亦称为“事件调度法”；另一类是固定增量推进法。

1. 事件调度法

仿真模型中的时间控制部件用于控制仿真钟的推进。在事件调度法中，事件表按事件发生时间先后顺序安排事件。时间控制部件始终从事件表中选择具有最早发生时间的事件记录，然后将仿真钟修改到该事件发生时刻。对每一类事件，仿真模型有相应的事件子程序。每一个事件记录包含该事件的若干个属性，其中事件类型是必不可少的，要根据事件类型调用相应的事件子程序。在事件子程序中，处理该事件发生时系统状态的变化，进行用户所需要的统计计算。如果是条件事件，则应首先进行条件测试，以确定该事件是否确能发生。该事件子程序处理完后返回时间控制部件。这样，事件的选择与处理不断地进行，仿真钟不断地从一个事件发生时间推进到下一最早发生事件的发生时间，直到终止仿真的条件或程序事件发生时停止仿真。

【例 6-2】 要对某单泊位码头系统进行仿真。

解：首先定义如下变量：

$A_i = t_i - t_{i-1}$，为第 $i-1$ 条与第 i 条船舶到达之间的间隔时间；

S_i 为码头为第 i 条船舶装卸的时间长度；

D_i 为第 i 条船舶排队等待的时间长度；

$C_i = t_i + D_i + S_i$，为第 i 条船舶离去的时间；

t_i 为第 i 条船舶到达类事件发生的时间；

b_i 为第 i 个任何一类事件发生的时间；

q_i 为第 i 个事件发生时的队长；

Z_i 为第 i 个事件发生时码头设备的状态，其中 $Z_i=1$ 表示忙，$Z_i=0$ 表示闲。

其次，定义如下系统事件类型：

类型 1 为船舶到达事件；

类型 2 为船舶接受服务事件；

类型 3 为船舶接受服务完毕并离去事件。

然后，定义程序事件：仿真运行到 9000 个时间单位（如分钟）结束。

该系统的模型可用图 6-3 所示的流程来描述。A_i，S_i 是随机变量，要根据其分布函数产生。为了便于解释，假定我们已经得到了这些随机变量的样本值为：

$A_1=900, A_2=1920, A_3=1440, A_4=2400, A_5=13200$，…

$S_1=2580, S_2=2160, S_3=2040, S_4=1680$，…

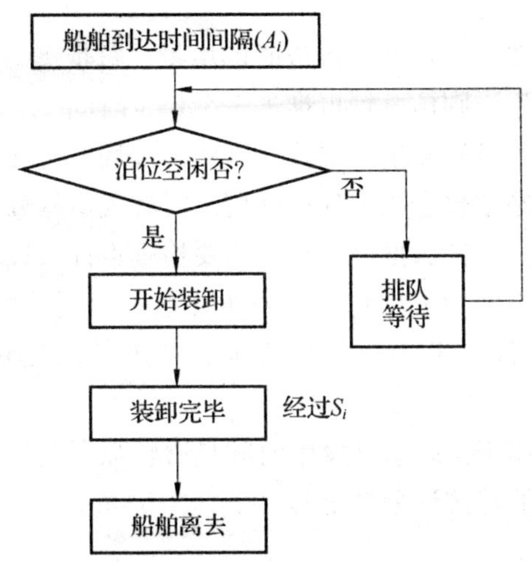

图 6-3　单泊位码头系统仿真模型

系统初始状态：$q_0=0$，$z_0=0$。

表 6-1 列出了单泊位码头系统的事件表，以加深对事件表的理解。

表 6-1　单泊位码头系统的事件表

时间	事件	泊位状态	排队
0	仿真开始	0	0
900	船舶 1 到达	1	0
2820	船舶 2 到达	1	1
3480	船舶 1 服务完毕	0	1
3480	船舶 2 接受服务	1	0
4260	船舶 3 到达	1	1
5640	船舶 2 服务完毕	0	1
5640	船舶 3 接受服务	1	0
…	…	…	…
9000	仿真结束		

结合表 6-1 的事件表，按下一事件推进法，该模型的仿真钟推进过程如图 6-4 所示。依次下去，直到下一事件为仿真结束的程序事件为止。

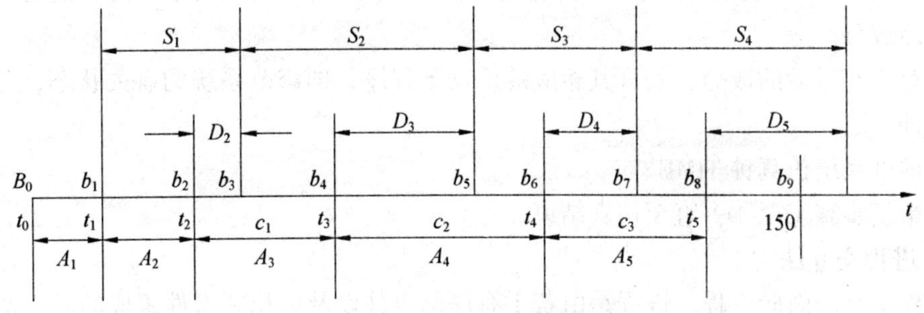

图 6-4　事件调度法仿真钟推进

2. 固定增量推进法

选择适当的时间单位 T 作为仿真钟推进时的增量，每推进一步进行如下处理：

①该步内若无事件发生，则仿真钟再推进一个单位时间 T。

②若在该步内有若干个事件发生，则认为这些事件均发生在该步的结束时刻。为便于进行各类事件处理，用户必须规定当出现这种情况时各类事件处理的优先顺序。

这种方法的缺点是，仿真钟每推进一步，均要检查事件表以确定是否有事件发生，增加了执行时间；该步任何事件的发生均认为发生在这一步的结束时刻，如果 T 选择过大，则会引入较大的误差，而且要求用户事先确定各类事件的处理顺序，增加了建模的复杂性。

固定增量推进法主要用于系统事件发生时间具有较强周期性的模型，如定期订货的库存系统，以年、月为单位的经济计划系统等。

（二）仿真策略

1. 事件调度法

事件调度法是面向事件的方法。仿真方法主要是研究状态变化的系统。有事件发生就会有状态变化。事件调度法是通过定义事件，并按时间顺序处理所发生的一系列事件。记录每一事件发生时引起的系统状态的变化来完成系统的整个动态过程的仿真。由于事件都是预定的，状态变化发生在明确的预定的时刻，所以这种方法适合于活动持续时间比较确定的系统。

2. 活动扫描法

活动扫描法是面向活动的。活动开始和结束是系统状态变化的标志。而活动开始与结束不仅取决于时间因素，还取决于其他因素（条件因素）。

（1）活动扫描法的步骤

①设置系统仿真钟 TIME，即控制系统仿真时间。

②设置成分仿真钟 t_a， 表示各成分活动持续的预定时刻，用来控制成分活动的持续时间。其中，$t_a \leqslant$TIME 表示成分活动可以或早该发生，是否发生唯一取决于条件是否满足。

③设置条件处理模块，检验成分活动开始与结束的条件是否满足。

④设置成分活动子程序，处理活动开始与结束时系统的状态变化。

（2）活动扫描法的处理过程

①扫描所有的活动。

②对 $t_a \leqslant$TIME 的成分进行条件检测，看其活动开始与结束的条件是否满足，满足则是可激活成分。

③对所有激活的成分，处理其相应的活动子程序，即修改系统的有关状态，并修改成分仿真钟。

④推进系统仿真钟 TIME。

⑤重复步骤①至④，直至仿真结束。

3. 进程交互法

进程交互法面向进程。进程是由若干有序的事件以及由相邻事件组成的若干活动组成的过程。一个成分进入系统，完成各项活动的过程可以由一个进程来描述。进程交互法是事件调度法与活动扫描法的结合，是以模型的各个主动成分的活动为主线来调度事件生成的顺序的。

（1）进程交互法的处理方法

①设置一张当前事件表 CEL，它包含了从当前时间点开始有资格执行事件的记录，但是该事件是否发生的条件尚需要判断。

②设置一张将来事件表 FEL，它包含在将来某个仿真时刻发生事件的记录。

③设置系统仿真钟 TIME 和成分仿真钟。

（2）进程交互法的处理过程

①推进系统仿真钟 TIME。

②把满足 $t_a \leq$TIME 的所有事件从 FEL 移至 CEL 中。

③取出 CEL 中的每一个事件，判断其所属的进程及在进程中的位置。

④判断该事件发生的条件是否满足。

⑤如果条件允许，该进程尽可能连续推进，直到进程结束，该成分离开系统。

⑥该进程推进过程中，遇到条件不满足时，记录下进程的位置，并退出该进程。

⑦重复③至⑥，CEL 中的事件处理完毕。

⑧重复①至⑦，直到仿真结束。

上述所介绍的三种仿真策略各有优缺点，在离散事件系统仿真中均得到广泛的应用。一般来说，如果系统中的成分相关性较少，宜采用事件调度法，相反则宜采用活动扫描法；如果系统成分的活动比较规则，则宜采用进程交互法。

三、典型的离散事件系统仿真

（一）排队系统仿真

1. 排队系统的基本概念

排队系统也称“随机服务系统”，是以排队论为理论基础的系统。1918 年，爱尔朗（Erlang）提出排队论，并将它用于电话系统，主要是研究服务台与顾客之间的效率问题，希望服务台效率高，而顾客的等待时间又不太长。物流系统中也存在排队问题，如货运中心的车辆、集装箱专用码头船舶及卡车的排队问题等。

排队系统可用下面四个基本概念进行描述。

（1）实体（顾客）到达模式

实体到达模式一般用到达时间间隔来描述，可分为确定性到达及随机性到达。随机性到达采用概率分布来描述。常见的随机性到达模式有以下几种。

①泊松到达模式（又称“M 型到达过程”）：泊松分布是一种很重要的概率分布，出现在许多典型的系统中，如商店顾客的到来、机器到维修点等无近似到达模式。

平稳泊松过程可这样描述：在（t，$t+s$）内到达的实体数 k 的概率为：

$$P\{N(t+s)-N(t)=k\}=\frac{e^{-\lambda s}(\lambda s)^k}{k!} \tag{6-1}$$

其中，$N(t)$ 表示在$(0,\ t)$ 区间内到达实体的个数；$t \geqslant 0$，$s \geqslant 0$，$k = 0,\ 1,\ 2,\ \cdots$；λ 为到达速率。

若实体到达满足平稳泊松过程，则到达时间间隔服从指数分布，其密度函数为：

$$f(t) = \lambda e^{-\lambda t} = \frac{1}{\beta} e^{-\frac{t}{\beta}} \tag{6-2}$$

其中，$\beta = 1/\lambda$，为到达时间间隔均值；$t \geqslant 0$。

②爱尔朗到达模式：爱尔朗分布常用于典型的电话系统。

③一般独立到达模式：也称“任意分布的到达模式”，指到达间隔时间相互独立，分布函数是任意分布的到达模式。这种分布往往可以用一个离散的概率分布表加以描述。

此外，还有超指数到达模式、成批到达模式等。前者主要用于概率分布的标准差大于平均值的情况下；后者则与到达时间间隔的分布无关，只是在每一到达时刻，到达的顾客个数不是一个，而是一批。

（2）服务时间

服务台为顾客服务的时间可以是确定性的，也可能是随机的，后者采用服务时间的概率分布来描述。一般来讲，服务时间的分布有以下几种：

①定长分布：这是最简单的情形，所有顾客被服务的时间为常数。

②指数分布：当服务时间完全随机时，可以用指数分布来表示。

③爱尔朗分布：用来描述服务时间的标准差小于平均值的情况。

④超指数分布：与爱尔朗分布相对应，用来描述服务时间的标准差大于平均值的情况。

⑤一般服务分布：用于服务时间是相互独立但具有相同分布的随机情况。

⑥正态分布：在服务时间近似于常数的情况下，多种随机因素的影响使得服务时间围绕此常数值上下波动，一般用正态分布来描述服务时间。

（3）排队规则

排队规则是指服务台完成当前的服务后，从队列中选择下一实体的原则，主要有四个原则：

①FIFO：先到先服务。

②LIFO：后到先服务。

③按优先级别服务：根据队列中实体的重要程度选择最优先服务者。

④随机服务（SIRO）：服务台空闲时，从等待队列中任选一个顾客进行服务。这时，队列中每一个顾客被选中的概率相等。

（4）服务流程

当系统中有多个服务台、多个队列时，服务台如何从某一个队列中选择某一个实体服务则称为“服务流程问题”。它包括各队列之间的关系，如实体可否换队以及换队规则等。

排队系统中的上述特征，一般用符号 GI/G/S 来表示，其中：

GI（General Independent）表示到达模式。若为平稳泊松过程，其到达时间间隔服从指数分布，用 M 表示（马尔柯夫过程）；若为爱尔朗分布，则用 E_k 表示，k 表示爱尔朗分布的维数；若为确定性时间间隔，则用 D 表示。

G（General）表示服务时间的分布，分布函数的符号与 GI 相同。

S 表示单队多服务台的数目，且按 FIFO 规则服务。

例如，一个具有指数分布的，到达时间间隔、服务时间也服从指数分布，且按 FIFO 规则服务的单台单队排队系统可记为 M/M/1。

2. 排队系统的统计性能指标

研究排队系统的目的是为了得到系统的统计性能，一般使用下面四种性能指标。

（1）稳态平均等待时间 d

$$d = \lim_{n \to \infty} \sum_{i=1}^{n} \frac{D_i}{n} \tag{6-3}$$

其中，D_i 为第 i 个实体的等待时间；n 是接受服务的实体数。

（2）实体通过系统的稳态平均滞留时间 w

$$w = \lim_{n \to \infty} \sum_{i=1}^{n} \frac{W_i}{n} = \lim_{n \to \infty} \sum_{i=1}^{n} \frac{D_i + S_i}{n} \tag{6-4}$$

其中，W_i 为第 i 个实体通过系统时的滞留时间，它等于实体在队列中的等待时间 D_i 与该实体接受服务的时间 S_i 之和。

（3）稳态平均队长 L

$$L = \lim_{T \to \infty} \int_0^T L(t)\,\mathrm{d}\frac{t}{T} \tag{6-5}$$

其中，$L(t)$ 为 t 时刻的队列长度；T 为系统运行时间。

（4）系统中稳态平均实体数 Q

$$Q = \lim_{T \to \infty} \int_0^T Q(t)\,\mathrm{d}\frac{t}{T} = \lim_{T \to \infty} \int_0^T [L(t) + S(t)]\,\mathrm{d}\frac{t}{T} \tag{6-6}$$

其中，$Q(t)$ 为 t 时刻系统中的实体数，是在队列中的实体数 $L(t)$ 与正在接受服务的实体数 $S(t)$ 之和。

上述四个性能指标存在的条件是服务台的利用率 $\rho < 1$，ρ 的定义是：

$$\rho = \frac{\lambda}{\mu} \tag{6-7}$$

其中，λ 为平均到达速率（单位时间内到达的顾客数）；μ 为平均服务速率（即单位时间内被服务的顾客数）。$\rho < 1$ 表示单位时间内顾客的到达数大于能提供服务的顾客数，大部分顾客必须排队。对 M/M/1 排队系统，上述四项指标通过解析计算得到，即：

$$d = L/\lambda$$

$$w = Q/\lambda$$

$$L = \frac{\rho^2}{1 - \rho}$$

$$Q = \frac{\rho}{1 - \rho}$$

为了深入了解排队系统仿真的思路，这里举一个手工仿真的例子。

设一个汽车加油站有一个加油工作台，汽车随机地分别以 1~4 分钟的间隔到达，服务时间为 2~5 分钟。这里仅仿真 20 辆汽车作为运行长度，增加样本可提高运行结果的精度。

实体：加油工作台，汽车。

事件：汽车到达，开始服务。

活动：到达间隔时间，服务时间。

表 6-2 和表 6-3 分别是汽车到达间隔时间分布和服务时间分布。

表 6-2　汽车到达间隔时间分布

到达间隔时间（分钟）	概率	累积概率	随机数
1	0. 25	0. 25	01~25
2	0. 40	0. 65	26~65
3	0. 20	0. 85	66~85
4	0. 15	1. 00	86~100

表 6-3　服务时间分布

服务时间（分钟）	概率	累积概率	随机数
1	0. 30	0. 30	01~30
2	0. 28	0. 58	31~58
3	0. 25	0. 83	59~83
4	0. 17	1. 00	84~100

用手工仿真的关键是列出仿真表，它是为回答所需问题而设计的，如表 6-4 所示。根据表 6-2 中到达随机数确定到达间隔时间。如第一个到达随机数是 26，再根据表 6-2 得到间隔时间为 2 分钟。20 个汽车服务时间产生的方法和汽车到达间隔时间一样。

假定第 1 辆汽车在时刻为 0 时到达，立即开始接受服务，并在时刻为 5 分钟时完成服务，汽车在系统中停留的时间为 5 分钟。第二辆汽车在第 2 分钟时刻到达，这时汽车加油工作台忙，不能立即接受服务，需要排队等待 3 分钟，在 5 分钟时刻接受服务，服务时间为 2 分钟，并在 7 分钟时刻完成离开系统。这个过程继续进行，直到 20 辆汽车全部离开为止。

对服务台利用率和平均等待时间进行计算：

服务台利用率为：

$$\frac{69}{69}=100\%$$

平均等待时间为：

$$\frac{194}{20}=9.7\text{（分钟）}$$

表 6-4　汽车加油站仿真表

顾客编号	到达随机数	到达间隔	到达时钟时间	服务随机数	开始服务时间	服务时间	完成服务时间	排队时间	排队长度
1	—	—	0	95	0	5	5	0	
2	26	2	2	21	5	2	7	3	1
3	98	4	6	51	7	3	10	1	1
4	90	4	10	92	10	5	15	0	0
5	26	2	12	89	15	5	20	3	1
6	42	2	14	38	20	3	23	6	1
7	74	3	17	13	23	2	25	6	1
8	80	3	20	61	25	4	29	5	1
9	68	3	23	50	29	3	32	6	2
10	22	1	24	49	32	3	35	8	3
11	48	2	26	39	35	3	38	9	3
12	34	2	28	53	38	3	41	10	4
13	45	2	30	88	41	5	46	11	4
14	24	1	31	01	46	2	48	15	5
15	34	2	33	81	48	4	52	15	5
16	63	2	35	53	52	3	55	17	5
17	38	2	37	81	55	4	59	18	6
18	80	3	40	64	59	4	63	19	6
19	42	2	42	01	63	2	65	21	6
20	56	2	44	67	65	4	69	21	7
合计						69		194	

（二）库存系统仿真

离散事件系统仿真的一类研究对象是库存系统，不仅包括一般的物品库存、资源库存，还包括人才储备管理这样广义的库存系统。

如同排队系统中的“到达”与“服务”，在库存系统中，由于满足需求和订货行为的不断发生，使库存量呈现动态变化。根据需求与订货的规律，库存系统分为确定型和随机型库存系统。确定型库存系统的需求量、需求时间、订货量、订货时间等都是确定的，可以用解析法精确求解。随机库存系统中，需求时间、需求量、订货时间及订货量等都有可能是随机变化的，无法精确求解，通过仿真技术进行研究是一种有效的方法。下面主要介绍对随机型库存系统的仿真。

1. 随机库存系统模型

随机库存系统的订货提前期（$1-\gamma$）T 是随机的，单位时间的需求量也是随机的。先考虑如图 6-5 所示的简单随机库存系统，即每次订货量 Q 不变，订货点 R 不变，现要求总费用最小的最优订货点、每次最优订货量及总费用。

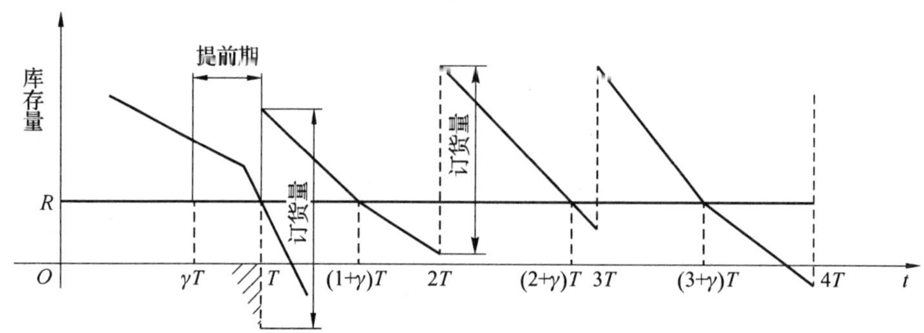

图 6-5　随机库存系统

设 I 为每周期期望库存量，则：

$$I = R + \frac{Q}{2} - E(y) \tag{6-8}$$

其中，$R + Q/2$ 表示无提前期时每周期的期望库存量；y 为提前期内的需求量，是随机变量；$E(y)$ 是 y 的期望值。

设 S 为每周期期望缺货数，则：

$$S = \sum_{y=R}^{\infty}(y - R)h(y) \tag{6-9}$$

其中，$h(y)$ 是提前期需求量 y 的速度函数。

每年所需费用为 C，则：

$$C = C_0 \frac{D}{Q} + C_1 I + C_2 \frac{D}{Q} S \tag{6-10}$$

将 I，S 的表达式代入式（6-10），得：

$$C = C_0 \frac{D}{Q} + C_1\left[R + \frac{Q}{2} - E(y)\right] + C_2 \frac{D}{Q}\left[\sum_{y=R}^{\infty}(y - R)h(y)\right] \tag{6-11}$$

为得到最小总费用，先求最佳订货点尺的值，令：

$$\frac{\partial C}{\partial R} = 0$$

得：

$$\sum_{y=R}^{\infty} h(y) = \frac{C_0 Q}{C_2 D}$$

即：

$$P(Y > R) = \frac{C_0 Q}{C_2 D} \tag{6-12}$$

选择 R，使随机变量 $Y>R$ 的概率为 C_0Q / C_2D。

在此基础上求最小总费用，即令 $\partial C/\partial Q = 0$，可得：

$$Q = \sqrt{\frac{2D(C_0 + C_2 S)}{C_1}} \tag{6-13}$$

以上讨论的随机库存系统是非常简单的。对许多实际的随机系统而言，难以得到其解析表达式，因而也就很难进行定量评价，往往只能通过仿真的手段进行评价。

2. 随机库存系统仿真举例

某公司经销单类产品，顾客需求时间为均值0.1个月的指数随机变量，需求量也是随机变量，其概率密度函数为：

$$D = \begin{cases} 1, & 概率为\frac{1}{6} \\ 2, & 概率为\frac{1}{3} \\ 3, & 概率为\frac{1}{3} \\ 4, & 概率为\frac{1}{6} \end{cases} \tag{6-14}$$

该公司的订货策略是，按月订货，每月月初检查库存水平。若库存水平 I 超过下限 l，则不订货；若低于下限，则订货。订货量介于库存上限 S 与 I 之间，记订货量为 Z，则：

$$Z = \begin{cases} S - I, & I < l \\ 0, & I \geqslant l \end{cases} \tag{6-15}$$

若订货，则从订货到货物入库的时间是0.5~1.0月之间的均匀分布的随机变量。

现需要比较表6-5中的9种订货策略，以便确定何种策略费用最少。

表6-5　订货策略

I	20	20	20	20	40	40	40	60	60
S	40	60	80	100	60	80	100	80	100

（1）模型中考虑的费用

①订货费。设每件订货费用为 m，订货附加费用为 K（若无订货，则 $K=0$），则每月订货费 C_1 为：

$$C_1 = K + mZ \tag{6-16}$$

②保管费。用 h 表示每件每月的保管费。显然，只有当库存水平 $I(t) >0$ 时才需要计算每月平均保管费 C_2。

$$C_2 = \frac{1}{n}\int_0^n hI(t)\,\mathrm{d}t \tag{6-17}$$

其中，n 为仿真运行的月数。

③缺货损失费。用 P 表示每件缺货损失费。显然，只有当 $I(t) <0$ 时才需计算，则平均每月缺货损失费 C_3 为：

$$C_3 = \frac{1}{n}\int_0^n P|I(t)|\,\mathrm{d}t \tag{6-18}$$

（2）建立系统仿真模型

①随机变量模型。如前所述，需求时间服从均值为 0.1 个月的指数分布，则其概率密度函数为：

$$f(D_m) = \frac{1}{0.1}e^{-D_m/0.1} = 10e^{-10D_m} \tag{6-19}$$

其中，$D_m \geqslant 0$，为需求时间间隔，可由专门的语句或函数产生多种分布的随机数序列供调用。

用 M 来表示订货延迟时间，它服从［0.5，1］之间的均匀分布，其概率密度函数为：

$$f(M) = \begin{cases} \dfrac{1}{1-0.5}, & 0.5 \leqslant M \leqslant 1.0 \\ 0, & 其他 \end{cases}$$

其分布函数为：

$$F(M) = \begin{cases} 0, & M < 0.5 \\ \dfrac{M-0.5}{1-0.5}, & 0.5 \leqslant M \leqslant 1.0 \\ 1, & M > 1.0 \end{cases}$$

②模型中的事件定义。事件定义依赖于系统状态的描述。定义“订货到达”为第 1 类事件；顾客需求会引起库存量减少，定义“需求到达”为第 2 类事件。

定义了上述两类事件后，事件是否已经定义充分了呢？在事件调度法中必须十分注意模型的完备性，即必须仔细分析引起系统状态变化的各种条件及其相互关系，保证系统状态变化描述是完备的，能充分地对系统中的事件加以定义。实际上，在本系统中，发生“货物入库”的条件是必须先订货，因此还应定义“订货”为第 3 类事件。那么，订货事件有什么特点呢？根据模型要求，在每月月初时要进行库存计算，如果库存量大于下限，则不需要订货，只有库存量小于下限时才需订货。因此，订货事件是条件事件，它既与时间有关（每月月初），又与库存量有关。那么，订货事件的完整描述应为：每月月初进行库存计算，根据库存量及订货策略决定是否订货。

前面提到，在仿真模型中，可将仿真控制订义为程序事件。在本模型中，可以将仿真运行长度定义为程序事件。设对每种策略仿真运行 120 个月，则当仿真钟的值等于 120 个月时该事件发生，定义为第 4 类事件。为什么要将程序事件定义为第 4 类事件呢？这是事件调度法中另一个十分重要的问题，即所谓的“解结规则”问题。在一个复杂系统中，总是存在许多类事件，由于事件发生时间的随机性，就有可能出现多个事件同时发生的情形，用户在建模时必须规定同时发生事件的处理顺序，一般可按事件类型数从低到高的顺序来处理（这样便于程序的处理）。本系统中，“仿真运行 120 个月结束”的程序事件与“每月月初计算库存以决定订货”的系统事件可能同时发生，那么，应先执行“仿真结束”事件，因为此时再计算库存已无实际意义。

③确定统计变量。该系统的仿真目的是要比较 9 种不同的库存策略，评价指标是每月平均总费用 C。它包括每月平均订货费用 C_1、每月平均保管费用 C_2 及每月平均缺货损失

费用 C_3。

通过上述对模型的定义，不难编制出仿真程序，然后进行仿真运行。表 6-6 是各种库存策略的仿真结果输出。

表 6-6　订货策略仿真结果

策略 \ 费用	C	C_1	C_2	C_3
(20, 40)	125.54	96.45	8.84	20.25
(20, 60)	116.84	86.02	17.82	13.01
(20, 80)	121.45	84.67	26.30	10.49
(20, 100)	124.65	79.89	39.65	5.11
(40, 60)	127.97	101.69	24.92	1.36
(40, 80)	124.75	88.19	35.40	1.16
(40, 100)	131.50	84.59	45.95	0.95
(60, 80)	140.90	94.37	46.60	0.02
(60, 100)	148.29	92.96	55.33	0.00f

根据上述仿真结果，采用第 2 种库存策略总平均费用最小（116.84）。上述仿真结果是在以下仿真条件下得到的：各种策略采用单一的随机数据流（即共用一个随机数发生器），仿真长度为 120 个月。如果这些条件发生变化，如每种库存策略采用不同的独立随机数发生器，或仿真运行长度不是 120 个月，仿真结果可能会有较大区别。

四、离散事件系统仿真输出数据分析

离散事件系统中事件的发生带有随机性，其仿真结果也是随机的。一次仿真的结果，只能是系统性能的一次抽样分析，不能完全代表系统“真正”的性能。这就要求通过多次观察随机变量，用统计方法对输出结果进行分析。仿真结果分析是对有限次仿真结果的抽样分析，即通过分析抽样误差，判断结果的可靠性和精度。这种分析并不能判断输入的采样值是否正确，也不能说明模型是否正确。

一般采用区间估计方法来估计抽样误差。区间估计时，有两个假设前提：所有的测量值是彼此独立的，一次抽样不受其他采样的影响；总体分布是稳定的，即随机变量的总体分布不受采样次数的影响，也不受采样长度的影响。

但是在仿真过程中，采集到的随机变量值常常不满足上述条件。例如，一个加工系统，由于工件的等待时间与前一工件的等待时间有关，所以测得的工件等待时间并非相互独立。另外，实际系统从启动到达到稳定工作状态需要经过一个过渡阶段，在过渡阶段的采样值不具有稳定的分布。如果要得到系统的稳态性能，必须消除初始状态的影响。基于这种分析，仿真结果分析就归结为如何根据系统的实际情况合理地控制估计值的偏差，提高输出结果的可靠性。

从仿真结果分析的观点来看，将仿真运行方式分为两大类。

第一类称为“终止型仿真”。这种仿真的运行长度是事先确定的。由于仿真运行时间长度有限，系统的初始状态对系统性能的影响是不能忽略的。例如，银行开门时队长为0与有若干个顾客排队，对于在8小时之内服务的顾客数是有影响的。为了消除因初始状态不同对系统估计带来的影响，需要多次独立运行仿真模型，得到多个样本。如何确定运行次数以便得到较好的性能估计，是终止型仿真结果分析需要讨论的问题。终止型仿真的具体方法有固定样本长度法、序贯程序法。

第二类称为“稳态型仿真”。这类仿真仅运行一次，但运行时间很长，仿真的目的是估计系统的稳态性能。显然，由于仿真长度没有限制，系统的初始状态对仿真结果的影响可忽略。然而，为了得到系统稳态性能的较好估计值，需要确定仿真运行长度到底多长才算“足够”。稳态型仿真的具体方法有批均值法、稳态型序贯法、重新产生法、重复删除法。

（一）固定样本长度法

固定样本长度法适用于终止型仿真结果分析。它就是每次以相同的初始条件、相同的样本长度，重复运行仿真程序。其结果具有相同的性质，必须选用不同的随机数序列。固定样本长度法实际上就是由用户自己规定独立运行的次数 N（$N>2$）。

如果每次运行时采样次数为 P，第 j 次运行中第 i 次的观测值为 X_{ij}，则：

$$\bar{X}_j(P) = \frac{1}{P}\sum_{i=1}^{P} X_{ij} \tag{6-20}$$

$$S_j^2(P) = \frac{1}{P-1}\sum_{i=1}^{P}[X_{ij} - \bar{X}_j(P)]^2 \tag{6-21}$$

重复运行 N 次可以得到容量为 N 的样本 $\{X_j\}$。样本均值和方差分别为：

$$\bar{X}(N) = \frac{1}{N}\sum_{j=1}^{N}\bar{X}_j \tag{6-22}$$

$$S^2(N) = \sum_{j=1}^{N}\frac{[\bar{X}(N) - \bar{X}_j]^2}{(N-1)} \tag{6-23}$$

假设 N 次运行的结果 $X_1, X_2, \cdots, X_N$ 满足独立同分布的条件，且是正态分布，则对随机变量 X 的期望值 $E(X)$ 的区间估计 μ 为：

$$\mu = \bar{X}(N) \pm t_{N-1,\ 1-\frac{\alpha}{2}}\sqrt{\frac{S^2(N)}{N}} \tag{6-24}$$

式（6-24）给出的是 μ 的置信度为100（$1-\alpha$）%的置信区间，或者说，估计该区间值的可靠度为100（$1-\alpha$）%。

例如，一个机床加工系统，工件到达与加工时间服从指数分布，对其独立运行10次，每次长度为200，初始条件是初始队长 $L(0)=0$，加工机床状态为空，仿真运行结果如表6-7所示。

表 6-7 机床加工系统仿真运行结果

J	1	2	3	4	5	6	7	8	9	10
D_j（200）	10.427	14.469	12.780	8.703	12.727	9.206	8.053	28.039	6.228	13.931
L_j（200）	2.098	2.718	2.389	1.596	2.585	1.755	1.724	6.523	1.227	2.679

由表 6-7 可以计算出：

$$\bar{D}(10)=\sum_{j=1}^{10}\frac{\bar{D}_j(200)}{10}=12.456$$

$$\bar{L}(10)=\sum_{j=1}^{10}\frac{\bar{L}_j(200)}{10}=2.539$$

$$S_D^2(10)=\sum_{j=1}^{10}\frac{[\bar{D}(10)-\bar{D}_j(200)]^2}{9}=37.27$$

$$S_L^2(10)=\sum_{j=1}^{10}\frac{[\bar{L}(10)-\bar{L}_j(200)]^2}{9=2.296}$$

从而可得平均排队等待时间的期望值 D（200，L（0）=0）、平均队长的期望值 L（200，L（0）=0）。

在 $\alpha=0.10$ 时的估计值为：

$$\bar{D}(10)\pm t_{0.095}\sqrt{\frac{S_D^2(10)}{(10)}}=12.456\pm 3.537$$

$$\bar{L}(10)\pm t_{0.095}\sqrt{\frac{S_L^2(10)}{(10)}}=2.539\pm 0.878$$

因而可以认为，D（200，L（0）=0）以将近 90%的置信度位于区间［8.919，15.993］上，L（200，L（0）=0）以将近 90%的置信度位于区间［1.661，3.417］上。

使用式（6-24）必须使 X_1，X_2，…，X_N 满足独立同分布且是正态分布的条件。根据中心极限定理的要求，仿真运行的次数 N 以及每次运行时的采样次数 P 均不能太少；否则，均值估计的偏差大，会导致区间估计的可靠度显著降低。因此，需要合理确定 P 和 N。

（二）批均值法

批均值法是稳态型仿真的一种具体方法。它把仿真运行划分为长度（采样次数）相等的 M 段，每一段看作一次独立的仿真运行，得到样本平均值 X_1，X_2，…，X_N，X 可以近似认为是独立同分布的随机变量，然后利用与固定样本长度法相同的统计方法来构造仿真结果的置信区间，即如果运行的总采样次数为 N，分为 M 批，每批采样次数为 $P=N/M$。

与固定样本长度法类似，可以看作重复运行 N 次，每次采样 P 次，则可以利用式（6-20）至式（6-24）构造 X 的置信区间。批均值法对要求分段数 M 足够大，且每段长度 P 也要足够大，因而，需要合理地选择 M，P 值。

固定样本长度法和批均值法在原理上和方法上类似，但是，它们对同一样本空间做了不同的处理。前者是每次运行都从初始状态开始，后者是每次运行的结束作为下一次运行的开始，因此，各自有不同的特点。固定样本长度法每次仿真运行都经过初始空载状态，空载状态的影响会导致较大的均值估计偏差，但是每次仿真运行之间独立性较好；批均值法有利于消除初始状态的影响，但需要特别注意消除各批之间的相关性。

在仿真对象方面，固定样本长度法适合于仿真长度事先确定的、可以仿真多次的系统，而批均值法则适合于仿真长度足够长，但仿真运行只有一次的系统。

（三）系统性能比较

1. 两系统之间的性能比较

两系统间性能比较的基本思想是建立差值的置信区间，即对每一个系统分别独立地运行 n 次，各自得到同一性能的 n 个样本值，然后建立对应样本差值的置信区间。

设系统 i（$i=1, 2$）的 n 个样本为：X_{i1}，X_{i2}，…，X_{in}，$\mu_i=E(X_{ij})$（$j=1, 2, \cdots, n$；$i=1, 2$）为系统的性能期望值，则 $\varepsilon=\mu_1-\mu_2$ 的置信区间可采用如下方法得到。

令 $Z_j=X_{1j}-X_{2j}$（$j=1, 2, \cdots, n$），则 Z_j 为独立同分布的随机变量，$\varepsilon=E(Z_j)$，由：

$$\bar{Z}(n)=\sum_{j=1}^{n}\frac{Z_j}{n}$$

$$S^2(n)=\frac{1}{n-1}\sum_{j=1}^{n}[Z_j-\bar{Z}(n)]^2$$

可近似求出 ε 在置信度为 $1-\alpha$ 的置信区间为：

$$\bar{Z}(n) \pm t_{n-1,\ 1-\alpha/2}\sqrt{S^2(n)/n}$$

如果 Z_j 是正态分布，则该置信区间是准确的，即以 $1-\alpha$ 的概率包含 ε；否则，根据中心极限定理，只有当 n 足够大时，该区间包含 ε 的概率才趋近 $1-\alpha$。

值得注意的是，我们不必假设 X_{1j} 与 X_{2j} 是独立的，也不必假设 $\mathrm{Var}(X_{1j})$ 与 $\mathrm{Var}(X_{2j})$ 相等。实际上，假若 X_{1j} 与 X_{2j} 是正相关的，则可以减少 $\mathrm{Var}(Z_j)$，从而使置信区间更小。

如上文讨论的随机库存系统，比较两种库存策略（20，60）、（20，80），每次仿真运行长度 60 个月，分别运行 10 次，仿真运行的结果如表 6-8 所示。

表 6-8　两种策略的仿真运行结果

策略（1）	平均费用	策略（2）	平均费用	平均费用差
（20，60）	69.77	（20，80）	70.47	0.70
（20，60）	75.35	（20，80）	74.46	-0.89
（20，60）	68.52	（20，80）	70.20	1.68
（20，60）	69.34	（20，80）	71.20	1.86
（20，60）	63.70	（20，80）	70.60	6.90
（20，60）	69.06	（20，80）	72.41	3.35
（20，60）	72.42	（20，80）	75.64	3.22
（20，60）	73.24	（20，80）	70.28	-2.96
（20，60）	70.07	（20，80）	72.26	2.19
（20，60）	70.41	（20，80）	69.31	-1.10

可以看到，两种库存策略的月均总费用之差是随机变化的。如果仅根据某一次运行结果来判断哪种策略更好就会得出错误的结论。只有通过构造置信区间的方法加以比较，才能得到可信的结论。

记 Z 为两种策略运行后平均每月总费用的差值。下面来构造 $\bar{Z}(10)$ 的置信区间。

$$\bar{Z}(10) = \sum_{j=1}^{10} \frac{Z_j}{10} = 1.50$$

$$S_Z^2(10) = \frac{1}{10-1}\sum_{j=1}^{10}[Z_j - \bar{Z}(10)]^2 = 7.69$$

则当 $\alpha = 0.10$ 时，ε 的置信区间为：

$$Z(10) \pm t_{9,\ 0.95}\sqrt{\frac{S_Z^2(10)}{10}} = 1.50 \pm 1.61$$

即有 90%的置信度相信，两种策略的误差在［-0.11，3.11］区间内，因此，从总体上看，（20，60）这种策略较（20，80）更好一些。

2. 多系统间的性能比较

在系统研究过程中，经常需要比较多种系统方案结果的优劣。多系统择优本质上是参数优化问题。由于离散系统的随机性，对离散事件的参数优化问题，目前还没有很有效的方法，特别是多参数的优化问题。实际处理时，是从多种方案的对比中选择一个作为最满意系统，并且是以一定的概率进行的选择，如 Bonferroni 法。关于多系统性能比较方法，由于篇幅的限制，本书将不做过多介绍，读者可以查阅相关文献。

第三节　物流系统仿真实例分析

一、基于 Flexsim 软件的农产品物流配送中心系统仿真

（一）农产品物流配送中心系统仿真模型的建立

1. 仿真模型建立的条件

农产品物流配送中心与工业类产品配送中心的构建有较大的差别。相对来说，农产品的种类比较繁多，存储时间不宜过长，需要在较短的时间内完成对其的装卸、分拣、加工、包装和运输等工作。因此，在构建配送中心模型时，采取对不同类别的农产品在配送中心内建立不同的加工生产线及存储仓库，方便装卸货及不同产品对加工的需求，加速完成相应农产品的配送工作。根据现有的农产品物流配送中心的功能需求，在 Flexsim 仿真软件中，可以按照仿真建模的方法，将实际农产品物理配送中心建成其仿真模型。

2. 仿真模型的布局

为了使农产品能够保质快速地完成配送，在农产品物流配送中心整体布局和部分布局时，都要充分考虑农产品类别多、易腐烂、温度要求有差异等特点。

通过建立仿真模型的整体布局，可以实现集中对农产品的收购、储存、拣选、增值加工、包装、运输及装卸，同时满足不同类别的农产品对加工、存储的环境条件不同要求。

根据实际的需求，在不同农产品加工存储区域，可以实现在同一个农产品配送中心内构建不同温度的仓储和加工仓库模型。

配送中心部分的布局主要是针对同一类型农产品的布局。农产品物流配送中心每天加工处理的农产品种类众多，叶菜类蔬菜是较为常见的一类农产品，它是一类保存时间短、易腐烂、需要进一步加工包装的农产品。在农产品配送中心内，主要经过卸货、分拣、增值加工、内部输送、存储等流程的操作。本节以叶菜类蔬菜（以下简称“叶菜”）为例，利用 Flexsim 仿真软件中提供的固定实体和流动实体。

3. 仿真模型的流程

根据叶菜区域的布局设置，在 Flexsim 仿真软件中定义它的“流”，也就是设置仿真模型中流动实体的流动方向和路径，然后对叶菜进入农产品物流配送中心的每一个工序流程进行仿真。其他的农产品可以利用相同的方法进行仿真布局和“流”的定义，根据所需的工序，增减模型中的结构，来实现对它们的仿真。

（二）仿真模型的运行与分析

1. 仿真模型的参数设定

Flexsim 仿真软件的每一个实体都有相应的参数，实体的参数是控制仿真模型运行次数与运行速度的关键。在对不同类型的农产品建模仿真的过程中，不仅可以通过模型的布局修改模型的结构，实现增减实际的工序流程数，还可以通过改变模型中的参数实现对实际农产品配送中心的具体操作。

为了使模型能够达到仿真的效果，结合实际，叶菜在进入配送中心时会有一部分的腐烂，在分拣区分拣后，总量会减少，但是所占比例不大。假设农产品货源供给充足且不变，在叶菜经过分拣处理器 1 的合格率为 95%、分拣处理器 2 的合格率为 97%、分拣处理器 3 的合格率为 96%的情况下，按照叶菜在农产品物流配送中心内处理的时间，对仿真模型进行参数的设置（见表 6-9），并设置该模型的仿真运行时间为 1 个工作日（工作 8 小时）。

表 6-9　仿真模型处理设备参数的设定

编号	设备名称	处理时间（秒）
1	分拣处理器 1	4
2	分拣处理器 2	2
3	分拣处理器 3	3
4	加工处理器 1	8
5	加工处理器 2	5
6	加工处理器 3	6
7	包装合成器 1	10
8	包装合成器 2	12
9	包装合成器 3	11

2. 仿真模型的运行

农产品进入配送中心后，首先在检验入库区经过卸货、检验入库，然后进入分拣区，再次根据不同的加工需求进入加工生产区，接着在包装区被打包或封箱，最后被运送到存储仓库中，等待按单提货。在配送中心的检验入库区有专职负责人员对农产品进行卸货、清点、解包、入库等工作。当农产品进入特定的仓库时，仿真模型利用自动分拣系统对实际中人为的分拣过程进行仿真。入库的农产品通过模型中的输送机，被发送到各个不同的分拣区域，在经过不同的分拣以后，质量达到进行生产加工标准的叶菜，可以通过输送进入到加工区，对于分拣后的不可再进行生产加工的叶菜，需要丢弃。在生产流程仿真模型中看，可以分别对 3 个分拣处理器进行设置，实现控制一部分叶菜（如 5%叶菜）通过输送机进入到吸收器中，不再在模型中继续运转，这部分就是需要丢弃的叶菜，其余的将继续进入加工生产区。在加工生产区内，根据实际的需要，可以对不同的叶菜进行增值加工，模型中采用 1 台处理器和 1 个操作员对实际加工生产进行仿真。每种叶菜的加工时间不同，在模型中主要是通过设置处理器的处理时间对实际的时间进行仿真，利用这样的仿真模式可以实现对生产的长时间模拟，还能实现对生产结果的预测。由于平均单位叶菜的处理时间是可以设置的，所以通过仿真可以得出具体到将来某一时刻点的加工生产量，对于高层管理者管理生产的进度起到了决策支持的作用。

目前，大部分农产品物流配送中心为了保持农产品的新鲜度以及便利的配送，会对农产品进行进一步的张贴标签等生产包装。在大型的超市或农产品集贸交易市场，许多农产品都进行简易的包装，不仅方便识别，也利于运输。模型中的合成器就是对加工处理过的农产品进行包装的仿真。在操作员的具体操作下，发生器根据不同农产品的需要产生包装器材，如托盘、纸箱、篮筐、标签、捆绑材料等，实现对实际配送中心的仿真。在实际的农产品物流配送中心内，包装环节使用的时间也完全可以通过设置模型中合成器的处理时间来得到准确的仿真。一定质量的叶菜打包后装箱或装盘，都可以按照实际的要求得到实现。

仿真模型中，完成包装后的农产品被输送机运到暂存区，通过分配器的调度，操作员利用叉车将暂存区中的农产品运送到不同的存储区内。在实际的配送中心内，调度员通过对包装区作业的监控，配送相应的叉车对包装完毕的农产品进行存储。当农产品物流配送中心接到客户的订单时，派出运输车辆对不同存储区中的农产品进行运输。

3. 仿真结果分析

利用 Flexsim 仿真软件对叶菜在农产品物流配送中心 1 个工作日的仿真，即仿真模型运行 8 小时后各个设备的平均利用率如表 6-10 所示。

表 6-10　处理设备运行 8 小时的平均利用率

编号	设备名称	处理时间（秒）	平均利用率（%）
1	分拣处理器 1	4	45. 1
2	分拣处理器 2	2	37. 1
3	分拣处理器 3	3	59. 3

续表

编号	设备名称	处理时间（秒）	平均利用率（%）
4	加工处理器 1	8	74.2
5	加工处理器 2	5	83.2
6	加工处理器 3	6	90.7
7	包装合成器 1	10	43.8
8	包装合成器 2	12	47.5
9	包装合成器 3	11	39.0

可以看出，3 条生产线主要以加工处理器处理的速度为主导。如果分拣区处理的速度过快，而加工处理区加工的速度较慢，则会造成分拣后的叶菜堆积，大量叶菜的堆积会造成新鲜叶菜的腐坏，使得分拣工作再次进行，降低工作的效率。如果包装合成区合成的速度过快，则会因为没有足够加工处理过的叶菜的及时到达而造成合成区设备的低利用率。

在农产品供给相同的情况下，3 条生产线上设备平均利用率相比较来说，第 1 条和第 2 条生产线的平均设备利用率大致相同，第 3 条生产线的加工处理器平均利用率为 90.7%，具有较高的利用率，但是第 3 条生产线的包装合成器的平均利用率却只有 39.0%。说明由于加工生产区的产出量不足以供给包装区的合成，造成包装区合成器较低的平均利用率。为了解决这个问题，可以在模型中修改相应处理器的参数，通过缩短加工处理器 3 的处理时间，实现加快产品处理的速度。经过多次修改参数，运行模型并和第 1、2 条生产线对比，将加工处理器 3 的处理时间改为 4.3 秒后，此时第 3 条生产线的加工处理器的平均利用率为 73.0%，包装区合成器的平均利用率为 45.8%，达到了 3 条生产线的平均利用率基本一致。相应地，在农产品物流配送中心内，可以加大对加工生产的人力或设备的投入，提高它的加工速度，使整个农产品配送中心处于高效的运转中。

二、基于 Witness 的厂区物流系统仿真

某公司是一家包装材料生产厂，随着产品质量和品牌知名度的不断提升，产品开始出现供不应求的良好局面。因此，企业管理层开始考虑扩大生产规模，初步提出新增多条生产线的方案。生产线的增加势必带来仓库产成品数量的增加以及原材料需求的增加。另外，由于厂区面积以及库存容量的限制，要求物流系统要把当天的产品运出厂区，并且要把所有原材料准时运到仓库指定位置。因此，给定数量的物流车辆能否在一天之内完成这两项任务成为需要考虑的问题，以及如何配置相应的资源才能使得花费的时间最短。

（一）厂区物流系统仿真建模

Witness 仿真是一种基于系统结构重现的仿真建模方法。系统结构重现的仿真建模是基于物流或生产系统结构化描述的方法，它与实际系统形成的方法有很大的相似性。为了实现厂区内物流状况的预先模拟，实时再现和对仿真过程进行实时干预，应用 Witness 仿真系统对物流系统进行可视化的仿真，这样便于表达数学模型中不能完全表达的物流系统中各要素之间的关系，利于发现物流过程中的瓶颈。基于 Witness 仿真建模主要步骤为：

首先定义构成系统的基本单元模块，即仿真系统中的一些静态实体，如物流系统中的运输设备、缓存设备、装卸工位、搬运设备、库存区域等，然后对通过模块的动态实体（如车辆）所行进的路线进行定义，在物流系统中是指物流车辆的流向、装卸人员的移动或各个模块之间的关联关系等，最后运行系统整体的仿真模型，得到仿真结果。

总体上来讲，厂区物流仿真系统可分为三部分。

1. 仿真准备部分

物流设备模块，记录运输车辆、装卸设备的所有信息，如工位（卸货或装货）、物流车型、装卸机械及其效率、数目等；物理线路模块，根据物流设备建模信息以及物料类别、厂区道路信息对物流线路进行建模；基础数据录入模块，负责录入货物到厂门口的概率分布、每段道路上的车辆数量等基础数据；随机事件生成模块，根据基础数据采用随机事件发生装置生成货物到厂排队序列，包括货物到厂时刻及每车货物的装卸时间等，并对该序列中的随机生成结果进行一致性检验。

2. 仿真运行部分

系统调度模块，根据每车货物的类型、卸货、装货量和时间等情况，选择相应的工位并进行装卸作业；智能处理模块，结合调度人员的智能，处理作业时可能发生的相互干扰，并将处理办法发送给系统调度模块。

3. 数据记录与输出部分

数据记录模块，负责记录各种关键性数据，如货物等待时间、实际储存时间、机械作业时间、货物装卸总量等；数据输出模块，对数据记录模块进行整理、计算，并输出相应的仿真结果。

厂区物流仿真系统的运行流程如图 6-6 所示。

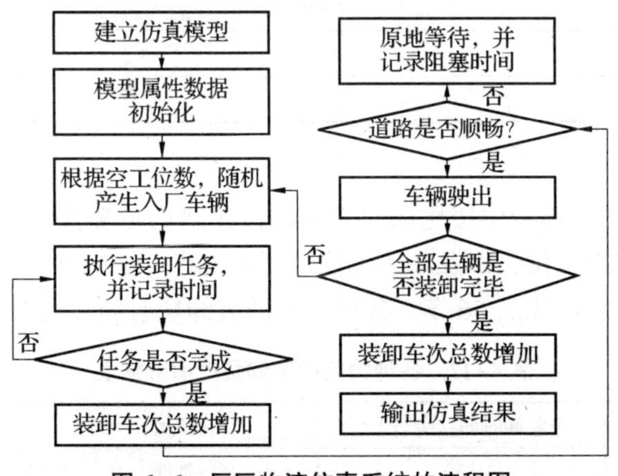

图 6-6　厂区物流仿真系统的流程图

①根据厂区实际的货物装卸流程建立仿真模型，把物流设备和物流线路分别存储于物流设备模块和线路模块中。

②采用基础数据录入模块录入每辆车的运动速度、每段路的长度、每段路上的车辆数目等基础数据，用随机事件生成模块等概率地生成第一批进入厂区的物料类型和车辆。

③仿真运行过程中，第一批的车辆到达厂区门口后，系统调度模块会安排车辆依次进入厂区，经过换证手续后，第一辆车直接到达装卸货区，根据车辆类型选择进入相应的工位，由于场地的限制，在进入工位的过程中会引起道路的堵塞。随后抵达的车辆如果要经过该工位，就需要排队等待。

④装卸货完成后，由数据记录模块记录相应的时刻，并将车辆交由调度模块处理。如果当前工位至下一工位的道路顺畅，则可以驶离工位，同时，随机产生下一辆运输车进入厂区。

⑤当仿真系统运行时间超过规定时间（如可设规定时间为 24 小时）或全部货物装卸完毕，终止循环。读取数据记录模块中的所有数据，由数据输出模块输出仿真结果。

（二）仿真模型的运行与分析

1. 模型单元设置

Witness 软件提供了几种可用于构造仿真模型的基本单元，分为物理单元和逻辑单元两类。其中，用于离散事件系统的物理单元有 Part、Buffer、Machine、Track、Vehicle、Conveyor 等，逻辑单元有 Attribute、Variable、Distribution、Function 等。在本模型中，将厂区物流各要素用 Witness 基本单元模拟（见表 6-11）。同时，给运输物料、车辆、装卸工位设置属性，如物料类别、车速、装卸时间、道路长度等，根据对属性的判断控制车辆的进入和驶出。

表 6-11　物流系统各要素与基本单元的对照表

物流系统要素	Witness 基本元素	功能
各种物料	Part	主要工作对象
装卸车辆	Vehicle	物料运输工具
厂区运输道路	Track	运输路径
工位	Machine	装卸工作点

2. 模型参数

根据厂区的规划图，模型中按比例建立了物流车辆的运输路径，包括 1 条入厂道路，1 条出厂道路、9 个装卸工位，以及 8 条工位之间的道路。每天进出厂区的货车数量是 153 辆，其中原材料 97 车、产成品 56 车。各种产品的装卸货时间如表 6-12 所示。

表 6-12　各种物品的装卸货时间数据表

物料名称	装卸时间（分钟）	物料名称	装卸时间（分钟）
塑料粒子	130	备件	15
塑料膜	45	本地成品	30
胶水	35	外地成品	85
纸箱	50	外单	31
快件	15	委托成品	30
印版	30		

3. 不同方案仿真结果分析

（1）调度策略对作业时间的影响

在其他参数保持不变的情况下，并且假设每一辆货车都可以在 9 个工位的任何一个上进行作业。厂区的平面布置图如图 6-7 所示。考虑两种不同的调度策略：一种装卸货的顺序是先从最上面的工位开始；另一种是先从最下面的工位开始。仿真结果的作业时间和各路段堵塞率对比图如图 6-8 所示。可以看出，第二种调度策略相对来说更好。主要原因是第一种策略在仿真运行初期，虽然车辆行走的距离缩短，但是引起道路堵塞的情况更加严重。

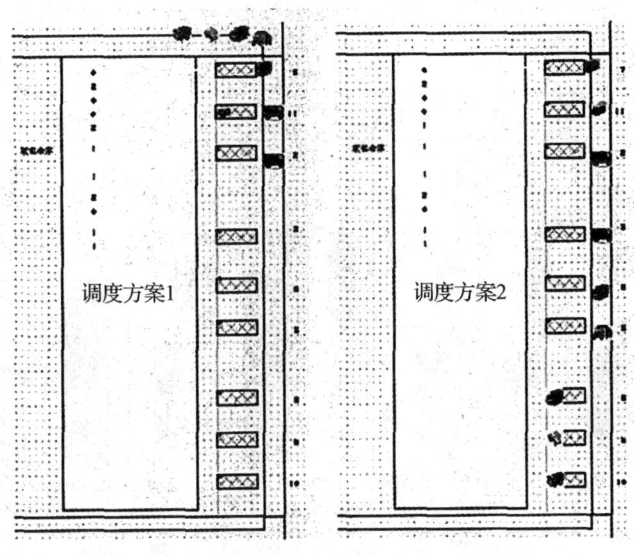

图 6-7　厂区平面设置图

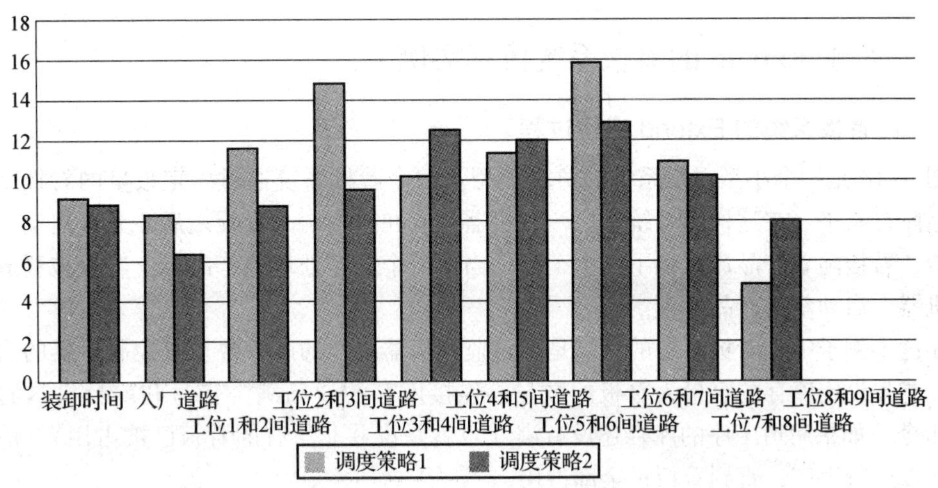

图 6-8　不同调度策略下作业时间和各路段堵塞率对比图

（2）工位比例划分对作业时间的影响

在该厂的实际物料运输时，往往把原材料和产品分别集中在一个区域进行装卸，因此，在如上所述的第二种调度策略基础上，又进一步将9个工位按照一定的比例划分。考虑三种不同的方案：卸载原材料的工位数：装卸产品的工位数=5：4；卸载原材料的工位数：装卸产品的工位数=6：3；在装卸原材料的工位中安排一个专用于备件材料的工位，即卸载原材料的工位数：装卸备件材料的工位：装卸产品的工位数=5：1：3。分别运行仿真模型，仿真结果中各方案的作业时间和各路段的堵塞率对比图如图6-9所示。从图6-11中可以看出，第三种方案最优。主要原因是前两种方案中道路瓶颈在中间工位附近的道路上，而第三种方案中装卸备件材料的工位可以较早完成所有装卸任务，因此，在这个工位附近的道路运行比较顺畅，一定程度上减少了瓶颈点。

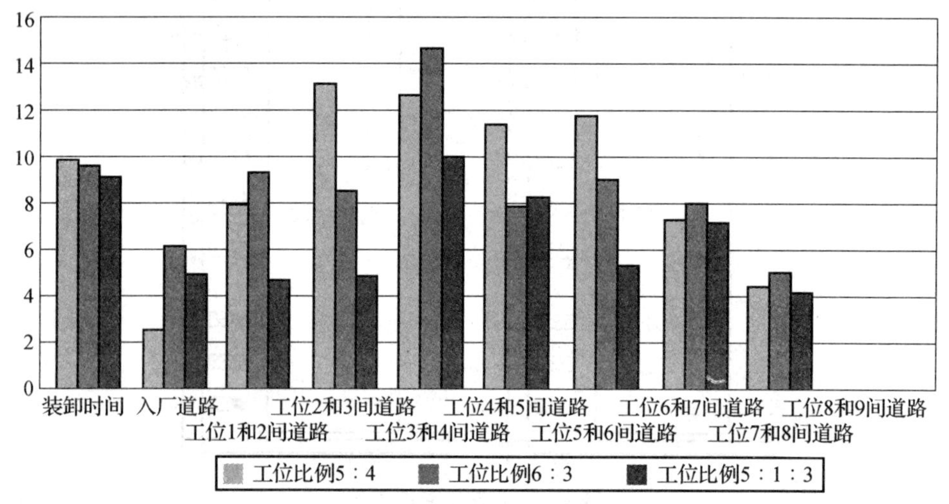

图6-9　各方案的作业时间和各路段堵塞率对比图

三、基于Extend的看板系统仿真实例

（一）看板系统的Extend建模过程

图6-10是一个小型看板系统的仿真模型。一个看板系统通过一定数量的看板来限制在制品库存水平。在这样的系统中，一台机器只有在得到一个看板之后才允许启动。处理结束后，看板随着产品流入到下一个工序。当下一个工序处理该产品后，看板被释放到前一台机器，启动新的产品处理。

在这个例子中，看板系统的逻辑是通过监控机器之间的库存数量来控制机器的启动和停止。首先设定库存的容量为看板的数量，连接库存的“已满”信号和前台机器的“停机”指令。如果后道工序的库存还没有满（也就是说并非所有的看板已被占用），前道机器还可以进行生产，直到看板被全部占用。

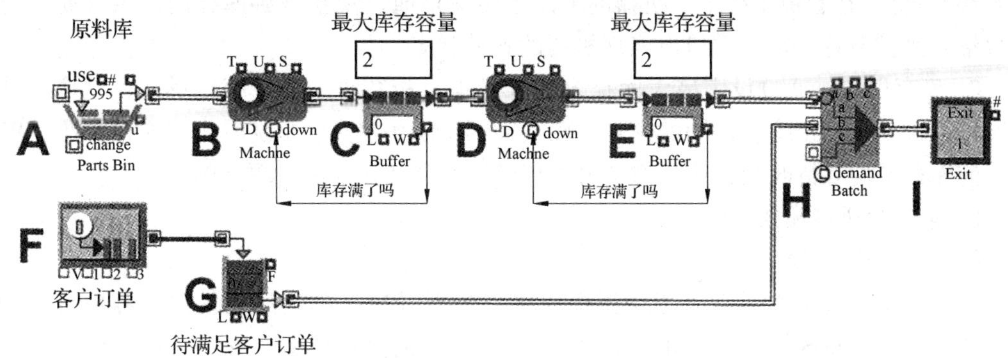

图 6-10　小型看板系统仿真模型

（二）模块说明

如图 6-10 所示，仿真模型包括了 A、B、…、H、I 九个模块。

A. 原材料库模块。用来模拟在模型开始运行时的期初库存。通过图 6-11 中的方式设置初始库存。

[1] Bin

Bin | Attributes | Cost | Results | Animate | Comments

Provides bin parts, etc. for the model

OK

Cancel

Initial number of items: 1000

Items currently available: 932

Utilization: 0.034323232323

Help　Parts Bin　Default View

图 6-11　参数输入对话框

可见，Extend 模块对话框包括了参数输入、结果输出、动画设计等基本结构。另外，Extend 包含作业成本法功能，允许用户输入成本信息。

B. 第一台机器模块。这个模块的物件输入接点和 A 模块的物件输出接点相连，表示物件的流动。机器模块除了具有物件输入、输出接点以外，还有三个数值输出接点（位于机器模块的上方 T、U、S）和一个数值输入接点（位于机器模块的下方 D）。在仿真运行过程中，机器模块不断自动计算一些关键绩效指标，外部模块可以通过输出接点获取（T：机器处理时间；U：机器利用率；S：机器状态）；数值输入点 D 用来输入动态处理时间，可以模拟不同产品的不同加工时间。在模块的下方，还有一个 down 接点，用来通过外部逻辑控制机器的关停运转。这个接点既可以接受数值输入，也可以接受物件输入（所以图标有些不同)。在看板系统中，机器的关停运转就是通过观察下游库存的盈余（也就是看板数量）来控制这个输入端口以实现机器的各种状态。

C. 库存模块。通过设定最大库存容量来模拟看板数量。当库存已满时，这个模块就会通过 F 接点来发出库存已满的信息。而其他两个输出接点，L 说明当前库存大小，W 说明当前库存平均等待时间，这些都是由库存模块自动计算并随时更新的。

D. 第二台机器模块。

E. 第二个库存模块。

F. 事件发生器模块。事件发生器模块用来模拟客户订单到达的情况。客户订单的到达服从一定的分布规律，Extend 中提供了 17 种常见的分布函数。在事件发生器中，除了可以指定各种分布函数之外，建模者还可以更改随机数发生的“种子”，用于数据分析和实验控制。订单到达的分布函数选择框如图 6-12 所示。

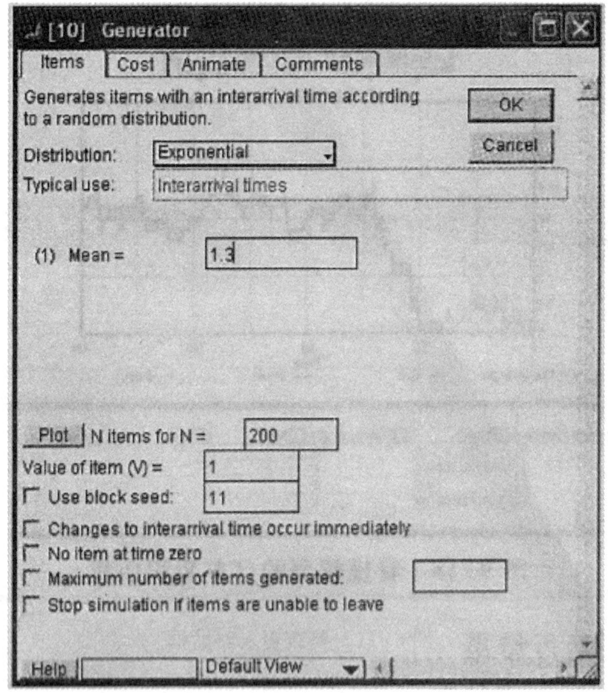

图 6-12　订单到达的分布函数选择对话框

G. 库存模块。用来模拟没有满足的客户订单列表。

H. 批处理模块。用来将客户订单和产生的产品匹配起来，模拟订单满足过程。当只有订单没有产品，或者只有产品没有订单时，批处理模块就处于等待状态；当二者都具备时，将二者合并一起，从系统中清除。

I. 物件离开和清除模块。该模块用来模拟物件离开仿真系统，同时，统计输出商品的总数。

从以上模型可以看出，把基本的模块单元组合到一起，Extend 就可以迅速、准确地建立有意义的物流系统模型。

（三）Extend 图形输出

Extend 提供专门的图形输出库，可以绘制各种形状的图形。在这个实例里，如果要了解未满足客户订单的数量如何随时间变化，就可以将订单库存模块的数值输出接点 L 直接连接到绘图模块的一个输入接点（见图 6-13）。

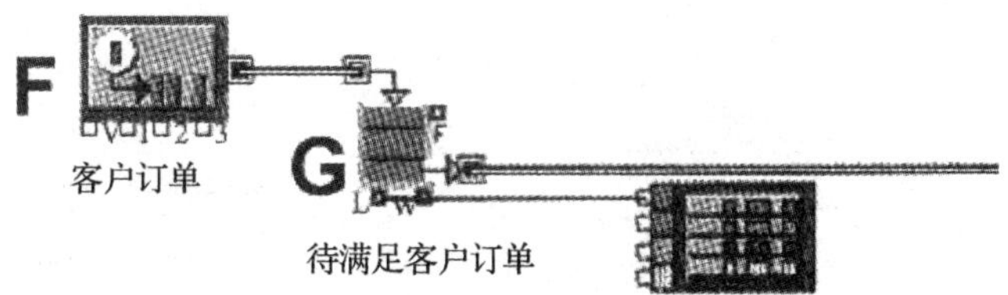

图 6-13 Extend 图形模块

图 6-14 就是这个模型的订单累积曲线。当仿真运行时，就会自动输出图形，同时将产生图形的数据显示在图形下方，可以直接通过剪贴获取。当模型被保存后，再重新打开时，这些信息也随着模型一起被保存，不会消失。

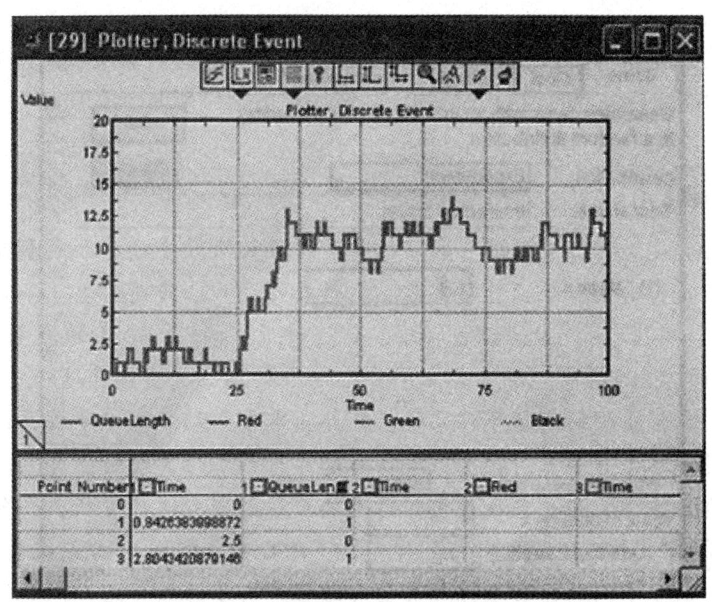

图 6-14 看板模型的订单累积曲线

（四）Extend 模型运行结果

在模型运行的过程中及运行结束以后，仿真的结果可以在模块旁边显示出来，以图形曲线的形式显示出来，形成报告或输出到其他的工具中。双击每一个模块，就可以看到模型运行的有关信息。例如，双击客户订单队列模块就可以了解一些客户订单处理情况的基本信息，如图 6-15 所示。

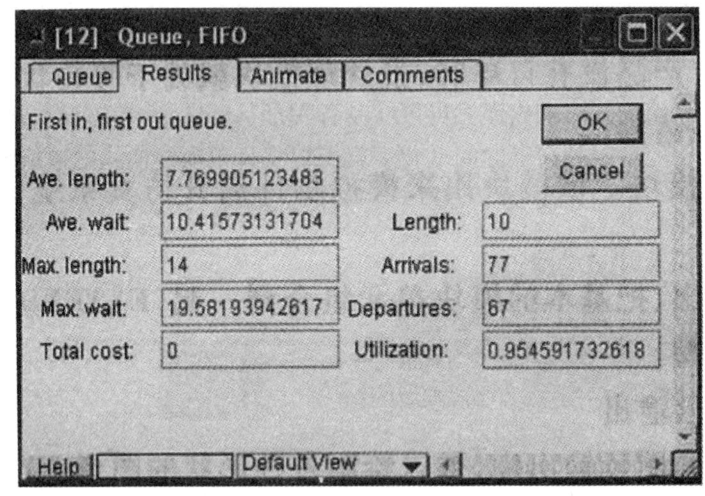

图 6-15　Extend 运行结果对话框

仿真结果可以保存在表格里，绘制出来或复制到工作表的不同区域，也可输出到外部程序中（如 Excel 和数据库），还可以用动画的形式显示，甚至可以通过驱动程序来控制外部程序的运行。

从本节仿真实例可以看出，运用仿真技术能为决策者和管理者对复杂问题的分析、判断和决策提供有力的支持，同时通过方案的正确选择和指定，帮助企业节省大量的时间成本。

本章小结

物流系统仿真是进行物流系统分析、设计、决策的有效手段。凡是利用计算机技术在系统模型上而不是在真实系统上进行实验、运行的研究方法都是仿真。本章首先介绍了系统仿真的概念、类型及一般步骤，介绍了几种常用的系统仿真软件，如 AutoMod、Flexsim、Witness、Extend 等，利用这些专用的仿真软件可以使仿真过程更为简便、灵活。其次，物流系统属于典型的离散事件系统，因此，本章介绍了离散事件系统仿真的关键概念及常用的仿真策略，并重点对排队系统仿真和库存系统仿真进行了介绍。仿真结果的分析也是系统仿真的关键，主要包括如何对仿真输出结果进行统计分析，如何寻找系统的规律，如何评估系统的特征、性能等。最后，以农产品物流配送中心系统、厂区物流系统、看板系统为例，基于不同的仿真软件对其仿真过程进行了详细介绍。

复习题

1. 什么是离散事件系统仿真？它与连续系统仿真有什么区别？
2. 离散事件系统模型的构成要素包括哪些？请举例说明。
3. 离散事件系统仿真的策略有哪些？
4. 系统仿真的主要步骤有哪些？
5. 列举并比较分析目前流行的仿真语言或仿真软件。

6. 为什么说进行终止型仿真时，即使独立运行次数相当多仍难以得到系统的稳态性能？

7. 试列表比较终止型和稳态型仿真的应用条件、结果分析方法，包括运行次数、基本算法。

8. 有如下排队系统，试画出系统中顾客排队的队长随时间变化的情况，并统计计算仿真运行长度为 40 分钟时，系统中顾客排队的平均队长和平均等待时间。顾客到达的时间间隔分别为 A_i =5，6，7，14，6（单位：分钟，i 表示到达顾客的顺序号），为第 i 个顾客服务的时间分别为 S_i =12，5，13，4，9（单位：分钟）。

9. 一库存系统，一年的总订货量为 3000 件，初始值为 100 件，每月的消耗量相等（按 25 天计算），消耗速度相同，按月订货，每月缺货的天数允许为 3 天，提前期为 5 天，试画出库存随时间变化的曲线。若每件货物的保管费为 1 元，每次订货费为 5 元，每件货物短缺引起的损失费为 2 元，试解析计算出全年的总费用及订货点库存水平。

10. 假设一个拥有 3 个装卸码头的场站，卡车的到达时间服从 EXPO（9）。码头 1、2、3 的卸货时间分别服从 TRIA（25，28，30）、TRIA（23，26，28）和 TRIA（22，25，27），时间单位均是分钟。如果有一个空闲的码头，卡车就会立即到达该码头进行装货，假设到达码头的时间为 0。如果有多余 1 个的空闲码头，卡车就会根据码头 3、2、1 的顺序最先选择码头 1，然后选择码头 2，最后选择码头 3 装货。如果所有的码头都处于繁忙状态，它就选择排队卡车数量最小的一个码头排队等待。如果三个队列的长度一样，它就会按照码头 1、2、3 的顺序进行选择。试使用 Witness 仿真软件对该系统进行仿真。模型运行 20000 分钟，然后获得码头使用情况的统计数据、队列的长度、等待时间。

11. 一组天花板风扇零件到达一组装生产系统，间隔到达时间服从 TRIA（2，5，10），单位为分钟。这里一共有 4 个组装生产线，而且这些配件都是自动随机进入空闲的操作台进行组装。风扇的组装时间由不同的操作台决定，组装时间如表 6-13 所示。

表 6-13　不同操作台组装时间

操作台	组装时间（分钟）	操作台	组装时间（分钟）
1	TRIA（15，18，20）	3	TRIA（16，20，24）
2	TRIA（16，19，22）	4	TRIA（17，20，23）

组装程序完成后，将检查这些成品风扇，其中大约有 7%的产品不合格，不合格的风扇必须返回到原来的操作台进行重新拆除和组装。这些不合格的风扇的操作比第一次进入操作台的设备具有优先权。因为风扇需要重新拆除和组装，所以拆装时间比正常的安装时间多 30%。

（1）试采用 Flexsim 仿真软件对该系统进行仿真，仿真运行 20000 分钟，然后收集系统中操作台的使用情况方面的统计数据和操作台的工作时间。

（2）假设可以再雇用一个工人，这个人可以随机进入 4 个操作台中的任何一个操作，而且与前者的作用一样，他应该在哪个操作台上工作？

12. 试归纳用 Witness 和 Flexsim 进行仿真时有几个关键环节，分别是什么？

第七章

物流系统综合评价

本章学习目标

- 理解系统综合评价的概念及重要性。
- 了解物流系统评价指标体系，掌握物流系统综合评价的步骤。
- 具备建立物流系统评价指标体系的能力。
- 掌握几种常用的物流系统的综合评价方法。

本章导读

系统综合评价是对系统设计提供的各种可行方案，从社会、政治、经济、技术的角度予以综合考察和全面权衡的过程。系统评价的结果将为系统决策提供科学依据。一个物流系统方案从技术、经济、社会等不同视角看，具有不同的绩效。因此，衡量一个物流系统的优劣需要从技术、经济、社会等多角度进行综合评价。本章介绍了系统综合评价的基本知识以及物流系统综合评价的主要方法和关键内容，包括物流系统综合评价指标体系的建立、单指标评价方法、多指标综合评价方法及模糊综合评价法。

第一节　物流系统评价

一、系统综合评价的概念

所谓“系统综合评价”，就是根据系统确定的目的，在系统调查和系统可行性研究的基础上，主要从技术、经济、环境和社会等方面，就各种系统设计方案能够满足需要的程度与为之消耗和占用的各种资源进行评审，并选择出技术上先进、经济上合理、实施上可行的最优或最满意的方案。

系统工程是一门解决问题的技术。也就是说，在系统开发过程中，不仅要通过系统工程的思想、程序和方法的应用，提出许多备选方案，而且要通过系统评价技术从众多的备选方案中找出所需的最优方案。然而要决定哪一个方案“最优”却未必容易，尤其是对于像物流系统这样的外延模糊的复杂系统。因为对于复杂的物流系统来说，“最优”这个词的含义并不十分明确，而且评价某个物流系统方案是否为“最优”的尺度（标准）也是随着时间而变化和发展的。例如，以城市物流系统为例来进行评价，通常是从物流速度、物流成本、供应保证程度等技术、经济方面的指标进行评价。但近几年，除了上述评价指标外，还要求从城市可持续发展、环境美化、居民满意度等方面进行评价。这里，像满意度、舒适度之类的很多指标与人的感觉和经验有关，属于定性指标，难以数量化。此外，物流系统一般都具有多个目标，对多个目标进行评价，一方面要将目标进行分解，分别建模、分别评价，另一方面还要将这些子目标作为一个整体进行综合评价，因此还需要将各种指标归一化，以便进行比较。由此可见物流系统评价的复杂性。

二、系统综合评价的重要性

系统综合评价的主要任务就在于从评价主体根据具体情况所给定的、可能是模糊的评价尺度出发，进行首尾一贯的、无矛盾的价值测定，以获得对多数人来说都可以接受的评价结果，为正确决策提供所需的信息。

由此可见，系统评价和决策是密切相关的。为了在众多的替代方案中做出正确的选择，就需要有足够丰富的信息，其中包括足够的评价信息。所以说，系统评价只有和方案决策及行为决定联系起来才有意义。系统评价是为了系统的决策，系统的决策需要系统的评价。可以说，系统综合评价是系统决策的重要依据，没有正确的评价也就不可能有正确的决策，甚至评价本身就是一种决策形式。有时候，系统评价和系统决策被当作同义词来使用。

但是在实际问题中，由于综合评价与决策的目的不同，两者仍有区别，主要表现在两个方面：第一，系统综合评价是一项技术工作，是由分析者即系统工程人员承担的，而系统决策则是领导工作，是领导者在系统工程人员的辅助下完成的；第二，系统综合评价是系统决策的主要依据，但是重大问题的决策往往还有“看不见的”因素在起作用，这些因素往往难以纳入系统工程人员的评价工作之中。

系统综合评价与系统开发、系统决策之间的关系如图 7-1 所示。

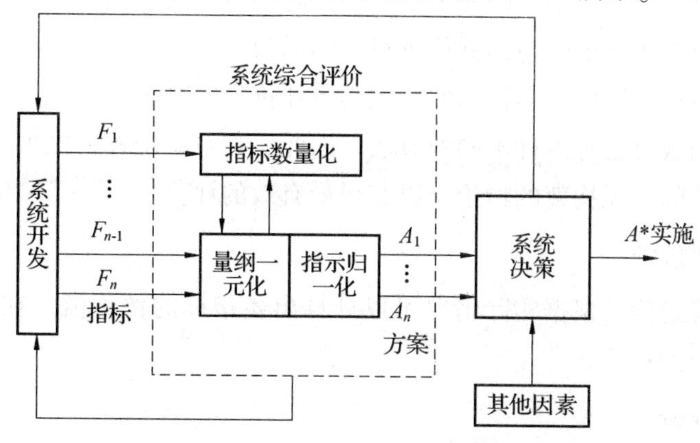

图 7-1 系统综合评价与系统开发、系统决策之间的关系

三、系统综合评价的步骤

系统综合评价的质量影响着系统决策的正确性。为了使系统综合评价更加有效，首先必须保证评价的客观性。为此，首先必须保证评价资料的全面性和可靠性，保证评价人员具有普遍的代表性。其次，要保证系统方案具有可比性和一致性。另外，系统评价的重要依据是评价指标的数量值。因此，评价指标的确定是系统评价的一项重要内容。

系统综合评价的主要步骤如图 7-2 所示。

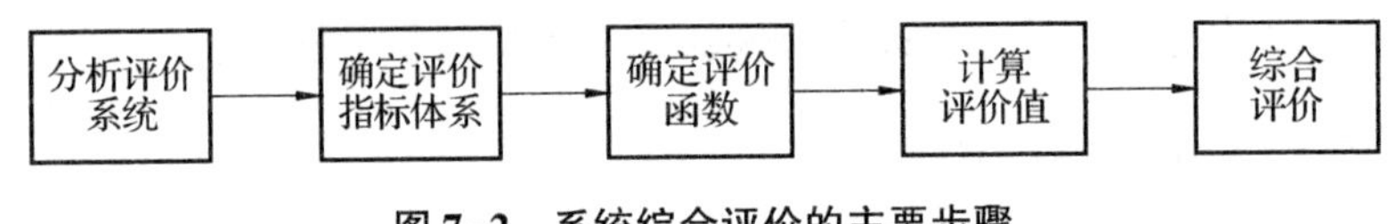

图 7-2　系统综合评价的主要步骤

（一）分析评价系统

评价的第一步是分析评价系统的目的，界定评价系统的范围，熟悉所提出的系统方案及系统要素。系统评价的最终目的是为决策提供依据。具体目标包括对多个系统方案进行优劣比较。评价系统的范围主要是指评价对象涉及哪些领域、哪些部门，以便在评价过程中充分考虑各部门的影响和作用，并尽可能吸收各方面人员参加评价。

（二）确定评价指标体系

指标是衡量系统总体目标的具体标志。对于所评价的系统，必须建立能够对照和衡量各个方案的统一尺度，即评价指标体系。指标体系是根据具体的评价目标及其影响因素的分析，在大量的资料调查与分析的基础上确定的。评价指标体系必须科学地、客观地、尽可能全面地考虑各种因素，并遵循一定的原则。

（三）确定评价函数

评价函数是使评价指标定量化的一种数学模型。不同问题使用的评价函数可能不同，同一个评价问题也可以使用不同的评价函数。因此，对选用什么样的评价函数本身也必须做出评价。一般应选用能更好地达到评价目的的函数。

评价函数本身是多属性、多目标的，尤其当评价目的在于形成统一意见或进行群决策时，在确定评价函数时会有多种不同的看法。因此，在对系统评价之前，应该在系统评价人员之间进行充分的、无拘束的讨论，以获得最有效的评价。

（四）计算评价值

当评价函数确定后，根据实际情况可以计算出各指标的评价值。在计算评价值之前，还需确定各评价值的权重。

（五）综合评价

首先进行单项指标（如功能、经济效益、社会效益等方面）的评价，再按照一定的方法，对各指标值进行综合，得出更高层次的指标值，最后综合成大类指标的总价值。

第二节　物流系统评价的指标体系

一、物流系统评价指标的特点

指标是衡量系统总体目标的具体标志。评价一个系统，就是要想到系统的价值。然而，物流系统是社会经济中的一个子系统，既包括设施设备等硬件要素，也包括管理者、伙伴关系、客户、社区、政策环境等软件要素，因此，物流系统的价值很难用一个简单的指标来衡量。根据价值的哲学含义，某个对象的价值其实是评价主体对该待评价对象的主观认识和估计。例如，将一杯水和一颗钻石进行比较，哪个更有价值？很显然，由于评价者所处的环境不同，答案就会截然不同。

因此，对一个具体的物流系统来说，其评价指标具有主观性和环境依赖性的特点。同一个物流系统方案，不同的评价主体由于其知识、经验及认识水平的差异，对方案评价的角度、立场和观点会不同。在不同的外部环境条件下，也会导致相同的方案得到完全不同的价值估计。例如，当宏观经济政策发生变化，或市场环境改变，或新的技术可供获取时，原来被认为很有价值的物流方案可能就被认为没有效用了。这就是物流系统评价指标的环境依赖性特征。另外，即使同一个评价主体，对同一评价对象的价值估计也会随着时间的推移而发生改变。这就是说，物流系统评价指标还具有动态特性。

考虑对物流系统价值认可的主观性、环境依赖性及动态性特征，为全面衡量物流系统方案，在系统评价时采用多种尺度即多评价指标进行相互比较就显得非常有必要。既然指标是衡量系统总体目的的具体标志，而物流系统目标一般具有层次性，相应地，用于评价系统目标的指标也不止一个，而是一个层次结构体系，这就是物流系统评价的指标体系。

由于物流系统目标体系中既有定性目标（如改善服务水平、提高竞争力等），又有定量目标（如成本最小化、路径最短化等），所以，物流系统评价的指标体系中既有定性指标，也有定量指标。

二、物流系统评价指标体系确立原则

指标值直接影响系统目标的价值大小。因此，评价指标的确定是系统评价中最关键的一项任务，也是一项最复杂、最烦琐的工作。一般来说，指标越多，方案间的差异越明显，越有利于方案的判断和比较。但是，指标过多，指标值的获取任务难度加大，且指标间的权重划分就越困难，也不利于准确评价。因此，评价指标体系既要全面反映所要评价的系统的各项目标要求，尽可能做到科学、合理且符合实际情况，同时还要具有可测、简易、可比等特点；指标总数要尽可能地少，以降低评价负担。具体来说，评价指标体系的

确立要遵循以下七条原则。

（一）系统性原则

指标体系应能全面地反映被评价对象的各个方面情况，还要善于从中抓住主要因素，使评价指标既能反映系统的直接效果，又能反映系统的间接效果，以保证综合评价的全面性和可信度。

（二）可测性原则

评价的一个目的是为了进行方案的排序。这就要求评价指标必须是可以测度的，指标的含义是明确的。另外，所选指标的值还要易于计算、操作简便。所以，在确定物流系统评价指标时，既要考虑指标的含义明确，还要考虑指标能否通过现有的统计数据或其他经验数据估算得到。

（三）层次性原则

物流系统具有层次性，系统目标也具有层次性。因此，对系统目标的衡量也可以分解成不同层次的具体准则（即评价指标）进行衡量。指标体系的层次性有利于将一个复杂的评价问题划分成一个一个的简单评价问题。

（四）简易性原则

评价指标体系要简明，避免烦琐。简明性原则要求每个指标的语言表述简单且含义明确，避免用很长的句子来表述一个指标，同一层次的指标之间要相互独立、互不重复，避免冗余。例如，物流成本和仓储费用之间存在包含关系，不是相互独立的指标，但可以处于不同的层次。

（五）可比性原则

可比性指的是一个评价指标可在不同的评价对象之间进行指标值的比较，而且这种比较对区分不同的系统对象优劣是有意义的。即使是定性指标，也要具有可比性。

（六）定性指标与定量指标相结合原则

物流系统的综合评价，既包括对技术、经济绩效的衡量，也包括对社会、环境绩效的考量。前者易于定量化测度，后者很难用定量化的指标衡量，如员工关怀、环境协调性等。要使得系统的评价更具有客观性，就必须坚持定量指标与定性指标相结合的原则。

（七）绝对指标与相对指标相结合原则

绝对指标反映系统的规模和总量；相对指标反映系统在某些方面的强度或性能。衡量物流系统方案优劣的很多标准是随着时间而发展变化的。因此，必须将绝对指标与相对指标结合起来使用，才能够全面地衡量物流系统的特性。

三、物流系统评价指标体系构成

物流系统的范围很广，层次复杂，既有仓储、运输、库存等功能层子系统，也有分销网络、供应物流等供应链层的系统，还有城市物流、区域物流等宏观物流系统。不管是哪个层次，物流系统几乎都具有技术、经济、时间、风险、政策、社会环境和生态环境等方面的绩效表现。因此，物流系统综合评价指标体系通常应包括以下几个大类指标。

（一）政策性指标

政策性指标反映各级政府在物流产业发展方面的政策、法规、标准、发展规划等方面的状况，体现物流系统与外部环境的协调性或一致性，可反映物流系统的发展潜力。

（二）技术性指标

技术性能指标反映物流系统在物流服务水平方面的表现，包括物流系统的效率、速度、安全性、作业能力（如仓库吞吐能力、装载能力等）、设备的技术性能等指标。

（三）经济性指标

经济性指标是物流系统评价最基本的指标，包括物流系统成本、收益等。从供应链范围看，经济指标还包括供应链上下游的成本、效益；对区域物流而言，也包括社会物流成本、社会物流增加值等指标。

（四）社会性指标

物流业为社会经济的发展提供基础支撑。物流系统的社会性评价指标主要包括物流对区域经济的贡献。例如，对就业的拉动，对投资软环境的提升，对城市可持续发展的影响等。

（五）资源性指标

物流系统的运行需要消耗一系列的资源，资源占用越多，说明物流系统的代价越大。资源性指标主要包括物流系统的建设对人力、物力、能源、土地资源的占用等方面的影响。

（六）时间性指标

时间效率是物流系统重要的目标。时间性指标包括方案实施的进度、服务时间、库存周转率等方面的指标。

上述六个方面是物流系统评价要考虑的主要指标大类。对一个具体的评价任务，根据物流系统的性质、范围和目的的不同，各大类指标具体有不同的体现，指标数量也可以有所增减。

四、建立系统评价指标体系的方法

（一）德尔菲法

德尔菲法是以专家为索取信息对象的。它采用匿名的方式，通过信函咨询广泛征求专家们的意见和看法，然后将专家们的意见和看法进行综合整理和归纳，再反馈给各个专家，供他们分析、判断和提出新的意见与看法。经过多次反复后，专家们的意见会逐步趋于一致。

（二）目标分析法

目标分析法首先要确定系统目标，然后从系统的目标入手，通过对目标的分解来建立系统综合评价指标体系。具体步骤如下：

①建立系统目标。

②将系统目标不断进行分解，直到各子目标能够用定量或定性的指标衡量为止。

③根据分解得到的目标体系，建立评价指标体系。

例如，某汽车企业随着生产规模的扩大，需新建一个配送中心，给公司做零部件配送。配送中心选址是一个多目标决策，这些目标包括经济合理性、交通便利性和社会政策稳定性等几个方面，由于它们很难直接用一个或几个指标来衡量，所以应进一步分解成更加具体的子指标，直到可用便于处理的一个或几个评价指标来衡量这些子指标为止，如图 7-3 所示。

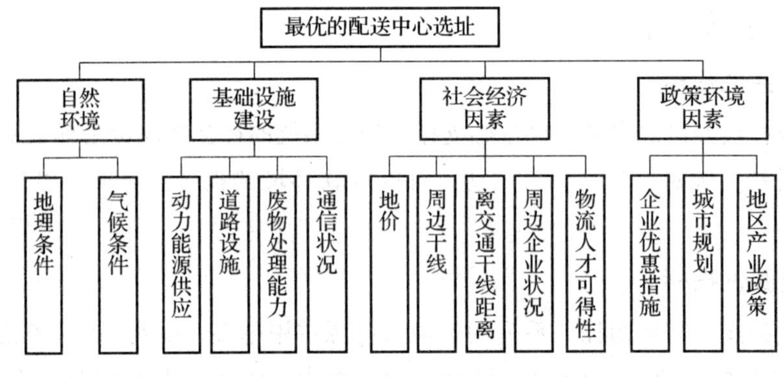

图 7-3　物流中心选址目标体系结构图

（三）输出分析法

输出分析法适用于在对系统的内容、结构不了解或不需要更多了解的情况下来建立系统的评价指标。它主要根据系统的输出特性，从技术、经济、社会、风险等方面来建立系统综合评价指标体系。

例如，用输出分析法建立一个企业物流管理信息系统的评价指标体系，经济方面可以用利润、成本、资本流动率等指标来衡量；技术方面可以用实用性、可维护性、集成能力等指标来衡量；社会方面可以用企业形象等指标来反映；风险方面可以用项目技术水平、系统安全系数等指标来衡量。这些指标的综合，就能反映出企业物流信息系统的总体状况。

五、物流系统评价指标体系举例

针对一个具体的物流系统评价任务，建立评价指标体系之前，需要明确评价的目标是什么，以及哪些因素影响该目标；然后依据评价指标建立的原则，设计合理的评价指标体系。下面介绍两个具体的物流系统评价指标体系。

（一）企业物流系统业绩评价指标体系

1. 企业物流系统业绩评价影响因素分析

本问题的目的是评价企业现有物流系统的业绩。企业物流系统是一个由多环节、多功能组成的复杂系统，要建立合适的评价指标体系，首先就要弄清楚企业物流系统业绩受哪些因素的影响、物流系统总体的业绩如何分解为更详细的子系统业绩。

按照作业环节的不同，企业物流系统可以看成由客户反应、库存、供应、运输和仓储五个子系统组成。企业物流系统业绩受这五个子系统业绩的影响。

客户反应系统的职能是外部连接客户、内部连接销售和市场。企业所有物流活动都是基于客户的需求，对客户需求的反应能力、反应时间、客户服务质量等对企业创造价值具有重要的作用。

库存是物流运作的润滑剂，库存计划、存储、搬运是所有物流活动的基础。库存管理的目标是在提升客户服务水平的同时增加库存的财务回报。库存可得性是客户服务最重要的一个方面，库存持有成本是物流成本中最主要的部分。

供应是获得存货（采购或制造）的过程，其目的是满足库存核心计划中规定的存货需要。供应存在巨大风险，供应中断的代价非常昂贵。因此，供应管理能力及质量水平极大地影响物流系统的服务能力和服务水平。

运输实现物品从供货地到客户需求地的移动。运输成本是所有物流活动中成本占比最大的环节，运输子系统的质量水平直接影响物流系统的服务质量。

除运输外，大部分的物流活动发生在仓储环节，仓储成本也是企业物流成本的重要构成。在电子商务、供应链合作、快速反应、准时制生产等新的经营模式的影响下，仓储环节在物流系统中的重要性进一步提高。例如，要求更短的订单处理周期，更小批量、更高频次、更多货品种类的交易，快速的退货处理能力等。

2. 企业物流系统业绩评价指标体系的建立

企业竞争的基础是财务能力、生产能力、质量水平和反应时间。因此，根据上面对企业物流系统业绩的影响分析，企业物流系统业绩可分成五个子系统业绩。五个子系统业绩又可进一步从各子系统的财务能力、生产能力、质量水平和反应时间四个具体指标来评价(其中，库存子系统业绩是由财务能力、生产能力和质量水平三个指标来进行评价的)。各子系统的这些能力还可由更低层次的、更具体的指标或属性来衡量。因此，可建立表 7-1 所示的企业物流系统业绩评价指标体系。

表 7-1 企业物流系统业绩评价指标体系

大类	中类指标	小类指标
客户反应业绩	财务能力	总反应成本
		客户订单反应成本
	生产能力	订单处理速度
	质量水平	订单输入准确性
		订单交流准确性
		开票准确性
		订单满足率
		客户满意度
	反应时间	订单输入时间
		订单处理时间
库存子系统业绩	财务能力	平均库存价值
		库存持有成本
	生产能力	库存周转
		库存管理效率
	质量水平	预测准确度
		订单满足率
	反应时间	(无)
供应子系统业绩	供应财务能力	总供应成本
		采购订单成本
		供应商存货回报
		供应商总采购成本
	供应管理生产能力	管理库存单元数目
		管理的供应商数目
		管理的采购金额
		采购订单处理效率
		存货周转率
		订单满足率
	供应质量水平	采购订单完好率
		订单满足率
		供应商满意指数
		订单匹配率
	供应反应时间	采购订单周期
		订单周期变动性
运输子系统业绩	财务能力	总运输成本
		单位运输成本
		运输资产经济价值
	生产能力	运输资产生产能力
		运输人员生产能力
	质量水平	无索赔送货率
		无损坏送货率
		事故间距
		准时达到率
		准时发出率
		完美路线率
		完美配送率
	反应时间	在途时间
		在途时间可变性
		车辆装卸时间
		滞留时间
		运行迟滞时间
仓储子系统业绩	财务能力	总仓储成本
		单位货物仓储成本
		单位面积仓储成本
	生产能力	每人每时处理的货物单元数
		存储密度
	质量水平	存货准确率
		拣货准确率
		出货准确率
		破损比率
		故障间隔时间
	反应时间	月台至存货时间
		仓库订单循环时间

(二)区域物流系统发展水平评价指标体系

1. 区域物流系统发展水平的影响分析

区域物流系统是指在一定经济区域范围内的物流系统。区域物流系统由主体、客体、载体三部分构成。主体是指从事区域物流活动的经济组织，即各类物流企业；客体是指在物流活动中的物质实体对象，即区域物流市场需求；载体是保证区域物流活动有效进行的物流基础设施，包括公路、铁路、水运、场站、仓库、信息网络等。区域物流是区域经济系统的重要组成部分。对区域物流发展水平进行合理评价，有助于与周边地区物流发展水平进行综合比较，认清区域物流发展中存在的问题，从而做出科学决策，提升区域物流竞争力，推动区域经济发展。

区域物流发展水平受到以下几方面的影响。

①区域经济总体发展水平。区域经济总体发展水平综合反映了区域物流发展的社会经济基础，为区域物流的可持续发展提供支撑，也反映了区域物流发展的动力与潜力。

②物流供给水平。物流供给水平包括两个方面：一是物流载体的供给水平，包括运输通道、物流场站设施、技术装备的供给水平；二是提供物流服务的主体即物流企业的数量、规模、服务能力等。这些指标综合反映了区域物流的服务水平和供给能力，是区域物流先进性和竞争能力的重要体现。

③物流需求规模。物流需求规模指社会对物流服务的需求数量和规模。物流需求规模的大小决定了物流市场容量的大小，是区域物流产业存在和发展的前提条件。需求规模受当地经济和产业发展的影响。

④物流产出水平。物流产出水平指的是区域物流产业发展规模，反映物流业对区域经济发展的贡献，可以用物流业增加值、地区物流成本占地区国内生产总值的比例来衡量。

⑤物流业发展宏观环境。物流业发展宏观环境主要指区域物流产业发展规划、税收政策、土地政策、市场准入政策、专业人才引进、公共信息平台等影响物流发展的软环境，良好的宏观环境为区域物流的健康发展提供保障。

2. 区域物流系统发展评价指标体系的建立

根据影响因素的分析以及评价指标建立的基本原则，建立区域物流系统发展水平评价指标体系如表 7–2 所示。

表 7–2　区域物流系统发展水平评价指标体系

大类指标	中类指标	小类指标（括号内是对指标的进一步说明）
区域经济发展水平	经济总体水平	地区生产总值
	流通业规模	社会消费品零售总额
		进出口总额（反映国际物流发展潜力）
	人均收入	居民人均可支配收入
区域物流供给水平	物流载体供给水平	运输通道水平（用区域范围的公路及铁路里程、水运空运航线来表征）
		物流设施水平（用物流场站、物流园区、物流中心等节点数量及分布的合理性来表征）
		物流装备技术水平（用物流节点装备的智能化、自动化、信息化水平来衡量）
		物流业固定资产投资率
	物流主体供给水平	专业物流企业规模（物流企业的数量）
		物流企业水平（3A 级以上企业数量及占比）
		物流从业人数规模（用物流从业人员的绝对数量、相对数量来衡量）

续表

大类指标	中类指标	小类指标（括号内是对指标的进一步说明）
区域物流需求规模	货运总量	对四种基本运输方式货运量汇总
	货运周转量	对四种基本运输方式货运周转量汇总
区域物流产出水平	物流业规模	本地区物流业增加值
		物流业增加值占地区国内生产总值（GDP）的比值
	物流成本水平	本地区物流总成本
		地区物流总成本占地区 GDP 的比值
区域物流宏观环境	物流产业政策完善度	区域物流产业规划及政策的全面性
		政策执行状况
	物流创新环境	物流产学研发展状况
		物流专项资助状况（物流专项占总资助专项的比例）
	公共服务平台水平	社会化的物流公共信息服务平台建设及使用情况

第三节　常用的物流系统评价方法

一、单项评价方法

根据实际情况，物流系统的评价可以是技术性、经济性、社会性、环境保护等方面的单项或多项的评价。这里主要讨论技术、经济方面的单项评价。当然，即使是单项的评价，其指标体系也由多个层次、多个属性构成。

（一）经济评价的成本效益法

单项评价方法主要指利用经济理论和技术水平对系统的某个方面做出定量评价的方法。经济评价方法主要有成本效益法、追加投资回收期法、价值分析法等，技术评价方法主要有可行性评价、可靠性评价等。这里先介绍经济评价的成本效益法。

所谓“成本效益法”，就是把不同系统方案的成本和效益进行比较、分析的方法。成本反映的是建立新系统或改进系统所需要的主要投资耗费；效益反映的则是新建或改建的系统所能产生的经济效益和社会效益。其实，系统评价中的所有指标都可归结为效益指标或成本指标。效益是实现系统方案后能获得的结果，成本是为了实现系统方案必须支付的投资。将每个方案的效益与成本分别计算后，再比较其效益/成本，就可以评价方案的优劣。显然，效益/成本愈大，方案愈好。

成本效益模型由下面三个模型组成。

1. 成本模型

成本模型应能说明方案的特性参数与其成本之间的关系。一般的成本模型为：

$$C = F(X)$$

式中：C——方案的成本；

X——特性参数；

F——函数形式。

分析系统方案成本的另一种方法是分别分析系统方案的直接成本和间接成本。

2. 效益模型

与成本模型一样，既可建立方案本身的效益模型，也可分别分析其直接效益和间接效益。一般的效益模型可表示为：

$$E = G(X)$$

式中：E——系统方案的效益；

G——函数形式。

3. 综合模型

综合模型主要研究成本与效益的关系，可应用以下三个准则进行综合：一是在一定成本下，评价哪个方案的效益最高（简称“C 准则”）；二是在一定效益下，评价哪个方案的成本最低（简称“E 准则”）；三是计算效益成本比（E/C），评价哪个方案的比值最大。

投入不同的成本将得到不同的效益，将其对应结果绘成曲线称为“成本效益曲线”。图 7-4 是四种备选方案的成本效益综合模型图。

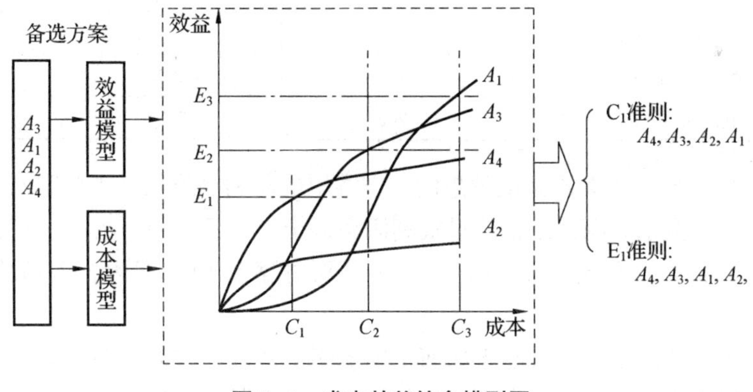

图 7-4　成本效益综合模型图

根据选择的决策准则，若以 C_1 为准则，即在投资成本限定为 C_1 的情况下，从综合模型图上可以确定各方案优劣的顺序是 A_4，A_3，A_2，A_1；若以 E_1 为准则，即希望获得的利益为 E_1 时，各方案的优劣顺序是 A_4，A_3，A_1，A_2。

因此，从图 7-4 可知，在成本为 C_1 时采用方案 A_4，成本为 C_2 时采用方案 A_3，均可使效益最高；在效益为 E_3 时，采用 A_1 可使方案的投资成本最低。

【例 7-1】　某企业准备投资新建一个配送中心。经过初步调查研究，提出了三个方案，各方案主要指标如表 7-3 所示，请用效益成本法对三个方案进行评价。

表 7-3　配送中心方案指标比较

序号	指标	方案甲	方案乙	方案丙
1	造价（万元）	110	92	80
2	建成年限（年）	4	3	2
3	建成后需流动资金（万元）	47	35	41
4	建成后发挥效益时间（年）	10	10	10
5	年产值（万元）	270	206	230
6	产值利润率（%）	12	15	12.5
7	环境污染程度	稍重	最轻	轻

对三个方案进行比较后发现它们各有优缺点。为了便于进一步判断，应将目标适当集中。由于在系统评价中最关心的是成本和效益这两项指标，因此应该首先集中注意此两类指标。已知建成后发挥效益的时间是 10 年，则可计算出三个方案的 10 年总利润及全部投资额。比较结果如表 7-4 所示。

表 7-4　配送中心各方案投资利润比较

指标	方案甲	方案乙	方案丙
总利润额（万元）	324	309	287.5
全部投资额（万元）	157	127	121
利润高于投资的余额（万元）	167	182	166.5
投资利润率（%）	206	243	238

从表 7-4 可看出，方案乙是最理想的。方案甲的总利润虽然高于方案乙、丙，但投资额也相应地高于方案乙、丙，结果使投资利润率低于方案乙、丙。另外，该方案的环境污染也较严重，因此，应放弃方案甲。进一步分析方案乙和方案丙，理所当然应放弃方案丙。

采用成本效益法的主要困难在于如何正确地测定系统方案的效益，如何估计长期投资和效益的社会折现率。上述方法要求系统的投入和产出结果能用货币来衡量，因此，一般适合于经济效益的评价。对于很多物流系统项目，不仅具有巨大的经济效益，还具有明显的社会效益。因而，“效益”的概念应该也包括社会效果，但这些效果不一定都能换算成货币，这时，可用“效用”或“有效度”来表示货币以外的数量尺度，用“有效度”替代“效益”进行成本-有效度分析（见本章稍后的内容）。

【例 7-2】　开办一个第三方物流企业，有甲、乙、丙三种可行方案，通过对运输工具，仓储设备、信息设备、人员设置的规划设计，对效益加以预测，其结果如表 7-5 所示。甲、乙、丙三种方案的总投资金额分别为 1200 万元、1500 万元和 800 万元。建设周期分别为 3 年、4 年和 2 年。

表 7-5　企业投资、利润统计表

单位：万元

年度（年）		1	2	3	4	5	6	7	8	9
方案甲	投资	400	400	400						
	利润				350	350	350	350	350	
方案乙	投资	600	300	300	300					
	利润					700	400	400	400	400
方案丙	投资	300	500							
	利润			300	300	300	400	400		

①将各年投资金额换算成现值。投资额现值计算公式为：

$$A = \sum_{i=1}^{m} \frac{C_i}{(1 + n_i)^{i-1}}$$

其中，m 为投资期，以年计；C_i 为在第 i 年年初投入的资金额；n_i 为第 i 年年底向银行归还贷款的利息率。另外，第一年可不计利息。

$$\text{方案甲：} A_{甲} = 400 + \frac{400}{1 + 0.12} + \frac{400}{(1 + 0.12)^2} = 400 + 677.68 = 1077.68(\text{万元})$$

$$\text{方案乙：} A_{乙} = 600 + \frac{300}{1 + 0.12} + \frac{300}{(1 + 0.12)^2} + \frac{300}{(1 + 0.12)^3} = 600 + 720.55 = 1320.55(\text{万元})$$

$$\text{方案丙：} A_{丙} = 300 + \frac{500}{1 + 0.12} = 300 + 446 = 746.4(\text{万元})$$

②将利润换算成现值。利润现值公式为：

$$E = \sum_{i=k}^{j} \frac{b_i}{(1 + n_i)^i}$$

其中，j 为各方案建成投入运行 5 年后的那一年年度编号；k 为各方案建成投入运行第一年年度编号；b_j 是第 j 年年底的利润额；n_i 意义同前。

方案甲：

$$E_{甲} = 350\times\left[\frac{1}{(1+0.12)^4}+\frac{1}{(1+0.12)^5}+\frac{1}{(1+0.12)^6}+\frac{1}{(1+0.12)^7}+\frac{1}{(1+0.12)^8}\right]$$

$$=350\times2.566=898.25\ (\text{万元})$$

方案乙：

$$E_{乙} = 700\times\frac{1}{(1+0.12)^5}+400\times\left[\frac{1}{(1+0.12)^6}+\frac{1}{(1+0.12)^7}+\frac{1}{(1+0.12)^8}+\frac{1}{(1+0.12)^9}\right]$$

$$=397+400\times1.724=1086.45\ (\text{万元})$$

方案丙：

$$E_{丙} = 300\times\left[\frac{1}{(1+0.12)^3}+\frac{1}{(1+0.12)^4}+\frac{1}{(1+0.12)^5}\right]+400\times\left[\frac{1}{(1+0.12)^6}+\frac{1}{(1+0.12)^7}\right]$$

$$=300\times1.951+400\times0.959=958.1\ (\text{万元})$$

③求效益成本比。效益成本比是用建成后 5 年累计盈利值 E_x 的现值与总投资额 A_x 的现值之比来表示，即：

$$效益成本比=\frac{E_x}{A_x}$$

其中，E_x 为方案建成后五年累计盈利的效益现值；A_x 为方案 x 总投资额的现值；x 代表甲、乙、丙方案。

甲、乙、丙三个方案的（效益/成本）值为：

$$\frac{效益}{成本_{甲}}=\frac{898.25}{1077.68}=0.8335$$

$$\frac{效益}{成本_{乙}}=\frac{1086.45}{1320.55}=0.8227$$

$$\frac{效益}{成本_{丙}}=\frac{958.1}{746.4}=1.2836$$

④结论。考虑项目的时间周期的长短及资金的时间价值，方案丙为最优方案。

（二）追加投资回收期法

投资回收期，是指以项目的净收益抵偿全部投资所需要的时间，是反映项目或方案投资回收速度的主要指标。追加投资回收期是指某项目有两种或以上方案时，采用某一方案比采用其他方案多投资的部分，由采用这一方案比采用其他方案节约的经营费用来补偿所需要的时间。

以 T_A 表示同 B 方案相比，A 方案依靠节约运营费用追加的投资回收期（年），则有：

$$T_A=\frac{K_A-K_B}{C_B-C_A}$$

其中，K_A，K_B 分别为 A，B 两方案的投资额；C_A，C_B 分别为 A，B 两方案每年的运营费用。

评价优劣的标准是：若 $T_A<T_n$，则投资大的 A 方案是可取的，T_n 是事先规定的标准投资回收期；若 $T_A>T_n$，则应选投资小的 B 方案，因为回收期太长会长期占用资金，产生不利的财务后果。

【例 7-3】 某单位欲投资建物流中心，有两个方案，具体如表 7-6 所示。试比较两个方案的优劣。

表 7-6 物流配送中心方案对照表

方案 \ 指标	方案甲	方案乙
年产值	$V_1=40$	$V_2=40$
投资	$K_1=46$	$K_2=23$
经营费用	$C_1=23$	$C_2=29$
利润	$V_1-C_1=17$	$V_2-C_2=11$
效益成本比	$(V_1-C_1)/K_1=0.37$	$(V_2-C_2)/K_2=0.48$

从表 7-6 可知，当产值相等时，方案甲比方案乙多投资 46-23=23 万元，但是方案甲却比方案乙少 29-23=6 万元的运营费用。

计算追加投资回收期得：

$$T_1 = \frac{K_1 - K_2}{C_2 - C_1} = 3.83(\text{年})$$

若标准回收期定为 6 年，则方案甲比方案乙优。

上面追加投资回收期时没有考虑资金的时间价值，所以为静态追加投资回收期。考虑资金时间价值的，称为“动态追加投资回收期”，其计算公式是：

$$T_A = \frac{\lg(C_2 - C_1) - \lg[C_2 - C_1 - (K_1 - K_2)r]}{\lg(1 + r)}$$

其中，r 为资金年利率。

设资金年利率 $r=0.14$，则上述动态追加投资回收期为：

$$T_1 = \frac{\lg(29 - 23) - \lg[29 - 23 - (46 - 23) \times 0.14]}{\lg(1 + 0.14)} = \frac{\lg6 - \lg[6 - 23 \times 0.14]}{\lg(1 + 0.14)} = 5.87(\text{年})$$

也就是说，即使考虑动态追加投资回收期，方案甲还是好的。

(三) 价值分析法

当物流系统有多种性能或功效时，可用物流系统的价值来衡量物流系统的综合功能。

1. 加权评分法

设某物流系统共有 n 个方案，第 i 个方案的价值记为 $V_i(1 < i < n)$，则：

$$V_i = \sum W_j S_{ji}$$

其中，n 为物流系统性能评价因素个数 $1<i<n$；W_j为第 j 个评价因素的重要性权数；S_{ji} 为第 i 个方案对第 j 个评价因素的满足程度。在比较这 n 个方案时，最大的 V_i对应的第 i 个方案是最优方案。W_j，S_{ji}可用 5 分制、10 分制或环比评分制等多种方法确定。

2. 交叉影响评分法

该方法首先利用前面的加权评分法，不考虑诸物流系统方案间的相互影响，求出各方案的价值，然后确定各方案间影响系数 β_{ij}、β_{ij} 表明第 j 个方案对第 i 个方案的影响程度。一般情况下，$\beta_{ij} \neq \beta_{ji}$。如果 $\beta_{ij}>0$，表明方案 j 对方案 i 有促进作用；如果 $\beta_{ij}<0$，则表明方案 j 对方案 i 有抑制作用。影响系数值的大小一般取 1，2，4，8，16，…等 2 的整数次幂。

最后，根据 β_{ij} 对原评价值 V_i进行修正，修正后的新评价值仍用 V_i表示，则有：

$$V_i = \frac{1}{2}\left(V_i + \frac{\sum \beta_{ij} V_j}{\sum\limits_i \sum\limits_j \beta_{ij} V_j}\right)$$

二、综合评价方法

物流系统的评价与决策往往呈现多目标特性，必须从多方面进行分析，而不同的指标需用不同的准则、不同的尺度来衡量。得到这些指标值后，如何得到每一方案的综合评价值，以便对方案进行优劣排序？下面介绍几种常用的评价指标综合法。

（一）成本-有效度分析法

不同的指标需要用不同的度量单位来衡量。例如，利润和成本可用货币来衡量，建设周期和资金回收期可用时间衡量，货运量可用货物周转量来衡量，而美观、舒适、满意度等较为抽象的指标则只能用评分法的得分多少或其他间接的尺度来衡量。如果要从总体上评价某一备选方案的优劣度，那就有必要将上述用各种度量单位表示的指标值规范为统一的数量测度，以便指标合并，从而建立起各方案之间的可比数量关系。这种统一的数量测度，不能简单地用效益来反映，可以采用有效度（或效用）的概念和成本-有效度分析评价法。

与侧重于经济效益评价的成本-效益法不同的是，成本-有效度分析将方案的效果从经济观点扩大到了社会观点。物流系统一般都具有明显的社会效益，不能仅从经济方面来评价，还应该采用很多社会性指标来评价，如对区域经济的影响，对就业和生活质量的贡献，对资源、环境的影响，客户满意度，等等，这些指标体现的是物流系统方案的价值。可通过某种效用函数将它们转换为用［0，1］区间的实数来描述，这样就能使不同的指标值能进行合乎逻辑的综合。

下面介绍成本-有效度分析法的一般步骤。

1. 明确系统要实现的效用目标

进行系统的成本-有效度分析时，首先要明确系统要求实现的效用目标。例如，交通信号指挥系统的效用目标是运行可靠；军事物流系统的效用目标是在规定的时间内，将一定数量的人员和武器装备运送到指定的地点，等等。如果被评价的系统有多种效用目标，可选择其基本效用目标作为成本-有效度分析的对象。

2. 确定反映系统有效度的评价指标

明确了系统的效用目标以后，就要选择一定的能够度量系统效用大小或有效度高低的评价指标，不同的效用需选择不同的有效度指标来计量。例如，交通信号指挥系统的运行可靠性可采用可靠度指标，即用“不发生错误信号的概率”来度量；军事物流系统的运载能力可用日运载吨位指标来度量等。

3. 提出备选方案

提出具有预定效用的备选方案，并把各方案的成本与效用用相应的计量指标表示出来。

4. 采用成本固定法或效用固定法筛选系统方案

成本固定法是指被评价系统可利用的资金支出是有限的，以一定的资金或成本为条件，根据有效度高低来评选方案；效用固定法指对被评价系统必须达到的最低有效度水平做出规定后，以一定的有效度水平为条件，根据成本的高低来评选系统方案。

【例 7-4】 某城市为改善交通秩序，提高车辆的通行效率，拟建新的交通自动信号控制系统，系统以可靠度作为有效度指标，可靠度用预定期限和条件下系统不发生失误的概率来表示。已知该系统的投资与运行费用共限额为 24 万元，效用水平要求不低于 97%，备选方案有 4 个，有关数据如表 7-7 所示，试用成本-有效度分析法进行系统方案选择。

表 7-7　系统方案指标评价

项目＼方案	方案Ⅰ	方案Ⅱ	方案Ⅲ	方案Ⅳ
投资与运行成本年值（万元）	24	24	20	20
系统可靠度	0.99	0.98	0.98	0.97

解：首先根据表 7-7 中的已知数据做出表示系统方案的成本-有效度关系图，如图 7-5 所示。

然后根据图 7-5 进行系统方案的成本-有效度综合比较。

由于 4 个方案的成本都不超过 24 万元的限额，且有效度都能达到最低水平，故这 4 个方案均为可行的方案，因此需要进行综合评价，再从中选优。

比较方案Ⅰ与方案Ⅱ，两方案成本相同，但方案Ⅰ的效用大于方案Ⅱ（即 0.99>0.98），故保留方案Ⅰ，舍去方案Ⅱ。

比较方案Ⅲ与方案Ⅳ，两方案成本相同，但方案Ⅲ的效用大于方案Ⅳ（即 0.98>0.97），故保留方案Ⅲ，舍去方案Ⅳ。

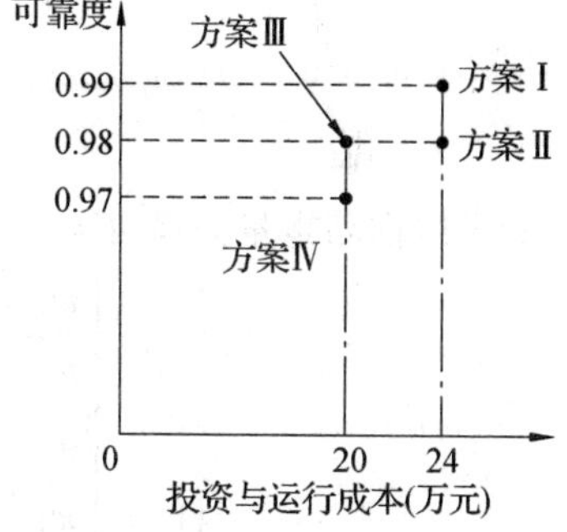

图 7-5　四个方案的成本-有效度关系图

比较方案Ⅰ与方案Ⅲ，两方案的成本与效用均不同，故可通过成本、效用比率进行比较：

$$方案Ⅰ：\frac{效用}{成本}=\frac{0.99}{24}=0.041$$

$$方案Ⅲ：\frac{效用}{成本}=\frac{0.98}{20}=0.049$$

通过上述比较，说明方案Ⅲ是成本不超过限额条件、单位成本效用最大的方案，故应该优先选择方案Ⅲ。

（二）层次分析法

一般情况下，物流系统的评价属于多目标、多判据的系统综合评价。如果仅仅依靠评价者的定性分析和逻辑判断，缺乏定量分析依据来评价系统方案的优劣，显然是十分困难的。尤其是物流系统的社会经济评价很难做出精确的定量分析。这里要介绍的层次分析法（Analytical Hierarchy Process，AHP）由美国著名运筹学家萨蒂（T. L. Saaty）于 1982 年提出，它综合了人们的主观判断，是一种简明、实用的定性分析与定量分析相结合的系统分析与评价的方法。目前，该方法广泛应用于能源问题分析、科技成果评比、地区经济发展方案比较，尤其是投入产出分析、资源分配、方案选择及评比等方面。它既是一种系统评价的方法，也是一种简洁、实用的决策方法。

1. 层次分析法的基本原理

人们在日常生活中经常要从一堆同样大小的物品中挑选出最重的物品。这时，一般是利用两两比较的方法来达到目的。假设有 n 个物品，其真实重量用 W_1，W_2，…，W_n 表示。要想知道 W_1，W_2，…，W_n 的值，最简单的方法就是用秤称出它们的重量，但如果没有秤，可以将几个物品两两比较，得到它们的重量比矩阵 A。

$$A=\begin{bmatrix} \dfrac{w_1}{w_1} & \dfrac{w_1}{w_2} & \cdots & \dfrac{w_1}{w_n} \\ \dfrac{w_2}{w_1} & \dfrac{w_2}{w_2} & \cdots & \dfrac{w_2}{w_n} \\ \vdots & \vdots & \vdots & \vdots \\ \dfrac{w_n}{w_1} & \dfrac{w_n}{w_2} & \cdots & \dfrac{w_n}{w_n} \end{bmatrix}$$

如果用物品重量向量 $W=[W_1, W_2, \cdots, W_n]$ 右乘矩阵 A，则有：

$$AW=\begin{bmatrix} \dfrac{w_1}{w_1} & \dfrac{w_1}{w_2} & \cdots & \dfrac{w_1}{w_n} \\ \dfrac{w_2}{w_1} & \dfrac{w_2}{w_2} & \cdots & \dfrac{w_2}{w_n} \\ \vdots & \vdots & \vdots & \vdots \\ \dfrac{w_n}{w_1} & \dfrac{w_n}{w_2} & \cdots & \dfrac{w_n}{w_n} \end{bmatrix}\cdot\begin{bmatrix} W_1 \\ W_2 \\ \vdots \\ W_n \end{bmatrix}=\begin{bmatrix} nW_1 \\ nW_2 \\ \vdots \\ nW_n \end{bmatrix}=nW$$

由上式可知，n 是 A 的特征值，W 是 A 的特征向量。根据矩阵理论，n 是矩阵 A 的唯一非零解，也是最大的特征值。这就提示我们，可以利用求物品重量比判断矩阵的特征向量的方法来求得物品真实的重量向量，从而确定最重的物品。

假设上述 n 个物品代表 n 个指标（要素），物品的重量向量就表示各指标（要素）的相对重要性向量，即权重向量。可以通过两两因素的比较，建立判断矩阵，再求出其特征向量就可确定哪个因素最重要了。依此类推，如果 n 个物品代表 n 个方案，按照这种方法，就可以确定哪个方案最有价值。

2. 层次分析法的实例与步骤

结合一个具体例子，说明层次分析法的基本步骤和要点。

【例 7-5】 市政部门管理人员需要对修建一项市政工程项目进行决策，可选择的方案是修建通往旅游区的高速路（简称“建高速路”）或修建城区地铁（简称“建地铁”）。除了考虑经济效益外，还要考虑社会效益、环境效益等因素，即是多准则决策问题，考虑运用层次分析法解决。

（1）建立多级递阶层次结构

应用 AHP 进行系统分析，首先明确要分析决策的问题，并把它条理化、层次化，理出递阶层次结构。

AHP 要求的递阶层次结构一般由三个层次组成：

①目标层（最高层）：指问题的预定目标或理想结果。

②准则层（中间层）：包含为实现目标所涉及的中间环节，它可以由若干个层次组成，包括影响目标实现的准则、子准则。

③措施层（最底层）：这一层包括了为实现目标可供选择的各种措施、决策方案等。

通过对复杂问题的分析，首先明确决策的目标，将该目标作为目标层（最高层）的元素。这个目标要求是唯一的，即目标层只有一个元素。

然后找出影响目标实现的准则，作为目标层下的准则层因素。在复杂问题中，影响目标实现的准则可能有很多，这时要详细分析各准则因素间的相互关系，即有些是主要的准则，有些是隶属于主要准则的次准则，然后根据这些关系将准则元素分成不同的层次和组。不同层次元素间一般存在隶属关系，即上一层元素由下一层元素构成并对下一层元素起支配作用。同一层元素形成若干组，同组元素性质相近，一般隶属于同一个上一层元素（受上一层元素支配）。不同组元素性质不同，一般隶属于不同的上一层元素。

在关系复杂的递阶层次结构中，有时组的关系不明显，即上一层的若干元素同时对下一层的若干元素起支配作用，形成相互交叉的层次关系，但无论怎样，上下层的隶属关系应该是明显的。

最后分析为了解决决策问题（实现决策目标），在上述准则下，有哪些最终解决方案（措施），并将它们作为措施层因素，放在递阶层次结构的最下面（最底层）。

明确各个层次的因素及其位置，并将它们之间的关系用连线连接起来，就构成了多级递阶层次结构。

在市政工程项目决策问题中，市政管理人员希望通过选择不同的市政工程项目，使综合效益最高，即决策目标是“合理建设市政工程，使综合效益最高”。

为了实现这一目标，需要考虑的主要准则有三条，即经济效益、社会效益和环境效益。通过深入分析，决策人员还必须考虑直接经济效益、间接经济效益、方便日常出行、方便假日出行、减少环境污染、改善城市面貌等因素（准则）。从相互关系上分析，这些因素隶属于主要准则，因此放在下一层次考虑，并且分属于不同准则。

最后，需要明确为了实现决策目标，在上述准则下可以有哪些方案。根据题中所述，本问题有两个解决方案，即建高速路或建地铁，这两个因素作为措施层元素放在递阶层次结构的最下层。可以看出，这两个方案与所有准则都相关。

将各个层次的因素按其上下关系用连线连接起来，构成的递阶层次结构如图 7-6 所示。

(2) 构造判断矩阵并赋值

判断矩阵是层次分析法的基本信息，也是进行权重计算的重要依据。判断矩阵是以上一级的某要素 A 作为评价准则，对本级的要素进行两两比较来确定矩阵元素的。

构造判断矩阵的方法是：每一个具有向下隶属关系的元素（被称作“准则”）作为判断矩阵的第一个元素（位于左上角），隶属于它的各个元素依次排列在其后的第一行和第一列。判断矩阵中的元素 a_{ij} 表示依据上一级因素为评价准则，本级因素 i 对因素 j 的相

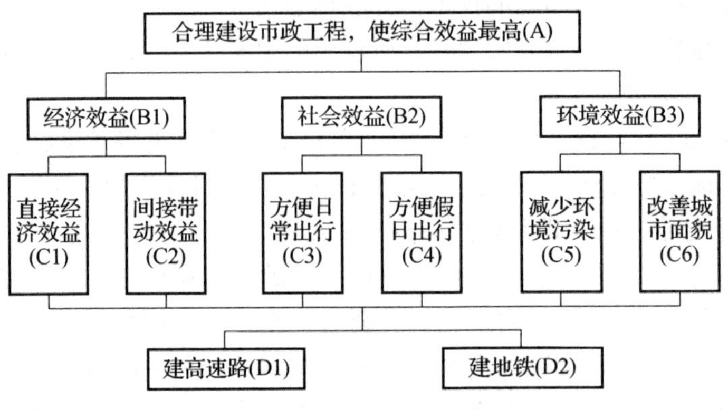

图 7-6　递阶层次结构示意图

对重要性，其重要性程度按 1~9 赋值（重要性标度值如表 7-8 所示）。

表 7-8　重要性标度含义表

重要性标度值	含义
1	表示两个因素相比，具有同等重要性
3	表示两个因素相比，前者比后者稍重要
5	表示两个因素相比，前者比后者明显重要
7	表示两个因素相比，前者比后者强烈重要
9	表示两个因素相比，前者比后者极端重要
2，4，6，8	表示上述判断的中间值
倒数	若因素 i 与因素 j 的重要性之比为 a_{ij}，则因素 j 与因素 i 的重要性之比为 $a_{ji}=\frac{1}{a_{ij}}$

设构造的判断矩阵为 $A=(a_{ij})_{n\times n}$，判断矩阵具有如下性质：

①$a_{ij}>0$；

②$a_{ji}=\frac{1}{a_{ji}}$；

③$a_{ii}=1$。

根据上面性质，判断矩阵具有对称性，因此在构造时，通常先填写 $a_{ij}=1$ 部分，然后再仅需判断及填写上三角形或下三角形的 $n(n-1)/2$ 个元素就可以了。

在特殊情况下，判断矩阵可以具有传递性，即满足等式：$a_{ij}*a_{jk}=a_{ik}$。

当上式对判断矩阵所有元素都成立时，则称该判断矩阵为“一致性矩阵”。然而，由于客观事物的复杂性和人们认识上的多样性，以及可能产生的片面性，要求每一个判断都具有一致性，显然是不可能的，特别是对因素多、规模大的系统更是如此。为了保证应用 AHP 得到的结果基本合理，需要对判断矩阵进行一致性检验。

在本例中，通过征求专家意见，构造的判断矩阵如表 7-9 所示。

表 7-9 判断矩阵表

A	B1	B2	B3
B1	1	1/3	1/3
B2	3	1	1
B3	3	1	1

B1	C1	C2
C1	1	1
C2	1	1

B2	C3	C4
C3	1	3
C4	1/3	1

B3	C5	C6
C5	1	3
C6	1/3	1

C1	D1	D2
D1	1	5
D2	1/5	1

C2	D1	D2
D1	1	3
D2	1/3	1

C3	D1	D2
D1	1	1/5
D2	53	1

C4	D1	D2
D1	1	7
D2	1/7	1

C5	D1	D2
D1	1	1/5
D2	5	1

C6	D1	D2
D1	1	1/3
D2	3	1

(3) 层次单排序(计算权向量)与一致性检验

在建立了判断矩阵后，要根据判断矩阵计算本级要素相对上一级要素来讲，本级要素之间相对重要性次序的权值，即进行层次单排序。层次单排序要计算判断矩阵 A 的特征根及对应的特征向量，即计算满足 $AW=\lambda_{\max}W$ 的特征向量 W（归一化后的特征向量），其分量 ω_i 为相应元素排序的权值。从理论上讲，ω_i 可以通过计算判断矩阵 A 的最大特征值获得，但因其计算方法较为复杂，而且实际上只能获得对 A 粗略的估计，因此没有必要计算其精确的特征值。

实践中可以采用求和法或求根法计算特征值的近似值。

①求和法。

a. 将判断矩阵 A 按列归一化（即列元素之和为 1），得到矩阵 $B=(b_{ij})_{n\times n}$：

$$b_{ij}=\frac{a_{ij}}{\sum_{i=1}^{n}a_{ij}}$$

其中，$i, j=1, 2, \cdots, n$。

b. 把矩阵 B 按行求和，得到向量 $\varpi=(\varpi_1, \varpi_2, \cdots, \varpi_n)^T$。

$$\varpi_i=\sum_{j=1}^{n}b_{ij}$$

其中，$i=1, 2, \cdots, n$。

c. 把向量 ϖ 做归一化处理：

$$\omega_i=\frac{\varpi_i}{\sum_{k=1}^{n}\varpi_k}$$

其中，$i=1, 2, \cdots, n$。所得到的向量 $W=(\omega_1, \omega_2, \cdots, \omega_n)^T$ 就是最大特征值所对应的特征向量的近似值。

d. 计算判断矩阵的最大特征根。

$$\lambda_{max} = \frac{1}{n}\sum_{i=1}^{n}\frac{(BW)_i}{\omega_i}$$

②求根法。

a. 将判断矩阵 A 按行求每行元素的几何平均值：

$$\varpi_i = \sqrt[n]{\prod_{j=1}^{n} a_{ij}}$$

其中，$i=1, 2, \cdots, n$。

b. 再把向量 ϖ 做归一化处理：

$$\omega_i = \frac{\varpi_i}{\sum_{k=1}^{n}\varpi_k}$$

其中，$i=1, 2, \cdots, n$。

即求得最大特征值对应的特征向量 $W=(\omega_1, \omega_2, \cdots, \omega_n)^T$。

c. 计算判断矩阵的最大特征根。

$$\lambda_{max} = \frac{1}{n}\sum_{i=1}^{n}\frac{(BW)_i}{\omega_i}$$

实际评价中评价者只能对 A 进行粗略判断，这样有时会犯不一致的错误。例如，已判断 C_1 比 C_2 重要，C_2 比 C_3 较重要，那么，C_1 应该比 C_3 更重要。如果又判断 C_1 比 C_3 较重要或同等重要，这就犯了逻辑错误，需要进行一致性检验。那么，存在多大的不一致才不影响评价结果，使其可以被接受呢？这就是一致性检验要讨论的内容。

当判断完全一致时有 $\lambda_{max}=n$，而当判断矩阵在一致性上存在误差时有 $\lambda_{max}>n$，误差越大，$\lambda_{max}-n$ 的值就越大。因此，可以用 $\lambda_{max}-n$ 作为度量偏离一致性的指标。

定义一致性指标 C. I. （Consistency Index）。

$$C.I. = \frac{\lambda_{max}-n}{n-1}$$

C. I. 的值越大，判断矩阵的一致性就越差。n 越大，判断矩阵的一致性也越差，这时，使用随机一致性比值 C. R. =C. I. /R. I. 进行判断矩阵的一致性检验，其中，R. I. 是平均随机一致性指标（见表 7-10）。

一般地，当 C. R. <0. 1 时，就认为判断矩阵的一致性可以接受，否则就要重新进行两两比较。

表 7-10　平均随机一致性指标 R. I. 表（1000 次正互反矩阵计算结果）

矩阵阶数	1	2	3	4	5	6	7	8	9	10	11	12	13	14	15
R. I.	0	0	0. 52	0. 89	1. 12	1. 26	1. 36	1. 41	1. 46	1. 49	1. 52	1. 54	1. 56	1. 58	1. 59

上述案例中以判断矩阵 $B_{1-C}=\begin{bmatrix}1 & 1\\ 1 & 1\end{bmatrix}$ 为例，利用求和法，进行层次单排序和一致性

检验的计算。

第一步，将 B_{1-C}按列归一化（即矩阵列和为 1），得到矩阵：

$$C=\begin{bmatrix}0.5 & 0.5\\0.5 & 0.5\end{bmatrix}$$

第二步，把矩阵 C 按行求和得到向量 $\varpi=(1,\ 1)^T$。

第三步，把向量 ϖ 归一化，得到向量：

$$W=(0.5,\ 0.5)^T$$

即为所求得特征向量，亦即子准则层 C_1，C_2元素对隶属其准则层 B_1元素的重要性的排序。

第四步，一致性检验。

$$B_{1-C}W=\begin{bmatrix}1 & 1\\1 & 1\end{bmatrix}\begin{bmatrix}0.5\\0.5\end{bmatrix}=\begin{bmatrix}1\\1\end{bmatrix}$$

则 $\lambda_{\max}=\frac{1}{n}\sum_{i=1}^{n}\frac{(B_{1-C}W)_i}{\omega_i}=\frac{1}{2}(\frac{1}{0.5}+\frac{1}{0.5})=2$，因此，$C.I.=\frac{\lambda_{\max}-n}{n-1}=\frac{2-2}{2-1}=0$

所以 C. R. =0，判断矩阵 B_{1-C}具有完全一致性。显然，其计算结果与该矩阵具有完全一致性特征是相吻合的。

通过同样的方法，可以计算其他判断矩阵的特征向量和最大特征值，其权向量和检验结果如表 7-11 所示。

表 7-11　单层次计算权向量及检验结果表

A	单（总）排序权值
B1	0.1429
B2	0.4286
B3	0.4286
C. R.	0.0000

B1	单排序权值
C1	0.5000
C2	0.5000
C. R.	0.0000

B2	单排序权值
C3	0.7500
C4	0.2500
C. R.	0.0000

B3	单排序权值
C5	0.7500
C6	0.2500
C. R.	0.0000

C1	单排序权值
D1	0.8333
D2	0.1667
C. R.	0.0000

C2	单排序权值
D1	0.7500
D2	0.2500
C. R.	0.0000

C2	单排序权值
D1	0.1667
D2	0.8333
C. R.	0.0000

C4	单排序权值
D1	0.8750
D2	0.1250
C. R.	0.0000

C5	单排序权值
D1	0.1667
D2	0.8333
C. R.	0.0000

C6	单排序权值
D1	0.2500
D2	0.7500
C. R.	0.0000

可以看出，所有单排序的 C. R. <0.1，认为每个判断矩阵的一致性都是可以接受的。

(4) 层次总排序与一致性检验

总排序是指每一个判断矩阵各因素针对目标层（最上层）的相对权重。这一权重的计算采用从上而下的方法，逐层合成。

很明显，第二层的单排序结果就是总排序结果。假定已经算出第 $k-1$ 层 m 个元素相对于总目标的权重 $w^{(k-1)}=(w_1^{(k-1)}, w_2^{(k-1)}, \cdots, w_m^{(k-1)})^T$，第 k 层 n 个元素对于上一层（第 k 层）第 j 个元素的单排序权重是 $p_j^{(k)}=(p_{1j}^{(k)}, p_{2j}^{(k)}, \cdots, p_{nj}^{(k)})^T$，其中不受 j 支配的元素的权重为零。令 $P^{(k)}=(p_1^{(k)}, p_2^{(k)}, \cdots, p_n^{(k)})$，表示第 k 层元素对第 $k-1$ 层个元素的排序，则第 k 层元素对于总目标的总排序为：

$$w^{(k)}=(w_1^{(k)}, w_2^{(k)}, \cdots, w_n^{(k)})^T=p^{(k)}w^{(k-1)}$$

或 $wi^{(k)}=\sum_{j=1}^{m} pij^{(k)}wj^{(k-1)}$，$i=1, 2, \cdots, n$。

同样，也需要对总排序结果进行一致性检验。

假定已经算出针对第 $k-1$ 层第 j 个元素为准则的 $C.I._j^{(k)}$、$R.I._j^{(k)}$ 和 $C.R._j^{(k)}$，$j=1, 2, \cdots, m$，则第 k 层的综合检验指标

$$C.I._j^{(k)}=(C.I._1^{(k)}, C.I._2^{(k)}, \cdots, C.I._m^{(k)})w^{(k-1)}$$

$$R.I._j^{(k)}=(R.I._1^{(k)}, R.I._2^{(k)}, \cdots, R.I._m^{(k)})w^{(k-1)}$$

$$C.R.^{(k)}=\frac{C.I.^{(k)}}{R.I.^{(k)}}$$

当 $C.R.^{(k)}<0.1$ 时，认为判断矩阵的整体一致性是可以接受的。

本例层次总排序及检验结果如表 7-12 所示（以 C1 为例，其总排序权值=0.1429×0.5000=0.0714）。

表 7-12　C 层次和 D 层次总排序表

C1	C2	C3	C4
0.0714	0.0714	0.3214	0.1071
C5	C6	D1	D2
0.3214	0.1071	0.3408	0.6592

可以看出，C 层次和 D 层次总排序的 C. R. 都为 0<0.1。因此，判断矩阵的整体一致性是可以接受的

（5）结果分析

通过对排序结果的分析，得出最后的决策方案。

从方案层总排序的结果看，建地铁（D2）的权重（0.6592）远远大于建高速路（D1）的权重（0.3408），因此，最终的决策方案是建地铁。

根据层次排序过程分析决策思路。

对于准则层 B 的 3 个因子，直接经济效益（B1）的权重最低（0.1429），社会效益（B2）和环境效益（B3）的权重都比较高（皆为 0.4286），说明在决策中比较看重社会效益和环境效益。

对于不看重的经济效益，其影响的两个因子直接经济效益（C1）、间接带动效益（C2）单排序权重都是建高速路远远大于建地铁。对于比较看重的社会效益和环境效益，其影响的四个因子中有三个因子的单排序权重都是建地铁远远大于建高速路，由此可以推

出，建地铁方案由于社会效益和环境效益较为突出，权重也会相对突出。

从准则层 C 总排序结果也可以看出，方便日常出行（C3）、减少环境污染（C5）是权重值较大的，而如果单独考虑这两个因素，方案排序都是建地铁远远优于建高速路。

由此我们可以分析出决策思路，即决策比较看重的是社会效益和环境效益，不太看重经济效益。因此对于具体因子，方便日常出行和减少环境污染成为主要考虑因素，对于这两个因素，都是建地铁方案更佳，则最终的方案选择建地铁也就顺理成章了。

（三）模糊综合评价法

模糊综合评价是利用模糊集理论进行评价的一种方法。在生产管理、领导决策、工程项目评价时，经常会碰到影响因素模糊或评判结果模糊的情况。例如，从考虑问题的诸因素出发，可能会对复杂的问题做出“优、良、中、差”或“高、中、低”等程度的模糊评价。模糊的思维方式较接近东方人的思维习惯和描述方式，因此，模糊综合评价非常适合对社会经济系统和工程技术问题的评价。

下面通过一个例题介绍模糊综合评价法的基本方法。

【例 7-6】 某成套设备公司准备推出一套新的分拣系统。为此，公司领导希望了解市场对该系统的欢迎程度，即希望对该系统的市场欢迎程度进行评价。

解：进行系统欢迎程度的评价，首先需要确定评价指标。现考虑用易维修性、功能、自动化程度、价格和动力耗费程度五个指标来进行评价。这些指标就构成评价因素集，记作：

$U=$ {易维修，功能，自动化程度，价格，动力耗费度} $=\{u_1, u_2, \cdots, u_m\}$

其次，确定评价结果。这里给出的是自然语言的评价，这些评价语言构成评语集（也称为“评价集”）。例如，给出评语集 V 为：

$V=$ {很受欢迎，受欢迎，一般，不受欢迎} $=\{v_1, v_2, \cdots, v_n\}$

接着，要确定各因素的权重。也就是说，对不同的需要对象，他们对各因素重要程度的看法不一样。

例如，对大公司来说，比较重视易维修性和功能，他们给出的权重假设为：

$$X=\{0.35, 0.35, 0.10, 0.10, 0.10\}$$

而对于小公司来说，他们的权重集为：

$$Y=\{0.10, 0.10, 0.15, 0.30, 0.35\}$$

这两个权重集（模糊子集）就构成一个模糊矩阵 A，即：

$$A=\begin{bmatrix} 0.35 & 0.35 & 0.10 & 0.10 & 0.10 \\ 0.10 & 0.10 & 0.15 & 0.30 & 0.35 \end{bmatrix}$$

在此基础上，先进行单因素评价。例如，请若干专家对易维修性进行评价，假设有20%的人很欢迎，有50%的人欢迎，有30%人认为一般，没有人不欢迎，于是可得到对易维修性评价的模糊隶属度。

$$R_1(\text{易维修}) \rightarrow \left\{\frac{0.2}{\text{很欢迎}}, \frac{0.5}{\text{欢迎}}, \frac{0.3}{\text{一般}}, \frac{0.0}{\text{不欢迎}}\right\}$$

同样的方法可得到其余四个指标的隶属度，假设为：

$$R_2(\text{功能}) \to \left\{\frac{0.1}{\text{很欢迎}}, \frac{0.3}{\text{欢迎}}, \frac{0.5}{\text{一般}}, \frac{0.1}{\text{不欢迎}}\right\}$$

$$R_3(\text{自动化程度}) \to \left\{\frac{0.0}{\text{很欢迎}}, \frac{0.1}{\text{欢迎}}, \frac{0.6}{\text{一般}}, \frac{0.3}{\text{不欢迎}}\right\}$$

$$R_4(\text{价格}) \to \left\{\frac{0.0}{\text{很欢迎}}, \frac{0.4}{\text{欢迎}}, \frac{0.5}{\text{一般}}, \frac{0.1}{\text{不欢迎}}\right\}$$

$$R_5(\text{动力耗费度}) \to \left\{\frac{0.5}{\text{很欢迎}}, \frac{0.3}{\text{欢迎}}, \frac{0.2}{\text{一般}}, \frac{0.0}{\text{不欢迎}}\right\}$$

联合以上单因素评价集，并略去评语，可得单因素评矩阵 R，即模糊关系矩阵。

$$R = \begin{bmatrix} R_1 \\ R_2 \\ R_3 \\ R_4 \\ R_5 \end{bmatrix} = \begin{bmatrix} 0.2 & 0.5 & 0.3 & 0.0 \\ 0.1 & 0.3 & 0.5 & 0.1 \\ 0.0 & 0.1 & 0.6 & 0.3 \\ 0.0 & 0.4 & 0.5 & 0.1 \\ 0.5 & 0.3 & 0.2 & 0.0 \end{bmatrix}$$

最后，将大、小公司的权重与单因素评价矩阵进行模糊集运算，得模糊综合评价结果 B。

$$B = A \cdot R = \begin{bmatrix} 0.35 & 0.35 & 0.10 & 0.10 & 0.10 \\ 0.10 & 0.10 & 0.15 & 0.30 & 0.35 \end{bmatrix} \begin{bmatrix} 0.2 & 0.5 & 0.3 & 0.0 \\ 0.1 & 0.3 & 0.5 & 0.1 \\ 0.0 & 0.1 & 0.6 & 0.3 \\ 0.0 & 0.4 & 0.5 & 0.1 \\ 0.5 & 0.3 & 0.2 & 0.0 \end{bmatrix}$$

$$= \begin{bmatrix} 0.20 & 0.35 & 0.35 & 0.10 \\ 0.35 & 0.30 & 0.30 & 0.15 \end{bmatrix}$$

将 B 进行归一化处理，有：

$$B = \begin{bmatrix} 0.20 & 0.35 & 0.35 & 0.10 \\ 0.32 & 0.27 & 0.27 & 0.14 \end{bmatrix}$$

结果说明，该系统在小公司当中，有 32%很受欢迎、27%受欢迎、27%一般、14%不欢迎。

通过这个例子，可归纳出模糊综合评价方法解决问题的五个步骤。

①建立评价系统的评价因素集：$U = \{u_1, u_2, \cdots, u_m\}$。

②建立评语集合（或评价集）：$V = \{v_1, v_2, \cdots, v_n\}$。需要说明的是，评价集合的元素可以是非数量性的语言形式，如｛优，良，中，差｝，也可以是数值性的，如设备部件的安全系数｛1.5，2.0，2.5，3.0｝也构成一个评价集。

③建立反映各因素重要程度的权重集：$A = \{\alpha_1, \alpha_2, \cdots, \alpha_m\}$。权重应满足归一性和非负性条件，即：$\sum a_i = 1$，且$a_i \gg 0$。

权数 α_i 表示因素 u_i 对“重要性”的隶属度，因此，权重集是因素集上的模糊子集，并可表示为：

$$A=\left\{\frac{a_1}{u_1}+\frac{a_2}{u_2}+\cdots+\frac{a_m}{u_m}\right\}$$

④建立单因素评价矩阵。从一个因素出发，对评判对象进行评判，可以得单因素评判集 R_i（$i=1, 2, \cdots, m$），最后，可得单因素的评判矩阵 $R=[R_1, R_2, \cdots, R_m]^T$。

⑤综合评价。即将权重矩阵与单因素评价矩阵进行模糊合成运算，得综合评价矩阵。

$$B=A\cdot R$$

常用的模糊合成算子有两种：一种是普通矩阵的乘积运算形式，另一种就是上面例题中采用的“取小-取大”运算形式，用符号（∧，∨）表示。例如，上述结果 B 中的元素 $b_{12}=0.35$ 的计算过程是：

$$\begin{aligned} b_{12} &= \vee\{(\alpha_{11}\wedge r_{21}), (\alpha_{12}\wedge r_{22}), \cdots, (\alpha_{1m}\wedge r_{2m})\} \\ &= \vee\{(0.35\wedge 0.5), (0.35\wedge 0.3), (0.10\wedge 0.1), (0.10\wedge 0.4), (0.10\wedge 0.3)\} \\ &= \vee\{0.35, 0.3, 0.1, 0.1, 0.1\}=0.35 \end{aligned}$$

可见，“取小-取大”运算往往会丢掉大量信息，有时候得不到有意义的结果。因此，模糊运算也可按普通的矩阵乘积进行运算。

第四节　模糊综合评价法在物流中心选址中的应用

在物流规划过程中，物流中心选址要考虑许多因素，如自然环境因素、经营环境因素、公共基础设施因素等，而每一个因素又可以进一步划分。根据因素特点划分层次模块，各因素又可由下一级因素构成，因素集分为三级，三级物流中心选址模糊综合评价模型如表 7-13 所示。

表 7-13　物流中心选址的三级模型

第一级指标	第二级指标	第三级指标
自然环境 u_1　(0.1)	气象条件 u_{11}　(0.25) 地质条件 u_{12}　(0.25) 水文条件 u_{13}　(0.25) 地形条件 u_{14}　(0.25)	
交通运输 u_2　(0.2)		
经营环境 u_3　(0.3)		
候选地 u_4　(0.2)	面积 u_{41}　(0.1) 形状 u_{42}　(0.1) 周边干线 u_{43}　(0.4) 地价 u_{44}　(0.4)	

续表

第一级指标	第二级指标	第三级指标
公共设施 u_5　(0.2)	三供 u_{51}　(0.4)	供水 u_{511}　(1/3)
		供电 u_{512}　(1/3)
		供气 u_{513}　(1/3)
	废物处理 u_{52}　(0.3)	排水 u_{521}　(0.5)
		固体废物处理 u_{522}　(0.5)
	通信 u_{53}　(0.2)	
	道路设施 u_{54}　(0.1)	

因素集 U 分为三层：

第一层为 $U=\{u_1, u_2, u_3, u_4, u_5\}$；

第二层为 $u_1=\{u_{11}, u_{12}, u_{13}, u_{14}\}$；$u_4=\{u_{41}, u_{42}, u_{43}, u_{44}\}$；$u_5=\{u_{51}, u_{52}, u_{53}, u_{54}\}$；

第三层为 $u_{51}=\{u_{511}, u_{512}, u_{513}\}$；$u_{52}=\{u_{521}, u_{522}\}$

假设某区域有 8 个候选地址，决断集 $V=\{A, B, C, D, E, F, G, H\}$ 代表 8 个不同的候选地址，数据进行处理后得到诸因素的模糊综合评判如表 7-14 所示。

表 7-14　八个候选地址的模糊综合评判

因素	A	B	C	D	E	F	G	H
气象条件	0.91	0.85	0.87	0.98	0.79	0.60	0.60	0.95
地质条件	0.93	0.81	0.93	0.87	0.61	0.61	0.95	0.87
水文条件	0.88	0.82	0.94	0.88	0.64	0.61	0.95	0.91
地形条件	0.90	0.83	0.94	0.89	0.63	0.71	0.95	0.91
交通运输	0.95	0.90	0.90	0.94	0.60	0.91	0.95	0.94
经营环境	0.90	0.90	0.87	0.95	0.87	0.65	0.74	0.61
候选地面积	0.60	0.95	0.60	0.95	0.95	0.95	0.95	0.95
候选地形状	0.60	0.69	0.92	0.92	0.87	0.74	0.89	0.95
候选地周边干线	0.95	0.69	0.93	0.85	0.60	0.60	0.94	0.78
候选地地价	0.75	0.60	0.80	0.93	0.84	0.84	0.60	0.80
供水	0.60	0.71	0.77	0.60	0.82	0.95	0.65	0.76
供电	0.60	0.71	0.70	0.60	0.80	0.95	0.65	0.76
供气	0.91	0.90	0.93	0.91	0.95	0.93	0.81	0.89
排水	0.92	0.90	0.93	0.91	0.95	0.93	0.81	0.89
固体废物处理	0.87	0.87	0.64	0.71	0.95	0.61	0.74	0.65
通信	0.81	0.94	0.89	0.60	0.65	0.95	0.95	0.89
道路设施	0.90	0.60	0.92	0.60	0.60	0.84	0.65	0.81

一、分层做综合评判

$u_{51}=\{u_{511}, u_{512}, u_{513}\}$，权重 $A_{51}=\{1/3, 1/3, 1/3\}$，由表 7-14 对 u_{511}，u_{512}，u_{513} 的模糊评判构成的单因素评判矩阵：

$$R_{51}=\begin{pmatrix}0.60 & 0.71 & 0.77 & 0.60 & 0.82 & 0.95 & 0.65 & 0.76\\ 0.60 & 0.71 & 0.70 & 0.60 & 0.80 & 0.95 & 0.65 & 0.76\\ 0.91 & 0.90 & 0.93 & 0.91 & 0.95 & 0.93 & 0.81 & 0.89\end{pmatrix}$$

用模型 $M(\cdot, +)$ 计算得：

$B_{51}=A_{51}\times R_{51}=(0.703, 0.773, 0.8, 0.703, 0.857, 0.943, 0.703, 0.803)$

类似地：$B_{52}=A_{52}\times R_{52}=(0.895, 0.885, 0.785, 0.81, 0.95, 0.77, 0.775, 0.77)$

$$B_5=A_5\times R_5=(0.4\quad 0.3\quad 0.2\quad 0.1)\times\begin{pmatrix}0.703 & 0.773 & 0.8 & 0.703 & 0.857 & 0.943 & 0.703 & 0.803\\ 0.895 & 0.885 & 0.785 & 0.81 & 0.95 & 0.77 & 0.775 & 0.77\\ 0.81 & 0.94 & 0.89 & 0.60 & 0.65 & 0.95 & 0.95 & 0.89\\ 0.90 & 0.60 & 0.92 & 0.60 & 0.60 & 0.84 & 0.65 & 0.81\end{pmatrix}$$

$=(0.802, 0.823, 0.826, 0.704, 0.818, 0.882, 0.769, 0.811)$

$$B_4=A_4\times R_4=(0.1\quad 0.1\quad 0.4\quad 0.4)\times\begin{pmatrix}0.60 & 0.95 & 0.60 & 0.95 & 0.95 & 0.95 & 0.95 & 0.95\\ 0.60 & 0.69 & 0.92 & 0.92 & 0.87 & 0.74 & 0.89 & 0.95\\ 0.95 & 0.69 & 0.93 & 0.85 & 0.60 & 0.60 & 0.94 & 0.78\\ 0.75 & 0.60 & 0.80 & 0.93 & 0.84 & 0.84 & 0.60 & 0.80\end{pmatrix}$$

$=(0.8, 0.68, 0.844, 0.899, 0.758, 0.745, 0.8, 0.822)$

$$B_1=A_1\times R_1=(0.25\quad 0.25\quad 0.25\quad 0.25)\times\begin{pmatrix}0.91 & 0.85 & 0.87 & 0.98 & 0.79 & 0.60 & 0.60 & 0.95\\ 0.93 & 0.81 & 0.93 & 0.87 & 0.61 & 0.61 & 0.95 & 0.87\\ 0.88 & 0.82 & 0.94 & 0.88 & 0.64 & 0.61 & 0.95 & 0.91\\ 0.90 & 0.83 & 0.94 & 0.89 & 0.63 & 0.71 & 0.95 & 0.91\end{pmatrix}$$

$=(0.905, 0.828, 0.92, 0.905, 0.668, 0.633, 0.863, 0.91)$

二、高层次的综合评判

$U=\{u_1, u_2, u_3, u_4, u_5\}$，权重 $A=\{0.1, 0.2, 0.3, 0.2, 0.2\}$，则综合评判

$$B=A\times R=A\times\begin{pmatrix}B_1\\ B_2\\ B_3\\ B_4\\ B_5\end{pmatrix}$$

$$=(0.1\quad 0.2\quad 0.3\quad 0.2\quad 0.2)\times\begin{pmatrix}0.905 & 0.828 & 0.92 & 0.905 & 0.668 & 0.633 & 0.863 & 0.91\\ 0.95 & 0.90 & 0.9 & 0.94 & 0.60 & 0.91 & 0.95 & 0.94\\ 0.90 & 0.90 & 0.87 & 0.95 & 0.87 & 0.65 & 0.74 & 0.61\\ 0.8 & 0.68 & 0.844 & 0.899 & 0.758 & 0.745 & 0.8 & 0.822\\ 0.802 & 0.823 & 0.826 & 0.704 & 0.818 & 0.882 & 0.769 & 0.811\end{pmatrix}$$

= (0.871, 0.833, 0.867, 0.884, 0.763, 0.766, 0.812, 0.789)

由此可知，8 块候选地的综合评判结果的排序为：*D*，*A*，*C*，*B*，*G*，*H*，*F*，*E*，选出较高估计值的地点 *D* 作为最优的物流中心选址。

本章小结

物流系统综合评价是物流系统决策的基础。系统综合评价的主要步骤包括评价系统目标及对象分析、评价指标体系的确定、评价函数的确定、评价值计算、指标综合等。其中，评价指标体系的建立是一个非常关键且复杂的任务。物流系统评价指标具有主观性、环境依赖性和动态性等特征，因此，指标体系的建立要遵循一定的原则。由于物流系统组成要素的复杂性，物流系统评价的指标通常会涉及技术、经济、时间、政策、社会、资源环境等方面。本章以企业物流系统业绩评价、区域物流系统发展水平评价两个问题为例，详细介绍了物流系统评价指标体系建立的过程。

正确应用评价方法是系统评价的第二个关键点。本章介绍了单指标评价方法和多指标综合评价法。多指标综合评价法包括成本-有效度分析法、层次分析法和模糊综合评价法等。层次分析法的应用非常普遍，其本质是对指标权重进行分配，所以，建立指标两两比较的判断矩阵是层次分析法的关键。模糊综合评价法适合于影响因素模糊或评判结果模糊的场合，该方法的关键是建立各因素的模糊评价矩阵。

复习题

1. 什么是系统评价？为什么要进行系统评价？

2. 物流系统评价具有哪些重要作用？

3. 物流系统评价指标体系一般包括哪些方面？试就如下具体评价问题建立其评价指标体系：

（1）供应链上选择评价。

（2）物流中心规划方案评价。

4. 层次分析法的特点是什么？关键步骤是什么？

5. 一个第三方物流企业如何建立其客户服务满意度评价的指标体系？

6. 讨论表 7-1 的企业物流系统业绩评价指标体系。你认为还可从哪些方面建立企业物流系统业绩评价指标体系？针对冷链物流系统绩效评价，如何建立其评价指标体系？

7. 某厂新建工程拟订了四个方案，各方案的主要指标如表 7-15 所示，请用效益成本法帮助该厂领导做出正确评价和选择（设评价方案应着重考虑投资效益）。

表 7-15　四个方案的主要指标值

序号	指标项目	单位	方案Ⅰ	方案Ⅱ	方案Ⅲ	方案Ⅳ
1	工程投资	万元	5000	4200	3500	3000
2	建成年限	年	8	6	5	4
3	年产值	万元	12000	10500	9000	8400

续表

序号	指标项目	单位	方案Ⅰ	方案Ⅱ	方案Ⅲ	方案Ⅳ
4	产值利润率	%	15	13	17	14
5	使用寿命	年	12	12	12	12
6	环境污染程度		较轻	一般	轻	最轻
7	建成后需流动资金数	万元	2000	1500	1400	1200

8. 已知判断矩阵 A 和 B，试计算相对权重，并做一致性检验。

$$A=\begin{bmatrix}1 & 3 & 2\\ \frac{1}{3} & 1 & \frac{1}{2}\\ \frac{1}{2} & 2 & 1\end{bmatrix},\ B=\begin{bmatrix}1 & \frac{1}{4} & \frac{1}{2}\\ 4 & 1 & 2\\ 2 & \frac{1}{2} & 1\end{bmatrix}$$

9. 现在要对某物流企业上年度的绩效进行评价，已知评价指标为 $U=$ {利润，纳税，职工培训，环境保护}；可能的评估值 $V=$ {很好，较好，一般，差}；各指标的权重分配为 $A=$ {0.5，0.2，0.2，0.1}，该企业的评价矩阵为：

$$R=\begin{bmatrix}0.4 & 0.5 & 0.1 & 0\\ 0.6 & 0.3 & 0.1 & 0\\ 0.1 & 0.2 & 0.6 & 0.1\\ 0.1 & 0.2 & 0.5 & 0.2\end{bmatrix}$$

试用模糊综合评价法进行分析。

案例分析

我国港口物流绩效评价分析

一、港口物流绩效评价指标因素分析

港口物流绩效评价体系是政府对港口规划的重要依据，对提高港口核心竞争力具有重要的意义。通过港口调查和文献研究，可以将港口物流绩效评价指标分为三大类：港口基础设施及物流规模、港口现代化经营管理水平以及港口物流服务的客户满意度。这些指标相互影响，共同组成了一个有机整体。

（一）港口基础设施及物流规模

港口的硬件水平是反映港口基础设施条件的综合指标，主要由基础设施及物流规模体现。港口的基础设施是港口存在和发展的物质基础，体现其综合生产能力，影响其未来发展。港口设施的完善程度影响着港口承接大型货轮的能力，决定了其在周围港口体系中的地位和经济腹地的范围，是与国际港口接轨的重要基础，决定了港口以后的发展方向。而港口的物流规模则反映了港口吞吐量的大小，影响着港口资产的规模和数量。

通过分析，反映港口的硬件水平主要包含以下六个指标：货物吞吐量，集装箱吞吐量，港口公路、铁路等集疏运设施状况，泊位通过能力，全社会固定资产投资状况以及港口装卸设备能力。

货物吞吐量主要指货物以及集装箱吞吐量的大小。货物吞吐量是货物经由水路进出港口范围并经过装卸的货物数量，其大小可以反映出港口实际承接货物的能力。货物吞吐量越大，表明生产能力越强、物流规模越大，因此，对市场的支配程度也就越大，市场占有率越高，港口物流绩效就越强。

集装箱吞吐量反映了港口的现状规模，是港口实力的一种表现形式。一个港口物流水平的高低，已经不仅仅是看总吞吐量的多少，而是取决于集装箱量。港口集装箱量 TEU 是标准集装箱，系集装箱运量统计单位，以长 20 英尺（6.096 米）的标箱作为标准。集装箱量越大，表明该港口物流基础设施、技术设备及自动化水平越高，港口物流绩效水平也越高。

港口公路、铁路等集疏运设施状况直接影响到港口物流体系的运作效率和收益高低，是增强港口辐射力的关键因素。

泊位通过能力以及设备装卸能力是港口的重要指标之一，主要影响着船舶到港后能否及时进入泊位等待装卸。泊位通过能力大意味着可以减少货主船公司的时间，减少其在泊位外的等待时间以及船舶在泊位上的逗留时间。设备装卸能力强，也意味着港口船舶周转快，可停靠的船舶适量越多，港口效率就越高。

全社会固定资产投资状况对港口物流的促进作用有限，全社会固定投资越多，有利于港口物流实现良好服务。但是由于这个指标也会占用港口的有限资源，所以如果不能好好利用，对港口物流的发展则会产生一定的反作用。

港口的基础设施及物流规模决定了港口在其周围港口群众的地位以及港口经济腹地的延伸，决定了港口以后的发展方向，能很好地反映港口物流绩效的状况。

（二）港口现代化经营管理水平

港口的现代化经营管理水平在港口物流形成上有着不容小觑的作用，影响着港口的投资和发展环境。全球范围内的港口竞争重点已经从传统的基础设施条件转移到港口的经营管理水平上来了。

港口经营管理水平主要包括物流成本、管理及服务机构完善程度（如海关、边检、港务监督等）、柔性化作业能力、堆场容量周转能力、港口机械工作能力、港口信息化程度、从业人员能力、集装箱化程度。

物流成本主要包括仓储成本、装卸与搬运成本，物流成本的高低是反映港口竞争力高低的一个最直观的指标。

管理及服务机构的完善程度（如海关、边检、港务监督等）影响着船舶通关的顺利程度，是提高船舶出入境管理的关键，对整个港口船舶的通行效率有着重大影响。

柔性化作业能力是指供应链节点企业对客户需求做出反应的能力。由于外部环境具有不确定性，港口作为整个供应链中的一个节点，也要具有一定的柔性。柔性化作业能力主要体现在三方面：时间柔性、作业柔性和需求柔性。时间柔性用以评价港口对客户需求的响应速度；作业柔性是指港口改变计划作业期的能力，可用作业提前期的富余程度来衡量；需求柔性是指在港口面对客户需求不确定性时所具有的适应能力，可采用能够提供的服务范围来描述。

堆场容量周转能力以及港口机械工作能力可影响码头自身的操作效率，反映出港口物流企业的运作效率。

港口信息化是发展国际大港的基本要求，是整个港口物流系统的核心。越来越多的港口开始采用EDI系统、管理信息系统、GPS等信息技术和管理技术，港口信息化水平的提高节约了各方的时间，促进了各方信息交流合作，减少了信息不对称所带来的不便，提升了港口的服务效率和质量。

从业人员能力从另一个方面反映了港口服务水平的优劣，是其能否长期吸引客户、获得长远发展的关键。

集装箱是港口发展的重点，也是港口物流的重要服务对象。现代港口物流水平的高低，已经从笼统的总吞吐量的比较转变为集装箱量的比较。集装箱化程度高低反映了港口集装箱货物量占全部件杂货的比重。集装箱化率高，体现了该港口物流基础设施、技术设备及自动化水平高，也就是港口物流绩效水平高。

（三）港口物流服务的客户满意度

港口物流服务水平的高低主要体现在港口能否留住现有客户，并且吸引新客户的能力。而客户满意度状况则能直观反映这一模糊指标，并且直接影响到企业在同行业中的市场占有率以及物流的总成本，起到了非常重要的镜子作用。市场需求是企业生存的基础，只有很好地满足客户需求，公司才能够完成当年的战略指标，甚至对未来的现金流量产生有利影响。客户满意度主要包括港口规费外有无其他收费、港口通关效率、货损货差率、班轮始发准班率、相关航运辅助行业发展状况、装卸效率、投诉查询及问题的处理率。这些指标能够全面反映港口物流的服务质量、水平和效率。在时间上，客户期望购买的货物从下订单到货物送达手中花费的时间最少，希望尽量减少在港的非生产性时间，加快周转速度，所以主要由班轮始发准班率、装卸效率来衡量；在质量上，客户期望收到的产品或服务是没有任何缺陷的，所以主要由产品的货损货差率来衡量；在服务上，客户期望服务人员能够提供相关货物、服务信息，并能拥有一个和谐而热诚的消费环境，所以主要由港口规费外有无其他收费、投诉查询及问题的处理率来反映。而相关航运辅助行业发展状况主要指海运经济业、海事咨询业以及海上保险业等的发展状况，是否具备门类齐全、服务优良的海运辅助业是决定一个港口能否成为国际航运中心的重要条件，同时也是吸引更多的船舶到港口挂靠，吸引更多的货物经港口吞吐的重要条件。

通过上述分析，可以建立港口物流绩效综合评价指标体系，如表7-16所示。

表7-16　港口物流绩效综合评价体系

目标层A	准则层B	指标层C
港口物流绩效综合评 u	硬件水平 u_1	货物吞吐量 u_{11} 集装箱吞吐量 u_{12} 港口公路、铁路等集疏运设施 u_{13} 泊位通过能力 u_{14} 全社会固定资产投资状况 u_{15} 港口装卸设备能力 u_{16}

续表

目标层 A	准则层 B	指标层 C
港口物流绩效综合评 u	客户满意度 u_3	港口规费外有无其他收费 u_{31} 港口通关效率 u_{32} 货损货差率 u_{33} 班轮始发准班率 u_{34} 相关航运辅助行业发展状况 u_{35} 装卸效率 u_{36} 投诉查询及问题的处理率 u_{37}
	经营管理水平 u_2	物流成本 u_{21} 管理及服务机构完善程度 u_{22} 柔性化作业能力 u_{23} 堆场容量周转能力 u_{24} 港口机械工作能力 u_{25} 港口信息化程度 u_{26} 从业人员能力 u_{27} 集装箱化程度 u_{28}

二、综合评价

若要对 K 个沿海港口 G_1，G_2，…，G_k 的物流绩效进行综合评价和排序，首先可以采用专家调查法和层次分析法确定各层指标的权重，然后通过问卷调查获得港口各层指标的评分，采用模糊综合评判法，由底层向上层逐层计算出评价指标的综合值，直到得出顶层指标–港口物流绩效综合得分，最后可根据综合得分情况对港口的物流绩效进行排序。

问题讨论

1. 讨论本案例的评价指标体系中哪些属于定性指标？哪些属于定量指标？定性指标如何定量化？

2. 在本案例的评价指标体系中，哪些是绝对指标？哪些是相对指标？

3. 指标权重如何确定？除了 AHP 法，还有哪些方法可以确定指标权重？

（来自百度文库）

物流系统决策

本章学习目标

- 理解系统决策分析的概念及其分析框架。
- 掌握物流战略决策的过程和方法
- 掌握风险型物流系统决策分析的过程和方法。
- 掌握不确定型物流系统决策分析的基本方法。

本章导读

通过对系统的分析、系统建模、系统方案规划和评价后，就要将各种行动方案及其后果信息提供给决策者，让他们根据经验、直觉做出决断。系统决策分析就是一种进行决断的技术，主要解决风险型或不确定型的问题。物流系统决策中的很多问题属于风险型或不确定型问题，这正是本章决策分析要解决的问题。本章先介绍了系统决策分析的概念及过程框架，然后介绍了企业物流战略决策的内容和方法，最后分别介绍了风险型物流决策和不确定型物流决策方法。

第一节　系统决策

一、系统决策分析的概念

（一）决策分析的类型

决策就是人们为达到某一目标，从若干可能的方案（或措施、途径、行动）中经过分析，选出最佳（或满意）方案的行为。决策分析为解决风险型问题或不确定型问题提供了一套推理方法和逻辑步骤，供人们在决策中规范地选择满意的行动方案。

由于社会经济活动是多方面、多层次、多领域的，因而，有关的决策问题和决策活动也是多方面、多层次、多领域的。从宏观上讲，有政治上的决策、军事上的决策、经济政策与科技政策上的决策；从微观上讲，有一个企业、一个部门的日常生产计划、经营管理的决策。可以说，决策贯穿于管理的全过程，一切管理工作的核心就是决策。

对于复杂的系统，其行动方案后果与系统所处的环境密切相关。因此，以方案选择为决策内容的决策过程也随环境的不同而有很大的差别。根据决策环境的不同，决策可分为三种类型。

1. 确定型决策

确定型决策是指在未来环境完全可以预测，人们知道将来会发生什么情况，可以获得精确、可靠数据情况下进行的决策。例如，针对一批客户的实际订单进行车辆调度和配送路径的规划，就是在确定环境下进行的决策。

2. 风险型决策

通常，未来环境有几种可能的状态和相应后果，可以观测每种状态和后果出现的概率，这就是风险型环境或概率环境。在这种情况下进行的决策就叫作“风险型决策”或“概率决策”。在这种情况下，人们得不到充分可靠的有关未来环境的信息，但可以预测未来可能出现的状况及状况发生的概率。例如，市场经济环境下，企业开发某种新产品或推出某项新的服务就要冒一定的风险，销售状态、原材料供应情况都没有完全的把握，但是根据市场调查、原材料供应商的信息，还能对销售状态的好坏以及原材料供应充分或短缺的概率做出判断。

3. 不确定型决策

在一种极端情况下，未来环境出现某种状态的概率难以估计，甚至连可能出现的状态和相应的后果都不知道，这就是不确定型环境。在这种不确定型环境下进行的决策就是不确定型决策，如开发尚未经过用户考验的全新产品往往属于这种环境。一般来说，战略层决策、长远决策往往是不确定型决策。

对于确定型决策问题，可利用线性规划或非线性规划方法，做出最佳选择。因此，系统决策分析着重研究风险型和不确定型环境下的决策问题。对于不确定型状态，一般采取主观地给出其概率的方法，这样将不确定型问题转化成风险型问题。所以，决策分析主要是研究状态概率可估计的风险型决策。

（二）系统决策分析框架

完整的系统决策分析包括如下七个过程。

①确定决策模型结构。通过决策树或决策表的形式，表达出决策过程的各阶段、环境及相关信息。决策模型必须能体现这些主要信息，如备选方案、衡量方案后果的指标、关键的环境状态等。

②评定方案后果。方案后果就是指各方案在不同环境状态下的结果。方案后果一般用效用值衡量，也可以用损失（负的效用）或收益（正的效用）来衡量。

③评定不确定因素。这一步是根据各种数据信息并结合主观经验，估计未来环境各种状态发生的概率。

④评价方案。按照各方案估计的后果及各状态发生的概率，计算出各方案的期望目标值，从中选出期望目标值最大的方案。

⑤灵敏度分析。改变决策模型中的各项参数，如改变各状态的主观概率，观察其对方案后果的影响幅度，寻找可信的方案。

⑥收集信息。在灵敏度分析中，如果发现方案后果对某些参数的变化很敏感，就需要收集更多的信息加以慎重研究。

⑦选择方案。权衡各种因素，做出判断和选择。

二、物流决策的层次分类

在物流系统的规划和管理过程中，需要进行许多具体的决策。按照物流系统环节构成划分，决策的内容包括选址决策、库存决策、运输决策等。按照决策问题的作用范围和影响程度，物流决策分为战略层次的决策、策略层次的决策和运作层次的决策三种。它们之间的主要区别在于计划的时间跨度。物流战略决策是长期的，时间跨度通常超过一年；策略层决策是中期的，时间跨度是一个季度到一年的时期；运作层决策是短期的，时间跨度几周甚至更短。表 8-1 举例说明了不同层次、不同类型的物流决策的若干典型问题。

表 8-1　物流战略、策略和运作层的决策问题举例

决策类型	决策的层次		
	战略层次	策略层次	运作层次
选址	设施的数量、规模和位置	库存定位	线路选择、车辆调度
运输	选择运输方式	服务的内容	确定补货计划
订单处理	选择和设计订单录入系统	订单处理排序	发出订单
客户服务	设定标准		
仓储	布局、地点选择	存储空间选择	订单履行
采购	制订采购政策	供应商选择	发出订单

上述不同层次的决策是从不同的视角提出的，也有不同的要求。战略层次决策所使用的数据常常是不完整、不准确的，属于不确定型或风险型决策问题。而物流运作层的决策一般都是使用准确的数据，基本上属于确定型问题。对于确定型决策问题，可利用线性规划或非线性规划方法，做出最佳选择。所以，本章介绍的物流系统决策分析着重研究风险型和不确定型环境下的决策问题。

第二节　物流战略决策

一、物流战略决策

企业物流系统的设计首先要进行物流系统的战略决策。选择好的物流战略与制订好的企业战略一样，需要很多创造性的过程。

一般来说，物流战略决策的目标有三个，即降低成本、减少资本、改进服务。

降低成本指战略实施的目标是将与运输和存储相关的可变成本降到最低。通过评价各备选的行动方案，如在不同的仓库地址中进行选择或在不同的运输方式中进行选择，以形成最佳战略。该目标是在服务水平保持不变的前提下，找出成本最低的方案，使利润最大化。减少资本指战略实施的目标是使物流系统的投资回报最大化。例如，为避免仓储环节而直接将产品送达客户，或放弃自有仓库选择社会性仓库，或利用第三方供应商提供物流服务，选择适时供给而不留有库存，等等。与需要高额投资的战略相比，这些战略可能导致可变成本增加，但是，投资回报率会提高。改进服务战略是指应该制订与竞争对手截然不同的服务战略。企业收入取决于所提供的物流服务水平，尽管提高物流服务水平将大幅度提高成本，但收入的增长可能会超过成本的上涨。

物流战略决策主要解决四个方面的问题：客户服务目标、设施选址战略、库存战略和运输战略，如图 8-1 所示，用物流决策三角形表示。这些领域是互相联系的，应该作为整体进行规划和决策。当然，也有分别进行决策的例子。每一领域都对企业物流系统的设计产生重要影响。

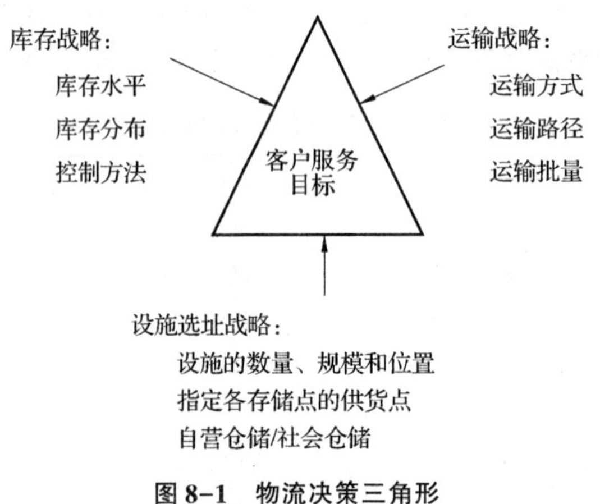

图 8-1　物流决策三角形

（一）客户服务目标

企业提供的客户服务水平比任何其他因素对系统设计的影响都要大。服务水平较低，可以在较少的存储地点集中存货，利用较廉价的运输方式，服务水平高则恰恰相反。但当服务水平接近上限时，物流成本的上升比服务水平的上升更快。因此，物流战略规划的首要任务是确定适当的客户服务水平。客户服务目标还受限于其他三方面的战略设计。

（二）设施选址战略

存储点及供货点的地理分布构成物流规划的基本框架，其内容主要包括确定设施的数量、地理位置、规模，并分配各设施所服务的市场范围。好的设施选址应考虑产品在供应链上的流动过程及相关成本，包括从工厂、供货商经分销中心、配送中心，然后到达客户所在地的物流全过程及相应成本。通过不同的物流渠道来满足客户需求，会有不同的物流成本。寻求成本最低的需求分配方案或利润最高的需求分配方案是选址战略的核心所在。设施选址的方法已在第七章阐述。

（三）库存战略

库存战略指管理库存的方式。将库存分配（推动）到储存点与通过补货自发拉动库存，代表着两种战略。库存战略决策还包括产品系列中的不同品种是选择工厂自营的仓库还是选择第三方物流服务，这将影响到具体的库存控制及设施选址决策，所以必须在物流战略规划中予以决策。

（四）运输战略

运输战略包括运输方式、运输批量、运输时间以及路线的选择。这些决策受仓库与客户、仓库与工厂之间距离的影响，反过来又会影响仓库选址决策。库存水平也会通过影响运输批量影响运输决策。

客户服务目标、设施选址战略、库存战略和运输战略是物流决策的主要内容，因为这些决策都会影响企业的赢利能力、现金流和投资回报率，而且每个决策都与其他决策互相联系，彼此之间还存在悖反关系，应在一个系统的框架内统一考虑。

二、物流外包决策

物流外包，即制造或销售等企业为集中资源、节省管理费用、增强核心竞争能力，将其物流业务以合同的方式委托给专业的物流公司（第三方物流，3PL）运作。外包是一种长期的、战略的、相互渗透的、互利互惠的业务委托和合约执行方式。

企业物流外包决策是一个非常复杂的过程，能给企业带来新的发展机会，但决策失误将可能导致企业核心能力和竞争优势的丧失。企业若是盲目从事外包，企业外包的项目不但未获改善，反而会更加恶化。因此，企业若想充分发挥物流外包的优势，必须谨慎、有系统地实施外包。

（一）企业物流外包的决策因素

企业在进行外包物流业务时，应考虑企业自身的战略、所处的竞争环境、企业状况、外部的经济因素等因素。

1. 企业规模和实力

一般来说，大中型企业由于实力雄厚，有能力建立自己的物流系统，制订合适的物流需求计划，保证物流服务的质量。另外，还可以利用过剩的物流网络资源拓展外部业务（为别的企业提供物流服务）。而小企业则受人员、资金和管理等资源的限制，物流管理效率难以提高。此时，企业为把资源用于主要的核心业务上，就适宜把物流管理外包给专业物流公司。

2. 企业的核心能力

只有物流是企业的核心能力，企业才应该物流自营。如果物流不是企业的核心能力，那么将物流活动外包给第三方物流供应商就有利于降低成本，提高客户服务质量。例如，某著名电脑公司认为其核心竞争力是营销，是制造高科技的个人电脑硬件，而不是物流。因此，该公司的电脑在世界各地直销时，就与几家第三方物流企业合作，在一定地理范围内分销商品。

3. 企业物流活动的性质和地位

如果企业对客户服务要求高，物流对企业非常重要，物流成本占总成本的比重大，且企业具备高素质的人员对物流运作进行有效的管理，那么该企业就不应该将物流活动外包出去，而应当自营。沃尔玛就是这样的例子。沃尔玛公司是全世界零售业年销售收入位居第一的巨型企业，是著名的“全球500强排行”的前茅。沃尔玛之所以能取得如此辉煌的业绩，其中一个重要的因素就是拥有自己庞大的物流配送系统，并实施了严格有效的物流配送管理制度。

4. 企业对物流控制力的要求

越是竞争激烈的产业，企业越是要强化对供应和分销渠道的控制，因此，企业应该自营物流。一般来说，主机厂或最终产品制造商对渠道或供应链过程的控制力比较强，往往选择自营物流，即作为龙头企业来组织全过程的物流活动和制订物流服务标准。

5. 物流系统总成本

在选择是自营还是物流外包时，必须弄清两种模式物流系统总成本的情况。其计算公式为：物流系统成本=总运输成本+库存维持费用+批量成本+总固定仓储费用+总变动仓储费用+订单处理和信息费用+顾客服务费用。

这些成本之间存在着二律悖反现象：减少仓库数量时，可降低保管费用，但会带来运输距离和次数的增加。如果运输费用的增加部分超过了保管费用的减少部分，总的物流成本反而增大。所以，在选择和设计物流系统时，要对物流系统的总成本加以论证，最后选择成本最小的物流系统。

【例 8-1】 某制造企业拥有价值 500 万元运输车辆规模，且车辆维护较好，另有司机 10 人。但企业仓库年久失修。2001 年，企业采用的物流方式是自营，2002 年采用了第三方物流，将本企业物流外包出去。两年各项费用的比较如表 8-2 所示。

表 8-2 自营物流与第三方物流费用对比

项目 年份	总运输成本 T（万元）	库存维护费 S（万元）	批量成本 L（万元）	仓储固定费用 F_w（万元）	仓储可变费用 V_w（万元）	订单处理和信息费用 P（万元）	顾客服务费 C（万元）	合计（万元）
2001 年	150	100	90	27	30	10	20	427
2002 年	120	70	60	27	15	16	15	323

由于物流系统是多功能的集合，各功能的重要性和相对能力水平在系统中是不平衡的，因此，要对各功能进行分析。对于该企业，可以将企业的物流系统分成四个子功能模块：运输子系统、仓储子系统、订单处理和信息子系统、顾客服务子系统。

对于运输子系统，由于该企业前期已在运输方面投入了 500 万，且车辆状况较好，另还有 10 名司机。所以，将运输服务外包后，并不能使企业的总运输成本明显降低。因此，该企业不应该将运输功能外包，而应该采取自营运输的方式。

对于仓储子系统，由于该企业的仓库年久失修，已不具备竞争力，将仓储功能外包可明显降低仓储固定费用，因此，仓储功能应利用第三方物流。

同理，根据该企业的实际情况，另外两个功能子系统也应该采用第三方物流服务。

上述例子告诉我们，企业具备了物流能力，并不意味着企业一定要选择自营物流，还应该与第三方物流服务进行比较，在满足一定的顾客服务水平下，哪一种形式的成本更低，就选择哪一种物流形式。

另外，物流外包决策还面临着很多不确定的因素，如未来的经营环境是否可以控制、第三方物流服务提供商是否可靠、物流失败的风险有多大等。因此，最终的决策还需要有主观和经验的判断。

（二）企业物流业务外包对物流供应商的选择

物流外包决策中很重要的一个问题是物流供应商的选择。除了分析企业哪些业务需要外包和对第三方物流服务的要求之外，其中最重要的是对物流服务商的评价，它需要对外部的潜在物流供应商进行调查、分析、评价，调查物流供应商的管理状况、战略导向、信息技术支持能力、自身的可塑性和兼容性、行业运营经验等，评价其从事物流活动的成本状况，评价其长期发展能力，评价其信誉度等。在上述过程中，确定第三方物流服务商评价的指标体系是非常重要的任务。许多学者对此问题进行了研究，比较著名的是 2001 年由美国田纳西大学提出的九个关键性指标，具体如下：

①人员沟通质量。是否通过沟通为顾客提供个性化的服务，与服务人员的知识水平和态度有关。

②订单释放数量。物流企业按实际情况释放（减少）部分订单，该指标越小越好。

③信息质量。从顾客角度出发提供产品物流相关信息的多少和准确程度。

④订购过程。接受顾客订单、处理订购过程的效率和成功率。

⑤货品精确率。它是指实际配送的货品和订单描述的货品相一致的程度，包括货品的种类、型号、规格等。

⑥货品完好程度。它是指货品在配送过程中的完好程度。

⑦货品质量。它是指产品功能与顾客的需求相吻合的程度。

⑧误差处理。它是指订单执行出现错误后物流企业对错误的处理方式和效率。

⑨时间性。它是指从顾客下订单到收到货品的时间。

最后，通过评价结果对第三方物流服务商进行比较，从中选择比较满意的物流服务提供商。

（三）物流外包的方式确定

物流外包的形式是多样的，企业要根据实际情况选择适合自己的物流外包形式。物流外包形式主要包括以下几种：

1. 物流业务完全外包

将企业所有的物流业务外包给第三方物流供应商，这是最彻底的物流外包形式。如果企业不具备自营物流能力或企业虽具备自营物流能力，但操作成本较高、服务质量较低，则企业将放弃自营物流，将整个物流系统外包给第三方物流供应商。

2. 物流业务部分外包

企业先把物流业务分类，一类是以高效率操作的关键业务，这类业务企业自营；另一类是企业不擅长的物流业务，企业把这类业务外包给第三方物流供应商。

3. 物流系统剥离

企业将物流部门从母公司分离出去，成立一个独立的子公司，子公司主要为母公司服务，但同时又可以承担外部企业委托。例如，海尔集团将自己原来的采购、仓储和运输部门分离出来，成立独立的海尔物流本部，这个物流本部不仅承担海尔的物流业务，还为其他需要物流服务的企业提供物流服务。

4. 物流系统接管

企业将物流系统全部卖给或承包给第三方物流供应商，由第三方物流供应商接管企业的物流系统，并雇佣原企业的员工。

5. 战略联盟

企业与第三方物流公司或其他企业合资，企业保留物流设施部分产权，并在物流作业中保持参与。同时，物流服务商提供了部分资本和专业服务，企业也为合资者提供特色服务，达到资源共享的目的。例如，青岛啤酒股份有限公司与招商局合作，成立了青岛啤酒招商局物流公司，主要为青岛啤酒股份有限公司提供服务，其中青岛啤酒股份有限公司拥有一定股份。

第三节　风险型物流决策

一、风险型决策的条件

风险型环境是指未来的具体情况是未知的，但可以预知可能出现的几种状态，且各种状态发生的概率是可以事先估计的。它是以概率或概率密度为基础的，具有随机性。这种决策由于各种自然状态的发生与否是与概率相关联的，而决策又是根据概率做出的选择，因而具有一定的风险，所以称为“风险型决策”，也称为“随机型决策”或“统计型决策”。例如，一个厂家不知道新型组合家具投产后的实际购买率如何，但是可以根据历史资料，得到几种可能购买率及其相应的概率，这对于生产厂家进行决策是有帮助的。

风险型决策必须满足以下五个条件：

①存在决策人希望达到的一个明确的目标（如收益最大或损失最小）。

②存在两种或两种以上的自然状态。

③存在可供决策人选择的两个以上的决策方案。

④不同的备选方案在不同状态下的损益值可以计算出来。

⑤在 N 种自然状态中，究竟哪一种状态会出现，决策人不能肯定，但是各种自然状态发生的概率事先可以估计或计算出来（根据历史数据或经验判断估计）。

上述第四条中的损益值是指在不同自然状态下相应方案所产生的损失和收益状态。收益用正数表示，损失用负数表示，也就是上一节系统决策分析框架中的第二步评定方案后果。例如，针对新产品投产问题，对于{产品销路好，产品销路一般，产品销路差}这三种自然状态，如果采取{不生产，小批量生产，大批量生产}三种方案，就会有九种不同的经济效益状况。这就是损益值，它们构成一个矩阵，称为“损益矩阵”或“风险矩阵”。

【例 8-2】　某企业为了生产一种新产品，有 3 个方案可供决策者选择：一是改造原有生产线，二是从国外引进生产线，三是与国内其他企业协作生产。该种产品的市场需求状况大致有高、中、低 3 种可能，据调查估计，其发生的概率分别是 0.3、0.5、0.2。表 8-3 给出了各种市场需求状况下每一个方案的效益值。试问该企业究竟应该选择哪一种方案？

表 8-3 企业在采用不同方案生产新产品的损益值

需求状态		高需求 P_1	中需求 P_2	低需求 P_3
状态概率		0.3	0.5	0.2
各方案的损益值（万元）	改进生产线 A_1	200	100	20
	引进生产线 A_2	220	120	60
	协作生产线 A_3	180	100	80

这是一个风险型决策问题，对此，主要采用两种准则进行决策判断：最大可能收益值准则、期望收益值准则。其中，期望值准则更为常用。

二、最大可能收益值准则

某种状态的概率值越大，说明该状态发生的可能性越大。因此，在风险型决策问题中，若某种状态的概率远大于其他状态的概率，就可以忽略其他状态，而只考虑概率最大的这一状态。这相当于将风险型决策问题转换成确定情况下的决策问题。这就是最大可能收益值准则。由于最大可能状态也是仅以一定的概率出现的，所以，按这一准则决策具有一定的风险。

最大可能收益值准则的决策过程非常简单。首先，从各自然状态的概率值中，选出概率最大者对应的状态，其余状态则不再考虑，然后，根据在最大可能状态下各方案的损益值进行决策。下面利用最大可能收益值准则对例 8-2 进行决策。

根据估计的 3 种状态的概率值大小，只需考虑发生概率最大的“中需求”这一情况。对一个具体的方案，分别用最大收益值准则和最小损失值准则决策。数据如表 8-4 所示。

表 8-4 最大收益值准则的决策数据

方案	收益值准则	损失值准则
改进生产线 A_1	200	20
引进生产线 A_2	220	0
协作生产线 A_3	180	40
决策	Max {200，220，180} =220	Min {20，0，40} =0

引进生产线的收益最大，损失值最小，因此，选择引进生产线的方案。

最大可能收益值决策法适合于某一状态发生概率明显大于其他状态发生概率的情况。若各种状态的概率相差不大，就不适合使用这种方法。

三、期望值准则

风险型问题的决策准则必须考虑各种状态出现的概率，所以，需要引入期望后果值的概念。一般情况下，经营管理决策中用收益、损失这类指标来表示方案的后果，这样，期望收益值就成为一种应用最广泛的准则。期望收益值准则就是根据各备选方案在各自然状态下的损益值的概率平均的大小，决定各方案的取舍。这里所说的期望值就是概率论中离散随机变量的数学期望，即：

$$E(A_i) = \sum_{j=1}^{n} O_{ij} P_j$$

其中，$E(A_i)$ 是第 i 个方案的期望值；O_{ij} 是第 i 个方案在第 j 种状态下的损益值；P_j 是第 j 种状态发生的概率。

期望值准则是把每个备选方案的期望值求出来，加以比较。如果决策目标是效益最大，则采取期望值最大的备选方案；如果损益矩阵的元素是损失值，而且决策目标是使损失最小，则应选定期望值最小的备选方案。

期望值准则法的决策过程可以在决策表上进行，也可通过决策树表示法完成。下面分别用两种表示法对例 8-2 进行期望值准则决策。

（一）决策表法

如表 8-5 所示，先按各行计算各状态下的损益值与概率值乘积之和，得到期望值；比较各行的期望值；根据期望值的大小和决策目标，选出最优者，对应的方案就是决策方案。

表 8-5　决策表

状态概率 \ 方案	损益值（万元）			期望收益值 $E(A_i)$
	高需求	中需求	低需求	
	0.3	0.5	0.2	
改进生产线 A_1	200	100	20	200×0.3+100×0.5+20×0.2=114
引进生产线 A_2	220	120	60	220×0.3+120×0.5+60×0.2=138
协作生产线 A_3	180	100	80	180×0.3+100×0.5+80×0.2=120
max {114，138，120} =138				

期望收益值最大的方案是 A_2，即应该引进生产线。

（二）决策树法

决策树是一种构建决策模型的结构形式，能很好地表现决策模型的两个要求：一是反映风险决策环境，即环境的各种状态及相应概率和后果值；二是决策的序贯性，即当前的决策必须考虑接下来几个阶段的决策。决策树用决策点、状态节点来辅助描述决策模型，形象直观，是风险决策问题常用的方法，尤其适合解决多阶段的决策问题。

图 8-2 是决策树的结构图。方块（□）是决策节点，表示决策者此时的行为是在自己能控制的情况下进行的。从决策节点引出的若干条线代表若干个方案，称为“方案枝”，有待决策者进行分析和选择。方案枝末端圆圈（○）叫作“状态节点”，表示决策者此时面临的是自己无法控制的自然或社会环境。从它引出的线条代表自然或社会环境中可能出现的各种状态，叫作“概率枝”，概率的末端画上三角形（△），叫作“结果点”。决策树将决策过程中的各种环境状态和有关方案及其后果信息清晰地表达出来，并可据此进行运算，选择最优方案。

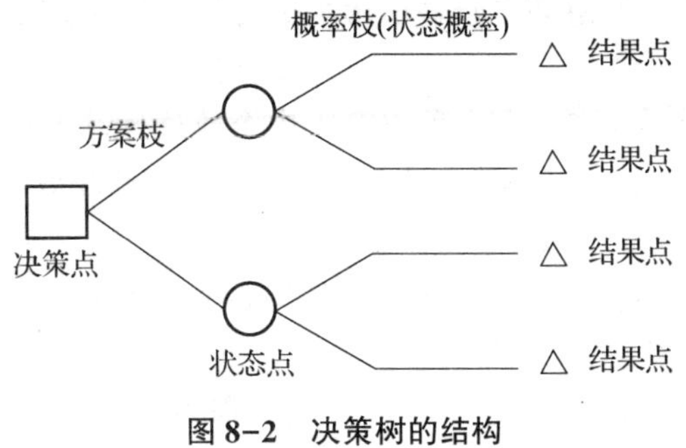

图 8-2　决策树的结构

决策树法分为两个大的内容：一是构建决策树模型；二是应用决策树进行决策。进行决策的过程是从右向左逐步进行的。根据右端结果点的损益值和概率枝的概率，计算出期望损益值的大小，确定方案的期望结果，然后根据不同方案的期望结果做出决策。方案的舍弃叫作“修枝”，被舍弃的方案在方案枝上做上标记“≠”。最后，在决策点留下一条树枝，即为最优方案。

【例 8-3】　用期望值准则和决策树法求例 8-2 中的最优决策方案。

首先是仿照图 8-2 建立该问题的决策树。决策树是一种模型，是对现实情况的简化。本问题只有一个决策任务：从改进生产线、引进生产线、协作生产线 3 个方案中进行选择，因此，可引出 3 个方案分枝。未来的需求量有高、中、低 3 种可能状态，所以，每个方案的状态节点又可引出 3 条概率分枝。这样一共有 9 条结果分枝，分别标上各分枝所发生的费用或收益。该问题的决策树模型如图 8-3 所示。

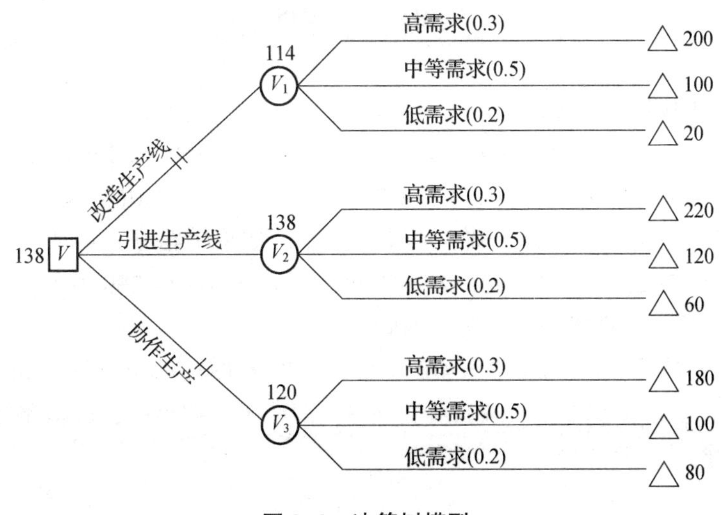

图 8-3　决策树模型

建立决策树结构模型后，第二阶段就是利用决策树在树上直接进行计算、比较、修剪，最终选择最佳的方案。从右边向左边推进，先计算 3 个方案的期望后果，并将结果分别列在各方案的状态节点处。如图 8-3 所示，3 个方案的期望收益值分别为 114、138、

120。然后进行方案修枝，保留期望收益值最大的方案，即引进生产线。

【例 8-4】 某企业为扩大某产品的生产，拟建设新厂，据市场预测产品销路好的概率为 0.7，销路差的概率为 0.3，有 3 种方案可供企业选择。

方案 1，新建大厂，需投资 300 万元。据初步估计，销路好时，每年可获利 100 万元；销路差时，每年亏损 20 万元，服务期为 10 年。

方案 2，新建小厂，需投资 140 万无。销路好时，每年可获利 40 万元；销路差时，每年仍可获利 30 万元。服务期为 10 年。

方案 3，选建小厂，3 年后销路好时再扩建，需追加投资 200 万元，服务期为 7 年，估计每年获利 95 万元。

试用决策树法选择方案。

解：绘制决策树，如图 8-4 所示。

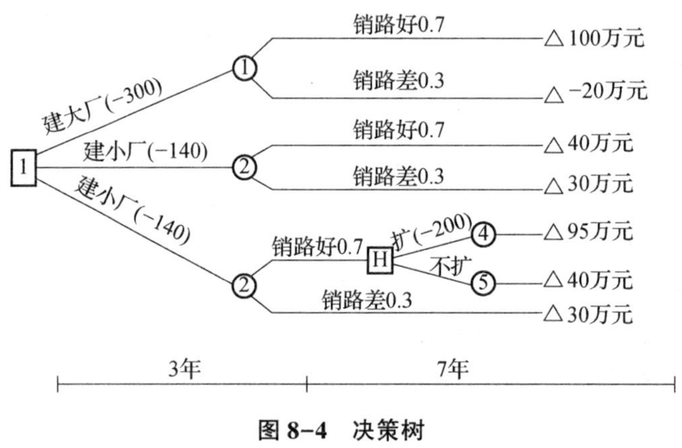

图 8-4 决策树

计算方案点的期望投益值为：

$$E_1 = [0.7 \times 100 + 0.3 \times (-20)] \times 10 - 300 = 340(\text{万元})$$

$$E_2 = [0.7 \times 40 + 0.3 \times 30] \times 10 - 140 = 230(\text{万元})$$

对于方案 3，分为两个阶段：前 3 年和后 7 年。如果销路好，后 7 年有两种选择：若扩建，则 $E_4=95\times7-200=465$ 万元，若不扩建，则 $E_5=40\times7=280$ 万元，因为 $E_4>E_5$，所以如果销路好，后 7 年选择扩建厂房。因此，

$$E_3 = (0.7 \times 40 \times 3 + 0.7 \times 465 + 0.3 \times 30 \times 10) - 140 = 359.5(\text{万元})$$

比较 E_1，E_2，E_3的期望值，应选择方案 3，即前 3 年建小厂，若销路好则扩建，若销路不好则不扩建。

第四节 不确定型物流决策

不确定型决策是指在既不知道哪种状态会发生，也不知道状态发生概率的情况下的决策。这种情况下的决策主要取决于决策者的经验和主观要求。常用的决策准则有乐观准则、悲观准则、折衷准则和后悔值准则。

【例 8-5】　根据以往的资料，一条集装箱船舶每个航次从天津港至厦门港所需的舱位数可能是下面数量中的某一个：100，150，200，250，300，而其概率分布不知道。如果一个舱位空着，则在开船前 24 小时起以 80 美元低价运输。每个舱位预定的运价为 120 美元，每个舱位的运输成本是 100 美元。假定所准备的空舱量为所需要量中的某一个。

方案 1：准备的空舱量为 100；

方案 2：准备的空舱量为 150；

方案 3：准备的空舱量为 200；

方案 4：准备的空舱量为 250；

方案 5：准备的空舱量为 300。

设需求的舱位数为 a_i，准备的舱位数为 b_j，损益值为 c_{ij}，根据计算可以建立下面的损益矩阵，如表 8-6 所示。

表 8-6　损益矩阵

需求量 / 准备的空舱量	a_1（100）	a_2（150）	a_3（200）	a_4（250）	a_5（300）
b_1（100）	2000	2000	2000	2000	2000
b_2（150）	1000	3000	3000	3000	3000
b_3（200）	0	2000	4000	4000	4000
b_4（250）	-1000	1000	3000	5000	5000
b_5（300）	-2000	0	2000	4000	6000

这问题属于不确定型决策问题。下面介绍四种决策准则及其决策结果。

一、乐观准则

乐观准则也称“大中取大准则”，即决策者对客观情况很乐观，愿意争取一切获得最好结果的机会。该准则的决策过程是：先从每个方案中选出一个最大收益值，再从这些最大收益值中选出最大值，该最大值对应的方案就是决策所选定的方案。

利用乐观准则对例 8-5 进行决策，首先计算每种方案的最大收益值，其结果如表 8-7 所示。由表可见，b_5方案为最优方案，准备的空舱量为 300。

表 8-7　最大收益值计算结果

需求量 / 准备的空舱量	a_1（100）	a_2（150）	a_3（200）	a_4（250）	a_5（300）	最大收益值
b_1（100）	2000	2000	2000	2000	2000	2000
b_2（150）	1000	3000	3000	3000	3000	3000
b_3（200）	0	2000	4000	4000	4000	4000
b_4（250）	-1000	1000	3000	5000	5000	5000
b_5（300）	-2000	0	2000	4000	6000	6000

二、悲观准则

悲观准则也称"小中取大准则"，即决策者对客观情况比较悲观、比较保守，从最坏结果中选择一个相对好的。该准则的决策过程是：先从每个方案中选出一个最小收益值，再从这些最小收益值中选出最大收益值，对应的方案就是决策方案。

利用悲观准则对例 8-5 进行决策，首先计算每种方案的最小收益值，其结果如表 8-8 所示。由表可见，b_1方案为最优方案，准备的空舱量为 100。

表 8-8 最小收益值计算结果

需求量 准备的空舱量	a_1（100）	a_2（150）	a_3（200）	a_4（250）	a_5（300）	最小收益值
b_1（100）	2000	2000	2000	2000	2000	2000
b_2（150）	1000	3000	3000	3000	3000	1000
b_3（200）	0	2000	4000	4000	4000	0
b_4（250）	-1000	1000	3000	5000	5000	-1000
b_5（300）	-2000	0	2000	4000	6000	-2000

三、折衷准则

这是介于乐观准则与悲观准则之间的一个决策准则。通过一个折衷系数 α（$0 \leq \alpha \leq 1$）将乐观与悲观结果加权平均，因此，也称为"乐观系数准则"。

决策时，决策者根据自己的愿望、经验和历史数据，先给出乐观系数 α，按下式计算每个方案的折衷收益值：

$$折衷收益值 = \alpha \times 最大收益值 + (1-\alpha) \times 最小收益值$$

再从诸方案的折衷收益值中选择数值最大者，对应的方案就是决策方案。

下面利用折衷准则对例 8-5 进行决策。若取乐观系数 $\alpha=0.7$，计算结果如表 8-9 所示，决策结果是准备的空舱量为 300，折衷收益值为 3600 美元。

表 8-9 折衷值计算结果

需求量 准备的空舱量	a_1（100）	a_2（150）	a_3（200）	a_4（250）	a_5（300）	最大收益值	最小收益值	折衷值
b_1（100）	2000	2000	2000	2000	2000	2000	2000	2000
b_2（150）	1000	3000	3000	3000	3000	3000	1000	2400
b_3（200）	0	2000	4000	4000	4000	4000	0	2800
b_4（250）	-1000	1000	3000	5000	5000	5000	-1000	3200
b_5（300）	-2000	0	2000	4000	6000	6000	-2000	3600

四、后悔值准则

在决策过程中，当某一种自然状态可能出现时，决策者必然首先要选择收益最大的方案。如果由于决策失误未选取这一方案，而是选择了其他方案，就会感到后悔。最大收益值与其他收益值之差就叫作“后悔值”或“遗憾值”。后悔值准则就是为避免将来后悔而设计的一种决策方法。

决策时，先根据决策收益表计算出每个状态、每个方案的后悔值，构成后悔值矩阵；然后，在后悔值矩阵中对每一方案选出最大后悔值；最后，从这些最大后悔值中选出最小后悔值，它所对应的方案为选定的决策方案。

下面对例 8-5 利用后悔值准则进行决策。表 8-10 中用“ * ”标出不同状态下的最大收益值，表 8-11 是计算得到的后悔值矩阵。从中确定的最小后悔值为 2000 美元，对应着 b_3方案，即准备的空舱量为 300。

表 8-10　不同状态下的最大收益值

需求量 / 准备的空舱量	a_1（100）	a_2（150）	a_3（200）	a_4（250）	a_5（300）
b_1（100）	2000 *	2000	2000	2000	2000
b_2（150）	1000	3000 *	3000	3000	3000
b_3（200）	0	2000	4000 *	4000	4000
b_4（250）	-1000	1000	3000	5000 *	5000
b_5（300）	-2000	0	2000	4000	6000 *

表 8-11　后悔值矩阵

需求量 / 准备的空舱量	a_1（100）	a_2（150）	a_3（200）	a_4（250）	a_5（300）	最大后悔值
b_1（100）	0	1000	2000	3000	4000	4000
b_2（150）	1000	0	1000	2000	3000	3000
b_3（200）	2000	1000	0	1000	2000	2000
b_4（250）	3000	2000	1000	0	1000	3000
b_5（300）	4000	3000	2000	1000	0	4000

从上面的决策结果可知，不同的决策准则下的决策方案可能会不同，也可能会相同。一般可将几种准则同时使用，以便于全面把握各种情况。

乐观准则的风险最大，适用于十分有把握或损失不大的情况。

悲观准则最保守、稳妥，当决策失误带来的损失严重时，应选用此方法。

折衷准则介于乐观与悲观之间，乐观系数的选择具有一定的主观性，因人而异，两个极端分别是乐观准则和悲观准则。

后悔值准则就是要使未来的后悔值最小。

第五节　物流决策支持系统

一、决策支持系统的兴起

决策是时时处处存在的一种社会现象，任何行动都是相关决策的一种结果。正是这种普遍性，使人们一直致力于开发一种系统，来辅助或支持人们进行决策，以便促进提高决策的效率与质量。尤其是随着现代信息技术和人工智能技术的发展和普及应用，更有力地推动了决策支持系统的发展。

DSS 是决策支持系统（Decision Support System）的简称。其概念最早由斯克特（Scott）和基恩（Keen）于 20 世纪 70 年代中期提出，是 20 世纪 70 年代末期兴起的一种新的管理系统。它是一种以计算机为工具，应用决策科学及有关学科的理论与方法，以人机交互方式辅助决策者解决半结构化或非结构化决策问题的信息系统，是以特定形式辅助决策的一种科学工具。它通过人机对话等方式为决策者提供了一个将知识性、主动性、创造性和信息处理能力相结合、定性与定量相结合的工作环境，协助决策者分析问题、探索决策方法，进行评价、预测和选优，广泛用于企业管理、系统开发、经济分析与规划、战略研究、资源管理、投资规划等方面。

DSS 是一个融计算机技术、信息技术、人工智能、管理科学、决策科学、心理学、行为科学和组织理论等学科与技术于一体的技术集成系统。随着其他学科的不断发展，尤其是计算机技术和信息技术的巨大进步，DSS 作为新的交叉学科，将会产生突破性进展。

二、决策支持系统的主要类型

自提出以来，DSS 已经得到了很大发展，主要有如下几种 DSS 系统。

（一）数据驱动的决策支持系统（Data-Driven DSS）

这种 DSS 强调以时间序列访问和操纵组织的内部数据，也有时是外部数据。它通过查询和检索访问相关文件系统，提供了最基本的功能。后来发展了数据仓库系统，又提供了另外一些功能。数据仓库系统允许采用应用于特定任务或设置的特制的计算工具或者较为通用的工具和算子来对数据进行操纵。后来发展的结合了联机分析处理（OLAP）的数据驱动型 DSS 则提供更高级的功能和决策支持，并且此类决策支持是基于大规模历史数据分析的。主管信息系统（EIS）以及地理信息系统（GIS）属于专用的数据驱动型 DSS。

（二）模型驱动的决策支持系统（Model-Driven DSS）

模型驱动的 DSS 强调对于模型的访问和操纵，如统计模型、金融模型、优化模型或仿真模型。简单的统计和分析工具提供最基本的功能。一些允许复杂的数据分析的联机分析处理系统（OLAP）可以分类为混合 DSS 系统，并且提供模型和数据的检索，以及数据摘要功能。一般来说，模型驱动的 DSS 综合运用金融模型、仿真模型、优化模型或多规格模型来提供决策支持。模型驱动的 DSS 利用决策者提供的数据和参数来辅助决策者对于某种状况进行分析。模型驱动的 DSS 通常不是数据密集型的，也就是说，模型驱动的 DSS 通常不需要很大规模的数据库。模型驱动的 DSS 的早期版本被称作“面向计算的 DSS”。这类系统有时也称为“面向模型或基于模型的决策支持系统”。

(三) 知识驱动的决策支持系统 (Knowledge-Driven DSS)

知识驱动的 DSS 可以就采取何种行动向管理者提出建议或推荐。这类 DSS 是具有解决问题的专门知识的人-机系统。“专门知识”包括理解特定领域问题的“知识”，以及解决这些问题的“技能”。与之相关的一个概念是数据挖掘工具——一种在数据库中搜寻隐藏模式的、用于分析的应用程序。数据挖掘通过对大量数据进行筛选，以产生数据内容之间的关联。构建知识驱动的 DSS 的工具有时也称为“智能决策支持方法”。

(四) 基于 Web 的决策支持系统 (Web-Based DSS)

基于 Web 的 DSS 通过“瘦客户端”Web 浏览器（如 Netscape Navigator 或 Internet Explorer）向管理者或商情分析者提供决策支持信息或决策支持工具。运行 DSS 应用程序的服务器通过 TCP/IP 协议与用户计算机建立网络连接。基于 Web 的 DSS 可以是通信驱动、数据驱动、文件驱动、知识驱动、模型驱动或混合类型。Web 技术可用以实现任何种类和类型的 DSS。“基于 Web”意味着全部的应用均采用 Web 技术实现。“Web 启动”意味着应用程序的关键部分，如数据库，保存在遗留系统中，而应用程序可以通过基于 Web 的组件进行访问并通过浏览器显示。

(五) 基于仿真的决策支持系统 (Simulation-Based DSS)

基于仿真的 DSS 可以提供决策支持信息和决策支持工具，以帮助管理者分析通过仿真形成的半结构化问题。这些种类的系统全部称为“决策支持系统”。DSS 可以支持行动、金融管理以及战略决策。包括优化以及仿真等许多种类在内的模型均可应用于 DSS。

(六) 基于 GIS 的决策支持系统 (GIS-Based DSS)

基于 GIS（地理信息系统）的 DSS 通过 GIS 向管理者或商情分析者提供决策支持信息或决策支持工具。通用目标 GIS 工具，如 ARC/INFO、MAPlnfo 以及 ArcView 等是一些有特定功能的程序，可以完成许多有用的操作，但对于那些不熟悉 GIS 以及地图概念的用户来说，比较难于掌握。特殊目标 GIS 工具是由 GIS 程序设计者编写的程序，以易用程序包的形式向用户组提供特殊功能。以前，特殊目标 GIS 工具主要采用宏语言编写。这种提供特殊目标 GIS 工具的方法要求每个用户都拥有一份主程序（如 ARC/INFO 或 ArcView）的拷贝用以运行宏语言应用程序。现在，GIS 程序设计者拥有较从前丰富得多的工具集来进行应用程序开发。程序设计库拥有交互映射以及空间分析功能的类，从而使得采用工业标准程序设计语言来开发特殊目标 GIS 工具成为可能，这类程序设计语言可以独立于主程序进行编译和运行（单机）。同时，Internet 开发工具已经走向成熟，能够开发出相当复杂的基于 GIS 的程序让用户通过万维网（World Wide Web）进行使用。

(七) 通信驱动的决策支持系统 (Communication-Driven DSS)

通信驱动型 DSS 强调通信、协作以及共享决策支持。简单的公告板或电子邮件就是最基本的功能。组件比较 FAQ（常见问题解答）定义诸如“构建共享交互式环境的软、硬件”，目的是支撑和扩大群体的行为。组件是一个更广泛的概念——协作计算的子集。通信驱动型 DSS 能够使两个或更多的人互相通信、共享信息以及协调他们的行为。

（八）基于数据仓库的决策支持系统（DataWare-Based DSS）

数据仓库是支持管理决策过程的、面向主题的、集成的、动态的、持久的数据集合。它可将来自各个数据库的信息进行集成，从事物的历史和发展的角度来组织和存储数据，供用户进行数据分析并辅助决策，为决策者提供有用的决策支持信息与知识。基于数据仓库理论与技术的 DSS 的主要研究课题包括：数据仓库（DW）技术在 DSS 系统开发中的应用以及基于 DW 的 DSS 的结构框架；采用何种数据挖掘技术或知识发现方法来增强 DSS 的知识源；DSS 中的 DW 的数据组织与设计及 DW 管理系统的设计。总体说来，基于 DW 的 DSS 的研究重点是如何利用 DW 及相关技术来发现知识并向用户解释和表达，为决策支持提供更有力的数据支持，有效地解决了传统 DSS 数据管理的诸多问题。

（九）群体决策支持系统（Group Decision Supporting System，GDSS）

群体决策支持系统是指在系统环境中，多个决策参与者共同进行思想和信息的交流以寻找一个令人满意和可行的方案，但在决策过程中只由某个特定的人做出最终决策，并对决策结果负责。它能够支持具有共同目标的决策群体求解半结构化的决策问题，有利于决策群体成员思维和能力的发挥，也可以阻止消极群体行为的产生，限制了小团体对群体决策活动的控制，有效地避免了个体决策的片面性和可能出现的独断专行等弊端。群体决策支持系统是一种混合型的 DSS，允许多个用户使用不同的软件工具在工作组内协调工作。群体支持工具的例子有音频会议、公告板和网络会议、文件共享、电子邮件、计算机支持的面对面会议软件以及交互电视等。GDSS 主要有四种类型：决策室、局域决策网、传真会议和远程决策。

（十）分布式决策支持系统（Distributing Decision Supporting System，DDSS）

这类 DSS 是随着计算机技术、网络技术以及分布式数据库技术的发展与应用而发展起来的。从架构上来说，DDSS 是由地域上分布在不同地区或城市的若干个计算机系统所组成，其终端机与大型主机进行联网，利用大型计算机的语言和生成软件，而系统中的每台计算机上都有 DSS，整个系统实行功能分布，决策者在个人终端机上利用人机交互，通过系统共同完成分析、判断，从而得到正确的决策。DDSS 的系统目标是把每个独立的决策者或决策组织看作一个独立的、物理上分离的信息处理节点，为这些节点提供个体支持、群体支持和组织支持。它应能保证节点之间顺畅的交流，协调各个节点的操作，为节点及时传递所需的信息以及其他节点的决策结果，从而最终实现多个独立节点共同制订决策。

（十一）智能决策支持系统（Intelligence Decision Supporting System，IDSS）

智能决策支持系统（IDSS）是人工智能（Artificial Intelligence）和 DSS 相结合，应用专家系统（Expert System）技术，使 DSS 能够更充分地应用人类的知识或智慧型知识，如关于决策问题的描述性知识、决策过程中的过程性知识、求解问题的推理性知识等，并通过逻辑推理来帮助解决复杂的决策问题的辅助决策系统。IDSS 的系统目标是：将人工智能技术融于传统的 DSS 中，弥补 DSS 单纯依靠模型技术与数据处理技术，以及用户高度卷入可能出现意向性偏差的缺陷；通过人机交互方式支持决策过程，深化用户对复杂系统运行机制、发展规律乃至趋势走向的认识，并为决策过程中超越其认识极限的问题的处理要求提供适用技术手段。根据 IDSS 智能的实现可将其分为：基于 ES 的 IDSS，基于机器学习的 IDSS，基于智能代理技术 Agent 的 IDSS，基于数据仓库、联机分析处理及数据挖掘技术的 IDSS 等。

（十二）自适应决策支持系统（Adaptive Decision Support System，ADSS）

自适应决策支持系统是针对信息时代多变、动态的决策环境而产生的，它将传统面向静态、线性和渐变市场环境的 DSS 扩展为面向动态、非线性和突变的决策环境的支持系统，用户可根据动态环境的变化按自己的需求自动或半自动地调整系统的结构、功能或接口。对 ADSS 的研究主要从自适应用户接口设计、自适应模型或领域知识库的设计、在线帮助系统与 DSS 的自适应设计四个方面进行，其中问题领域知识库能否建立是 ADSS 成功与否的关键，它使整个系统具有了自学习功能，可以自动获取或提炼决策所需的知识。对此，就要求问题处理模块必须配备一种学习算法或在现有 DSS 模型上再增加一个自学习构件。归纳学习策略是其中最有希望的一种学习算法，可以通过它从大量实例、模拟结果或历史事例中归纳得到所需知识。此外，神经网络、基于事例的推理等多种知识获取方法的采用也将使系统更具适应性。

三、决策支持系统在物流中的应用

物流决策支持系统包含着一连串各式各样的决策，这些决策涵盖了从战略决策到运作决策的大部分内容。下面我们通过一些案例，了解决策支持系统在物流中的应用，看一看它是如何辅助物流决策的。

（一）需求计划

为了评估重新选择血液配送和采集地点的提议，美洲红十字会的大西洋中部地区部门利用了基于优化模型的决策支持系统。最初，大西洋中部地区共有 3 个血液处理中心，其中有 2 个可以配送和采集血液，另外 1 个仅可以采集血液。提议中考虑了一个新的地址，并且提出了一些背景材料（如关掉 1 个旧的，在其他中心之间重新分配资源）。为了确定每一方案的劳动力及运输成本，决策支持系统利用了数学模型。最后，他们决定不建新的血液处理中心，因为如果充分利用现有的设施，他们不需要投资新的设施也可以达到要求的目标。

（二）物流网络设计

1993 年，宝洁公司开始重新设计它的整个供应链的计划。因为多种原因，宝洁公司认为它可以削减目前所需的工厂数量，从而可以达到更低的成本。当时宝洁公司组成了两个独立的小组，其中一个小组是沿着产品线组建而成的，负责分析制造形势，另一个小组负责分析配送中心（DC）的位置并设计为 DC 分配顾客的方案。

宝洁的工程师与辛辛那提大学的教师们一起开发一个帮助他们决策的决策支持系统。为了分析 DC 的位置及顾客的分配，他们在系统中运用了数学方法来确定一系列解决方案；为了优化产品来源的决策，他们开发了数学工具并同 GIS 系统组合在一起。GIS 可以让第一个小组看到系统所产生的潜在解决方案，所以这有助于他们更好地理解系统内的各种成本源是怎样相互作用的。事实上，由这种理解而产生的思想可以导致更新、更好的解决方案。此外，数据和方案的可视化还可以帮助他们检查输入数据库中不易被觉察的错误。

北美制造和配送系统的彻底重新设计每年就为宝洁节省 2.5 亿多美元。尽管很难量化 DSS 在其中所做出的贡献，但是宝洁公司内部承认，这一系统至少为它节省了 10%的费用。

（三）存货配置

美国石油公司曾面临着以下常见的存货管理的挑战：

①怎样在供应链的不同环节来鉴别合适的存货水平？

②怎样克服资本、设备和人员的能力制约？

③在销售、生产和存货管理人员之间存在着冲突的组织目标：

a. 重新分配流动资金来支持企业成长。

b. 维持或提高顾客服务水平。

c. 提高运作效率。

d. 成为行业中的最优者。

为了解这些问题，美国石油公司同默克管理咨询公司一起开发了一个适合自己的决策支持系统，这个系统可以模拟美国石油公司各个层次的物流网络、成本及目标，并且在分析过程中运用了优化和模拟技术。优化技术用于确定存货的目标，一旦存货目标确定后，他们就应用模拟技术来检验存货政策、相关成本以及客户服务。该系统的实施为美国石油公司带来了以下的好处：弄清了存货成本，包括缺货成本；有效地控制了库存成本；更好地计划、协调、沟通销售与营销区域划分。

（四）物料需求计划

塔纳公司是一个高品质女士服饰的制造商。在 20 世纪 90 年代初期，该公司的准时交货率较低（74%左右），并且有着大量的在制品。为了解决这些问题，该公司采用了一个计划决策支持系统。塔纳公司所生产的服饰的款式有好几百种，每一种款式的物料和劳动力需求的详细信息都被记录在一个数据库中，系统正是从这个数据库中来提取数据的。实施该系统中最耗时的工作是组建数据库，因为一开始并没有这方面的信息。

系统根据输入的数据和接到的订单来生成生产计划。特别是在生产和需求的约束条件下，系统制订的计划使缺货和成品存货都最小化。这两个目标是相互冲突的，因为如果下个计划降低了缺货，那么它就有可能提高了成品存货的水平。起初，系统中运用了数学规划技术，最后因为所解决问题幅度的原因而采用了启发式算法。

系统采用了直觉的菜单驱动型界面，因此，所花的培训时间很短，并且用户从一开始就保持着高度的信心。在 1 年期的期末，系统开发、修改、安装实施、准时交货率提高到 90%，在制品存货也削减了 20 多万美元。此外，计划者脱离了世俗的重复性工作，其重点也转移到计划编制工作上来。

（五）生产地点选址/设施布置

美孚公司利用一个决策支持系统来合并与发送润滑剂产品。美孚的 10 个工厂每天会收到数以百计的订单，在接到订单后，他们通常会用自己的专用车辆或供应商的专用车辆来为客户送货。

在送货的过程中，美孚的调度员面临着许多问题，其中包括选择和派遣自有车辆而不是外界的合同车辆、订单的合并、通过合并资源在什么时间能实现及早交货。

为了解决这些问题，美孚同洞察（Insight）公司合作开发了较重产品的计算机辅助配送（the Heavy-Product Computer-Assisted Dispatch，HPCAD）系统。这个系统利用订单、距离以及卡车运输的比率等信息生成一系列可行的工作计划，并且计算每一计划的成本，接着一个优化模块利用这些信息确定一个详细的较低成本的发送计划。决策支持系统设计完成后，周度员可以同这个系统一起共同制订发送计划。

经过内部审查，美孚认为，通过有效地利用发送资源，HPCAD 系统每年可以为公司节省 100 多万美元。此外，公司估计，在通过 HPCAD 系统制订的发送方案与完全用人工制订的方案中，大约有 77%的方案不相同。

（六）车辆计划

CSX 运输公司拥有世界上最长的铁路之一，它开发了一个名为计算机辅助路线安排及调度（Computer Aided Routing and Scheduling，CARS）的决策支持系统，该 DSS 被用来在 CSX 铁路系统内探索路线安排与高度之间的战略关系。路线安排是指为了将货物从出发点运到目的地所需要的经过的合适道路，调度是指货物应该在什么时间出发。在给定的一系列要求条件下，系统运用了一个被称为模拟退火的启发式算法来确定较好的路线和调度时间。系统将收到的需求和成本作为输入数据，经过分析产生路线和调度时间安排，接着连同表示路线成本和运行状况的报单与表格一起显示调度时间及路线安排图形。在这个案例中，管理层将 DSS 作为一个战略决策工具，它也可以解决其他战略问题，如购买或租赁列车、使用不同速度的火车、增加铁路调车场的吞吐量等。在上述的每一个例子中，都需要往系统内输入历史需求数据，而且系统还要计算现实的调度时间和路线安排，并且比较不同的报表。

同时，CSX 还探讨了 CARS 作为策略/动作工具的有效性。人们发现，虽然手工决策不需要考虑系统所需的参数和约束，但是它们目前的结果却与 CARS 的调度时间和路线相似。不过，运用 CARS 工具使得有足够的路线可供战略分析。

（七）提前期报单

在许多制造过程中，销售代表经常从电话上收到客户的订单，这时他们能够立刻报出交货的提前期。过去，销售代表通常可能得报出较长的提前期的生产计划、制造时间及运送时间，提前期报单决策支持系统则能够报出某一特定订单的确切交货提前期，因此，这一交货提前期就有可能是较短的。有时销售代表还需要判断一下订单的重要性，如果他认为某一订单没有其他订单重要，那么他就可以报出比 DSS 还晚的交货提前期，从而为将来报出更短的交货提前期留出一条后路。

（八）生产计划

给定所要生产的产品系统、生产流程、产品的到期日期，生产计划 DSS 可以制订产品的生产次序及计划。生产计划决策支持系统可以利用人工智能、数学及模拟技术来制订生产计划。前面我们曾经讲过计划人员按问题编制特定的流程，基于人工智能的生产计划系统就利用了上述方法中的规则；基于优化技术的生产计划系统使用运算法则来使某些目标最大化或最小化；基于模拟技术的生产计划系统允许用户选择一套简单的计划法则并在模拟系统上来测算它们。例如，用户可以按照作业的到期时间来测试计划的效果。利用这一法则系统可以模拟生产过程，并且决策者可以看到模拟的结果，如系统可以预测延期作业的数量以及平均被延期时间。

本章小结

本章针对风险型或不确定型环境下的物流决策问题，介绍了规范的决策分析方法。首先介绍了系统决策分析的概念及分析框架，讨论了物流系统战略层、策略层和运作层决策的常见问题。运作层的决策主要是确定型决策，应用运筹学方法可求出最佳方案。战略层和策略层的决策环境具有较大不确定性，需要进行决策分析。接着，本章介绍了风险型物流决策的条件、过程，重点介绍了决策树方法，接着分析了不确定型物流决策的四种方法，最后介绍了决策支持系统在物流中的应用。

复习题

1. 系统决策分析的作用是什么？

2. 物流系统战略决策与策略决策、运作决策之间有什么区别与联系？举例说明战略层物流决策的不确定型或风险型环境。

3. 物流外包的主要优势是什么？在什么情况下，你会建议公司外包部分或全部的物流活动？

4. 选择第三方物流服务提供商的主要评价因素有哪些？

5. 风险型决策的基本条件是什么？

6. 决策树的两个关键要素是什么？

7. 什么是期望值？什么是期望收益值？如何计算各方案的期望收益值？

8. 某钟表公司计划通过它的分销网络推销一种低价钟表，计划零售价为每块 10 元。初步考虑有三种分销方案：方案Ⅰ需一次投资 10 万元，投产后每块成本 5 元；方案Ⅱ需一次投资 16 万元，投产后每块成本 4 元；方案Ⅲ需一次投资 25 万元，投产后每块成本 3 元。该钟表的需求量不确切，但估计有三种可能：E_1， 30000；E_2， 120000；E_3， 200000。

要求：

（1）建立这个问题的损益矩阵。

（2）分别用悲观准则和乐观准则决定公司应采用哪一种方案。

（3）建立后悔值矩阵，用后悔值法决定应采用哪一种方案。

9. 某物流中心计划新建一个分装加工车间。现提出了两个规划方案，方案 1 需要投资 300 万元，方案 2 需要投资 160 万元，均考虑 10 年的经营期。据预测，在未来 10 年的经营期内，前三年市场前景好的概率为 0.7。若前三年市场前景好，则后七年市场前景好的概率为 0.9；若前三年市场前景差，则后七年市场前景肯定差。另外，估计每年两个方案的损益值如表 8-12 所示，要求用决策树法确定应采用哪种方案。

表 8-12 两个方案的损益值

规划方案	投产后的年损益值（万元）	
	市场好	市场差
方案 1	100	-20
方案 2	40	10

10. 甲公司要从位于 S 市的工厂直接装运 500 台电视机送往位于 T 市的一个批发中心。这批货物价值为 150 万元。T 市的批发中心确定这批货物的标准运输时间为 2.5 天，如果超出标准时间，每台电视机每天的机会成本是 30 元。

甲公司物流经理初步设计了下面三个物流方案：

方案一：A 公司是一家长途货物运输企业，可以按照优惠费率每千米 0.05 元/台来运送这批电视机，装卸费为每台 0.10 元。已知 S 市到 T 市的公路运输里程为 1100 千米，估计需要 3 天的时间才可以运到（因为货物装卸也需要时间）。

方案二：B 公司是一家水运企业，可以提供水陆联运服务，即先用汽车从甲公司的仓库将货物运至 S 市的码头（20 千米），再用船运至 T 市的码头（1200 千米），然后再用汽车从码头运至批发中心（17 千米）。由于中转的过程中需要多次装卸，因此整个运输时间大约为 5 天。询价后得知，陆运运费为每千米 0.06 元/台，装卸费为每台 0.10 元，水运运费为每百台 0.6 元。

方案三：C 公司是一家物流企业，可以提供全方位的物流服务，报价为 22800 元。它承诺在标准时间内运到，但是准点的百分率为 80%。

试从成本角度评价这些运输方案的优劣，并做出决策。

案例分析

中石化物流与供应链管理决策案例

一、公司简介

中国石油化工集团公司（简称“中国石化公司”，英文缩写 Sinopec Group）是 1998 年 7 月国家在原中国石油化工总公司基础上重组成立的特大型石油石化企业集团，是国家独资设立的国有公司、国家授权投资的机构和国家控股公司。中国石化公司注册资本 1049 亿元，总经理为法定代表人，总部设在北京。

中国石化公司对其全资企业、控股企业、参股企业的有关国有资产行使资产受益、重大决策和选择管理者等出资人的权力，对国有资产依法进行经营、管理和监督，并相应承担保值增值责任。中国石化公司控股的中国石油化工股份有限公司先后于 2000 年 10 月和 2001 年 8 月在境外境内发行 H 股和 A 股，并分别在香港、纽约、伦敦和上海上市。2006 年年底，中国石化股份公司总股本 867 亿股，中国石化公司持股占 75.84%，外资股占 19.35%，境内公众股占 4.81%。

中国石化公司主营业务范围包括：实业投资及投资管理；石油、天然气的勘探、开采、储运（含管道运输）、销售和综合利用；石油炼制；汽油、煤油、柴油的批发；石油化工及其他化工产品的生产、销售、储存、运输；石油石化工程的勘探设计、施工、建筑安装；石油石化设备检修维修；机电设备制造；技术及信息、替代能源产品的研究、开发、应用、咨询服务；自营和代理各类商品和技术的进出口（国家限定公司经营或禁止进出口的商品和技术除外）。

中国石化公司在《财富》2006年度全球500强企业中排名第23位。

二、管理诉求

中国石化公司希望实现公司全国范围内的数据集中式管理，通过构建集中式决策支持平台，支持全国范围的业务决策多级扩展，使得公司内部的资源可以充分共享，总部可以更加关注诸如资源流向、调运计划、运力资源等有限关键资源，物流部可以实现对区域内的生产企业仓库、配送中心以及网点库的物流资源实行集中管理，最终达到总部可以全面控制供应链各环节的管理要求。

另外，中国石化公司也希望建立以订单处理、业务协同为核心的管理机制，通过加强对物流业务协同的核心经营管理，实现外部单一物流订单向内部多个作业执行指令的转变。当订单处理结束下达以后，各协同机构都可以看到与某订单有关的作业指令单，及时安排本责任范围内的操作，同时实现对物流全过程的业务监控，对运输配送的订单和调拨订单进行全程跟踪。对订单执行过程中的业务异常情况进行实时反馈至调度中心，调度中心根据实际情况进行相应决策，并对业务进行及时调整。

三、项目实施

中国石化公司作为中国石油化工行业的龙头老大，其信息化发展一直走在行业的最前沿，它的ERP系统项目由世界知名公司SAP完成。此次选中上海博科资讯股份有限公司也正是看重博科公司强大的技术实力以及丰富的行业经验和完善的项目管理实施能力，尤其是在物流供应链软件方面拥有众多成功的知名实施案例。

中国石化公司对此次物流系统项目的要求极其严格，要求项目完成的时间仅有3个月。博科项目小组面对中国石化公司庞大的营销网络和复杂的物流调度决策体系，在如此紧迫的时间和质量要求下刻苦工作，废寝忘食，仅仅2个多月就顺利完成项目调研和现场开发。中国石化物流调度决策支持信息系统项目于2007年2月14日成功上线，目前已在全国全面推广使用。

项目实施所应用的软件平台为上海博科资讯股份有限公司自主开发的Himalaya（喜马拉雅）软件平台，通过平台提供的开放RIA架构，结合J2EE和.NET双重体系的优点，实施人员可以充分保证应用的可扩展性。平台以业务逻辑为驱动，提供面向服务的架构和工具，从而可以达到深度灵活、满足动态需求的客户要求。

在本次的项目实施过程中，项目组提出的项目目标为建立中国石化公司国内统一的物流网，支持九个生产企业十一个省的化工销售业务。物流供应链管理决策支持项目范围包括基础信息系统、业务信息系统及管理信息系统三个子系统的构建。通过项目实施帮助中国石化公司构建多级物流网络（生产企业、区域配送中心、网点库），并可以按照销售情况合理安排资源流向。以上项目目标均在本次项目中达成。

四、应用效果

此次物流供应链管理决策支持项目上线后，中国石化公司建立起了更加完备的现代化物流体系，通过现代化信息技术，企业优化了资源流向，保证了化工产品安全高效的运送，完全达到了项目建设初期提出的“稳定渠道，在途跟踪，提高效率，降低成本”的系统目标。截至目前，本项目已经成为除了SAP系统之外支撑中国石化公司化工销售业务板块的第二大管理信息系统。

从应用效果的层面看，该系统支撑了中国石化公司全国业务近千亿化工产品的销售和物流配送，支撑了中国石化公司全国各地数百个信息点的同时在线操作，实现了中国石化公司全国各分公司信息的充分共享，系统为中国石化公司整个供应链各环节提供了数百个业务功能。通过系统的实际应用，中国石化公司目前已节约了大量的巨额交通运输费用、平均每笔业务交货周期也缩短了数天。

五、物流新模式的拓展

由于中国石化公司物流供应链管理决策支持系统的成功上线，中国石化公司从2007年起将采用三种物流模式，这三种物流模式分别为用户到石化厂自行提货、用户到网点（区域代理商）提货、销售分公司直接将货送到用户手中。三种模式执行三种不同的价格，到石化厂自行提货享受厂价，网点提货为区域价，送货上门模式采用送货价。此举目的旨在降低物流成本，提高配送效率，增强对用户的服务。三种物流模式对中国石化公司而言，可谓开了先河，更是一种变革。此前数十年，中国石化公司采用的都是用户到石化厂自行提货或用户到网点提货两种模式，而这种变革，得益于中国石化公司对于物流调度决策支持管理水平的提升。

问题讨论

1. 结合案例分析，探讨物流决策支持系统的功能及应用。

2. 试列举出企业在物流与供应链中使用决策支持系统的成功范例。

（来自百度文库）

附 录

物流系统工程通用术语英中文对照

英文	中文
activity-based costing	作业成本法
adaptive forecasting	适应法预测
aggregated demand	汇聚需求
agricultural system engineering	农业系统工程
alternative scheme	备选方案
analytical hierarchy process，AHP	层次分析法
appraisal	评价
appraisal index	价指标
black box	黑箱
boundary	边界
business logistics	企业物流
business system engineering	企业系统工程
capacity allocation	设施容量配置
capital reduction	减少资本
carrier	载体
carrying cost	库存持有成本
causal forecast	因果关系预测
center of gravity approach	重心法
closed system	封闭系统
collaborative planning	协同规划

comprehensive appraisal	综合评价
conceptual system	概念系统
consolidation	合并运输
container	集装箱
container terminal	集装箱码头
continuous system	连续系统
correlation	相关性
cost benefit analysis	成本效益法
cost reduction	降低成本
customer service	客户服务
cycle inventory	周期库存
decision making	决策
decision making table	决策表
decision making tree	决策树
demand forecasting	需求预测
derived demand	派生需求
discrete event dynamic system	离散事件动态系统
discrete event system	离散事件系统
discrete random variables	离散随机变量
dissipative structure	耗散结构
distribution	配送
distribution center	配送中心
distribution logistics	分销物流
distribution processing	流通加工
door to door transportation	门到门运输
dynamic planning	动态规划
dynamic simulation	动态仿真
dynamic system	动态系统

econometric model	计量经济学模型
economic order quantity, EOQ	经济订购批量
economic system	经济系统
effectiveness	有效度
electronic commerce	电子商务
element	要素
engineering system	工程系统
expected value	期望值
exponential smoothing forecasts	指数平滑法
exterior environment	外部环境
facility cost	设施成本
facility decision	设施决策
facility locating	设施选址
feasibility analysis	可行性分析
forecast error	预测误差
functional demand	功能需求
functional hierarchy	功能层次
fuzzy comprehensive appraisal	模糊综合评价
fuzzy set	模糊集
fuzzy set theory	模糊集理论
game theory	对策论
general systems theory	一般系统论
genetic algorithm	遗传算法
geographical information system, GIS	地理信息系统
global positioning system, GPS	全球定位系统
handling	搬运
heuristic method	启发式方法
hierarchical approach	层次法

hierarchy model	层次结构模型
inbound transportation	进货运输
independent demand	独立需求
index system	指标体系
information exchange	信息交换
inheritance	继承
input-output model	投入产出模型
integer linear programming	整数规划
integrated logistics management	集成化物流管理
integration	集成
inventory control	库存控制
inventory control system	库存控制系统
inventory turnover	存货周转率
irregular variation	不规则变动
isolated system	孤立系统
just in time	准时制
Kanban system	看板系统
linear planning	线性规划
linear regression	线性回归
loading&unloading	装卸
logistics center	物流中心
logistics cost	物流成本
logistics engineering	物流工程
logistics equipment	物流装备
logistics facility	物流设施
logistics information systems	物流信息系统
logistics management	物流管理
logistics network	物流网络

logistics network design	物流网络设计
logistics park	物流园区
logistics system	物流系统
logistics system analysis	物流系统分析
long-term forecast	长期预测
macro-economic system engineering	宏观经济系统工程
management system	管理系统
man-made system	人造系统
manufacture resource planning	制造资源计划
market allocation	市场配置
materials requirement planning，MRP	物料需求计划
mathematical model	数学模型
mixed-integer linear programming	混合整数规划
model	模型
moving average	移动平均法
multi-facility location	多设施选址
multimodal transport	多式联运
multi-mode transportation	多式联运
multiple linear regression	多元线性回归
natural system	自然系统
network optimization model	网络优化模型
network planning	网络规划
network structure	网络结构
node	节点
non-linear programming	非线性规划
object planning	目标规划法
open system	开放系统
operational decision making	运作层决策

operational research	运筹学
order implementation	订单履行
order processing	订单处理
orgware	斡件
outbound transportation	出货运输
out-of-stock cost	缺货成本
outsourcing	外包
package	包装
package carrier	包裹运输
performance appraisal	绩效评价
physical flow	实物流动
pick up	分拣
piggyback transportation	驮背运输
pipeline transportation	管道运输
plant location	工厂布局
Poisson distribution	泊松分布
predicting	预测
probability distribution	概率分布
product return	产品回收
profit and loss	损益值
pull inventory control	拉动式库存控制
purchase cost	采购成本
purchasing	采购
push inventory control	推动式库存控制
qualitative analysis	定性分析
qualitative forecasting	定性预测
quantitative analysis	定量分析
queuing theory	排队论

rail transportation	铁路运输
random factor	随机性因素
random event	随机事件
random fluctuation	随机波动
regional logistics	区域物流
regression analysis	回归分析
regression model	回归模型
replenishment	库存补充
risk decision making	风险型决策
risk management	风险管理
road transportation	公路运输
safety inventory	安全库存
saving method	节约法
schedule	调度
seasonal demand	季节性需求
seasonal fluctuation	季节变动
service improvement	改进服务
service level	服务水平
shipment consolidation	集中运输
short-term forecast	短期预测
similar model	相似模型
simulation	仿真
simulation clock	仿真时钟
simulation forecasting	模拟预测
simulation model	仿真模型
single facility locating	单设施选址
social system engineering	社会系统工程
soft system	软系统

spatial demand	空间上的需求
spatial hierarchy	空间层次
static forecasting	静态预测
static system	静态系统
strategic decision making	战略层决策
strategic management	战略管理
substantial system	实体系统
supplier selection	供应商选择
supply allocation	供给配置
supply chain	供应链
supply chain management	供应链管理
sweep	扫描法
synergetics	协同学
system	系统
system analysis	系统分析
system engineering	系统工程
system framework	系统结构
system function	系统功能
system hierarchy	系统层次
system model	系统模型
system theory	系统论
tactic decision making	策略层决策
temporal demand	时间上的需求
temporal hierarchy	时间层次
the third party logistics	第三方物流
through transportation	直达运输
time series analysis	时间序列分析
total cost analysis	总成本分析

trade-offs	效益悖反
transport package	运输包装
transfer center	转运中心
transfer transportation	中转运输
transport system	运输系统
transportation	运输
transportation cost	运输费用
transportation design	运输方式规划
transportation system engineering	交通运输系统工程
traveling salesman problem，TSP	旅行商问题
uncertainty decision making	不确定型决策
vehicle routing problem with random demand，VRPRD	随机需求的车辆路径问题
vehicle routing problem with time windows，VRPTW	时间窗约束的车辆路径问题
vehicle routing problem，VRP	车辆路径问题
vehicle schedule	车辆调度
visualization	可视化
warehouse management	仓库管理
warehousing	仓储
waste material logistics	废弃物物流

主要参考文献

1. 汪应洛. 系统工程. 4 版. 北京：机械工业出版社，2011.
2. 吴广谋. 系统原理与方法. 北京：北京师范大学出版社，2013.
3. 费奇等. 复杂系统工程研究. 上海理工大学学报，2011，33（6）：641-650.
4. 刘军，张方风，朱杰. 系统工程. 北京：机械工业出版社，2014.
5. 冯耕中. 物流与供应链管理. 北京：中国人民大学出版社，2014.
6. 宋华，于亢亢. 物流与供应链管理学科前沿研究报告. 北京：经济管理出版社，2013.
7. ［美］大卫·辛奇-利维. 季建华，邵晓峰译. 供应链设计与管理：概念、战略与案例研究. 3 版. 北京：中国人民大学出版社，2009.
8. ［英］大卫艾伦·哈里森，［英］大卫雷姆科·范赫克. 任建标，杜娟译. 物流管理与战略——通过供应链竞争. 3 版. 北京：中国人民大学出版社，2010.
9. 胡运权. 运筹学教程. 4 版. 北京：清华大学出版社，2012.
10. 《运筹学》教材编写组. 运筹学. 4 版. 北京：清华大学出版社，2013.
11. 陈立，黄立群. 物流运筹学. 北京：北京理工大学出版社，2008.
12. 刘春梅. 管理运筹学：基础、技术及 Excel 建模实践. 2 版. 北京：清华大学出版社，2016.
13. 王可定，周献中. 运筹决策理论方法新编. 北京：清华大学出版社，2010.
14. 刘舒燕. 交通运输系统工程. 北京：人民交通出版社，2012.
15. 宗刚，程建润. 物流系统中要素冲突问题探讨. 郑州航空工业管理学院学报，2006，24（3）：75-78.
16. ［美］罗纳德·H·巴卢，宋华译. 企业物流管理与供应链管理. 5 版. 北京：中国人民大学出版社，2008.
17. 王长琼. 物流系统工程. 北京：高等教育出版社，2007.
18. 王转. 物流系统工程. 2 版. 北京：高等教育出版社，2010.
19. 张潜. 物流系统工程. 重庆：重庆大学出版社，2008.
20. 薛华成. 管理信息系统. 北京：清华大学出版社，2012.
21. 傅卫平，原大宁. 现代物流系统工程与技术. 北京：机械工业出版社，2007.
22. 杨芳，谢如鹤. 生鲜农产品冷链物流系统结构模型的构建. 系统工程，2012，30（12）：99-104.
23. 蔡临宁. 物流系统规划——建模及实例分析. 北京：机械工业出版社，2014.
24. 赵林度，王海燕. 供应链与物流管理. 北京：科学出版社，2011.
25. 王长琼. 供应链管理. 北京：北京交通大学出版社，2013.
26. 王建华，黄贤凤. 生产物流建模及仿真. 北京：电子工业出版社，2014.

27. 王道平，程肖冰．物流决策技术．北京：北京大学出版社，2013.
28. 苏科五．物流系统的结构分析．管理现代化，1999，98（5）：20-22.
29. 周宾．企业物流系统中库存与运输的优化模型．大庆石油学院学报，2006，30（2）．104-108.
30. 吕靖，宫晓婷，周丽丽．基于 Witness 集装箱码头物流系统仿真分析．水运工程，2010，(5)：83-88.
31. 暴志刚等．基于 Witness 的厂区物流系统仿真与分析．组合机床与自动化加工技术，2010，(7)：106-108.
32. 陈佳，蒋国良，徐广印．基于 Flexsim 的农产品物流配送中心系统仿真．河南农业大学学报，2011，45（2）：258-262.
33. 白杨．航空物流系统分析及优化．南京：南京航空航天大学博士学位论文，2010.
34. 白杨，朱金福．航空物流系统的概念模型与结构分析．企业经济，2009，（1）：147-150.
35. 田振中，丁玉书．物流系统工程．北京：清华大学出版社，2012.
36. 张庆英．物流系统工程——理论、方法与案例分析．北京：电子工业出版社，2011.
37. 杨晗熠．区域物流系统及轴——辐网络研究．天津：天津大学博士学位论文，2010.
38. 况漠．区域物流系统优化分析．北京：中国财富出版社，2012.
39. ［美］苏尼尔·乔普拉．吴秀云译．供应链管理：战略、计划和运作. 5 版. 北京：清华大学出版社，2014.
40. 陈荣秋，马士华．生产运作管理. 3 版. 北京：机械工业出版社，2009.
41. ［美］温斯顿．运筹学：决策方法. 3 版. 北京：清华大学出版社，2009.
42. 刘满凤．数据、模型与决策案例集——基于 EXCEL 的求解与应用．北京：清华大学出版社，2010.
43. Usha Ramanathan. *Ramakrishnan Ramanathan. Supply Chain Strategies. Issues and Models*. London：Springer-Verlag，2014.